D1754927

 **Die Bonus-Seite**

Ihr Vorteil als Käufer dieses Buches

Auf der Bonus-Webseite zu diesem Buch finden Sie zusätzliche Informationen und Services. Dazu gehört auch ein kostenloser **Testzugang** zur Online-Fassung Ihres Buches. Und der besondere Vorteil: Wenn Sie Ihr **Online-Buch** auch weiterhin nutzen wollen, erhalten Sie den vollen Zugang zum **Vorzugspreis**.

So nutzen Sie Ihren Vorteil

Halten Sie den unten abgedruckten Zugangscode bereit und gehen Sie auf www.sap-press.de. Dort finden Sie den Kasten **Die Bonus-Seite für Buchkäufer**. Klicken Sie auf **Zur Bonus-Seite/ Buch registrieren**, und geben Sie Ihren **Zugangscode** ein. Schon stehen Ihnen die Bonus-Angebote zur Verfügung.

Ihr persönlicher **Zugangscode** vbkt-9a8z-menu-wqxg

SAP® Service und Support

SAP PRESS ist eine gemeinschaftliche Initiative von SAP und Galileo Press. Ziel ist es, Anwendern qualifiziertes SAP-Wissen zur Verfügung zu stellen. SAP PRESS vereint das fachliche Know-how der SAP und die verlegerische Kompetenz von Galileo Press. Die Bücher bieten Expertenwissen zu technischen wie auch zu betriebswirtschaftlichen SAP-Themen.

Marc O. Schäfer, Matthias Melich
SAP Solution Manager
3. Auflage 2011, 781 Seiten, geb.
ISBN 978-3-8362-1737-8

Teuber, Weidmann, Will
Monitoring und Betrieb mit dem SAP Solution Manager
2013, 720 Seiten, geb.
ISBN 978-3-8362-1855-9

Torsten Sternberg, Matthias Friedrich
IT-Service-Management mit dem SAP Solution Manager
2013, 670 Seiten, geb.
ISBN 978-3-8362-1918-1

Armin Kösegi, Rainer Nerding
SAP-Änderungs- und Transportmanagement
4. Auflage 2013, 1008 Seiten, geb.
ISBN 978-3-8362-1917-4

Aktuelle Angaben zum gesamten SAP PRESS-Programm finden Sie unter *www.sap-press.de*.

Gerhard Oswald

SAP® Service und Support

Innovation und kontinuierliche Optimierung

Liebe Leserin, lieber Leser,

vielen Dank, dass Sie sich für ein Buch von SAP PRESS entschieden haben.

Sie kennen das als Konsument: Mit dem Abschluss des Kaufes ist Ihre Beziehung zum Verkäufer noch lange nicht beendet. Ist das Produkt fehlerhaft, verlangen Sie guten Service; kommen sie mit dem Produkt nicht zurecht, brauchen Sie hilfreichen Support. Und hier endet dann auch bereits die Parallele zwischen Service und Support, wie Sie ihn als Konsument kennen, und wie ihn im Gegensatz dazu SAP versteht.

Auch im Fall von SAP-Produkten werden Sie gelegentlich einen Service zur Fehlerbehebung buchen oder Support für besonders komplexe Funktionen benötigen. SAP Service und Support bietet darüber hinaus aber noch viel mehr. Lernen Sie in diesem Buch, wie die Angebote von SAP Ihnen helfen, innovativ zu werden: neue Abläufe, Prozesse, gar Geschäftsmodelle zu entwickeln; Kosten zu senken, um anderswo investieren zu können; Sicherheit im Betrieb zu schaffen, damit Sie an anderer Stelle kalkulierte Risiken eingehen können.

Wir freuen uns stets über Lob, aber auch über kritische Anmerkungen, die uns helfen, unsere Bücher zu verbessern. Am Ende dieses Buches finden Sie daher eine Postkarte, mit der Sie uns Ihre Meinung mitteilen können. Als Dankeschön verlosen wir unter den Einsendern regelmäßig Gutscheine für SAP PRESS-Bücher.

Ihr Florian Zimniak
Lektorat SAP PRESS

Galileo Press
Rheinwerkallee 4
53227 Bonn

florian.zimniak@galileo-press.de
www.sap-press.de

Auf einen Blick

1　SAP-Softwarewartung und SAP-Support 21

2　Beschleunigte Innovation und kontinuierliche
　　Verbesserung 33

3　Operational Excellence, Kontinuität der
　　Geschäftsprozesse und Senkung der
　　Betriebskosten 159

4　Zusammenarbeit innerhalb des
　　SAP-Ecosystems 203

5　Die Supportangebote der SAP auf einen Blick 237

6　Einsatz von Design Thinking in einem konkreten
　　SAP-HANA-Kundenprojekt 251

7　Hohe Produktqualität als Grundlage für
　　erfolgreichen Support 259

Der Name Galileo Press geht auf den italienischen Mathematiker und Philosophen Galileo Galilei (1564–1642) zurück. Er gilt als Gründungsfigur der neuzeitlichen Wissenschaft und wurde berühmt als Verfechter des modernen, heliozentrischen Weltbilds. Legendär ist sein Ausspruch *Eppur si muove* (Und sie bewegt sich doch). Das Emblem von Galileo Press ist der Jupiter, umkreist von den vier Galileischen Monden. Galilei entdeckte die nach ihm benannten Monde 1610.

Lektorat Florian Zimniak
Herstellung Norbert Englert
Typografie und Layout Vera Brauner
Einbandgestaltung Eva Schmücker
Titelbild Getty Images: 171023641 © Martin Barraud
Satz III-satz, Husby
Druck und Bindung Beltz Druckpartner, Bad Langensalza

Gerne stehen wir Ihnen mit Rat und Tat zur Seite:
florian.zimniak@galileo-press.de bei Fragen und Anmerkungen zum Inhalt des Buches
service@galileo-press.de für versandkostenfreie Bestellungen und Reklamationen
thomas.losch@galileo-press.de für Rezensionsexemplare

Bibliografische Information der Deutschen Nationalbibliothek
Die Deutsche Nationalbibliothek verzeichnet diese Publikation in der Deutschen Nationalbibliografie; detaillierte bibliografische Daten sind im Internet über http://dnb.d-nb.de abrufbar.

ISBN 978-3-8362-2634-9

© Galileo Press, Bonn 2013
4., aktualisierte Auflage 2013

Das vorliegende Werk ist in all seinen Teilen urheberrechtlich geschützt. Alle Rechte vorbehalten, insbesondere das Recht der Übersetzung, des Vortrags, der Reproduktion, der Vervielfältigung auf fotomechanischen oder anderen Wegen und der Speicherung in elektronischen Medien. Ungeachtet der Sorgfalt, die auf die Erstellung von Text, Abbildungen und Programmen verwendet wurde, können weder Verlag noch Autor, Herausgeber oder Übersetzer für mögliche Fehler und deren Folgen eine juristische Verantwortung oder irgendeine Haftung übernehmen.

Die in diesem Werk wiedergegebenen Gebrauchsnamen, Handelsnamen, Warenbezeichnungen usw. können auch ohne besondere Kennzeichnung Marken sein und als solche den gesetzlichen Bestimmungen unterliegen.

Sämtliche in diesem Werk abgedruckten Bildschirmabzüge unterliegen dem Urheberrecht © der SAP AG, Dietmar-Hopp-Allee 16, D-69190 Walldorf.

SAP, das SAP-Logo, ABAP, BAPI, Duet, mySAP.com, mySAP, SAP ArchiveLink, SAP EarlyWatch, SAP NetWeaver, SAP Business ByDesign, SAP BusinessObjects, SAP BusinessObjects Rapid Mart, SAP BusinessObjects Desktop Intelligence, SAP BusinessObjects Explorer, SAP Rapid Marts, SAP BusinessObjects Watchlist Security, SAP BusinessObjects Web Intelligence, SAP Crystal Reports, SAP GoingLive, SAP HANA, SAP MaxAttention, SAP MaxDB, SAP PartnerEdge, SAP R/2, SAP R/3, SAP R/3 Enterprise, SAP Strategic Enterprise Management (SAP SEM), SAP StreamWork, SAP Sybase Adaptive Server Enterprise (SAP Sybase ASE), SAP Sybase IQ, SAP xApps, SAPPHIRE NOW, und Xcelsius sind Marken oder eingetragene Marken der SAP AG, Walldorf.

Inhalt

Vorwort von Gerhard Oswald 11
Grußwort von Andreas Oczko 15
Grußwort von Dr. Uwe Hommel 17
Einführung 19

1 SAP-Softwarewartung und SAP-Support 21

1.1 Leistungen früher und heute 23
1.2 Erwartungen und Planung für die Zukunft 26
    1.2.1 SAP-Software-On-Premise im Verhältnis zu SAP-Software-as-a-Service 29
    1.2.2 Der Chief Information Officer als Chief Process Innovation Officer 30

2 Beschleunigte Innovation und kontinuierliche Verbesserung 33

2.1 Geschäfts- und IT-Transformation, unterstützt durch SAP HANA, Cloud und mobile Lösungen 35
    2.1.1 Mit SAP HANA zum Echtzeit-Unternehmen 39
    2.1.2 Einführung und Betrieb mobiler Geschäftsanwendungen 54
    2.1.3 User Experience 65
    2.1.4 Cloud-Computing 71
2.2 Reduktion der Innovationskosten und Verbesserung der Wertschöpfungskette 80
    2.2.1 Innovation Control Center 82
    2.2.2 Integration Validation 89
    2.2.3 Build SAP Like a Factory: zwei wertschöpfende Releases pro Jahr 106
2.3 Innovation und kontinuierliche Verbesserung der Geschäftsprozesse 116
    2.3.1 Application Lifecycle Management 117
    2.3.2 Geschäftsprozessverbesserung mit Business Process Analytics 122
    2.3.3 Optimierung von Regressionstests 132

	2.3.4	Durchführung von Softwareaktualisierungen und Upgrades mit minimaler Ausfallzeit 138
	2.3.5	SAP Solution Manager auf SAP HANA als Innovationsplattform 150

3 Operational Excellence, Kontinuität der Geschäftsprozesse und Senkung der Betriebskosten 159

3.1	Operations Control Center und »Run SAP Like a Factory« 161	
	3.1.1	Leistungen und Vorteile des Operations Control Center 162
	3.1.2	Operative Plattform und Kostensenkung 169
	3.1.3	Zusammenfassung 177
3.2	Reduzierung der Technologieschichten durch SAP HANA und Cloud 178	
	3.2.1	Vereinfachung der produktiven Systemlandschaften 179
	3.2.2	Vereinfachung der IT-Infrastruktur 182
	3.2.3	Vereinfachte Datenhaltung und -transformation durch SAP HANA 186
3.3	Optimierung der Systemlandschaft durch SAP Landscape Transformation 190	
	3.3.1	Servicekonzepte für Transformationsanforderungen mit Schwerpunkt SAP HANA 192
	3.3.2	Die Vorteile des SAP-Transformationsansatzes erkennen und nutzen 193
	3.3.3	Transformationslösungen im Überblick 196
	3.3.4	SLO-Consulting und ergänzende Serviceleistungen 199

4 Zusammenarbeit innerhalb des SAP-Ecosystems 203

4.1	SAP Enterprise Support Academy 206	
	4.1.1	Die Wissenstransfer-Methoden im Überblick 207
	4.1.2	Die Entwicklung der SAP Enterprise Support Academy am Beispiel von SAP HANA 209

4.2	Kooperationsmodell für das Innovation Control Center	213
4.3	Kooperationsmodell für das Operations Control Center	215
4.4	Kooperationsmodell für das Mission Control Center	218
4.5	Customer Center of Expertise mit erweiterten Kompetenzen	224
	4.5.1 End-to-End-Lösungsorchestrierung: das ideale Szenario	224
	4.5.2 Die Rolle der Qualitätsmanager	226
	4.5.3 Fahrplan für die Implementierung eines Customer COE mit erweiterten Kompetenzen	227
4.6	Zusammenarbeit mit Service- und Supportpartnern der SAP	230
	4.6.1 Run SAP Partner Academy	232
	4.6.2 SAP Solution Manager für Run-SAP-Partner	233
	4.6.3 Go-to-Market/Business Development	234
	4.6.4 Strategische Themen von SAP AGS	235

5 Die Supportangebote der SAP auf einen Blick 237

5.1	SAP Standard Support	239
5.2	SAP Enterprise Support	240
5.3	SAP Product Support for Large Enterprises	243
5.4	SAP ActiveEmbedded	244
5.5	SAP MaxAttention	248

6 Einsatz von Design Thinking in einem konkreten SAP-HANA-Kundenprojekt 251

6.1	Design Thinking zur Lösung komplexer Fragestellungen	252
6.2	Einsatz in Premium-Supportengagements der SAP	255
6.3	Kundenbeispiel: Design Thinking in einem SAP-HANA-Projekt	255

7 Hohe Produktqualität als Grundlage für erfolgreichen Support ... 259

- 7.1 Produktqualität und Support eng verknüpft 260
- 7.2 Qualitätssicherung bei SAP 261
- 7.3 Maßnahmen der Qualitätssicherung im Detail 264
  - 7.3.1 Kundenvalidierung 266
  - 7.3.2 Funktionale und technische Validierung 266
  - 7.3.3 SAP Ramp-Up 267
  - 7.3.4 Plattformvalidierung 268
- 7.4 Qualitätssicherung am Beispiel von SAP HANA und mobilen Anwendungen 269
- 7.5 Zusammenfassung 270

Anhang ... 273

- A Glossar 275
- B Bibliographie 283
- C Herausgeber und Autoren 285
  - C.1 Der Herausgeber 285
  - C.2 Autoren unserer Kunden 286
  - C.3 Autoren von SAP 288

Index 295

Vorwort von Gerhard Oswald, Vorstandsmitglied der SAP

SAP sieht sich dem Erfolg ihrer Kunden verpflichtet. Dies wiederum bedeutet, dass wir führend an neuen Entwicklungen mitwirken und unseren Kunden bahnbrechende Innovationen bieten müssen. Das wohl herausragendste Beispiel dafür, dass uns das gelingt, ist unsere In-Memory-Datenbank, SAP HANA. Innerhalb kurzer Zeit wurde diese technische Neuerung aus unserem Hause zu einem »Game-Changer« für Organisationen rund um den Globus und bringt die Geschäftswelt einen gewaltigen Schritt näher an das Ziel des Echtzeit-Unternehmens heran.

Bedingt durch den Erfolg von SAP HANA, mussten wir unser Supportmodell revolutionieren, da wir nicht davon ausgehen können, dass am Markt bereits umfangreiche Erfahrungen mit der In-Memory-Technologie vorliegen. Um unseren Kunden einen verbesserten, zeitgemäßen Wissenstransfer zu bieten, nutzen wir Social Media, Diskussionsforen und stellen E-Learnings zur Verfügung. Den SAP Solution Manager haben wir dahingehend ausgebaut, dass er den gesamten Lebenszyklus von SAP HANA abdeckt – von der Implementierung über den Go-live bis zum Betrieb.

In einem weiteren Schritt haben wir den Supportprozess durch die Einführung der Control Center optimiert, die unsere SAP-MaxAttention- und SAP-ActiveEmbedded-Kunden dabei unterstützen, Implementierungen effizienter, reibungsloser und schneller durchzuführen und den fortlaufenden Betrieb zu verbessern. Das Innovation Control Center und das Operations Control Center auf Kundenseite arbeiten eng mit dem Mission Control Center auf SAP-Seite zusammen, um das Ausmaß an Softwaremodifikationen durch den Kunden zu reduzieren und Ausfallzeiten so weit wie möglich zu minimieren.

Die Eröffnung des Mission Control Center in St. Leon-Rot feierten wir zusammen mit Kunden, Partnern und Repräsentanten der Deutschsprachigen SAP-Anwendergruppe (DSAG). Aufgabe dieses Control Center ist es, unseren Kunden in Europa zu helfen, Implementierungs- und Betriebskosten zu senken. Zuvor wurden bereits zwei Mission Control Center für den asiatisch-pazifischen Raum in Peking und Shanghai in Betrieb genommen und für Nordamerika eines in Newtown Square. Für die Zukunft ist die Einrichtung eines zusätzlichen Mission Control Center in Lateinamerika in São Paulo in Vorbereitung, um das »Follow-the-Sun-Prinzip« des neuen Supportmodells weiter auszubauen. In den Regionen sind darüber hinaus Außenstellen zur Ergänzung der existierenden vier regionalen Mission Control Center in Mexiko, Irland, Russland und Australien geplant.

Im Gegensatz zu all diesen Neuerungen hat sich der Ansatz des *Embedded Support* schon seit Jahren bei unseren Kunden bewährt: SAP-Mitarbeiter arbeiten beim Kunden vor Ort in dessen Supportorganisation mit und verschaffen sich so grundlegendes Wissen über die Systemlandschaft, Aufgabenstellung und Bedürfnisse des Kunden. Bei Bedarf involvieren sie die erforderlichen Ressourcen aus der SAP-Entwicklung und beschleunigen so die Supportprozesse.

Neben SAP HANA gehören auch Cloud- und Hybridlösungen sowie mobile Anwendungen zu unseren strategischen Schwerpunkten. SAP ist heute führend bei mobilen Lösungen, und nicht zuletzt durch die Übernahme von SuccessFactors bieten wir das umfassendste Cloud-Portfolio am Markt.

Das gesamte Supportangebot zu all diesen technischen Neuerungen wird in diesem Buch vorgestellt. Unsere Spezialisten aus den verschiedenen Fachbereichen lieferten ihre Beiträge dazu, wofür ich ihnen meinen Dank aussprechen möchte. Bereichert werden die theoretischen Darlegungen durch die Berichte von Kunden über ihre Erfahrungen mit unseren Services, Werkzeugen, Methoden und Angeboten. Ihnen gilt mein besonderer Dank, liefern ihre Beiträge doch einen schlagenden Beweis für die intensiv gelebte Partnerschaft zwischen SAP und ihren Kunden.

Der Einsatz aller Autoren, neben dem normalen Tagesgeschäft an einem Buch mitzuschreiben, hat sich ganz sicher gelohnt, wenn Sie, lieber Leser, für sich aus der Lektüre Gewinn ziehen können; wenn Sie nützliche Hinweise für Ihre Arbeit vorfinden und Anregungen erhalten, wie Sie Ihrem Unternehmen durch Innovationen zu noch größerem Erfolg verhelfen können. Denn Innovationsstärke ist in allen Branchen das Sprungbrett, um in den Rang eines Spitzenunternehmens zu gelangen, das seine Wettbewerber hinter sich lässt.

Gerhard Oswald, Walldorf/St. Leon-Rot, im September 2013

Vorstandsmitglied der SAP AG und Leiter für den Vorstandsbereich Scale, Quality & Support

Grußwort von Andreas Oczko, Mitglied des Vorstands der Deutschsprachigen SAP-Anwendergruppe

»Service und Support ist dann, wenn der Spaß anfängt«, sagte mal der Leiter eines Customer Center of Expertise (Customer COE), als er vor internationalem Publikum über das Customer-COE-Programm referierte. Und damit hat er den Nagel auf den Kopf getroffen.

Eine *effiziente Service- und Supportorganisation* ist die Basis für den erfolgreichen Betrieb einer SAP-Lösung. War früher von einer Störung nur eine Anwendung betroffen, kann das in Zeiten von Just-in-Time-Prozessen eine ganze Wertschöpfungskette lahmlegen. Werfen wir einen Blick in die Zukunft von Industrie 4.0, sind sogar Auswirkungen auf ganze Ecosysteme denkbar. Effizienter Service und Support bedingen entsprechend hochklassige Organisationen und Prozesse, sowohl auf Kunden- als auch auf Lösungsanbieterseite, d.h. in diesem Fall bei SAP.

Kunden der SAP können sich glücklich schätzen: Sie haben die Möglichkeit, im Ernstfall auf ein engagiertes und dem Kunden verpflichtetes Supportteam zurückzugreifen, das alle Ressourcen nutzt, um den Schaden auf Kundenseite zu minimieren, unabhängig davon, ob es sich um ein in Wartung befindliches Release handelt oder nicht oder ob es sich um einen großen oder kleinen Kunden handelt.

Um den Anforderungen der Kunden, aber auch den Anforderungen der eigenen Organisation und Entwicklung und dem Wandel im Geschäftsleben gerecht zu werden, passt die Supportorganisation bei SAP permanent die Prozesse an und baut das Service- und Supportportfolio entlang der Bedürfnisse des Wandels um.

Dieses Buch ist eine wichtige Bestandsaufnahme des heutigen Ist-Zustands im Bereich SAP-Service und -Support und stellt viele aktuelle Einflussgrößen und damit zusammenhängende wichtige Aspekte für die Zukunft dar.

Hier schließt sich der Kreis zur *Deutschsprachigen SAP-Anwendergruppe* (DSAG), die im Rahmen des Arbeitskreises *CCC/Service und*

Partnerschaft DSAG und SAP

Grußwort von Andreas Oczko, Mitglied des Vorstands der DSAG

Support und seiner Gremien sowie des Fachressorts *Operations/Service & Support* über viele Jahre hinweg eine hervorragende Beziehung zum korrespondierenden SAP-Bereich etabliert hat, nicht zuletzt wegen des unermüdlichen Einsatzes von Gerhard Oswald als Mitglied des Vorstands der SAP. Diese gelebte Partnerschaft war in der Vergangenheit die Blaupause für die Vorstandsentwicklung der DSAG und die Etablierung der Beziehungen zur SAP.

Offener Dialog und Zusammenarbeit

Dieses Buch hilft den Arbeitskreisen, die partnerschaftliche Arbeit zwischen engagierten Kunden, unseren Mitgliedern und den SAP-Ansprechpartnern voranzubringen. Es hilft beim *konstruktiven Dialog* über die einzelnen Themen und dient damit der fortlaufenden Verbesserung der Werkzeuge und Methoden im Bereich SAP-Service und -Support. Die besondere Stärke des offenen Dialogs zwischen SAP und DSAG ist es, die Ideen und die fachliche Expertise der Spezialisten bei SAP mit dem Know-how und den konkreten Anforderungen der Kunden zu veredeln und damit über die DSAG einen echten Mehrwert für Kunden und SAP zu schaffen.

Es ist bemerkenswert, zu sehen, mit welchem Engagement und Spaß sowohl die Kunden in der DSAG als auch die Ansprechpartner der SAP die Möglichkeit der *direkten Ansprache* der jeweiligen Kontaktperson nutzen und damit kontinuierliche Verbesserungen und Neuerungen schaffen.

Indirekt sind damit auch DSAG-Mitglieder für Teile des aktuellen Inhalts dieses Buches verantwortlich. Es ist eine Pflichtlektüre für alle, die sich mit SAP-Service und -Support beschäftigen oder aber ihn verstehen wollen.

Die Zusammenarbeit wird weitergehen, und es ist fest damit zu rechnen, dass es in Zukunft eine neue Ausgabe dieses Werkes gibt, in dem die einzigartige Partnerschaft zwischen SAP und DSAG neue Spuren hinterlassen wird.

Viel Freude bei der Lektüre dieses Buches. Die wachsende Bedeutung des Themas in der Zukunft ist nur einer von vielen, schon für sich allein ausreichenden Gründen, dass sich der Aufwand lohnt.

Andreas Oczko, Walldorf, im September 2013

Mitglied des Vorstands der Deutschsprachigen SAP-Anwendergruppe (DSAG) e. V., Fachressort Operations/Service & Support und Sprecher des Arbeitskreises CCC/Service & Support

Grußwort von Dr. Uwe Hommel, Leiter von SAP Active Global Support

Basierend auf dem Input unserer Kunden und den sich abzeichnenden IT-Trends, passt *SAP Active Global Support* seine Kompetenzbereiche und Angebote stetig an, sodass wir den sich wandelnden Geschäftsbedürfnissen unserer Kunden immer einen Schritt voraus sein können. SAP bietet Lösungen für Geschäftsnetzwerke, bahnbrechende neue Technologien wie *SAP HANA*, *mobile* und *Cloud-Lösungen* sowie bewährte Methoden, um schnell – d.h. alle sechs Monate – und erfolgreich die jeweils aktuellen Anforderungen der Kunden IT-technisch umzusetzen. So liegt unser derzeitiger Fokus darauf, das Verhältnis von Einführungskosten zu Lizenzkosten von 8:1 auf 1:1 zu reduzieren. Dabei steht die Wertschöpfungskette der Kunden stets im Mittelpunkt.

Das Leitbild, den Geschäftsbereichen alle sechs Monate handfeste Vorteile zu liefern, bedarf einer neuen Methode. Es erfordert ein gemeinsames Modell der Zusammenarbeit von SAP und Kunden-IT, entwickelt mit den Geschäftsbereichen und abgestimmt mit den Geschäftsbeziehungsmanagern. Darüber hinaus ist es notwendig, Optimierungspotenzial für die Wertschöpfungskette in zwei Dimensionen zu identifizieren:

1. Verbesserungen in der Kunden- und Verbrauchererfahrung sowie in der Integration der Lieferanten
2. Verbesserungen hinsichtlich Effizienz und Automatisierung, wodurch die Vertriebsgemeinkosten minimiert werden können

Es müssen Prototypen der neuen Lösungen gebaut werden, sie müssen pilotiert und schließlich auf den Markt gebracht werden. Die Prototypen basieren auf Bausteinen der SAP-Plattform, der SAP Business Suite und der SAP-Technologien. Auf IT-Seite erfordert dies das Management verschiedener Releases gleichzeitig – typischerweise drei Releases. All die notwendigen Werkzeuge und Betriebskonzepte werden durch das durchgängige *Application Lifecycle Management* geliefert.

Durch *Orchestrierung* und *Integration Validation* stellen wir Werkzeuge und Services bereit, um den Betrieb zu unterstützen; dies schließt das Testen sowie die Optimierung für Performance und Skalierbarkeit mit ein. Und auch die Datenkonsistenz und Zuverlässigkeit werden geprüft.

Im Rahmen von *Run SAP Like a Factory*, das vom *Operations Control Center* umgesetzt wird, erhalten Sie die Werkzeuge und Methoden, um Ihre SAP-Lösungen durchgängig zu betreiben – mit nur zwei Vollzeitarbeitskräften pro Schicht.

Letztlich liefern wir mit der Optimierung der Wertschöpfungskette das Key-Performance-Indikator-Rahmenwerk für die Messung der Performance und Kontrolle der durchgängigen Geschäftsprozesse. Durch *Design Thinking* und *Best Practices* können die Optionen für neue Geschäftsmodelle identifiziert werden.

Bei all den Neuerungen haben wir ein Ziel fest vor Augen: die Wertschöpfung für unsere Kunden ohne Unterbrechung oder Störung der Geschäftsabläufe.

Dr. Uwe Hommel, Peking, im September 2013

SAP Corporate Officer, SAP Executive Vice President, Head of SAP Active Global Support, SAP AG

> »Innovationsstärke wird mehr als früher zum Schlüssel einer höheren Wettbewerbsfähigkeit. Die Hälfte aller Produkte, die wir in fünf Jahren verkaufen wollen, müssen wir erst entwickeln.«
> (Karl Heinz Beckurts, deutscher Manager)

Einführung

Dies ist bereits die vierte Auflage des Buches »SAP Service und Support«. Seit die letzte Version 2006 erschienen ist, hat SAP genau das getan, was sie ihren Kunden stets empfiehlt: Innovationen auf den Markt gebracht und bestehende Angebote erweitert und erneuert. Deshalb bietet dieses Buch, verglichen mit der letzten Auflage, viele neue Inhalte.

Der damalige Schwerpunkt »kontinuierliche Kundenzufriedenheit« hat für SAP nichts an Bedeutung verloren – im Gegenteil –, aber es kommt ein neues Kernthema hinzu: Innovation. Wie wichtig Innovationsstärke ist, erlebt SAP als Unternehmen selbst. Unsere neuen Technologien, wie etwa SAP HANA und unsere Cloud-Lösung, heben uns von unseren Mitbewerbern ab und verschaffen uns einen Vorsprung. Aus dieser Erfahrung heraus raten wir auch unseren Kunden zu einer innovativen Strategie und haben dieses Thema in den Mittelpunkt des Buches gestellt.

Kapitel 1 gibt einen Überblick über SAP-Softwarewartung und SAP-Support. Es umreißt die gegenwärtigen Leistungen und gibt einen Ausblick auf unsere Planung für die Zukunft.

Kapitel 2 ist dem Thema beschleunigte Innovation und kontinuierliche Verbesserung gewidmet. Wie im Abschnitt über IT- und Geschäftstransformation beschrieben, sind wir dem Ziel des Echtzeit-Unternehmens durch die In-Memory-Technologie, wie sie von der SAP-HANA-Datenbank genutzt wird, einen gewaltigen Schritt näher gekommen. Anderen aktuellen Fokusthemen, wie der Einführung und dem Betrieb von mobilen Lösungen, der User Experience und dem Supportkonzept der SAP für Cloud-Lösungen, wird an dieser Stelle ebenfalls Rechnung getragen.

Im nächsten Abschnitt geht es darum, welche Methoden, Ansätze und Services SAP entwickelt, um die Wertschöpfungskette ihrer Kunden zu optimieren und die Innovationskosten zu reduzieren.

Das Spektrum des folgenden Abschnitts über die Verbesserung der Geschäftsprozesse erstreckt sich von Application Lifecycle Management und Business Process Analytics über Regressionstests und Upgrade bis zum SAP Solution Manager als Innovationsplattform.

Operational Excellence und Geschäftsprozesskontinuität stehen während der Betriebsphase im Fokus. Wie SAP dazu beitragen kann, dass Sie diese Ziele erreichen, ist in **Kapitel 3** beschrieben. IT-Landschaftsharmonisierung, Vereinfachung der IT durch Reduzierung der Technologieschichten und Unterstützung des IT-Betriebs durch das Operations Control Center werden hier ebenso behandelt wie die Funktionen des SAP Solution Manager als zentraler Betriebsplattform.

Das Operations Control Center interagiert mit dem Innovation Control Center und dem Mission Control Center. Wie diese Kooperation erfolgt und was Sie als Kunde davon haben, erfahren Sie in **Kapitel 4**, in dem es um die Zusammenarbeit innerhalb des SAP-Ecosystems einschließlich der SAP-Partner geht. Zudem wird das neue Konzept des Advanced Customer Center of Expertise vorgestellt, und Sie erfahren, wie Ihre Mitarbeiter größtmöglichen Nutzen aus den Service- und Ausbildungsangeboten der SAP Enterprise Support Academy ziehen können.

In **Kapitel 5** werden die unterschiedlichen Supportangebote der SAP knapp umrissen, und in **Kapitel 6** stellen wir Ihnen die Methode Design Thinking der Hasso-Plattner-Institute vor, die eingesetzt wird, um auf innovativem Wege neue Ideen, Produkte oder Lösungen zu entwickeln.

Kapitel 7 schließlich beschreibt, was SAP tut, um einen hohen Qualitätsstandard vor der Markteinführung ihrer Produkte sowie deren kontinuierliche Verbesserung und proaktiven Support sicherzustellen.

Der **Anhang** des Buches enthält ein Glossar mit wichtigen Begriffen der SAP-Welt und Informationen über die Autoren, die an diesem Buch mitgewirkt haben.

»Noch vor wenigen Jahren war das primäre Ziel des SAP-Supports die effiziente Unterstützung unserer Kunden für den Betrieb des SAP-R/3-Systems. Seitdem hat sich der SAP-Support vom reinen Produktsupport zu einem Solution Support weiterentwickelt. Ziel ist es, mit den Kunden einen kontinuierlichen Verbesserungs- und Innovationsprozess zu etablieren.«
(Gerhard Oswald, Vorstandsmitglied der SAP)

1 SAP-Softwarewartung und SAP-Support

Als Weltmarktführer für betriebswirtschaftliche Anwendungssoftware hat SAP in den letzten Jahren kontinuierlich den Marktstandard für Softwarewartung weiterentwickelt. Während sich der traditionelle Umfang für Softwarewartung in der IT-Industrie darauf beschränkt, Produktfehler zu beseitigen sowie die funktionale und technische Weiterentwicklung voranzutreiben, hatte SAP von jeher eine umfassendere Vision von Softwarewartung und Softwaresupport als Katalysator für die Implementierung und den Betrieb von Software.

Das vorliegende Buch stellt die Vielfalt der Möglichkeiten vor, die unsere heutigen und zukünftigen Kunden und natürlich deren *Ecosystem-Partner* (siehe Abschnitt 4.6) im Rahmen der SAP-Softwarewartung und des Softwaresupports nutzen können. Darüber hinaus geht es darum, aufzuzeigen, welche IT- und Industrietrends die Nutzung und den Betrieb von SAP-Software verändern.

Die letzte Auflage dieses Buches, erschienen Anfang 2006, beschäftigte sich im Kern mit Benutzer-, Prozess- und Datenintegration als Kernelemente der *SAP-NetWeaver-Strategie*. Rückblickend sind seitdem signifikante gesellschaftliche, industriespezifische und technologische Fortschritte, wie z.B. SAP HANA und die In-Memory-Datenbanktechnologie, und Umwälzungen zu beobachten.

Neue Trends

1 | SAP-Softwarewartung und SAP-Support

Die Globalisierung der Wirtschaft hat enorm an Geschwindigkeit zugelegt. Mobilen Zugriff auf das Internet zu bekommen und überall und zu jeder Zeit online zu sein ist schon für kleine Kinder eine Selbstverständlichkeit. Horizontale und vertikale Vernetzung von Unternehmen, Geschäftsprozessen (Business Networks) und Industrien sowie permanent sinkende Kosten für Technologie bei gleichzeitig immer höherer Leistungsfähigkeit prägen die Geschäftswelt. Auf dem Arbeitsmarkt zeichnet sich ein Rückgang an ausgebildeten naturwissenschaftlichen, ingenieurwissenschaftlichen oder mathematischen Fachkräften ab. Unternehmen restrukturieren, fokussieren sich auf ihre Kernkompetenz und bauen Partnerschaften für nicht wertschöpfende Unternehmensfunktionen auf; mit anderen Worten: *Outsourcing* und *Outtasking* liegen voll im Trend.

Fünf Marktkategorien

All diese beispielhaft genannten Faktoren erweitern die Ansprüche an eine moderne Softwarearchitektur und betriebswirtschaftliche Softwareanwendungen. SAP trägt dem mit massiven Investitionen in fünf verschiedenen Marktkategorien Rechnung:

- Analytik
- Datenbanken und Technologie inklusive SAP HANA (siehe Abschnitt 2.1.1)
- mobile Lösungen (siehe Abschnitt 2.1.2)
- Cloud-Lösungen (siehe Abschnitt 2.1.4)
- und natürlich im SAP-Kerngeschäft der betriebswirtschaftlichen Softwareanwendungen

Die Softwarewartung und der Softwaresupport müssen nicht nur den strategischen Produktlinien/Marktkategorien der SAP gerecht werden, sondern auch den sich verändernden Marktbedingungen in verschiedenen Industrien und der Gesellschaft Rechnung tragen. So stellen sich etwa folgende Fragen: Welche Implikationen ergeben sich für zukünftige Softwareimplementierungen, den IT-Betrieb und den Änderungsdienst? Wie wird der Zielkonflikt zwischen den Anforderungen an möglichst schnelle und flexible Innovation bei zugleich stabilen und verlässlichen täglichen Geschäftsprozessabläufen gelöst? Mit einer Reihe dieser Themen beschäftigen sich die folgenden Kapitel dieses Buches.

1.1 Leistungen früher und heute

SAP verfügt über Standorte in mehr als 130 Ländern und bietet Softwarelösungen für mehr als 24 Branchen und mehr als 248.500 Unternehmen. Der Kern der partnerschaftlichen Beziehung zwischen SAP-Kunden und der SAP AG basiert auf einem SAP-Software-Lizenzvertrag und einem SAP-Software-Wartungsvertrag.

Grundlagen

Der Lizenzvertrag regelt den Umfang und das Ausmaß des »Rechts auf Nutzung« von SAP-Lösungen. Der SAP-Software-Wartungsvertrag beschreibt die Rechte unserer Kunden hinsichtlich der Beseitigung von Softwarefehlern und der Interoperabilität mit verschiedenen Technologiekomponenten, wie z.B. Betriebssystemen, Internet-Browsern, Datenbanken etc. Hinzu kommt insbesondere die Weiterentwicklung der betriebswirtschaftlichen Anwendungssoftware im Hinblick auf sich verändernde industriespezifische Prozessstandards sowie rechtliche oder steuerliche Rahmenbedingungen.

Die Philosophie der SAP, wie ein Softwareprodukt auf dem Markt angeboten werden sollte, ging immer schon über den eigentlichen betriebswirtschaftlichen Funktionsumfang hinaus. Aus diesem Grund haben SAP-Kunden u. a. Zugriff auf Softwareentwicklungsumgebungen, Funktionen für die Softwarelogistik – etwa Korrektur- und Transportsysteme –, Softwaretest-Tools wie CATT und eCATT sowie Dokumentations- und Übersetzungswerkzeuge, die ebenfalls auf der Grundlage der SAP-Software-Wartungsverträge kontinuierlich weiterentwickelt werden.

Vielleicht erinnern Sie sich noch an die vielfältigen Aktivitäten in der IT-Industrie, als der Jahrtausendwechsel in das Jahr 2000 anstand? Unzählige Unternehmen arbeiteten mit zum Großteil eigenentwickelter Anwendungssoftware, die für die Anforderungen des neuen Jahrtausends bezüglich Datenmodell und Anwendungsprogrammierlogik gänzlich ungeeignet waren. Auf der anderen Seite brachte SAP neben dem legendären *SAP R/3* weitere Anwendungssysteme, wie *SAP Customer Relationship Management* (SAP CRM), *SAP Supplier Relationship Management* (SAP SRM), *SAP Product Lifecycle Management* (SAP PLM) und *SAP Business Warehouse* (SAP BW), auf den Markt.

SAP-Support ab 2000

Einige Jahre später, ab 2004, folgte die Technologieplattform *SAP NetWeaver* mit den Schwerpunkten Datenintegration (verfügbar durch *SAP NetWeaver Master Data Management* – SAP NetWeaver MDM), Prozessintegration (durch *SAP NetWeaver Process Integration* – SAP NetWeaver PI) und Benutzerintegration (durch das *SAP NetWeaver Portal*).

In der Phase der *New Economy* war SAP der weltweit führende Anbieter von E-Business-Softwarelösungen, die Prozesse in Unternehmen und über Unternehmensgrenzen hinweg integrieren. Darüber hinaus hatte sich das Unternehmen zum drittgrößten unabhängigen Softwarelieferanten weltweit entwickelt. Die mehr als 24.000 Mitarbeiter in über 50 Ländern erwirtschafteten im Geschäftsjahr 2000 einen Umsatz von 6,3 Milliarden Euro.

Neue Ausrichtung — Die oben genannten Ereignisse stellten die Geschäftsführung der SAP vor die entscheidende Frage: Wie kann ein Softwarehersteller seine Produkte erfolgreich an den Markt bringen, wenn er selbst über seine Professional-Services-Organisation nur etwa 10% des Marktes erreichen will und dem *Partner-Ecosystem* den Zugang zu den verbleibenden 90% des Marktes überlässt? Die Antwort klingt heute wie damals ziemlich einfach. Das Wissen der SAP und der besten Anwendungs- und Technologieberater muss Bestandteil des Produkts sein: Vorkonfiguration, Einführungsleitfäden und Methodik, Testverfahren bis hin zu speziellen Leistungen einer SAP-Supportorganisation, die über die Ansprüche aus den Software-Wartungsverträgen mit allen SAP-Kunden direkt in Kontakt steht.

Präventiver Support — Dieser strategische Vorteil, dass eine Supportorganisation über Jahre hinweg mit den Kunden direkt arbeitet, Erfahrungen sammelt und Problemmuster erkennt, wurde in ein neues, präventiv arbeitendes Supportmodell überführt. Das war die Geburtsstunde von *SAP Going-Live Check* – vor der Softwareinbetriebnahme – und *SAP EarlyWatch* – nach der Softwareinbetriebnahme. Das Ziel der beiden Supportservices war es, die Konfiguration der SAP-Anwendungssysteme bei den Kunden gegen die SAP Best Practices zu prüfen und im Dialog die optimalen Einstellungen für die Software zu garantieren – und das weltweit für alle SAP-Systeme. Beide erfüllen sogar heute noch ihren Zweck und werden durch vielfältige Supportservices, Werkzeuge und Best Practices abgerundet.

Rückblickend waren der SAP GoingLive Check und der SAP Early-Watch die ersten Schritte einer kontinuierlichen Transformation von einem reaktiven über ein präventives zu einem wertschöpfenden SAP-Supportmodell. In den letzten Jahren haben sich die Leistungen und das Portfolio der SAP-Software-Wartungsverträge erheblich verändert, um den sich entwickelnden Kundenanforderungen (siehe Abbildung 1.1) nachzukommen und gleichzeitig durch innovative Angebote den Marktstandard für die Zukunft zu setzen.

SAP-Wartung und -Support heute

Heute beschäftigen sich unsere Kunden mit Themen wie:

- Beschleunigung von Innovationszeiten
- Reduktion der Softwareimplementierungs- und IT-Betriebskosten
- permanente Verfügbarkeit der Software- und IT-Lösung rund um die Uhr, rund um die Welt
- Organisation von multinationalen Unternehmen in globalen Geschäftsnetzwerken
- Globalisierung von traditionell mittelständischen Unternehmen

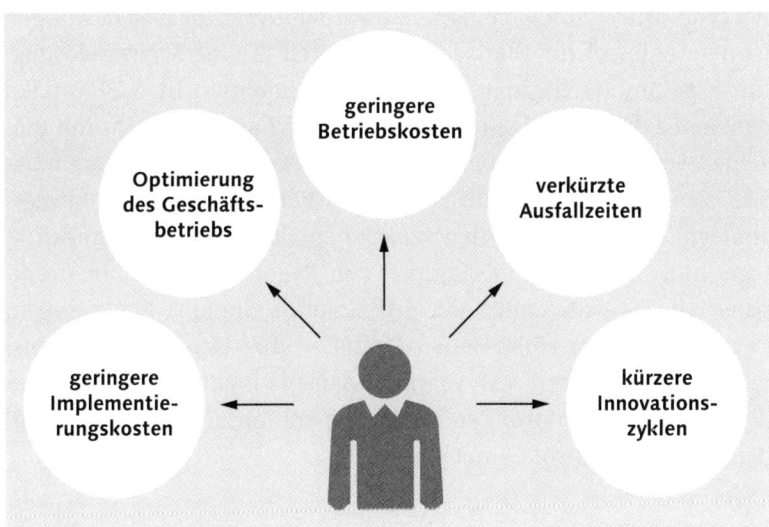

Abbildung 1.1 Anforderungen der SAP-Kunden

SAP hat auf diese Trends und Anforderungen reagiert und für Ihre Softwareprodukte eine Innovations- und Betriebsplattform entwickelt, den *SAP Solution Manager* (siehe Abschnitte 2.3.5 und 3.1.2). Dessen Funktionen sind in Abbildung 1.2 im Überblick dargestellt.

1 | SAP-Softwarewartung und SAP-Support

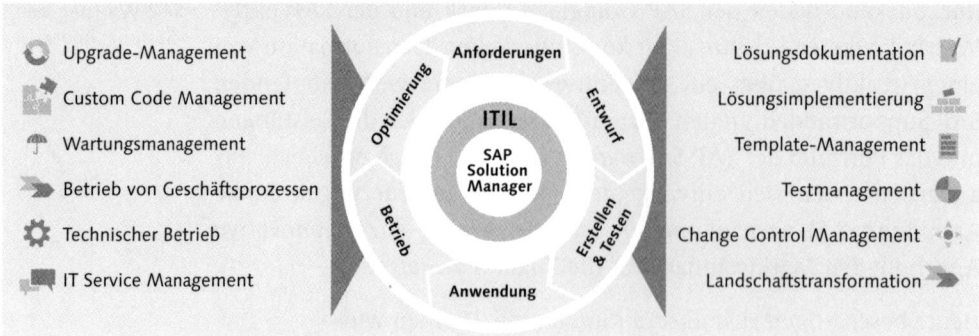

Abbildung 1.2 SAP Solution Manager im Überblick

Schlüssel zur Wertschöpfung

Die Komponenten der *SAP Business Suite*, wie SAP CRM und SAP SRM, SAP Analytics, SAP Cloud auf Basis der SAP-HANA- und/oder der SAP Mobile Platform, können separat und integriert in Nicht-SAP-Lösungsumgebungen installiert werden. Die SAP-Analytics- und SAP Mobile Platform können komplett separat und auch komponentenweise installiert werden. Die Datenbanktechnologien wie SAP HANA können für Nicht-SAP-Anwendungen oder vom Kunden entwickelte Anwendungen eingesetzt werden. Aber für unsere Kunden ist der Schlüssel zur Wertschöpfung durch IT eine Softwarelösung, die insgesamt durchgängig – *End-to-End* – integriert ist. SAP-Kunden denken in durchgängigen Dimensionen und arbeiten nicht mit einzelnen Softwarekomponenten. Mit dem Go-to-Market-Ansatz muss SAP sicherstellen, dass die Softwareauslieferung, die Einführungsstrategie, die Softwarebetriebsfunktionen, die Softwarewartungsstrategie und das SAP-Supportmodell den Realitäten der Kunden entsprechen. Deshalb stellen wir SAP Solution Support heute und in Zukunft in einem völlig neuen Modell – über unsere Innovations- und Betriebsplattform SAP Solution Manager im Zusammenspiel mit dem Innovation Control Center, dem Operations Control Center und dem Mission Control Center – bereit.

1.2 Erwartungen und Planung für die Zukunft

Viele Beobachtungen, die der letzten Auflage dieses Buches zugrunde lagen, sind auch in der Gegenwart noch gültig. Flexibilität und Innovation in den Geschäftsprozessen sind entscheidend für den Unternehmenserfolg (siehe Abbildung 1.3). Die IT sieht sich heute vielfach in gewachsener Komplexität und gesteigertem Kostendruck gefangen. Welche Unternehmen werden in der Zukunft zu den Gewinnern gehören? Auf diese Frage gibt es keine für alle Branchen und Märkte gültige Antwort. Aber es zeichnen sich einige übergreifende Trends ab:

- Die Konsolidierung wird in vielen Märkten weiter voranschreiten und die Wettbewerbslandschaft dramatisch zugunsten einiger weniger großer Spieler verändern.

Übergreifende Trends

- Adaptive Geschäftsstrategien und -modelle werden mehr und mehr zu kritischen Erfolgsfaktoren.

- Unternehmen fokussieren auf Innovationsgeschwindigkeit und die Pflege der Kundenbeziehungen, um dauerhaften Wert und Erfolg zu schaffen.

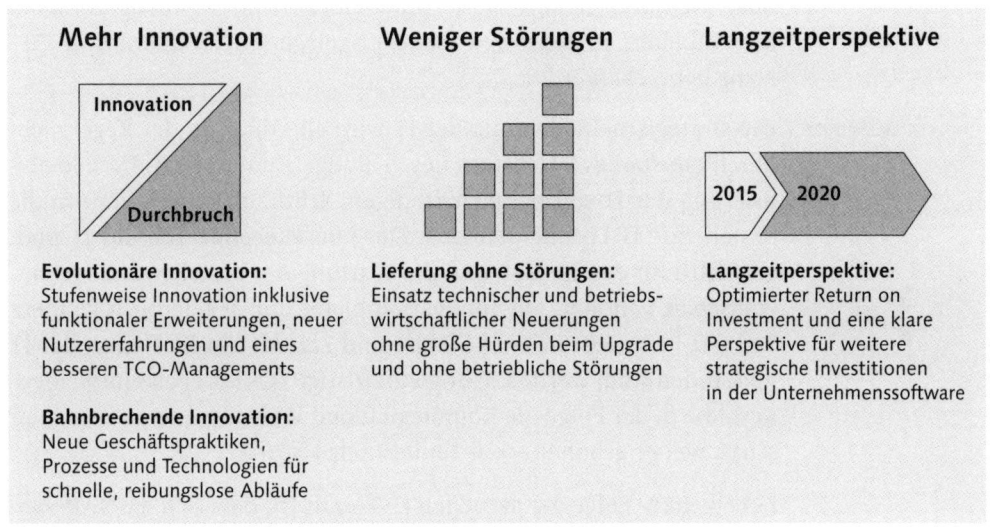

Abbildung 1.3 Wegweiser für Innovation und Wachstum

Im Gegensatz zur Vergangenheit wird *Inhouse-IT* heute nicht mehr zwingend in allen Unternehmensprozessen als wettbewerbsdifferenzierend gesehen. Commodity-Prozesse werden in der öffentlichen oder privaten *IT-Cloud* abgebildet, während wettbewerbsdifferenzierende Prozesse von der Inhouse-IT unterstützt werden.

Nachdem in vielen Industrien der Fokus einige Jahre lang auf Kostensenkung lag, sind nun die Anforderungen an die Unternehmens-IT gewaltig. Die Geschäftsstrategie verlangt einerseits Konsolidierung, d.h. Optimierung der Geschäftsprozesse und der IT, andererseits

Konsolidierung und Flexibilität

eine schnelle Anpassbarkeit und Flexibilität der IT-Systeme, um etwa kurzfristig Unternehmen integrieren zu können oder das Geschäftsmodell an veränderte Marktanforderungen anzupassen. Die integrierte Verarbeitung eines Geschäftsprozesses, auch über Unternehmensgrenzen und Rechenzentren hinweg, und Transparenz in Echtzeit kristallisieren sich immer mehr als die Voraussetzung für Produktinnovationen heraus und können für den entscheidenden Wettbewerbsvorteil sorgen.

Ein Beispiel: Neue *E-Commerce-Plattformen* versprechen ihren Kunden finanzielle Kompensationen, falls ein bestellter Artikel nicht lieferbar ist. Um die Zahlung von Vertragsstrafen zu vermeiden, muss die E-Commerce-Plattform mit der Lagerbestandsverwaltung der verschiedenen Anbieter in Echtzeit integriert sein. Nur dann kann der über E-Commerce adressierte Kundenbedarf mit dem Lagerbestand des Anbieters und der vor- oder ausgelagerten Produktion in Einklang gebracht werden.

Investitionsschutz

Die strategische Bedeutung der IT wird allerdings in der Regel nicht durch ein starkes Wachstum des IT-Budgets unterstützt. Die Flexibilisierung der IT soll bei gleichzeitigem Schutz der Investition in die bestehende IT-Lösung gelingen. Der überwiegende Teil des IT-Budgets wird für den Betrieb und die Wartung der bestehenden Systemlandschaft benötigt. Für Innovation bleibt nur der deutlich kleinere Teil. Da nicht ausreichend Budget und Zeit für ein Re-Design der IT vorhanden sind, werden häufig kurzfristige »Quick Fixes« implementiert, die in der Folge die Komplexität und Wartungskosten der Landschaft weiter erhöhen – ein Teufelskreis also.

Eine weitere Folge der aktuellen IT-Trends ist, dass sich der SAP-Support näher in Richtung der Wertschöpfungskette unserer Kunden bewegen wird. Dies bedeutet für SAP, gemeinsam mit den Entscheidern der Unternehmen an der Wertschöpfung durch die SAP-Softwarelösungen zu arbeiten. Gemeinsam werden die SAP-Softwareentwicklung und der SAP-Support investieren, um kontinuierlich erweiterte und verbesserte Softwareinnovationen sowie Softwarebetriebsfunktionen zu entwickeln, damit unsere Kunden den höchstmöglichen Mehrwert mit unserer Software realisieren können.

Kontrollzentren

Zum Beispiel bietet die bereits genannte, vom SAP-Support entwickelte Innovations- und Betriebsplattform neue Konzepte an, um dieses Ziel gemeinsam mit unseren Kunden zu erreichen. Die drei Kernelemente sind:

1. **Innovation Control Center**
   Einführung der SAP-Software gemäß SAP Best Practices; Vermeidung unnötiger individueller Softwareentwicklung, um Verzögerungen und Kosten bei der Softwareimplementierung zu vermeiden

2. **Operations Control Center**
   Automatisieren von IT-Prozessen; präventiver Software- und IT-Betrieb mit niedrigen Kosten und hoher Verfügbarkeit der Softwarelösung für die Geschäftsbereiche

3. **Mission Control Center**
   Integriert alle Backoffice-Funktionen des SAP-Supports mit Schnittstellen zu allen After-Sales-Organisationen, wie z.B. der SAP-Beratung und der SAP-Produktentwicklung. Es unterstützt das Innovation und Operations Control Center bei den oben genannten Aufgaben und speziell beim Wissenstransfer von SAP zu den Kunden (siehe auch Abschnitt 4.1 zur *SAP Enterprise Support Academy*).

1.2.1 SAP-Software-On-Premise im Verhältnis zu SAP-Software-as-a-Service

Lassen Sie uns auch hier kurz auf einige Ausführungen in der letzten Auflage dieses Buches aus dem Jahr 2006 zurückblicken. Wenn Unternehmen Differenzierung und Flexibilität verlangen, geht es um die Art, wie ein Unternehmen auf Kundenanforderungen reagiert, wie es mit Lieferanten und Partnern zusammenarbeitet, wie es seine Geschäftsmodelle – falls erforderlich – schnell anpasst, um besser zu sein als die Wettbewerber. Diese *Kernprozesse* können je nach Unternehmensausrichtung Produktion, Lieferketten, Kundenansprache oder auch spezifische Dienstleistungen betreffen, aber eines haben sie alle gemeinsam: Sie sind wettbewerbskritisch und äußerst dynamisch. Wenn Unternehmen diese differenzierenden Prozesse nicht flexibel und schnell anpassen können, gehören sie rasch zu den Verlierern.
Kernprozesse

Daneben gibt es in jedem Unternehmen auch Geschäftsprozesse, die nicht wettbewerbskritisch sind. Man bezeichnet sie als *Kontextprozesse*. Dazu gehören meist das Rechnungs- und das Personalwesen, die Anlagen- oder auch Lagerverwaltung; Letzteres gilt allerdings z.B. nicht für den Handel, da dort die Lagerhaltung durchaus ein Kernpro-
Kontextprozesse

zess ist. Kontextprozesse verlangen nach effizienter, kostengünstiger Gestaltung und damit vor allem nach IT-Standardlösungen.

Zusammenspiel beider Prozesskategorien

Beide Prozesskategorien sind traditionell eng miteinander verbunden. Alle neuen, innovativen Geschäftsprozesse werden nach einer gewissen Nutzungsphase zu Kontextprozessen (*Consolidation*), wenn sie zu allgemein genutzten Prozessen in einer Branche werden und damit aufhören, wettbewerbsentscheidend zu sein. Wie kann ein Unternehmen solche produktiven Prozesse nutzen und wieder in differenzierende Prozesse verwandeln? Idealerweise werden schon vorhandene Prozessschritte zur Bildung neuer Kernprozesse herangezogen (*Compose*). Eine teure und zeitaufwendige Applikationsentwicklung entfällt in diesem Fall. Einmal erstellte Dienste – etwa für das Anlegen eines Auftrags – können in unterschiedlichen Geschäftsprozessen immer wieder neu verwendet werden. Schnittstellen oder komplette Anwendungen müssen also nicht ständig neu programmiert werden.

Um das Zusammenspiel von Kern- und Kontextprozessen in Unternehmen bestmöglich zu unterstützen, verbindet SAP die IT-Infrastruktur eng mit betriebswirtschaftlichen und branchenspezifischen Funktionen. Die Aufgabe eines Unternehmens besteht dann vor allem darin, die eigenen Prozesse klar zu definieren und so eine Planungsgrundlage zu schaffen, wie diese softwaretechnisch umgesetzt werden sollen.

Hybridmodell

Damit können Entscheidungen getroffen werden, welche Prozesse oder Prozessschritte über ein *SAP-Software-as-a-Service-Modell* (SAAS) via Cloud eingekauft werden und welche wiederum über hausintern verfügbare SAP-Software (*On Premise*) konfigurierbar und erweiterbar unternehmensindividuell abgebildet werden können.

Wenn SAAS und On-Premise-Software integriert eingesetzt werden, sprechen wir von einem *Hybridmodell*. Für ein solches Hybridmodell entwickelt SAP spezielle IT-Lifecycle-Management-Modelle auf Basis der Innovations- und Betriebsplattform SAP Solution Manager.

1.2.2 Der Chief Information Officer als Chief Process Innovation Officer

Im Rahmen der Einführung integrierter ERP-Systeme entwickelten sich steigende betriebswirtschaftliche und technische Anforderungen an die IT. Mit den Projekten und Teams wuchsen auch die

Budgets und die Verantwortung. Letztlich resultierte daraus die Schaffung der Funktion des *Chief Information Officer* (CIO). In technologielastigen Unternehmen sind dessen Aufgaben inzwischen sogar so umfangreich geworden, dass zusätzlich die Rolle des *Chief Technology Officer* (CTO) eingeführt wurde.

Aktuell muss sich der CIO nicht nur intern mit sinkenden Projektbudgets auseinandersetzen, sondern er wird auch von außen mit sich schnell verändernden Marktbedingungen und verschärftem Wettbewerb konfrontiert. Das moderne Topmanagement stellt deswegen immer höhere Ansprüche an den obersten IT-Verantwortlichen im Unternehmen. Im operativen Bereich wird von ihm erwartet, dass er eine angemessene, zuverlässige und ökonomische Infrastruktur und IT-Systeme, die die Geschäftsstrategie unterstützen, zur Verfügung stellt. Außerdem müssen sich CIOs zunehmend damit auseinandersetzen, nicht nur das aktuelle Geschäft voran zu bringen – z.B. durch Lieferung besserer Entscheidungsgrundlagen –, sondern zusätzlich, wie oben erläutert, durch IT-Innovation neue Geschäftsmöglichkeiten zu generieren. Auf der einen Seite soll der CIO ein Business-Manager mit umfangreichem IT-Wissen und Erfahrung sein, auf der anderen Seite auch ein IT-Verantwortlicher mit strategischen Managementfähigkeiten. Seine Bezeichnung könnte daher künftig auch *Chief Process Innovation Officer* (CPIO) lauten.

Sinkende Bugets vs. dynamische Märkte

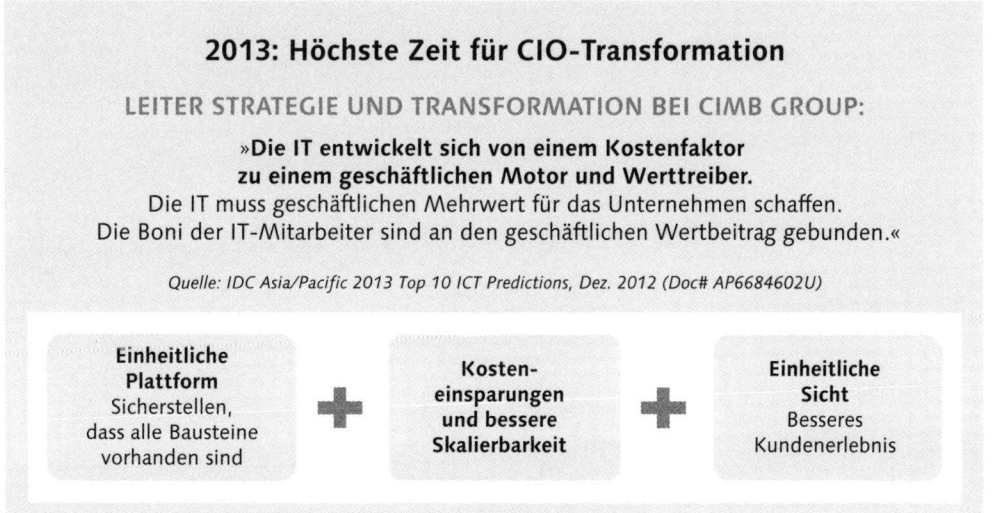

Abbildung 1.4 CIO-Transformation – Wandel der IT von der Kostenstelle zum Wertschöpfungscenter

Auf lange Sicht wird der CIO alter Prägung an Einfluss verlieren, wenn er in erster Linie als Verursacher von Kosten gesehen wird und wenn IT nur als Kostenstelle und nicht als Komponente der Wertschöpfungskette eines Unternehmens wahrgenommen wird. Idealerweise sollte der CPIO die Rolle eines Gestalters übernehmen, der einerseits die Sprache und die Bedürfnisse der Geschäftsbereiche versteht und sie in innovative und skalierbare IT-Lösungen umsetzen kann. Andererseits sollte der CPIO in der Lage sein, den Wert einer IT-Investition mit den Geschäftsbereichen zu planen und entsprechende Entscheidungen zu treffen.

*»Innovation macht den Unterschied zwischen einem
Anführer und einem Anhänger aus.«*
(Steve Jobs, US-Unternehmer und Apple-Mitgründer)

2 Beschleunigte Innovation und kontinuierliche Verbesserung

In Gesprächen mit unseren Kunden aus aller Welt zeigt sich der enorme Druck, der auf ihnen lastet, immer wieder neue Geschäftsmodelle zu implementieren. Erstaunlicherweise werden oftmals gerade die IT und die Softwarelösungen als Hemmschuh für erforderliche Innovationen betrachtet.

Um dies zu ändern, müssen eine solide Strategie und ein neuer Weg der Zusammenarbeit geschaffen werden. Eine neue Plattform wird benötigt, die Geschäfts- und IT-Transformation möglich macht und nicht verhindert. Mit der SAP Business Suite auf *SAP HANA* und der *SAP Mobile Platform* ist es SAP gelungen, die wesentlichen Bausteine dafür zu liefern (siehe Abschnitt 2.1). Diese Bausteine wiederum fügen sich lückenlos zusammen und werden durch die Services und Werkzeuge der SAP-Orchestrierung als eine durchgängige Lösung gesteuert und unterstützt.

Geschäftstransformation ermöglichen

Durch die SAP Mobile Platform sind alle Verbraucher und deren Geschäftspartner jederzeit miteinander verbunden. SAP unterstützt dies, indem sie die erforderlichen technischen Grundlagen bereitstellt, um SAP-Lösungen stets online betreiben zu können.

Neue Entwicklungen

Als weiterer Trend ist zu beobachten, dass viele SAP-Kunden ihre SAP-Lösungen als eine globale Single-Instanz betreiben, die ihren Geschäftsbetrieb rund um die Welt unterstützt.

Mit *Design Thinking* hat SAP eine Methode etabliert, um herauszufinden, welche Erfahrungen Kunden oder Partner mit den korrespondierenden Geschäftssparten gemacht haben und wie man diese optimieren kann. Durch diesen Ansatz in Verbindung mit der Auslieferung neuer Releases im Sechsmonatsrhythmus kann SAP eine komplette, immer wieder verbesserte Lösung bereitstellen.

Topleistungen von SAP AGS Wie Abbildung 2.1 zeigt, fokussieren alle Hauptleistungen von SAP Active Global Support (AGS) auf die Prioritäten unserer Kunden.

Abbildung 2.1 Strategische und operative Ziele der SAP zur Unterstützung der Geschäfts- und IT-Prioritäten ihrer Kunden

- **Kontinuität der Geschäftsprozesse aufrechterhalten**
  (siehe Kapitel 3)
  Geschäftsprozesskontinuität – also die Verfügbarkeit, Stabilität und Performance der Softwarelösungen – ist ein alternativloses Gebot, das im Laufe der Zeit zu einer immer größeren Herausforderung wurde, da die Globalisierung stetig weiter voranschritt. Viele Unternehmen betreiben ihre Produktion rund um die Uhr an sieben Tagen in der Woche, wobei Auszeiten nur bedingt oder gar nicht mehr akzeptabel sind. Die Lösungen werden in zunehmendem Maße elektronisch in Lieferanten- und Verteilungsnetzwerke integriert.

- **Geschäftsprozesse verbessern** (siehe Abschnitt 2.3)
  Über Datenintegrität, -konsistenz und -sicherheit der SAP-Lösungen in einer vernetzten Umgebung hinaus besteht die Notwendigkeit, kontinuierlich Wertschöpfung für das Geschäft zu erzielen und den Betrieb der Geschäftsprozesse zu optimieren – technisch und funktional. Der *Return on Investment* (ROI) muss ständig maximiert und damit die Nutzung der installierten Lösung erhöht werden.

  Oftmals entscheiden sich die Geschäftssparten unserer Kunden für eine *Cloud-Lösung*, weil ihre IT-Abteilung neue Funktionen nicht in der Geschwindigkeit liefern kann, wie es die Geschäftstransformation erfordert. Solche Cloud-Lösungen müssen integriert werden, damit die Geschäftsprozesse durchgängig funktionieren. Darüber hinaus sind die Investitionen vor dem eigentlichen Start schwer zu rechtfertigen. Deshalb muss die Dauer von der Anfrage bis zum Beginn der Wertschöpfung kürzer werden, und der Mehrwert muss garantiert sein.

- **Gesamtbetriebskosten minimieren** (siehe Abschnitt 3.1.2)
  Eine große Menge an Modifikationen der Lösung und Kundenerweiterungen führen zu hohen Betriebskosten. Durch die jüngste Finanzkrise und Outsourcing ist die Betriebsorganisation auf das Minimum heruntergefahren worden, das man benötigt, um die Lösungen überhaupt am Laufen zu halten. Diese Problematik adressieren die Programme *Build SAP Like a Factory* und *Run SAP Like a Factory* sowie ein durchgängiges, integriertes *Application Lifecycle Management* – und zwar mit einem ganzheitlichen Ansatz. Übrigens, in den meisten Kundenlösungen können bis zu 90 % der Modifikationen durch SAP-Standardcode ersetzt werden.

- **Die Wertschöpfungskette verbessern und die Vertriebsgemeinkosten reduzieren** (siehe Abschnitt 2.2)
  Viele unserer Kunden haben ihre Schwerpunkte verlagert, um neue Geschäftsmodelle in die Realität umzusetzen. Heute sind Innovation und Geschwindigkeit gefragt! Die Resultate müssen vorhersehbar und garantiert sein! Um diese Anforderungen unter einen Hut zu bringen, stellt SAP die oben genannten Methoden mit den folgenden Zielen zur Verfügung:
  - Alle sechs Monate steht ein neues Release mit handfesten, messbaren Vorteilen für jede Geschäftssparte bereit.
  - Alle sechs Monate ist ein Upgrade auf das neueste Release und die neueste Technologie mit einer Auszeit gegen null verfügbar.

2.1 Geschäfts- und IT-Transformation, unterstützt durch SAP HANA, Cloud und mobile Lösungen

Die *SAP Business Suite on SAP HANA* stellt in Kombination mit der *SAP Mobile Platform* die Basistechnologie bzw. -plattform für die Förderung von Innovationen dar. Zusammen mit dem *cloud-basierten Handelsnetzwerk von Ariba* – dem weltweit größten seiner Art – und den

Cloud-Produkten von *SuccessFactors* trägt sie zu einer schnellen Wertschöpfung bei.

Die *SAP Business Suite* ist heutzutage die Geschäftsdatengrundlage für große Unternehmen, speziell für unsere SAP-MaxAttention-Kunden. Sie betonen in Gesprächen immer wieder, dass es zwar wichtig ist, all diese Daten zu haben, beanstanden aber, dass nicht genug damit geschieht. Echtzeit-analytische Funktionen auf existierenden transaktionalen Systemen zu implementieren ist nicht sinnvoll. CPU und Speicherkapazitäten reichen nicht aus, und die Performance des transaktionalen Systems sinkt. Die Folgen sind:

- zahlreiche Datenkopien und Batch-Jobs, um die Daten zu laden und aggregieren
- erhöhter manueller Aufwand und eine zeitliche Verzögerung bei der Bearbeitung der Umlagen, Profitabilitätsanalysen, Planung und Analyse

Änderungen durch SAP HANA

Durch *SAP HANA* hat sich das nun geändert: Programme zum Laden der Daten oder Aggregate werden nicht mehr benötigt. Alle Kosten werden sofort denjenigen zugewiesen, die sie verursacht haben. Planungen werden dann durchgeführt, wenn sie gebraucht werden. Kurz: Wir können heute intelligentere IT-Lösungen anbieten.

Um Risiken des Übergangs in den Griff zu bekommen, bietet SAP flexible, standardisierte Deployment-Optionen an: Mit der Software *SAP Landscape Transformation* (SAP LT) stellen wir eine Technologie bereit, die die Daten von der transaktionalen Datenquelle auf ein Data Warehouse wie *SAP NetWeaver BW auf SAP HANA* oder schlichtweg in eine In-Memory-Datenbank, sprich SAP HANA, repliziert. Daraus resultieren schnelle Produkteinführungszeiten mit Beschleunigern oder Data-Warehouse-Funktionen.

Mithilfe der neuen Technologien werden die IT-Landschaften weniger komplex. Der Betrieb der Geschäftsprozesse wird einfacher, da Arbeiten, die heute manuell oder zeitlich verzögert geleistet werden, künftig in Echtzeit automatisiert durchgeführt werden. Auf diese Weise können die Vertriebsgemeinkosten drastisch reduziert werden.

Wir errichten eine *Single Source of Truth* für Daten. Darüber hinaus können Daten von Lieferanten oder Kunden integriert werden. Und das wiederum erlaubt uns, eine verbesserte Wertschöpfungskette vom Lieferanten bis zum Kunden – End-to-End, also durchgängig – zu implementieren (siehe Abbildung 2.2)!

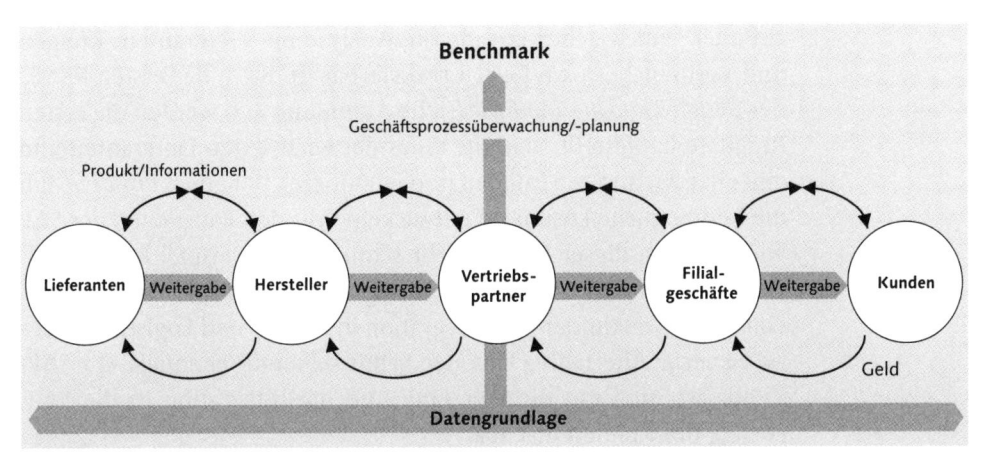

Abbildung 2.2 Echtzeit-Unternehmen – kontinuierliche Verbesserung der Wertschöpfungskette

Die SAP Mobile Platform erlaubt uns, das ultimative Nutzungserlebnis auf mobilen Endgeräten, wie z. B. *Tablets*, zu ermöglichen. Für den Nutzer sieht die Anwendung aus wie eine Cloud-Lösung, aber es handelt sich um die SAP Business Suite. Mit *SAP NetWeaver Gateway* kann diese neue Benutzererfahrung in einer kundenspezifischen Art entwickelt werden – ohne Modifikationen der SAP-Lösung und ohne Störung der Abläufe.

Cloud-fähige SAP Business Suite

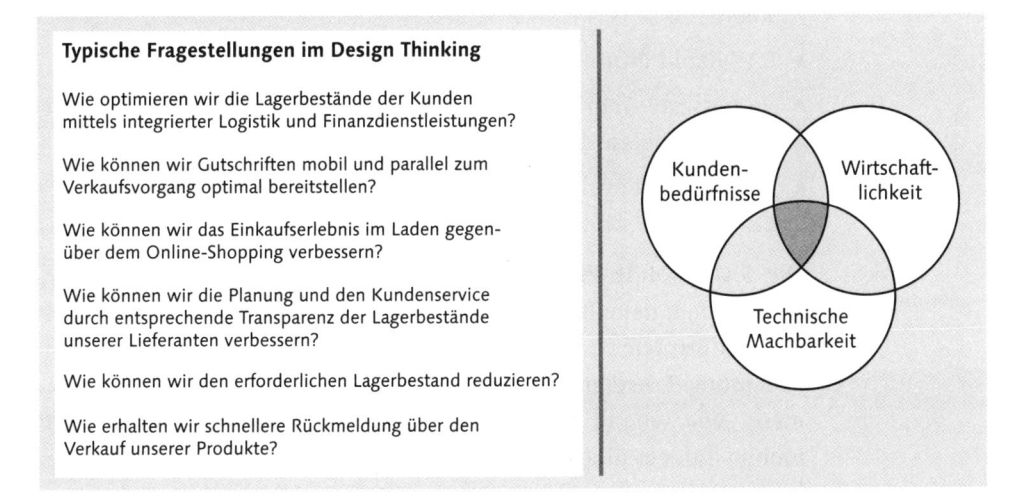

Typische Fragestellungen im Design Thinking

Wie optimieren wir die Lagerbestände der Kunden mittels integrierter Logistik und Finanzdienstleistungen?

Wie können wir Gutschriften mobil und parallel zum Verkaufsvorgang optimal bereitstellen?

Wie können wir das Einkaufserlebnis im Laden gegenüber dem Online-Shopping verbessern?

Wie können wir die Planung und den Kundenservice durch entsprechende Transparenz der Lagerbestände unserer Lieferanten verbessern?

Wie können wir den erforderlichen Lagerbestand reduzieren?

Wie erhalten wir schnellere Rückmeldung über den Verkauf unserer Produkte?

Abbildung 2.3 Optimierung der Wertschöpfungskette durch Design Thinking und Prototyping

Design neuer Lösungen

Wenn wir mit unseren SAP-MaxAttention-Kunden zusammenarbeiten, erfahren wir schnell, welche weiteren Fähigkeiten und Funktionen sie wünschen. Die Herausforderung dabei besteht darin, herauszufinden, auf welcher Lösung die Analyse mit Lieferanten, Kunden und Verbrauchern am besten realisierbar ist. Nach der ersten Runde der *Design-Thinking-Methode* (siehe Abbildung 2.3) werden die ersten Resultate vorgestellt. Mithilfe eines der wichtigsten Lieferanten und eines der wichtigsten Kunden implementieren wir einen *Prototyp*, um die bestmögliche Lösung zu entwickeln. Mit den Bausteinen der SAP vollzieht sich dieser Prozess sehr schnell. Zum Beispiel können wir eine SAP-Business-One-Cloud-Lösung nutzen, um den Lagerbestand eines Schlüsselkunden mit Integration in Finanz- und Logistikservices zu steuern. Alternativ, falls der Schlüsselkunde ebenfalls ein SAP-Kunde ist, sind ein direkter Link und die Integration in die SAP-Lösung des Kunden machbar.

Wird die Implementierung in kurzen Zyklen wiederholt, ist es möglich, das Lieferanten- und Kundenfeedback zügig in die finale Lösung zu integrieren. Der Roll-out kann auf der Basis einer gründlichen Analyse und klaren Aussage bezüglich technischer Machbarkeit und Wirtschaftlichkeit starten.

Generell besteht unser Ansatz, schnelle Geschäftsinnovationen mit greifbaren Vorteilen zu unterstützen, aus der Kombination folgender Elemente:

- der Design-Thinking-Methode des Hasso-Plattner-Instituts (siehe Kapitel 6)
- SAP Rapid Prototyping
- verbesserte Gebrauchstauglichkeit der Software und bessere Nutzungserlebnisse (siehe Abschnitt 2.1.3)
- der Basis in Form von Schlüsselkapazitäten der SAP Business Suite und der SAP-Cloud-Lösungen (den Bausteinen der SAP-Plattform)

Vertriebsanforderungen

Die SAP Mobile Platform und speziell SAP NetWeaver Gateway ermöglichen neue Benutzererlebnisse, die vollständig an die speziellen Bedürfnisse von SAP-MaxAttention-Kunden angepasst sind. Abbildung 2.4 zeigt am Beispiel eines großen Technologieunternehmens, wie wir all unsere SAP-CRM- und Vertriebserfahrung auf mobile Tablets übertragen haben. Ausgangspunkt für diese Vorgehensweise waren mehrere Design-Thinking-Workshops. Dabei fanden wir heraus, dass die meisten Benutzer aus dem Vertrieb eine Kundenanalyse wünschen, kombiniert mit Fähigkeiten, wie z.B. die für den Vertrieb notwendigen Transaktionen durchzuführen.

Abbildung 2.4 Vertriebsunterstützung durch SAP Cloud

Durch die Nutzung von SAP CRM auf Mobilgeräten kann der Kundendienst auch unterwegs auf Verkaufsdaten zugreifen.

Im Gegensatz zu früher müssen in unserer vernetzten Welt nicht alle mobilen Lösungen offline sein. Durch Wi-Fi- und 3G-Phone-Karten kann der Vertrieb nahezu immer online sein. Die einzige Offlinefunktion, an der wir derzeit arbeiten, ist der analytische Schnappschuss der Informationen über einen spezifischen Kunden, während der Vertriebsmitarbeiter offline ist. Selbst die meisten amerikanischen Fluglinien stellen mittlerweile einen Internetzugang bereit. Für die Endbenutzer ist diese Lösung »cloud-enabled«. Ihnen ist es gleichgültig, wo sich die Server befinden.

Nachdem die Themen SAP HANA und Echtzeit-Unternehmen, mobile Lösungen, User Experience und Cloud-Computing hier nur kurz angerissen wurden, gehen die folgenden Abschnitte mehr ins Detail.

2.1.1 Mit SAP HANA zum Echtzeit-Unternehmen

Die Entwicklung der In-Memory-Technologie, wie sie etwa von der spaltenorientierten *SAP-HANA-Datenbank* genutzt wird, stellt einen Quantensprung in der Informationstechnologie dar.

Von der Vision zur Realität

So, wie die Entwicklung von vergleichsweise günstigen *UNIX*-Servern Ende der 80er-Jahre erst die Revolution in den IT-Landschaften weg vom monolithischen Mainframe-Server hin zur flexiblen Client-Server-Architektur in den 90er-Jahren ermöglicht hat, so hat der Preisverfall der Speicherkomponenten in den letzten zehn Jahren den

Grundstein für eine SAP-HANA-Technologie gelegt, die es ermöglicht, komplette Unternehmensdatenbestände im Hauptspeichersystem heutiger Rechner abzulegen. Daraus ergibt sich eine Reihe von Visionen, die auf einmal greifbar nahe erscheinen:

- **Echtzeit-Analysen**
  Jede Information steht bereits zum Zeitpunkt der Dateneingabe für alle analytischen Prozesse zur Verfügung.

- **Reduzierung von Betriebskosten**
  Durch die Eliminierung redundanter Datenbestände für transaktionale und analytische Aufgaben reduzieren sich die Kosten für Hardware und Systemadministration.

- **Eliminierung von Stapelverarbeitungsläufen**
  Materialbedarfsplanungen (MRP), Konzernkonsolidierungen, Periodenabschlüsse, produktübergreifende Kundeninformationssysteme und andere Ergebnisse umfangreicher Berechnungen stehen jederzeit in Echtzeit auf Basis des aktuellen Datenbestands zur Verfügung. Periodische Nacharbeiten sind nicht mehr notwendig. Viele dieser ehemals asynchronen Prozessschritte können nun synchron zum aktuellen Geschäftsbetrieb ausgeführt werden. Dies bedeutet bereits eine signifikante qualitative Verbesserung im Vergleich zur herkömmlichen Datenverarbeitung.

Auch eine Iteration ehemals asynchroner Prozessschritte kann zu neuen Möglichkeiten im Prozessablauf führen, wenn wir etwa an die mehrfache Echtzeit-Auswertung von Planungsszenarien mit unterschiedlichen Eingabeparametern denken.

> **Exkurs: Übertragung der Geschäftsdaten nach SAP HANA**
>
> Praktisch ebenso wichtig wie die hochperformante Verarbeitung von riesigen Datenmengen in SAP HANA ist die Bereitstellung der aktuellen Geschäftsdaten aus Ihren Business-Systemen. Seit Mitte 2011 steht Ihnen der *SAP Landscape Transformation Replication Server* zur Verfügung, der es ermöglicht, für die meisten Einsatzfelder von SAP HANA Geschäftsdaten aus verschiedensten SAP-Systemen (ab Release SAP R/3 4.6C) und Nicht-SAP-Systemen quasi in Echtzeit in ein oder mehrere SAP-HANA-Systeme zu replizieren.
>
> Für die Echtzeit-Replikation von Daten nach SAP HANA hat sich die Datenbank-Trigger-basierte-Lösung des SAP Landscape Transformation Replication Server als De-facto-Standard in den vergangenen zwei Jahren etabliert (zu SAP Landscape Transformation Software im Allgemeinen siehe Abschnitt 3.3).

Geschäfts- und IT-Transformation: SAP HANA, Cloud, mobile Lösungen | 2.1

Technisch gesehen, ist der SAP Landscape Transformation Replication Server ein nicht modifiziertes Software-Add-on für den *SAP NetWeaver ABAP Stack*. Der SAP Landscape Transformation Replication Server könnte ein separates SAP-NetWeaver-System sein, auf einem SAP Solution Manager oder im SAP-ERP-Quellsystem installiert werden. Für die produktive Nutzung wird in der Regel ein eigenes zentrales System empfohlen. Verbindungen zu Quellsystemen (SAP-Systeme und SAP-unterstützte Datenbanken) und SAP HANA lassen sich einfach mithilfe von Standardverfahren wie Remote Function Call (RFC) über eine Konfiguration definieren. Die Integration in eine bestehende Systemlandschaft ist damit schnell und unkompliziert möglich. Daten lassen sich aus mehreren Quellsystemen in ein oder mehrere SAP-HANA-Systeme replizieren. Die funktionale Integration erlaubt es, über das *SAP HANA Studio* das Laden bzw. kontinuierliche Replizieren der Daten für bestimmte Tabellen zu initiieren, die Replikation für einzelne Tabellen vorübergehend anzuhalten oder wieder zu beenden. Die Geschwindigkeit des initialen Ladevorgangs sowie die kontinuierliche Datenreplikation lassen sich bei Bedarf anpassen. Mögliche Auswirkungen von Performanceoptimierungen auf das Quellsystem sowie Richtlinien für ein passendes Sizing des SAP Landscape Transformation Replication Server sind in einem separaten *Sizing Guide* beschrieben.

Funktionalität des SAP Landscape Transformation Replication Server

Die für den Replikationsmodus genutzte Trigger-Technologie stellt sicher, dass alle Änderungen in ausgewählten Quelltabellen unmittelbar in das SAP-HANA-System übertragen werden. Mit dem SAP Landscape Transformation Replication Server können Daten aus Tabellen mit Primärschlüssel, aber auch aus Pool- und Clustertabellen (SAP-spezifische Tabellenformate), repliziert werden. Während der Datenübertragung werden Datenformate automatisch an SAP-HANA-Spezifika angepasst – falls das Quellsystem kein Unicode-System sein sollte, erfolgt mit der Datenübertragung gleichzeitig auch die Unicode-Konvertierung. Darüber hinaus stehen Ihnen umfangreiche Filter- und Transformationsmöglichkeiten sowie Data Scrambling (Anonymisierung) zur Verfügung.

Datenreplikation und -transformation

Die Überwachung der Datenreplikation in Echtzeit erfolgt durch das Monitoring im SAP Solution Manager und über spezielle Überwachungsmöglichkeiten des SAP Landscape Transformation Replication Server. Pro Tabelle lassen sich die sogenannten *Latenzzeiten* permanent überwachen sowie Statistiken zu Datendurchsatz oder die durchschnittliche Latenzzeit ermitteln. Der SAP Landscape Transformation Replication Server ist integriert in die Monitoring- und Alerting-Infrastruktur des SAP Solution Manager 7.1. Zudem bietet der SAP Replication Manager als mobile Anwendung alle Monitoring- und Statistikinformationen im Überblick.

Überwachung von Datenbereitstellung und Betrieb

Projektbeispiele

Wir wenden uns nun konkreten Beispielen von Kunden zu, die für einzelne Geschäftsprozesse die Vision des Echtzeit-Unternehmens bereits produktiv umgesetzt haben.

Diese Projekte wurden im Rahmen von bestehenden SAP-MaxAttention-Verträgen als sogenannte *Co-Innovationen* zusammen mit den IT-Abteilungen der Kunden realisiert.

Zentrales Hauptbuch

Ineffiziente Prozesse — Aufgrund einiger Firmenzukäufe in der Vergangenheit sah sich ein Kunde aus der Automobilindustrie mit einer Vielzahl von Tochterunternehmen mit eigenen ERP-Systemen (SAP und andere) konfrontiert. Der Kunde musste auf einen aufwendigen, teils sogar manuellen Prozess zurückgreifen, um die Abschlüsse der verschiedenen SAP- und Nicht-SAP-Systeme zu konsolidieren.

Dabei wurden die Daten in den verschiedenen SAP- und Nicht-SAP-Systemen gemäß den lokalen Rechnungslegungsvorschriften gebucht und anschließend nach Microsoft Excel exportiert. Von dort wurden die Daten in das Rechnungslegungssystem des Mutterkonzerns überführt und von diesem auf Konsistenz geprüft. War diese sichergestellt, wurden die Microsoft-Excel-Daten in ein Data Warehouse importiert und dort zu einem Konzernabschluss konsolidiert.

Dieser Prozess war aus Sicht des Kunden fehleranfällig, langwierig, manipulierbar und ineffizient. Er suchte nach einer Möglichkeit, auf einen automatisierten Prozess umzusteigen, jedoch möglichst ohne in die laufenden operativen Prozesse der Töchtersysteme einzugreifen.

Lösung: Zentrales Hauptbuch — Zusammen mit dem Kunden wurde ein zentrales Hauptbuch auf Basis eines SAP-ERP-6.0-Systems entwickelt (siehe Abbildung 2.5), das als reines Berichts- und Konsolidierungsvorbereitungssystem fungierte. Die Buchhaltungsbelege wurden aus den Quellsystemen in das System des zentralen Hauptbuchs übertragen und dort mithilfe eines *Business Application Programming Interface* (BAPI) nochmals gebucht. Bei der Buchung wurden die Funktionen des *SAP New General Ledger* (New G/L) zur parallelen Rechnungslegung genutzt, d.h., es wurden parallel sowohl Buchhaltungsbelege für die lokale als auch die zentrale Rechnungslegungsvorschrift gebucht. Die Aktivierung der Konsolidierungsvorbereitung im SAP New G/L ermöglichte es darüber hinaus, die Daten der verschiedenen Mehrheits- und Minderheitsbeteiligungen bereits so zu buchen, dass einige aufwendige Schritte im genutzten Konsolidierungstool vermieden werden konnten.

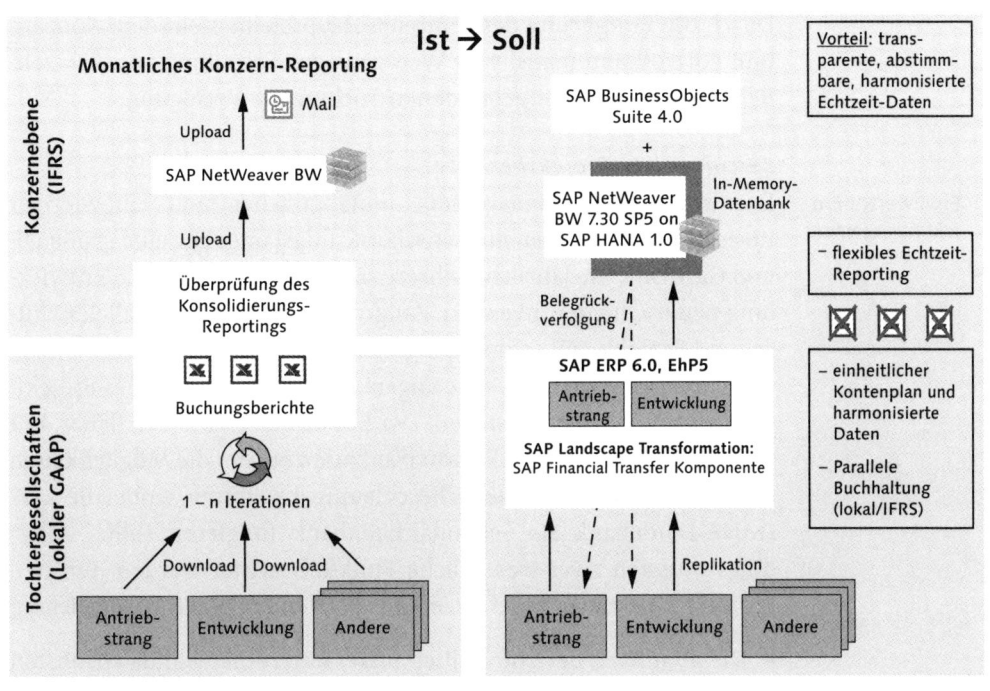

Geschäfts- und IT-Transformation: SAP HANA, Cloud, mobile Lösungen | 2.1

Abbildung 2.5 Realisierung eines zentralen Hauptbuchs

Das zentrale Hauptbuch wurde schließlich mit einem *SAP NetWeaver Business Warehouse* (SAP NetWeaver BW) verbunden, das auf der *SAP-HANA-Datenbank* basiert. Umfassende Berichte konnten nun mithilfe von *SAP BusinessObjects* oder direkt mit SAP-HANA-Funktionen erstellt werden.

Die Übertragung der Buchhaltungsbelege in das System des zentralen Hauptbuchs erfolgte mittels der Werkzeuge der *SAP Landscape Transformation* (SAP LT). Eine spezielle Konfiguration ermöglichte dabei auch die Transformation der Daten, z.B. die Umsetzung auf den Kontenplan der Konzernmutter. Außerdem wurden die übertragenen Belege mit Daten angereichert, die jederzeit das Zurückverfolgen in das Quellsystem erlaubten. Mittels Datenbank-Triggern wurde jede Buchung in einem Quellsystem in Echtzeit in das Zielsystem übertragen.

SAP Landscape Transformation zur Übertragung von Buchungsbelegen

Belege, die bei der Verbuchung Probleme bereiteten, konnten mithilfe der Komponente *SAP Error Correction and Suspense* (SAP ECS) korrigiert und nachgebucht werden. In einem Workflow konnte hinterlegt werden, wer den Fehler zu bereinigen und wer die Veränderung zu genehmigen hat (Vier-Augen-Prinzip).

Durch die Einführung des zentralen Hauptbuchs steht dem Konzern nun ein voll automatisiertes Werkzeug zur Erstellung von Echtzeit-Berichten über alle angebundenen Töchter zur Verfügung.

Beschleunigte Projektberichte

Erschwertes Projektmanagement

Das erfolgreiche Management umfangreicher und langwieriger Investmentprojekte ist ein kritischer Erfolgsfaktor für eine große Öl- und Gasfirma, die jährlich mehrere Milliarden Dollar in die Entwicklung neuer Ölfelder investiert. Aufgrund der Vielzahl paralleler Nutzer und Projekte mit sehr umfangreichen Strukturen wurde es jedoch zunehmend schwieriger, eine angemessene Antwortzeit des Projektberichtswesens sicherzustellen. Der Kunde entschloss sich daher, mit SAP einen gemeinsamen Prototyp aufzusetzen, um die Möglichkeiten der *SAP-HANA-Datenbank* als Beschleuniger zu testen, wobei die SAP-HANA-Datenbank als Sekundärdatenbank fungieren sollte. Allerdings mussten zwei wesentliche Punkte beachtet werden, um den Prototyp zu erzeugen und Akzeptanz bei den Benutzern zu erreichen:

- Die genutzten Berichte sollten unverändert bleiben, da ansonsten mehrere Hundert bis Tausend Anwender von Änderungen betroffen gewesen wären.
- Technische Änderungen durften nicht den Geschäftsprozess selbst beeinflussen.

SAP AGS arbeitete bereits seit mehreren Jahren erfolgreich mit dem Kunden zusammen und war daher mit den Geschäftsprozessen und dem System vertraut. Kunde und SAP entschieden sich gemeinsam für folgenden Ansatz:

Optimierung durch SAP HANA

- Für Standardberichte der Projektstruktur (z. B. Transaktion CNS41) wurden einzelne laufzeitintensive Datenbankzugriffe auf die SAP-HANA-Datenbank umgeleitet. Um dies generisch und konfigurierbar, d.h. ohne Anpassung der Anwendungsprogramme, lösen zu können, wurde im SAP-NetWeaver-Kernel eine Erweiterung eingebaut, die es ermöglichte, in einem Programm einzelne Tabellenzugriffe auf eine sekundäre Datenbank (in diesem Fall die SAP-HANA-Datenbank) umzuleiten. Dadurch konnten etwa Tabellenzugriffe mit großem Eingabe-/Ausgabe-Anteil deutlich beschleunigt werden.
- Für die Einzelpostenberichte im Projektsystem (Transaktion CJI3) wurde ein anderer Weg gewählt. Hier zeigte sich, dass Anwender

primär am Periodenende Buchungen mit hohen Beträgen suchen und dazu über alle Objekte (Projektstrukturplanelemente, Netzplanvorgänge und Aufträge) sowie alle gebuchten Einzelposten auf diesen Objekten selektieren. Für diesen Anwendungsfall entschloss sich das SAP-Team, einen vorhandenen Beschleuniger aus dem Kostenstellenumfeld auf die Einzelpostenberichte des Projektsystems zu erweitern. Dabei wurde ausgenutzt, dass die SAP-HANA-Datenbank sehr schnell über die Werte einer Spalte aggregieren kann. Entsprechend wurde eine neue Transaktion bereitgestellt, die es erlaubte, zuerst die aggregierten Kosten auf der Objektebene (z. B. Projektstrukturplanelement) oder der Objekt-/Kostenstellenebene anzuzeigen und erst danach, falls nötig, die einzelnen Einzelposten pro Objekt zu lesen.

Es wurden folgende Ergebnisse für den Prototyp erzielt: | Ergebnis: Beschleunigung

1. Das Projektstrukturberichtswesen wurde – ohne eine Änderung des Anwendungsprogramms – um den Faktor 2 beschleunigt.
2. Der neue Einzelposten-Browser arbeitete ca. fünf- bis zehnmal schneller als das ursprünglich der Fall war und verfügte dabei über dieselben Funktionen.

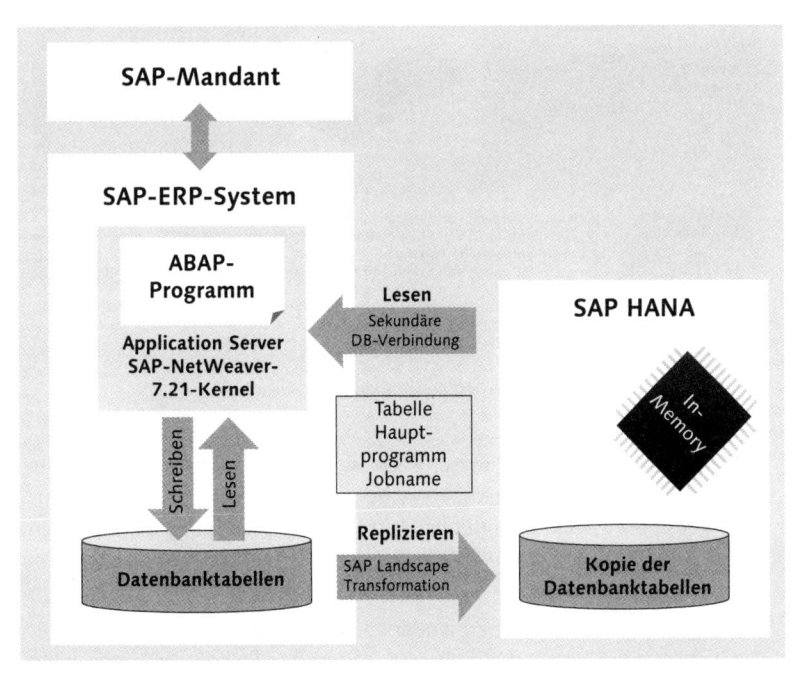

Abbildung 2.6 SAP Business Application Accelerator

Die Prototypen wurden in enger Zusammenarbeit zwischen dem Kunden und SAP entwickelt und getestet. Der Test erfolgte direkt in der Systemlandschaft des Kunden auf dessen Datenbestand. Beide Entwicklungen wurden in einem zweiten Schritt in den SAP-Standard überführt und können heute von allen Kunden genutzt werden. Der *SAP Business Application Accelerator* ist mit den Hinweisen 1696402 sowie 1694697 verfügbar (ab SAP-Kernel 7.21). Abbildung 2.6 veranschaulicht das Konzept.

Der Einzelposten-Browser für das Projektsystem steht mit Hinweis 1698066 zur Verfügung.

Kundenbericht: Surgutneftegas erhöht die Energieeffizienz von Tausenden von Betriebsmitteln in Echtzeit durch SAP HANA

»Die Förderung von energieeffizienten Prozessen ist für uns als Öl- und Gasunternehmen äußerst wichtig (siehe Abbildung 2.7). Jedes Kilowatt Elektrizität, das für Produktionsprozesse verbraucht wird, steigert die Produktionskosten. Verbrauchte Energie ist für immer verloren, daher ist es besonders wichtig, ineffiziente Werke und Anlagen unverzüglich zu identifizieren.

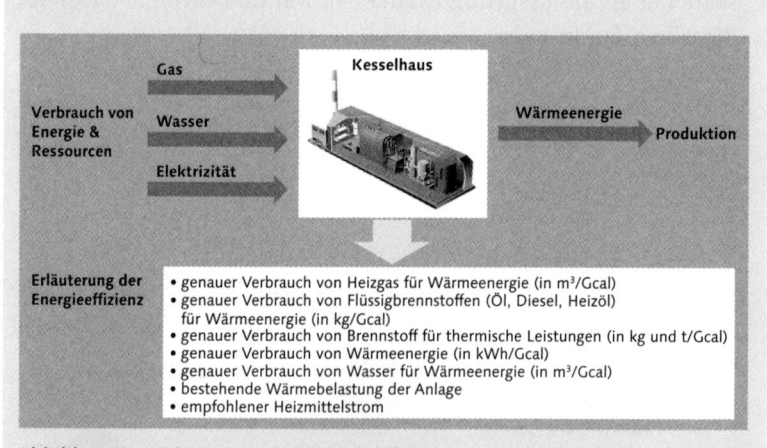

Abbildung 2.7 Erläuterung der Energieeffizienz

Für die zeitnahe Steuerung dieser Prozesse benötigen wir Analysesysteme zur kontinuierlichen Energieüberwachung. Damit vereinen wir die Aufgabe der periodischen Energieüberwachung zwecks Bildung der Analysen für geschlossene Perioden mit dem Ziel der Onlineüberwachung der Energieeffizienz zur Analyse der augenblicklichen Energieprozesse.

Bei der kontinuierlichen Energieüberwachung stehen wir jedoch vor der Herausforderung, dass sie mehreren unterschiedlichen Anforderungen gerecht werden muss.

Auf der einen Seite sollte die Analyse auf den Daten der Energieabrechnungen, die in der Industrielösung für die Versorgungswirtschaft implementiert sind, und den Beschreibungen der Betriebsausstattung in der *Plant Maintenance* basieren. Auf der anderen Seite muss das System für die operationale Überwachung der Energieeffizienz Millionen von Vorgängen aus *SCADA*-Systemen (*Supervisory Control and Data Acquisition*) sammeln und verarbeiten.

In Zusammenarbeit mit SAP haben wir es geschafft, mit einer geeigneten Architektur, nämlich einer Kombination aus *SAP Sybase Event Stream Processor*, *SAP Sybase Replication Server* und einer *SAP-HANA-Datenbank*, diese Ziele zu erreichen (siehe Abbildung 2.8).

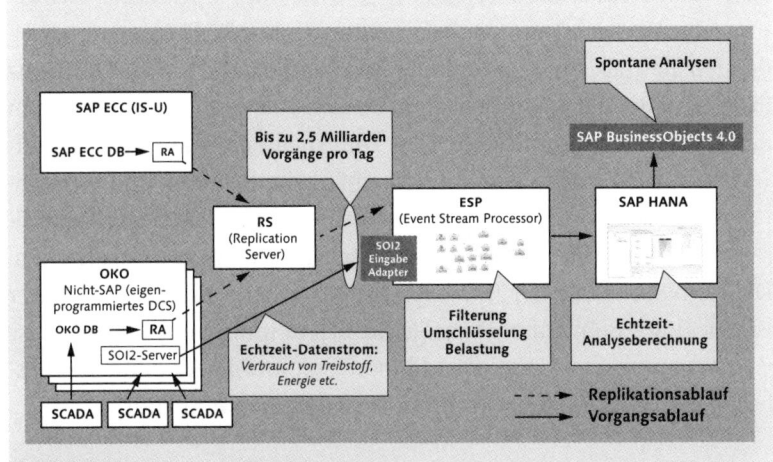

Abbildung 2.8 Energieeffizienzanalyse

Durch *SAP Sybase Event Stream Processor* sind wir in der Lage, täglich Milliarden von SCADA-System-Vorgängen in Echtzeit zu sammeln und zu verarbeiten. Unsere ereignisgesteuerten Protokolle aus den SCADA-Systemen werden gefiltert und in der *SAP-HANA-Datenbank* für weitere Analysen abgelegt.

Der *SAP Sybase Replication Server* stellt die Übergabe der SCADA-Daten bei einem Verbindungsabbruch sowie die Übergabe der Abrechnungsinformationen aus dem *SAP-IS-U*-System sicher.

Durch anschließende Analysen, implementiert in die *SAP-HANA-Datenbank*, können Millionen von direkt gemessenen Parametern verarbeitet werden und stellen immer aktuelle Informationen über die Energieeffizienz der wichtigsten Produktionsprozesse bereit.

SAP HANA ermöglicht die Analyse der Energieeffizienz von Tausenden von Betriebsmitteln mit einer Verzögerung von nur wenigen Sekunden. Damit haben wir die Möglichkeit, schnell Entscheidungen und Maßnahmen zu treffen, um die Energieeffizienz weiter zu verbessern sowie den Energieverbrauch von einer Milliarde Dollar pro Jahr effektiv zu steuern.

> In unserer Systemlandschaft wurde ein Prototyp-System implementiert und an echten Daten für das Beispiel der Energieeffizienz von Kesselhäusern getestet.
>
> Wir planen weitere Implementierungen, um unser System auf alle Arten von Geschäftsaktivitäten, wie vorgelagerte Aktivitäten, Bohrungen, Aufbereitung von Öl, Wassereinspritzung etc., zu erweitern.«
>
> *Rinat Gimranov, Chief Information Officer, Surgutneftegas*

Wertschöpfungsoptimierung in Zeiten des Echtzeit-Unternehmens

In ähnlich etablierten Bereichen wie Forschung, Produktion, Marketing oder Vertrieb kann die Informationstechnologie einen entscheidenden Beitrag zum Unternehmenserfolg leisten. Um die Effizienz ihrer bestehenden Workflows und Prozesse zu verbessern, führten in den letzten zwei Jahrzehnten viele Unternehmen Standard-ERP-Software ein. Die Effizienzgewinne durch Standardisierung und fortwährende Verbesserung halfen ihnen, Unternehmensprozesse zu optimieren, in neue Marktsegmente zu wachsen und Margen zu erhöhen. Die treibende Rolle der Informationstechnologie als Gestalter dieser Entwicklung steht außer Frage, jedoch ist es immer noch selten, dass Geschäftsprozesse grundlegend hinterfragt und IT-Abteilungen diesbezüglich um Rat gefragt werden. Dies mag sich nun ändern.

Technologische Neuerungen treiben Megatrends

Angetrieben durch den technischen Fortschritt und fallende Preise für Prozessorleistung und Netzwerkbandbreite, entstanden drei Megatrends und erzeugten eine große Eigendynamik in ihren jeweiligen Bereichen:

- mobile Prozesse
- In-Memory-Datenbanken
- Dienstleistungen in der Cloud

SAP begann, sich auf alle drei Bereiche zu konzentrieren, in die relevanten Technologien zu investieren, erste Anwendungsfälle voranzutreiben und nicht zuletzt auch ihr ganzes bestehendes Anwendungsportfolio an die Nutzung der neuen Möglichkeiten anzupassen. Inzwischen zeigte es sich, dass viele der früheren Restriktionen im Hinblick auf Skalierbarkeit, Verarbeitungsgeschwindigkeit, Einführung und Nutzung von Anwendungen nicht mehr bestehen. In den heutigen Anwendungsprogrammen sind deren Spuren jedoch immer noch deutlich sichtbar. Die Strukturen traditioneller Geschäftsprozesse sowie die Restriktionen der traditionellen Technologie offenbaren sich in den Softwareeinführungen der letzten Jahrzehnte. Anstelle von fließenden Geschäftsprozessen und der nahtlosen Einbindung aller Beteiligten treffen wir überall auf Fragmente.

Millionen von Buchhaltungsbelegen werden manuell erfasst, Beschaffungsläufe werden nur einmal pro Nacht durchgeführt, Workflow-Verantwortliche können nur vom Schreibtisch aus genehmigen, für einen wichtigen Bericht müssen Daten aus verschiedenen Systemen gesammelt werden. Sobald die Informationstechnologie die Kontinuität von Prozessen und Informationen als ultimatives Ziel ins Auge gefasst hat, den Geschäftsbereichen den Wert eines Echtzeit-Unternehmens vermitteln kann und gelernt hat, die neuen mächtigen Technologien zur Überwindung der Fragmentierung zu nutzen, werden wir den Beginn einer Ära erleben, in der die meisten CEOs ohne Zögern bestätigen werden: »Unser Erfolg wird angetrieben von Informationstechnologie.«

Verringerte Fragmentierung als absolute Messgröße des Fortschritts

Damit dieser Ansatz gelingen kann, muss jede diesbezügliche Investition einen eindeutigen Beweis der erzielten Erfolge und einen wesentlichen Nutzen für die Geldgeber bringen. Die folgenden Punkte sind wesentlich für den Erfolg:

- Wähle die richtige Aufgabenstellung.   *Erfolgskriterien*
- Begreife, wie eine brauchbare Lösung aus der Perspektive der Betroffenen aussähe.
- Kenne alle verfügbaren oder existierenden Innovationen.
- Finde einen Weg, den aktuellen Zustand in die neue Lösung umzuwandeln – und zwar in kleinen Schritten mit begrenztem Fehlschlagrisiko und geringen Kosten.
- Verwende eine Messgröße, um die Anfangssituation zu bewerten und den Fortschritt zu verfolgen.

Es ist kein Zufall, dass sich in dieser Liste Elemente der Konzepte *Six Sigma* (DMAIC: Define, Measure, Assess, Improve, Control) sowie

Design Thinking und *Value Management* wiederfinden: Mit *Value Chain Optimization* bietet SAP AGS Kunden die Möglichkeit, in einem gemeinsamen Projekt dem Echtzeit-Unternehmen näher zu kommen. Dabei werden Elemente dieser Konzepte genutzt, wo immer sie Erfolg versprechen.

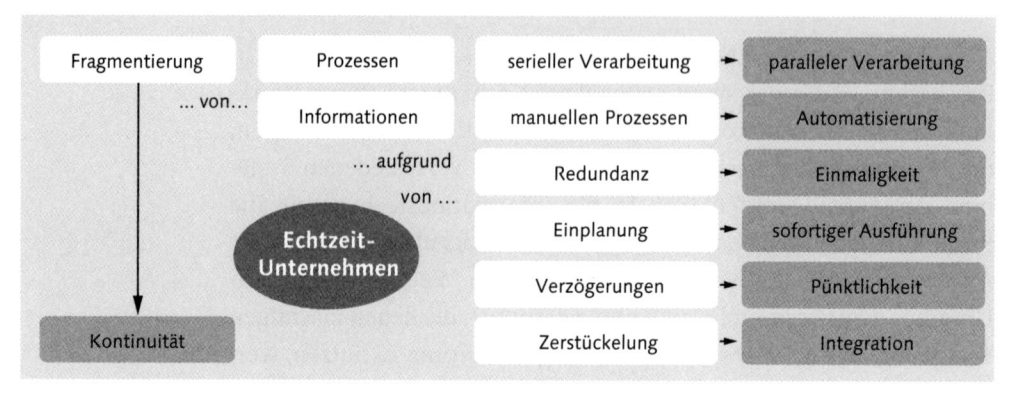

Abbildung 2.9 Aspekte der Fragmentierung und der Kontinuität

Abbildung 2.9 zeigt, nach welchen Aspekten der Fragmentierung Bereiche identifiziert werden können, in denen eine Investition in Echtzeit-Prozesse Ihrem Unternehmen den größten Nutzen bringen kann. Die Architekten und Ingenieure von SAP AGS wissen, wie die SAP-Software aufgebaut ist. Der *SAP Solution Manager* ist das Instrument, um genau aufzuzeigen, welche Prozesse implementiert sind und genutzt werden. Zusammen können SAP und Kunde diese Datenbasis nach Fragmentierung – etwa serielle oder manuelle Prozesse, redundante oder zerstückelte Daten und Prozesse sowie Einplanungen und Verzögerungen – durchsuchen, die eindeutig den Weg zu einem Echtzeit-Unternehmen blockieren.

Bereit für das Innovationsrennen?

SAP hat seit jeher Verbesserungen und Neuerungen für all ihre Produkte ausgeliefert. Kunden mit *SAP Enterprise Support* und *SAP Product Support for Large Enterprises* konnten diese schon immer nutzen. Für IT-Abteilungen war es jedoch immer wieder schwierig, Änderungen, die über rein technische Aktualisierungen hinausgingen, zu rechtfertigen. Die möglichen Verbesserungen wurden nicht als greifbar genug angesehen, um den Aufwand und die Risiken zu akzeptieren, die mit allen Änderungen, die die Benutzer betreffen, einhergehen.

Die Einführung großer funktionaler Erneuerungen wurde über mehrere Jahre geplant, mit jeweils einem anderen Schwerpunktbereich pro Jahr. Viele Buchhaltungssysteme, die heute noch genutzt werden, wurden bereits in den 90er-Jahren eingeführt. In den kommenden Jahren wird es jedoch viele Innovationen geben, die einen solch großen Unterschied im Prozessablauf bedeuten, dass in der heutigen Welt höchstintegrierter Prozesse ein Zurückbleiben keine Option mehr darstellt. Die Technologie-Megatrends werden verändern, wie IT-Innovationen wahrgenommen werden, aber sie werden die Informationstechnologie auch zwingen, kompetentere Wegbereiter zu sein.

Als SAP zu analysieren begann, warum Kunden zögern, neue Funktionen oder neue technische Möglichkeiten einzuführen, identifizierten die Mitarbeiter schnell eine durchschlagende Innovationsbremse: Kundenanpassungen.

Innovationsbremse: Modifikation

Benutzerspezifische Bildschirme, kleine Modifikationen, neue Berichte, komplette eigene Anwendungen, Erweiterungen des Datenmodells, Programmkopien: All diese Elemente einer stark an den Kunden angepassten Lösung müssen bei Einführung neuer Funktionen besonders sorgfältig getestet werden. Da sie nicht zum Standard gehören, werden sie von niemandem sonst benutzt, validiert oder getestet.

In manchen Fällen müssen diese Nicht-SAP-Entwicklungen sogar angepasst werden, da sie Funktionen von SAP-Programmen nutzen und so Abhängigkeiten entstanden sind, die nun neu geprüft werden müssen. *SAP Enterprise Support* stellt Werkzeuge und Leitfäden für die Verwaltung von Kundenanpassungen zur Verfügung. Für die erfolgreiche Einführung von Innovationen wird jedoch zunehmend der Einsatz eines Standardsystems angestrebt. Was auch immer die Geschäftsbereiche oder IT-Abteilungen eines Unternehmens planen: Ein System nahe am SAP-Standard kann viel leichter um die Möglichkeiten von SAP-HANA-Datenbanken, mobilen Prozessen oder Cloud-Technologie erweitert werden.

Innovationen ohne Mehrwert sind uninteressant: Value Management

Trotz aller Erwartungen gegenüber den neuen Technologien und trotz all der Verbesserungen zur Verwaltung von Tests und Kundenerweiterungen muss stets eine fundierte Einschätzung der Auswirkungen einer Innovation, ihres Nutzens sowie ihrer Risiken durchgeführt werden, bevor man in die nächste Runde gehen kann.

Value Management

Methoden des *Value Management* helfen dabei, die betrachtete Neuerung einzuschätzen und zu quantifizieren. Dies geschieht mittels messbarer Kenngrößen, der Beziehung zu akzeptierten Wertetreibern und deren Einfluss auf Unternehmensziele. Solange die Daten für ein Geschäftsszenario mit akzeptablem Aufwand verfügbar sind, sollte die erwartete Investmentrendite ermittelt werden, und die Vertreter der betrachteten Neuerung sollten für den Wahrheitsgehalt ihrer Vorhersagen verantwortlich gemacht werden. Ein möglicher Ansatz, den Mehraufwand und die Komplexität dieser Berechnungen sowie ihrer Fehlerrate zu begrenzen, besteht darin, den Umfang der Änderung so gering wie möglich zu halten und jede größere Änderung in kleinere überschaubarere Schritte zu unterteilen.

SAP AGS führt Sie zum Erfolg

Ein *Embedded-Support*-Team, ein Schlüsselelement eines jeden *SAP-Premium-Support*-Vertrags, kann Unterstützung leisten. Es kennt die Bedürfnisse seines Kunden, hat Zugang zu einem weiten Netzwerk von Experten und Architekten und verfügt immer über die aktuellsten *Best-Practice*-Leitfäden, die kontinuierlich für weitverbreitete Szenarien weiterentwickelt werden. Um diese Zusammenarbeit und den variablen Zugang zu knappem Fachwissen zu ermöglichen, hat SAP AGS 2012 das Konzept der *Control Center* vorgestellt.

Operations Control Center

Das *Operations Control Center* im SAP Solution Manager beherbergt Tausende von Daten, Metriken und Indikatoren, die dabei helfen, die Innovationsmöglichkeiten mit dem größten Wertpotenzial, d.h. die vielversprechendsten Schritte in Richtung eines Echtzeit-Unternehmens, zu identifizieren. Über den Service *Business Process Analysis* kann SAP AGS alle SAP-Systeme nach Wertverlusten in der aktuellen Geschäftsprozesskonfiguration durchsuchen. Zeitgleich priorisiert ein *Innovationsservice* genau die Möglichkeiten aus dem riesigen Innovationskatalog der SAP, die in der jeweiligen Situation des Kunden am geeignetsten erscheinen.

Ausgehend von dieser datengetriebenen Analyse, trifft sich ein Team – bestehend aus Business-Solution- und Einführungsarchitekten – mit Architekten und Interessenvertretern des Kunden in einem *Applica-*

tion Architecture Evaluation Workshop, um alle Ergebnisse zu prüfen und durch weitere Beobachtungen zu ergänzen. Gemeinsam beschließen sie einen (Co-)Innovationsvorschlag, der die empfohlenen Einführungen beschreibt, einschließlich des zu erwartenden Aufwands und Nutzens. Die Einbeziehung des Embedded-Support-Teams stellt die Abstimmung mit den übergreifenden Auftragszielen und die Vereinbarkeit mit den Unternehmenszielen sicher.

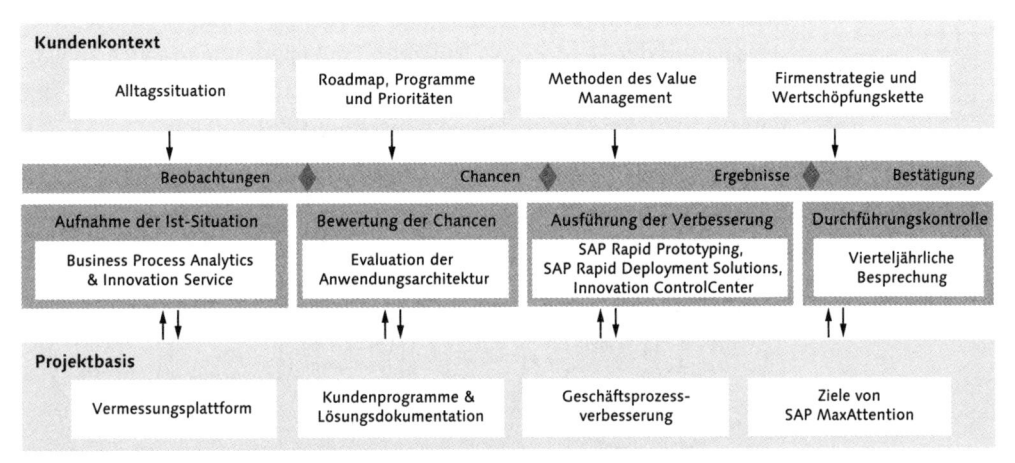

Kundenkontext			
Alltagssituation	Roadmap, Programme und Prioritäten	Methoden des Value Management	Firmenstrategie und Wertschöpfungskette
Beobachtungen	Chancen	Ergebnisse	Bestätigung
Aufnahme der Ist-Situation	Bewertung der Chancen	Ausführung der Verbesserung	Durchführungskontrolle
Business Process Analytics & Innovation Service	Evaluation der Anwendungsarchitektur	SAP Rapid Prototyping, SAP Rapid Deployment Solutions, Innovation ControlCenter	Vierteljährliche Besprechung
Projektbasis			
Vermessungsplattform	Kundenprogramme & Lösungsdokumentation	Geschäftsprozess- verbesserung	Ziele von SAP MaxAttention

Abbildung 2.10 Planbare Ergebnisse dank Engineering Services

Abbildung 2.10 zeigt, basierend auf der soliden Grundlage einer langjährigen *SAP-Premium-Support*-Bindung und im Kontext der Kundenrealität, wie die erwähnten bewährten *Engineering Services* planbare Ergebnisse liefern.

Ein Wechsel in der Herangehensweise: Design Thinking

Zu guter Letzt ist noch ein weiteres Konzept essenziell: *Design Thinking* (siehe Kapitel 6). Dieser Denkansatz ist mittlerweile in den verschiedensten Disziplinen und Industrien anzutreffen, immer mehr Moderatoren werden geschult und zertifiziert. In vielen gestaltenden Unternehmen beherrschen Post-its weiße Bürowände.

Design Thinking

Die dazugehörigen *Design-Thinking*-Workshops basieren auf denselben Voraussetzungen wie jeder andere Workshop: Gewissenhafte Vorbereitung, Auswahl der richtigen Teilnehmer, qualifizierte Moderatoren und eine positive Einstellung können *Design-Thinking*-Workshops jedoch zu bahnbrechenden Erkenntnissen hinsichtlich einer machbaren und nützlichen Innovation führen.

Wichtiger als die Workshops ist jedoch die Denkweise, auf der das Konzept basiert. Wenn dieses wirklich angenommen, an die individuellen Einstellungen und Verhaltensweisen angepasst und täglich praktiziert wird, erzeugt es einen entscheidenden Unterschied für den langfristigen Erfolg von Innovationsleistungen.

Die sechs Schritte innerhalb des *Design-Thinking*-Ablaufs, wie sie in Abbildung 2.11 dargestellt sind, sollten in kleinen Iterationen erfolgen, mit einer starken Betonung auf der Beobachtung aus allen Sichtweisen und der Tendenz, so frühzeitig und so oft wie möglich zu validieren, wenn etwas wie erwartet funktioniert und aus Sicht der betrachteten Anwender den gewünschten Effekt erzielt.

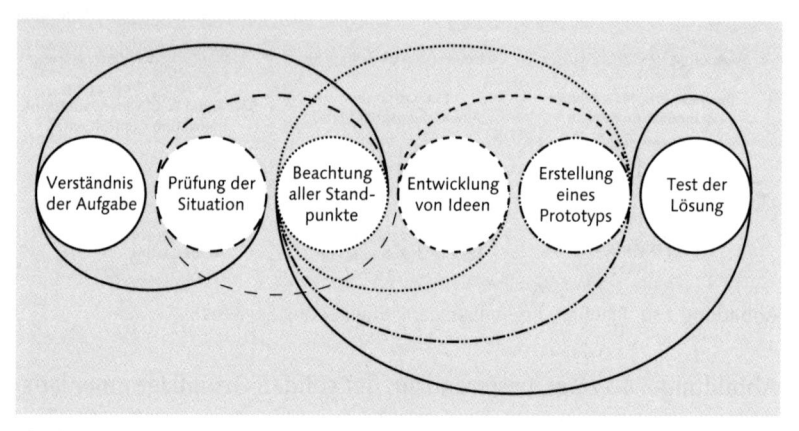

Abbildung 2.11 Die sechs Phasen des Design-Thinking-Prozesses

Zusammenfassend bietet SAP AGS eine Optimierung der Wertschöpfungskette in der Ära des Echtzeit-Unternehmens als Teil des *Premium-Support*-Vertrags an. Das *Embedded-Support*-Team stellt sicher, dass jeder Innovationsvorschlag eine messbare Verbesserung bringt, bei einem Risiko, das mittels intelligent gewählten Umfangs und eines durchdachten *Innovation-Control-Center*-Ansatzes abgemildert wird.

2.1.2 Einführung und Betrieb mobiler Geschäftsanwendungen

»The most profound technologies are those that disappear. They weave themselves into fabric of everyday life until they are indistinguishable from it.«[1] 1991 verlieh der amerikanische Wissenschaftler

---

[1] Weiser, Mark: *The Computer for the 21st Century*. In: Scientific American Special (September 1991). S. 94.

Mark Weiser mit diesen Worten seiner Überzeugung Ausdruck, dass die grundlegenden Technologien aus dem Bewusstsein ihrer Benutzer sozusagen verschwinden. Sie verflechten sich mit dem Alltagsleben, bis sie davon nicht mehr zu unterscheiden sind.

Smartphones und Tablet-Computer gehören im privaten Umfeld heute bereits zu den normalen Gebrauchsgegenständen. Die einfache Bedienung, der akzeptable Preis und die gefühlte unbegrenzte Anzahl von mobilen Anwendungen haben diese Geräte zum allgegenwärtigen Wegbegleiter für alle Situationen gemacht. Im Zuge dieser Entwicklung sehen nun auch immer mehr Unternehmen den Wert mobiler Geschäftsanwendungen. *(Smartphones und Tablet-PCs sind bereits allgegenwärtig)*

Die Einführung und der Betrieb dieser mobilen Anwendungen stellen Unternehmen jedoch häufig vor große neue Herausforderungen, mit denen sie bisher – zumindest in dieser vielfältigen und dynamischen Art und Weise – nicht konfrontiert waren.

Die typischen Elemente mobiler Geschäftslösungen sind dabei die Anwendungsplattform, Werkzeuge zur Entwicklung und zum Betrieb und nicht zuletzt natürlich die mobilen Anwendungen. *(Elemente mobiler Geschäftslösungen)*

Als zentrales Element ermöglicht die Anwendungsplattform, wie etwa die *SAP Mobile Platform*, Unternehmen den effizienten Betrieb der mobilen Anwendungen. Essentiell sind dabei: *(SAP Mobile Platform)*

- die umfassende Unterstützung aller für das Unternehmen relevanten mobilen Geräte und Gerätetypen
- die flexible Anbindung an Geschäftssysteme, Datenbanken und Internet oder Intranet-(Web-)Services
- die durchgängige Sicherheit vom mobilen Gerät über eine eventuelle Mobile Middleware bis in die Geschäftssysteme
- integriertes Monitoring und zentrales Reporting über die zentrale Anwendungsmanagement-Lösung
- die direkte Integration in das Application Lifecycle Management, z. B. für das Konfigurations-, das Change Control Management und das Release Management
- vollständiges Gerätemanagement zum Schutz und zur Kontrolle der mobilen Geräte im Unternehmenseinsatz

Im engen Zusammenspiel mit der SAP Mobile Platform ist der SAP Solution Manager die Kernkomponente für das Application Lifecycle *(SAP Solution Manager)*

Management, Monitoring und Reporting. Wie gewohnt unterstützt dieser mit Funktionen in den Bereichen:

- **Lösungs-Monitoring**
  zentrale Echtzeit-Überwachung der Systeme
- **Ursachenanalyse**
  Identifizieren, Analysieren und Beseitigen von Problemen
- **Change Control Management**
  Protokollieren von Änderungen in der Konfiguration
- **Transportmanagement**
  Verteilen der benötigten Softwarekomponenten

SAP Afaria Für das *Gerätemanagement* steht mit *SAP Afaria* ein leistungsfähiges Produkt zur Verfügung. Entscheidend ist, dass damit nicht nur die zunächst naheliegende Verwaltung der Geräte und Verteilung der Anwendungen auf die mobilen Geräte, sondern auch notwendige Funktionen wie z.B. Softwarelizenzmanagement und Sicherstellung von Sicherheitsrichtlinien umfassend berücksichtigt werden.

Entscheidend für die erfolgreiche und effiziente Einführung ist jedoch nicht nur der Einsatz einer leistungsfähigen Anwendungsplattform, die alle Anforderungen unterstützt, sondern auch der umfassende Support von Mobile-Experten in allen Phasen des Implementierungsprojekts und die Verfügbarkeit von bewährten Best Practices.

Zusätzlich zum Standardsupportangebot unterstützt SAP AGS dies mit einem erweiterten Angebot für Kunden von SAP Enterprise Support, SAP ActiveEmbedded und SAP MaxAttention. Das Supportangebot umfasst alle Implementierungsphasen, von der frühen Findungs- und Vorbereitungsphase über die Planung, Einführung und den Betrieb.

Kontinuierliche Weiterentwicklung Ein besonderer Aspekt ist die kontinuierliche Weiterentwicklung und Optimierung der bereits eingeführten Lösung. Mithilfe dieses Angebots kann die mobile Lösung schrittweise von einer kleinen prototypischen Implementierung über ein einfaches Produktivsystem hin zu einer umfassenden, leistungsfähigen und hochverfügbaren Lösung ausgebaut werden. Im Rahmen des Supportangebots werden dabei Themenfelder (siehe Abbildung 2.12) zunächst in einer ersten Version (grob) bearbeitet und dokumentiert und dann im Verlauf des Projekts weiter verfeinert und detailliert.

Abbildung 2.12 Themenfelder zur Implementierung

Die folgenden Abschnitte geben einen Abriss der typischen Fragestellungen, die während der Implementierungsphasen unterstützt werden. Die Aufstellung erhebt keinen Anspruch auf Vollständigkeit, da das Angebot kontinuierlich weiterentwickelt und in jedem Fall an Ihre besonderen Anforderungen angepasst wird.

Findungs- und Vorbereitungsphase

Der Einstieg in das Feld mobiler Geschäftsanwendungen wird typischerweise über einen der folgenden Kanäle vorangetrieben:

- **Vertrieb**
  Grafisch aufgearbeitetes Verkaufsmaterial unterstützt die Präsentation des Leistungsangebots, und der überall verfügbare und aktuelle Zugriff auf Kundendaten trägt zu kürzeren Verkaufszyklen und höheren Abschlussquoten bei.

- **Kundendienst**
  Mithilfe der mobilen Lösungen kommt der Kundendienst zeitlich und räumlich näher an den Kunden und steigert damit sowohl die Kundenzufriedenheit als auch die Effizienz.

- **Betriebsabläufe**
  Echtzeit-Daten und mobile analytische Anwendungen helfen, Reaktionszeiten zu verkürzen und fundierte Entscheidungen zu treffen.

- **Mitarbeiter**
  Mobile Anwendungen erleichtern Mitarbeitern die Erledigung ihrer täglichen Aufgaben sowie die gemeinsame, standortunabhängige Zusammenarbeit in Projekten.

Die initiale Auswahl der gewünschten mobilen Anwendung erfolgt häufig recht spontan, getrieben durch den entsprechenden Interessenvertreter. Die damit verbundenen – oft weitgehenden – Anforderungen an die organisatorische und technische Infrastruktur sind zu diesem Zeitpunkt in der Regel nur wenig bekannt. SAP AGS bietet daher mehrere initiale Supportangebote, die helfen:

- den Bedarf und den Wert von mobilen Anwendungen zu analysieren
- die damit verbundenen Anforderungen zu identifizieren
- den strategischen Fahrplan zur Implementierung zu erstellen

Im Rahmen von SAP Enterprise Support stehen dafür folgende Angebote zur Verfügung:

- Meet the Expert: SAP Enterprise Mobility
- Expert-Guided Implementation: Mobile Enablement
- Accelerated Innovation Enablement: Enterprise Mobility

Meet the Expert: SAP Enterprise Mobility

In einer etwa einstündigen Präsentation führt das Angebot *Meet the Expert – SAP Enterprise Mobility* den Kunden in die Thematik mobiler Geschäftslösungen ein. Im Rahmen dieser Einführung werden auch die Komponenten der SAP Mobile Platform mit ihren typischen Anwendungsszenarien vorgestellt. Bezug nehmend auf Ihre konkreten Anforderungen, werden abschließend die weiterführenden Supportangebote vorgestellt.

Expert-Guided Implementation: Mobile Enablement

Die *Expert-Guided Implementation: Mobile Enablement* ermöglicht Ihnen die geführte Installation einer Mobile-Infrastruktur. Entsprechend dem Konzept der Expert-Guided Implementation wird das Thema am Vormittag in typischerweise zwei Stunden von einem Experten im Rahmen einer Schritt-für-Schritt-Anleitung mit Live-Demo in einem virtuellen Meeting erklärt. Am Nachmittag können Sie dann das Gelernte selbst umsetzen und das neue Wissen direkt anwenden. Zur Unterstützung steht dabei der Experte für Fragen per Telefon oder E-Mail zur Verfügung und unterstützt Sie dabei, das jeweilige Tagesziel zu erreichen. Inhaltlich werden folgende Themen abgedeckt:

- Einführung in das Thema mobiler Geschäftsanwendungen
- Vorstellung der SAP Mobile Platform
- Installation und Konfiguration ausgewählter Komponenten, z.B. Sybase Unwired Platform, SAP Afaria und SAP NetWeaver Gateway
- Einführung in die Administration der ausgewählten Komponenten

Das Angebot *Accelerated Innovation Enablement* bietet Ihnen als SAP-Enterprise-Support-Kunde Betreuung und Unterstützung bei der Evaluierung von Innovationsmöglichkeiten. Dabei stehen Ihnen Experten vom SAP AGS zum Thema mobiler Geschäftsanwendungen zur Verfügung.

<small>Accelerated Innovation Enablement</small>

Im Rahmen der Supportangebote SAP ActiveEmbedded und SAP MaxAttention können Sie zusätzlich den Engineering Service *SAP Rapid Prototyping for Mobile* nutzen. Das Angebot ist in drei Themenblöcke gegliedert:

<small>SAP Rapid Prototyping for Mobile</small>

- *Scoping Empowering* – Einführung und Bewertung der Thematik
- *Configuration Check* – Überprüfung der vorhandenen Systemlandschaft
- *Development Empowering* – praktische Einführung in die Entwicklung

SAP Rapid Prototyping for Mobile – Scoping Empowering
Im ersten Block *Scoping Empowering* wird dem Kunden vor Ort in einem Workshop zunächst das Thema mobile Geschäftsanwendungen vorgestellt und entsprechend seinen spezifischen Anforderungen im Detail diskutiert. Ein wesentlicher Teil dieses Workshops ist die Vorstellung der einzelnen Komponenten der SAP Mobile Platform mit jeweils detaillierten Bewertungen in Bezug auf die Vor- und Nachteile in bestimmten Anwendungsfällen.

Typischerweise am dritten Tag werden darauf aufbauend von SAP und ihren Partnern ausgewählte verfügbare mobile Anwendungen vorgestellt und deren Nutzen für Sie diskutiert. Ein Teil dieser Diskussion betrifft bereits die grundlegende technische Umsetzbarkeit in Bezug auf Ihre vorhandene Infrastruktur. Als Ergebnis erhalten Sie eine initiale Liste von Anwendungen, die für Sie kurz- und mittelfristig relevant sein könnten.

Den letzten Teil dieses ersten Blocks bildet ein praktischer Teil, im Rahmen dessen eine einfache Mobile-Infrastruktur zur Verfügung gestellt wird. Die Infrastruktur kann, je nach Wunsch, entweder On-Premise-, also in Ihrer Systemlandschaft installiert, oder als Cloud-Lösung umgesetzt werden. Auch nach dem Workshop steht Ihnen diese mobile Infrastruktur noch 90 Tage für umfassendere Evaluierungen zur Verfügung. Das Paket SAP Rapid Prototyping for Mobile beinhaltet bereits alle dazu notwendigen Lizenzen.

Ergebnis dieses ersten Blocks *Scoping Empowering* ist ein umfassendes Verständnis des Themas mobiler Geschäftsanwendungen, der SAP Mobile Platform und der Verfügbarkeit von mobilen Anwendungen der SAP und ihrer Partner. Für Ihre konkreten Pläne wird außerdem ein strategischer Zeitplan zur Implementierung erstellt. Grundlage für diesen Zeitplan sind Ihre speziellen Anforderungen sowie bewährte Best Practices von SAP AGS.

Üblicherweise wird im Rahmen dieses ersten Blocks auch ein erstes Szenario für eine prototypische Umsetzung erarbeitet. Dieses Szenario wird dann im Rahmen der folgenden Blöcke weiter verfeinert und prototypisch implementiert.

SAP Rapid Prototyping for Mobile – Configuration Check

Der zweite, relativ kurze Block *Configuration Check* beinhaltet die systematische Erfassung Ihrer vorhandenen Systemlandschaft im Hinblick auf eine mögliche Implementierung der SAP Mobile Platform und entsprechender Anwendungen. Die damit gesammelten Informationen bilden eine wichtige Grundlage für Ihre weitergehende Planung.

SAP Rapid Prototyping for Mobile – Development Empowering

Im dritten Block, dem *Development Empowering*, werden Sie in die Thematik zur Entwicklung mobiler Anwendungen praktisch eingeführt. Mithilfe eines kleinen Szenarios, das typischerweise während des Scoping-Empowering-Blocks definiert und später verfeinert wurde, sehen Sie die für Sie relevanten Entwicklungsansätze und Best Practices.

Alle Blöcke des SAP Rapid Prototyping for Mobile werden, wie Abbildung 2.13 zeigt, durch eine umfassende Roadmap über den SAP Solution Manager strukturiert und dokumentiert.

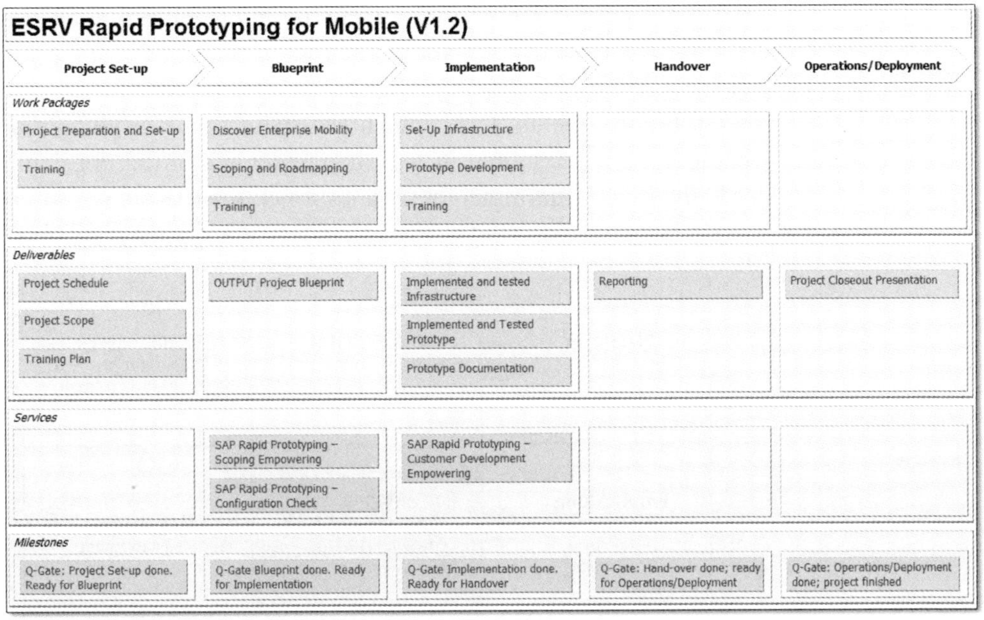

ESRV Rapid Prototyping for Mobile (V1.2)

Project Set-up	Blueprint	Implementation	Handover	Operations/Deployment
Work Packages				
Project Preparation and Set-up	Discover Enterprise Mobility	Set-Up Infrastructure		
Training	Scoping and Roadmapping	Prototype Development		
	Training	Training		
Deliverables				
Project Schedule	OUTPUT Project Blueprint	Implemented and tested Infrastructure	Reporting	Project Closeout Presentation
Project Scope		Implemented and Tested Prototype		
Training Plan		Prototype Documentation		
Services				
	SAP Rapid Prototyping – Scoping Empowering	SAP Rapid Prototyping – Customer Development Empowering		
	SAP Rapid Prototyping – Configuration Check			
Milestones				
Q-Gate: Project Set-up done. Ready for Blueprint	Q-Gate Blueprint done. Ready for Implementation	Q-Gate Implementation done. Ready for Handover	Q-Gate: Hand-over done; ready for Operations/Deployment	Q-Gate: Operations/Deployment done; project finished

Abbildung 2.13 SAP Solution Manager Roadmap für SAP Rapid Prototyping for Mobile

Planungsphase

Im Anschluss an die Findungs- und Vorbereitungsphase startet die konkrete Planung für die Einführung der mobilen Infrastruktur und Anwendung(en).

Zur Minimierung von Projektrisiken ist es notwendig, dass der Implementierungsumfang, die konkreten Ziele und das Zusammenspiel der unterschiedlichen Aspekte mobiler Infrastruktur und Anwendungen allgemein verständlich festgelegt und von allen Beteiligten bestätigt wurden.

In der Praxis hat es sich als erfolgreich erwiesen, die Implementierung in kleineren Teilprojekten zu organisieren, und damit schrittweise durchzuführen. Wichtig ist jedoch, dass alle notwendigen Aspekte (siehe Abbildung 2.14) in den Teilprojekten erhalten bleiben und nicht in spätere Projekte verschoben werden. Im negativen Sinne ist zu beobachten, dass das Thema mobiles Gerätemanagement oft viel zu spät angegangen wird. Allgemein folgt dem sogar die Beobachtung, dass häufig lediglich ein bestimmter Aspekt im Vordergrund steht und die anderen Aspekte »später« betrachtet werden sollen.

Best Practice: überschaubare Teilprojekte

Typische Aspekte für eine solche isolierte Betrachtung sind Sicherheit, Skalierbarkeit und Integration mit der vorhandenen Infrastruktur. Speziell für diese Aspekte zeigt die Erfahrung jedoch, dass eine sowohl funktionale als auch zeitlich ganzheitliche Betrachtung notwendig ist. Generell sollten auch die betrachteten Anforderungen mit der Reife des Gesamtimplementierungsprojekts wachsen.

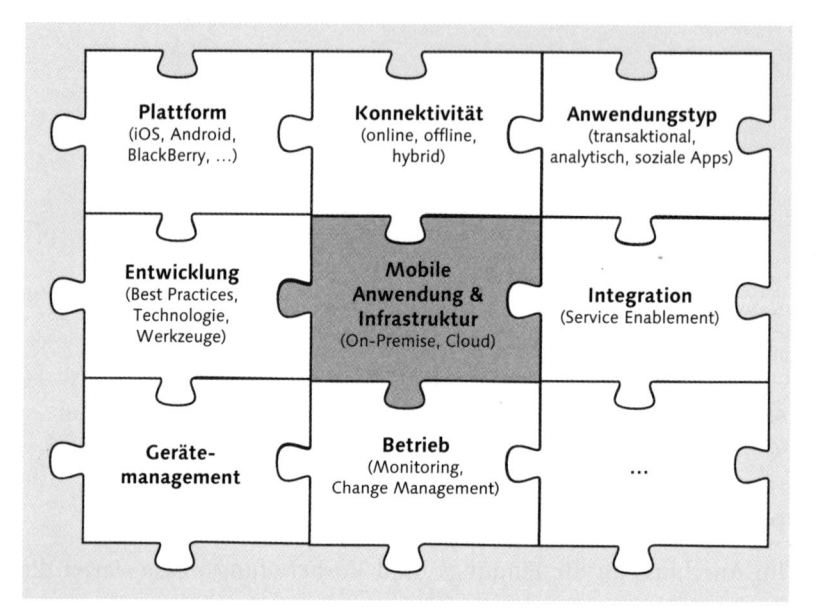

Abbildung 2.14 »Mitwachsende« Aspekte

SAP AGS bietet für die Planungsphase etablierte Angebote für Kunden von SAP Enterprise Support und in erweiterter Form für SAP-ActiveEmbedded- und SAP-MaxAttention-Kunden.

Für Kunden von SAP Enterprise Support ist dieses Angebot wie gewohnt über das *SAP Enterprise Support Advisory Center* verfügbar. Die Support-Advisory-Mitarbeiter können jederzeit mit den Kollegen im Backoffice von SAP AGS Kontakt aufnehmen.

Die projektbasierte Unterstützung findet für SAP-Enterprise-Support-Kunden im Rahmen der proaktiven Qualitätschecks (Continuous Quality Checks) statt. Für SAP-ActiveEmbedded- und SAP-MaxAttention-Kunden erfolgt dies in der Regel vor Ort. Weitere Angebote stehen über die *SAP Enterprise Support Academy* zur Verfügung (siehe Abschnitt 4.1).

SAP Technical Feasibility Check

Der *SAP Technical Feasibility Check* hat zum Ziel, die technische Machbarkeit und vorhandenen Risiken zu identifizieren. Im Rahmen von Projekten im Bereich Mobile werden der Umfang und die Komplexität der geplanten Implementierung analysiert. Der Fokus liegt auf den abgedeckten Geschäftsprozessen, der geplanten Infrastruktur, dem initialen Sizing sowie den Sicherheits- und Performanceaspekten.

Technische Machbarkeit und Risiko

Im Kontext von Entwicklungsprojekten, bei denen der Kunde oder sein Partner eigene mobile Anwendungen entwickelt, wird auch das Entwicklungsdesign im Detail analysiert. Für die Analyse nutzen die Spezialisten neben Interviews mit dem Projektteam auch die Informationen im SAP Solution Manager. Als Ergebnis erhält das Projektteam Empfehlungen zur Optimierung.

Umsetzungsphase

Die Umsetzungsphase begleitet der SAP AGS zur Qualitätssicherung der geplanten Implementierung und als Ratgeber auf der Basis bewährter Best Practices. Primäre Ziele in dieser Phase sind die erfolgreiche Umsetzung und vor allem bereits die Vorbereitung eines kontrollierten Go-live und der robuste produktive Betrieb.

Qualitätssicherung und Best Practices

Continuous Quality Check for Implementation, Technical Integration Check, Volume Test Optimization

Im Rahmen dieses Angebots wird der Implementierungsfortschritt systematisch erfasst und analysiert, und es werden Optimierungsmöglichkeiten aufgezeigt. Die Grundlage dafür bietet die Überprüfung der Konfiguration in Bezug auf die Integration, Performance und Sicherheit im Zusammenspiel mit allen beteiligten Komponenten. Zentrale Elemente sind dabei häufig die SAP-NetWeaver-Gateway-Komponente, die End-to-End-Implementierung des Sicherheitsstandards und die Integration in das mobile Gerätemanagement.

Optimierungsmöglichkeiten

Im Kontext von Entwicklungsprojekten werden auch die Umsetzung der Entwicklungsstandards, die Verwendbarkeit der Benutzeroberflächen und die Anwendung von Best Practices für die Implementierung zum Austausch von Daten mit den existierenden Geschäftssystemen betrachtet. Im Hinblick auf den produktiven Betrieb werden auch bereits die kommenden Betriebskonzepte verifiziert und gegebenenfalls Optimierungsmöglichkeiten aufgezeigt.

Speziell für die Abschätzung der Belastbarkeit und Skalierbarkeit können in diesem Rahmen dedizierte Last- und Performancetests durchgeführt werden. Die dafür verwendeten Technologien orientieren sich an den bei Ihnen verfügbaren Produkten (z.B. SAP LoadRunner by HP oder Apache JMeter).

Als Ergebnis werden die Risiken für den nachfolgenden Produktivstart minimiert, die Stabilität aller beteiligten Systeme optimiert und der Projektstand umfassend dokumentiert.

Betriebsphase

Im Anschluss an die Umsetzung unterstützt SAP AGS den Betrieb der mobilen Geschäftsanwendungen und Infrastruktur. Im Rahmen dieses proaktiven Angebots werden Anwendungen und Infrastruktur im Detail beobachtet und analysiert. Die wesentliche Grundlage dafür bilden die Funktionen des *SAP Solution Manager*: Änderungsanalyse, Workload-Analyse und das Technical System Monitoring.

Durch die Analyse werden sowohl Optimierungsmöglichkeiten als auch neue, noch nicht ausgeschöpfte Möglichkeiten erkannt, die mit mobilen Geschäftslösungen erschlossen werden können. Für die systematische Verteilung der Softwarekomponenten und Aktualisierungen unterstützt Sie der SAP Solution Manager mit den Funktionen aus dem Transport Management und dem Deployment Management.

| Weiterentwicklung | Ein weiterer Gesichtspunkt sind die zu erwartenden Erweiterungen in Bezug auf eine intensivere Nutzung – wie etwa im Rahmen eines weiteren Roll-outs oder einer größeren Benutzerzahl. Als Ergänzung zu den verfügbaren Protokollen und Auswertungen können zusätzliche Last- und Performancetests durchgeführt werden.

Continuous Quality Check EarlyWatch Check

| Kontinuierliche Überwachung | Kern dieses Angebots ist die kontinuierliche Überwachung der wichtigen mobilen Infrastrukturkomponenten. Die gesammelten Informationen geben Hinweise auf mögliche Problemfelder und Optimierungsmöglichkeiten. Speziell im Umfeld mobiler Geschäftslösungen wird eine erhöhte Ressourcenbelastung oft schleichend durch die intensivierte Nutzung der zur Verfügung gestellten mobilen Anwendungen verursacht.

Das Angebot ermöglicht das frühzeitige Erkennen solcher Veränderungen, reduziert das Risiko eines Ausfalls und optimiert damit die Total Cost of Ownership der mobilen Lösung.

2.1.3 User Experience

Der Begriff *User Experience* (häufig abgekürzt als UX, Benutzererlebnis, Nutzungserlebnis) ist definiert und beschrieben in der DIN EN ISO 9241-210, Abschnitt 2.15, als die

Benutzererlebnis

> *»Wahrnehmungen und Reaktionen einer Person, die aus der tatsächlichen und/oder der erwarteten Benutzung eines Produkts, eines Systems oder einer Dienstleistung resultieren«.*

Das Nutzungserlebnis umfasst sämtliche Emotionen, Vorstellungen, Vorlieben, Wahrnehmungen, physiologischen und psychologischen Reaktionen, Verhaltensweisen und Leistungen, die sich vor, während und nach der Nutzung ergeben.

Was die tatsächliche Benutzung betrifft, so definiert der Begriff der *Usability* (Gebrauchstauglichkeit) gemäß der DIN EN ISO 9241-11

Gebrauchstauglichkeit

> *»das Ausmaß, in dem ein Produkt, System oder ein Dienst durch bestimmte Benutzer in einem bestimmten Anwendungskontext genutzt werden kann, um bestimmte Ziele effektiv, effizient und zufriedenstellend zu erreichen«.*

Das bedeutet, dass eine gute Gebrauchstauglichkeit in den allermeisten Fällen die Grundvoraussetzung für ein gutes Nutzungserlebnis insgesamt ist. Dabei ist also neben den Aspekten Effektivität und Effizienz insbesondere die »Zufriedenstellung« des Benutzers essenziell dafür, dass ein Produkt, ein System oder eine Dienstleistung positiv wahrgenommen wird und den Benutzer optimal bei der Erreichung seiner Ziele unterstützt. In dem Maße, in dem z. B. ein Produkt einen Benutzer über die Unterstützung bei seinen Aufgaben hinaus auch auf emotionaler Ebene anspricht und Relevanz in seinem persönlichen Kontext bekommt, wird das Produkt akzeptiert werden und entsprechend erfolgreich am Markt sein. Wie wichtig die Benutzerschnittstelle ist, beweist auch die Aussage von Dileep Somani, Chief Information Officer der OTE Group: »Wir möchten dahinkommen, dass die Endbenutzer den Wert der von uns eingesetzten SAP-Applikationen bewusst wahrnehmen, sodass diese die größtmögliche Akzeptanz bei unseren Mitarbeitern erreichen.«

Bedeutung für SAP AGS

Akzeptanz schaffen

Wir wissen, dass Unternehmen heute mehr denn je auf eine motivierte und produktive Belegschaft angewiesen sind, um erfolgreich zu sein und ihre hochgesteckten Ziele erreichen zu können.

Neben mächtigen, funktional umfassenden Softwarelösungen, die die Benutzer als mehr oder weniger gegeben ansehen, werden eine gute Gebrauchstauglichkeit und ein hervorragendes Nutzungserlebnis ebendieser Lösungen immer wichtiger und somit auch ein strategisches Thema für Unternehmen. Unternehmen müssen die hohen Erwartungen ihrer Mitarbeiter an die Gebrauchstauglichkeit der Produkte und Services, die sie bei ihrer täglichen Arbeit unterstützen, erfüllen und damit erreichen, dass die Mitarbeiter von deren Nutzen überzeugt sind, um größtmögliche Akzeptanz zu schaffen.

Konsumentenprodukte bzw. Produkte und Services aus dem relativ neuen Umfeld der sozialen Netzwerke und Medien haben in den letzten Jahren die Messlatte für die Gebrauchstauglichkeit und hervorragende Nutzungserlebnisse sehr hoch gelegt. Mit Recht erwarten und fordern daher Benutzer von Softwarelösungen im geschäftlichen Umfeld heutzutage eine ähnlich gute Qualität, d.h. einfache, intuitive und ansprechende Benutzeroberflächen, die wenig bis gar keinen Schulungsaufwand erfordern und die Mitarbeiter optimal dabei unterstützen, ihre Aufgaben zu erledigen.

Da SAP-Lösungen für einen breiten Standard entwickelt und daher nicht spezifisch auf die Erfordernisse einzelner Nutzergruppen abgestimmt sind, hören wir von unseren Kunden häufig, dass deren Nutzer Schwierigkeiten mit dem Gebrauch unserer Software haben, insbesondere mit den Benutzeroberflächen.

SAP-Services erweitert

Als Supportorganisation begegnen wir diesem Umstand, indem wir unsere bestehenden Services, soweit noch nicht der Fall, um den nutzerzentrierten Aspekt erweitern. Das bedeutet, dass wir, zusätzlich zu den technischen und geschäftsprozessorientierten Aspekten, den Kontext und die Erfordernisse der jeweiligen betroffenen Nutzergruppe in den Vordergrund stellen, wenn wir Probleme analysieren und Verbesserungsvorschläge evaluieren.

Zusätzlich haben wir einen neuen Service entwickelt, der von unseren Kunden sehr allgemein eingesetzt werden kann, wenn es darum geht, Nutzerprobleme zunächst zu erkennen, richtig einzuschätzen, zu analysieren und in der Folge geeignete Lösungsmöglichkeiten zu finden und umzusetzen. Dieser Service, *User Experience Driven Productivity Optimization* (UXPO), verfolgt den Ansatz, über eine verbesserte Gebrauchstauglichkeit und damit ein besseres Nutzungserlebnis dafür zu sorgen, dass Nutzer zufriedener, motivierter und damit letztlich auch produktiver sind. Wir stellen also die Anwender der SAP-Lösungen bei unseren Kunden in den Mittelpunkt und tun alles Notwendige, um deren Erfordernisse zu erkennen und zu erfüllen.

User Experience Driven Productivity Optimization (UXPO)

Der UXPO-Ansatz umfasst drei Phasen:

❶ Aufdecken der Probleme und Festlegen der Optimierungsziele:
Entdecken und Untersuchen (Discover and Scope)

❷ Umfangreiche Problemanalyse und Finden von Lösungsmöglichkeiten:
Analysieren und Definieren (Analyze and Define)

❸ Realisierung der Lösung und Erfolgsmessung:
Realisieren und Messen (Realize and Measure)

Abbildung 2.15 gibt einen Überblick über die drei Phasen des UXPO-Services inklusive der angestrebten Ziele und Arbeitsergebnisse der einzelnen Schritte.

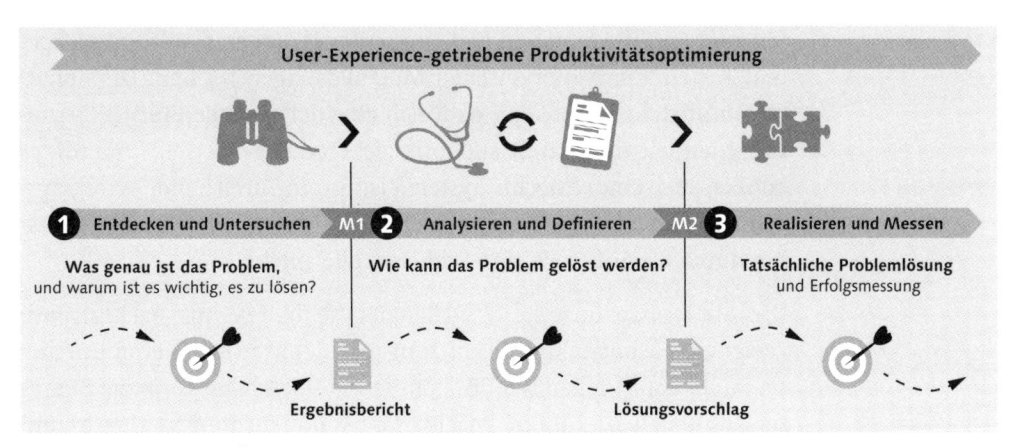

Abbildung 2.15 UXPO-Überblick: Projektphasen, Ziele und Ergebnisse

Entdecken und Untersuchen

In der ersten Phase sammeln und klären wir zunächst die Rückmeldungen und Kommentare der Nutzer zur Software.

Dabei decken wir Anliegen und Bedenken auf, die sowohl die Benutzerschnittstelle selbst als auch die Funktionalität der Software, Geschäftsprozesse, technische oder infrastrukturelle Aspekte oder Wissenslücken betreffen können.

Danach priorisieren wir die Sachverhalte, die wir identifiziert haben, und legen die Optimierungsziele fest. Diese beinhalten in der Regel die Ziel-Nutzergruppe, die erwünschten Resultate und Leistungskennzahlen, die den erwarteten Nutzen validieren. Am Ende dieser Phase liefern wir dem Kunden eine zusammenfassende Dokumentation.

Analysieren und Definieren (Analyze and Define)
Basierend auf den Ergebnissen und Zielsetzungen aus der ersten Phase, analysieren wir als Nächstes die Nutzungsprobleme bzw. Anliegen der Nutzer im Detail und untersuchen nachfolgend mögliche Lösungsoptionen. In dieser Phase ist es essenziell, mit den tatsächlichen Nutzern zu arbeiten und nicht nur mit Stellvertretern.

Wenn möglich, beobachten und befragen wir die Nutzer in ihrem Arbeitsumfeld, um ein möglichst authentisches Verständnis ihrer Situation und ihrer Herausforderungen zu bekommen und Verbesserungsmöglichkeiten auszuloten. Dabei wenden wir Prinzipien und Methoden des nutzerzentrierten Designs bzw. des *Usability Engineering* an, die von der Kontextanalyse über das Erkennen von Erfordernissen bis hin zum Spezifizieren von Nutzungsanforderungen sowie Entwickeln und Testen von prototypischen Modelllösungen reichen. Die Benutzerschnittstelle selbst kann natürlich eine der Ursachen für Nutzerunzufriedenheit und damit suboptimale Produktivität sein. Allerdings können auch eine schlechte Systemleistung, unzureichende Schulungsmaßnahmen oder eine nicht optimale Abbildung von Geschäftsprozessen durch die Software eine Schlüsselrolle spielen.

Die Ergebnisse unserer Ursachenanalyse helfen uns nachfolgend, geeignete Lösungen für die Nutzungsprobleme zu evaluieren. An dieser Stelle untersuchen wir unter anderem Vorschläge für neue Benutzerschnittstellen, führen Machbarkeitsuntersuchungen durch und schätzen Aufwände und Kosten ab. Insbesondere die Machbarkeitsuntersuchungen berücksichtigen auch die spezifischen technischen und organisatorischen Gegebenheiten bei unseren Kunden.

Am Ende dieser Phase liefern wir dem Kunden einen Lösungsvorschlag, inklusive gegebenenfalls prototypischer Modelle von Benutzerschnittstellen. Der Vorschlag umfasst ebenso relevante technische und organisatorische Erörterungen.

Dabei ist die bevorzugte Reihenfolge zur Realisierung einer neuen oder verbesserten Lösung wie folgt (angefangen beim einfachsten Ansatz):

▶ **Anwenden (Adopt)**
Verwenden von Standardfunktionalität einer bestehenden Lösung bzw. eines neueren Releases oder *SAP Enhancement Packages*

▶ **Anpassen (Adapt)**
Anpassen und Konfigurieren der Benutzerschnittstelle unter Verwendung der Möglichkeiten der jeweiligen Technologieplattform (»minimalinvasive Erweiterungen«)

▶ **Entwickeln (Develop)**
Entwickeln neuer Benutzerschnittstellen und/oder Einsetzen neuer Interaktionskanäle wie etwa mobiler Lösungen

Realisieren und Messen (Realize and Measure)

In der Phase *Realize and Measure* helfen wir schließlich unseren Kunden, die Lösungsvorschläge umzusetzen und den Erfolg anhand vorher definierter Leistungskennzahlen zu messen.

Diese Erfolgsmessung kann mit unterschiedlichen Methoden erfolgen, wie z. B. durch Benutzertests, Nutzerzufriedenheitsumfragen oder Messungen von Zeit- und Kosteneinsparungen.

Eine verbesserte Gebrauchstauglichkeit und damit ein besseres Nutzungserlebnis liefern ausgewiesene Vorteile sowohl für die Nutzer als auch für die IT und die Fachabteilungen.

Nutzer können ein System oder Werkzeug schneller und einfacher verwenden. Sie können sich Funktionen besser einprägen und machen weniger Fehler. Dadurch, dass sie effektiver und effizienter arbeiten können, sind sie zufriedener mit der Software und nutzen sie umfassender. In dem Maße, wie das Nutzungserlebnis besser wird, profitieren IT und Fachabteilungen von reduzierten Schulungsaufwänden und einem geringeren Bedarf an Supportmaßnahmen.

Praktische Anwendung

Die Zusammenarbeit mit unseren Kunden weltweit im Rahmen von UXPO-Lieferungen und insbesondere die positiven Ergebnisse dieser

Projekte zeigen, dass wir die potenziellen Verbesserungsmöglichkeiten von Gebrauchstauglichkeit und Nutzungserlebnissen gar nicht hoch genug einschätzen können.

Wir haben die Erfahrung gemacht, dass sich oftmals vermeintliche Kleinigkeiten aus technischer Sicht aus der Nutzerperspektive als große Probleme darstellen. Hier liegt eine der großen Stärken des UXPO-Services bzw. eines nutzerzentrierten Ansatzes im Allgemeinen. Durch minimalen technischen Aufwand kann man unter Umständen immense Verbesserungen für den Nutzer schaffen. Man muss die Erfordernisse der Nutzer nur richtig erkennen und vor allem ernst nehmen.

Natürlich sind die Sachverhalte nicht immer so einfach gelagert. In einigen Fällen sind tatsächlich die oben erwähnten *minimalinvasiven Erweiterungen* notwendig, um eine adäquate Gebrauchstauglichkeit zu erreichen. Aber auch in diesen Fällen sind die Aufwände in der Regel überschaubar, da die SAP-Technologieplattformen, die für Benutzerschnittstellen verwendet werden, sehr umfangreiche Möglichkeiten zur Anpassung an die jeweiligen Nutzungsanforderungen bieten.

Sollte schließlich in speziellen Fällen eine Neuentwicklung notwendig sein, weil es weder adäquate Standardfunktionalität gibt noch über Konfigurationsmaßnahmen eine akzeptable Lösung für die zu bedienende Nutzergruppe erreicht werden kann, sind auch diese Aufwände häufig gerechtfertigt und werden schnell wieder durch zufriedenere und produktivere Nutzer ausgeglichen.

Ausblick

Im Rahmen des UXPO-Services arbeiten wir direkt vor Ort bei unseren Kunden mit verschiedenen Nutzern bzw. Nutzergruppen. Wie wir weiter oben gesehen haben, ist es essenziell für einen nutzerzentrierten Ansatz, dass man direkt mit denjenigen Menschen interagiert, die die Software benutzen und für die man eine Verbesserung erreichen möchte.

Einen solchen Arbeitsmodus können wir speziell für unsere Kunden mit SAP-MaxAttention- oder SAP-ActiveEmbedded-Verträgen sehr gut anwenden. Für unsere SAP-Enterprise-Support-Kunden werden ausgewählte Serviceelemente, die per Fernwartung geliefert werden können, entwickelt und erweitert. Ebenso stellen wir *Self-Services* zur

Verfügung, die unsere Kunden befähigen, die Services selbst auszuführen, was heute schon ein bewährtes Konzept des SAP-Enterprise-Support-Angebots ist.

Darüber hinaus bieten weitere Abteilungen innerhalb der SAP mehr und mehr Services an, die darauf abzielen, das Thema *User Experience* unseren Kunden in allen Facetten näherzubringen und sie dabei zu unterstützen, die SAP-Lösungen für ihre Nutzer im Sinne der Gebrauchstauglichkeit und des Nutzungserlebnisses zu optimieren. Das Angebot reicht von Services zur Entwicklung und Ausrichtung einer User-Experience-Strategie über die optimale Nutzung verschiedener Benutzerschnittstellen-Technologien bis hin zu *Design-Thinking-Services*.

Design Thinking (siehe Kapitel 6) liefert ein strukturiertes Vorgehensmodell für den Innovationsprozess, wobei auch hier der Nutzer im Zentrum steht und über ein zunächst umfassendes Verständnis des sogenannten Problemraums der Übergang zu möglichen innovativen Lösungen geschaffen wird. Diese Lösungen, die unter aktiver Einbeziehung der Ziel-Nutzergruppe während des gesamten Prozesses entstehen, versprechen daher hervorragende Nutzungserlebnisse und somit zufriedene und begeisterte Nutzer.

Design Thinking

2.1.4 Cloud-Computing

Cloud-Lösungen, von punktuellen Einzelanwendungen bis hin zu vollständig in der Cloud betriebenen ERP-Lösungen, werden stetig beliebter. Der mögliche Nutzen in Bezug auf Geschwindigkeit, Flexibilität und Kostenersparnis ist beträchtlich. Was im privaten Bereich, etwa bei E-Mails, Bildern und Videos, bereits seit einigen Jahren gang und gäbe ist, hält nun auch in der Geschäftswelt Einzug: Daten werden nicht mehr lokal gespeichert, Software wird nicht mehr lokal installiert. All dies liegt nun in der Cloud.

Cloud – ein Trend in der IT

Eine wachsende Zahl von Unternehmen will in den nächsten Jahren einen erheblichen Teil des IT-Budgets in Cloud-Lösungen investieren. Über die Anzahl der Firmen und den Prozentsatz der Ausgaben gehen die Angaben zwar auseinander, doch bewegen sich alle diesbezüglichen Zahlen in einer Größenordnung, die man nicht einfach ignorieren kann, will man nicht einen wichtigen Trend verpassen.

Bedenken Und dabei sind die Bedenken und Befürchtungen durchaus bedeutend und keineswegs einfach vom Tisch zu wischen:

- Ganz oben auf der Liste steht – wen würde es wundern? – das Thema *Datensicherheit*. Anbieter und Betreiber von Cloud-Lösungen müssen überzeugende Antworten bieten auf Fragen wie: »Wo werden die Daten meines Unternehmens gespeichert?«, »Wer hat Zugriff auf meine Daten?«, »Wie wird sichergestellt, dass nur befugte Personen Zugriff auf meine Daten haben?«
- Die Sorge um eine zufriedenstellende *Performance* der Cloud-Lösungen ist ebenfalls groß. Anbieter von Cloud-Lösungen stehen hier vor einer ganz besonderen Herausforderung, da die Internetverbindung zum Anwender außerhalb ihres Einflussbereichs liegt.
- Viele Unternehmen wollen zunächst einzelne Anwendungsbereiche in die Cloud verlagern. So entsteht der Bedarf, diese mit lokal installierten Anwendungen (*On Premise*) zu integrieren. Mangelnde Erfahrung mit dieser Art von *Integration* erzeugt zunächst – verständlicherweise – Zurückhaltung.
- Schließlich sieht man sich als Kunde einer Cloud-Lösung mit einem *Kontrollverlust* konfrontiert: Wenn »meine« Cloud-Applikation nicht verfügbar ist, so habe ich als Kunde keine technischen Möglichkeiten. Alles, was ich tun kann, ist, den Anbieter der Cloud-Lösung zu kontaktieren.

Chancen Diesen durchaus ernst zu nehmenden Bedenken und Befürchtungen steht jedoch eine lange Reihe von Möglichkeiten und Chancen gegenüber, die immer mehr Unternehmen veranlassen, einen ersten Schritt in die Cloud zu tun:

- An erster Stelle steht hier die *Geschwindigkeit*, mit der Produktinnovationen nutzbar werden – eine Folge der typischerweise kurzen Release-Zyklen von Cloud-Lösungen.
- Die vergleichsweise höhere *Standardisierung* von Cloud-Lösungen hat in vielen Fällen deutlich kürzere Einführungszeiten zur Folge.
- Intuitive Benutzerschnittstellen führen in der Konsequenz zu einer einfacheren *Konsumierbarkeit* von Cloud-Lösungen durch den Anwender.
- Cloud-Lösungen können im Verbund mit On-Premise-Lösungen betrieben werden. Im Ergebnis entstehen dadurch sogenannte

Hybrid-Lösungen: Cloud-Lösungen, integriert mit On-Premise-Lösungen.

- Niedrige *Einstiegsinvestitionen* (keine Hardware, keine Lizenzgebühren) haben kurzfristig eine geringere Kostenbelastung zur Folge.
- Die *Kosten im laufenden Betrieb* fallen ebenfalls niedriger aus, da nur die tatsächliche Nutzung in Rechnung gestellt wird und Kosten etwa für die Upgrade-Planung entfallen.
- Ein hohes Maß an *Flexibilität* wird durch die Möglichkeit kundenindividueller Erweiterungen erreicht. Indem diese Erweiterungen modifikationsfrei erfolgen, bleibt die reibungslose Upgrade-Fähigkeit erhalten.

Aufgrund der zahlreichen zu erwartenden Vorteile fällt die Entscheidung immer häufiger zugunsten von Cloud-Lösungen aus, ohne dass die Risiken aus den Augen verloren werden.

Infrastruktur, Plattform, Software as a Service

Wenn man von *Cloud* spricht, so ist damit die Lieferung von IT-Leistungen »aus der Steckdose«, also über Browser und Internet, gemeint. Der Nutzer dieser IT-Leistung muss sich nicht darum kümmern, wie dieser Service zur Verfügung gestellt wird. Man unterscheidet hier zwischen drei Kategorien von Services:

- *Infrastructure as a Service* (*IaaS*) ermöglicht die Nutzung einer Rechnerinfrastruktur, die »verbrauchsabhängig« abgerechnet wird. Typischerweise handelt es sich um eine virtualisierte Umgebung.   *Drei Servicekategorien*
- *Platform as a Service* (*PaaS*) bezeichnet einen Service, der in der Cloud eine Plattform zur Entwicklung von Webanwendungen zur Verfügung stellt. Damit kann etwa unabhängigen Softwareanbietern ermöglicht werden, speziellen Anforderungen bestimmter Nischen oder Industrien gerecht zu werden und mittels hochproduktiver Werkzeuge spezielle Anwendungen auf dieser Plattform zu entwickeln.
- *Software as a Service* (*SaaS*) beschreibt das Konzept, Anwendungen für Endbenutzer via Browser und Internet zur Verfügung zu stellen. Der Softwarehersteller betreibt Systeme, meist in großen *Cloud-Computing-Fabriken*, die die Nutzung der Software erlauben.

Kunden erwerben keine Softwarelizenzen, sondern ein Nutzungsrecht für eine gewisse Zeitdauer und typischerweise für eine definierte maximale Anzahl von Benutzern. Dies bedeutet umgekehrt, dass der Kunde sich damit begnügen kann, ein Mindestmaß an eigenen IT-Ressourcen und IT-Kompetenzen bereitzustellen.

Es wird allgemein erwartet, dass der Löwenanteil der Investitionen im Bereich *Cloud-Computing* zukünftig in den Bereich *SaaS* fließen wird. *SaaS* steht für eine neue Generation der Standardsoftware, begleitet durch einfache Preismodelle, die sich nahezu komplett an der Nutzung der Software orientieren.

Die Cloud-Strategie der SAP

Topargument Geschwindigkeit

In ihrer mittelfristigen Gesamtstrategie betrachtet SAP das Thema *Cloud* als einen wichtigen Pfeiler in der künftigen Architektur einer modernen Business-Technologie. Die Bedeutung der Cloud resultiert, wie bereits weiter oben ausgeführt, in allererster Linie aus dem damit verbundenen Gewinn an Geschwindigkeit: Geschwindigkeit bei der Innovation, Geschwindigkeit bei der Adaptierung und Implementierung der jeweils neuesten Technologie.

SAP sieht sich als Lieferant dieser Innovation sowohl für das gesamte Unternehmen als auch über die Unternehmensgrenzen hinweg. Um diesem Anspruch in seiner Gänze gerecht zu werden, bedarf es eines abgestimmten Angebots, bestehend aus vier Hauptelementen: Applikationen, Plattform, Handelsnetzwerk und Lebenszyklusmanagement.

Applikationen

Wie Abbildung 2.16 veranschaulicht, verfügt SAP über ein breites, flächendeckendes Angebot von Cloud-Applikationen, gruppiert nach den wesentlichen Ressourcen eines Unternehmens: Mitarbeiter, Kunden, Lieferanten und Finanzen.

Line of Business Solutions

Diese Cloud-Applikationen werden typischerweise als *Line of Business Solutions* bezeichnet. Damit soll unterstrichen werden, dass sie sich auch an einzelne Geschäftsbereiche innerhalb eines Unternehmens richten. Das Angebot wird abgerundet durch die beiden kompletten ERP-Lösungen *SAP Business ByDesign* und *SAP Business One*, die einem Unternehmen erlauben, sämtliche Geschäftsprozesse damit abzuwickeln.

Geschäfts- und IT-Transformation: SAP HANA, Cloud, mobile Lösungen | 2.1

Cloud-Lösungen für Geschäftsbereiche				Cloud-Suite-Lösungen
Mitarbeiter	**Kunden**	**Finanzen**	**Lieferanten**	**Unternehmen**
SuccessFactors BizX	SAP Cloud for Customer	SAP Cloud for Financials	Anwendungen für Geschäftsnetze und Lieferanten	SAP Business ByDesign
• Employee Central mit Kernfunktionen für das Personalwesen • Personalabrechnung • umfassendes Talent-Management • Rekrutierung • Schulungen	• Vertrieb, Service, Marketing • sozial vernetzte Kunden • Absatz-und Produktionsplanung SAP Precision Retailing Social Impact Net SAP-HANA-Portal	• Kernfunktionen für Finanzen • Auftragsabwicklung • Beschaffung • Projektmanagement SAP Cloud for Travel • umfassende Verwaltung aller Geschäftsreisen SAP Enterprise Performance Managemt. OnDemand SAP Financial Service Network	• strategische Beschaffung • Vertragsmanagement • Lieferantenverwaltung • Anwendungen für Geschäftsprozesse • Lösungen für Geschäftsnetze Product Stewardship Net SAP Product Verification	• umfassende Cloud-Lösung für mittelständische Unternehmen und Niederlassungen SAP Business One • durchgängige Cloud-Lösung für kleinere Unternehmen

Abbildung 2.16 SAP-Cloud-Applikationen

Plattform

Mit *SAP HANA Cloud Platform* stellt SAP ihren Kunden und Partnern eine cloud-basierte Plattform für kontinuierliche Innovationen zur Verfügung. Diese Plattform zeichnet sich durch folgende Eigenschaften aus:

SAP HANA Cloud Platform

▸ Sie ist darauf ausgelegt, Kunden und Partner in die Lage zu versetzen, schnell kreative und innovative Softwareapplikationen zu erstellen.

▸ Es handelt sich um die einzige Entwicklungsplattform, die auf der In-Memory-Datenbank SAP HANA basiert.

▸ Die Plattform unterstützt die Integration mit On-Premise-Applikationen.

▸ Sie stellt die erforderlichen Services zur Verfügung, um mobile, soziale und analytische Applikationen zu erstellen.

Dieses Angebot wird wesentlich ergänzt durch SAP HANA Enterprise Cloud, einen cloud-basierten Service, durch den Kunden noch schneller von Innovationen auf der SAP-HANA-Plattform profitieren können. SAP HANA Enterprise Cloud stellt die leistungsstarken Funktionen von SAP HANA als Service bereit. Geschäftskritische SAP-ERP-,

SAP-CRM- und SAP-NetWeaver-Business-Warehouse-Anwendungen können damit als *Managed Cloud Service* genutzt werden, der flexibel bis in den Petabyte-Bereich skalierbar ist. Damit ermöglicht SAP Unternehmen eine deutlich schnellere Wertschöpfung bei geringeren Gesamtkosten.

Handelsnetzwerk

Durch die Akquisition von Ariba ist SAP in der Lage, eine branchenführende Komplettlösung für Einkauf und Beschaffung zur Verfügung zu stellen. SAP unterstützt damit nicht nur die Geschäftsprozesse innerhalb eines Unternehmens, sondern auch jene, die zwischen Unternehmen stattfinden. Das Ariba-Handelsnetzwerk hat sich zum bevorzugten Netzwerk für die Bereiche Einkauf und Verkauf entwickelt.

SAP bietet einen offenen Zugang zum Ariba-Netzwerk an und ermöglicht damit jedem Unternehmen, die Vorteile von geschäftlicher Kollaboration zu nutzen – unabhängig von der eingesetzten Systemlandschaft.

Lebenszyklusmanagement

Hybride IT-Umgebungen werden für eine wachsende Zahl von Unternehmen zur Realität. SAP geht davon aus, dass dieser Trend in den nächsten Jahren anhalten wird. Diese hybriden Lösungen erlauben den Kunden, neue Potenziale in Bezug auf Kostenersparnis und Effizienzgewinn zu erschließen. Virtualisierung und »private Clouds« werden hier eine wachsende Rolle spielen.

Für Kunden, die ihre eigenen SAP-HANA-basierten Applikationen über die Cloud nutzbar machen wollen, bietet SAP ein breites Spektrum an Hosting-Möglichkeiten, die es erlauben, die Wirtschaftlichkeit von Cloud-Lösungen in einer sicheren Umgebung zu nutzen.

Zusammenfassung

Zusammengefasst stellt die Cloud-Strategie der SAP den Kunden mit seinen individuellen Anforderungen in den Mittelpunkt. Das Lösungsangebot erlaubt es, mit einer beliebigen Cloud-Applikation zu starten und schrittweise weitere Applikationen hinzuzufügen. Bei aller Flexibilität ist eine zuverlässige Integration mit On-Premise-Applikationen, aber auch von Cloud-Lösungen untereinander sichergestellt. Auf diese Weise wird der Mehrwert aus Kundensicht schneller sicht- und greifbar.

Der SAP-Cloud-Support

Kunden von Cloud-Lösungen haben besonders hohe Ansprüche an den Support. Im Gegensatz zu On-Premise-Lösungen haben Kunden bei Cloud-Lösungen kaum Möglichkeiten, sich bei eventuellen Fehlern selbst zu helfen. Lediglich Probleme mit Frontends oder dem eigenen Netzwerk liegen in der Verantwortung des Kunden. Bei Problemen mit allen anderen Hard- und Softwarekomponenten ist der Kunde komplett auf die Hilfe durch den Anbieter angewiesen. Für den Cloud-Anbieter ist ein exzellenter Kundensupport daher von besonders großer Bedeutung.

Hohe Anforderungen an den Support

Cloud-Supportkonzeption der SAP

Bei SAP fängt der Cloud-Support mit der Problemvermeidung an. Die SAP-Cloud-Lösungen überwachen sich selbst. Sogenannte *Health Checks* sind Hintergrundprogramme, die bei bestimmten Ereignissen oder bei Erreichen definierter Schwellenwerte einen Alarm auslösen. Die *Health Checks* können bei bestimmten Konstellationen automatisch eine Korrektur des Problems anstoßen. Ist manuelles Eingreifen erforderlich, wird die Health-Check-Meldung entweder an den Kunden oder den SAP-Support gesendet. So können in vielen Fällen Probleme bereits im Entstehen oder gar vor dem Entstehen erkannt und behoben werden, bevor sie größeren Schaden anrichten.

Health Check

Sollte der Anwender dennoch auf ein Problem bei der Benutzung der SAP-Cloud-Software stoßen, stehen ihm vielfältige Hilfefunktionen zur Verfügung, die direkt in die SAP-Cloud-Applikationen eingebaut sind. Dazu gehören:

Hilfefunktionen

- **Kontextsensitive Hilfe**
  Bei Aufruf der Hilfefunktion wird der Kontext (welche Funktion bedient der Benutzer gerade) berücksichtigt. Dafür relevante Hilfedokumente werden zur Anzeige gebracht.

- **Erweiterbare Hilfe**
  Die Hilfetexte können jederzeit vom Kunden individuell erweitert werden.

- **Suche in Diskussionsforen**
  Für die Beantwortung von »How-to«-Fragen stehen Diskussionsforen zur Verfügung. Oftmals findet man die gleiche Frage von einem anderen Kunden oder SAP-Partner mit einer passenden

Antwort bereits vor. Sollte dies einmal nicht der Fall sein, kann man seine Frage dort posten und erhält in vielen Fällen bereits am gleichen Tag eine Antwort.

- **Ideenforum für Erweiterungswünsche**
  Viele SAP-Cloud-Kunden haben Vorschläge und Wünsche, wie unsere Produkte weiterentwickelt werden sollten. Dazu hat SAP ein Ideenforum eingerichtet. Dort können Kunden:
  - suchen, ob eine Idee bereits existiert und wie deren Status ist
  - über bereits vorhandene Ideen abstimmen und diese kommentieren
  - neue Ideen einstellen

  Das SAP-Cloud-Produktmanagement bezieht die Ideen und Wünsche unserer Kunden in die Produktplanung mit ein und gibt direkt im Ideenforum über den Status der Ideen Rückmeldung.

- **In der SAP-Supportdatenbank suchen**
  Der SAP-Cloud-Support stellt eine Supportdatenbank zur Verfügung, die ständig mit den Erfahrungen von gelösten Supportvorfällen aktualisiert wird. Die allermeisten Artikel darin sind auch für Kunden freigegeben. Wird ein Kundenproblem vom Cloud-Support einmal gelöst, so profitieren im Idealfall alle anderen Cloud-Kunden davon, indem sie die Lösung zu diesem Problem gleich selbst finden können.

- **Einen Vorfall eröffnen**
  Sollte keine Lösung zu einem Problem gefunden werden, kann der SAP-Cloud-Kunde direkt aus der Applikation heraus einen Vorfall anlegen. Dabei gibt er lediglich die Priorität des Vorfalls und eine kurze Beschreibung des Sachverhalts an. Die wesentlichen Kontextinformationen zu diesem Problem werden automatisch im Hintergrund gesammelt und an den Vorfall angehängt. Dazu gehören z.B. Fehlermeldungen und Berechtigungsinformationen, aber auch die vorangegangenen Transaktionen, die der Benutzer ausgeführt hat, sowie ein aktueller Bildschirmabgriff, der noch bearbeitet werden kann (z.B. Schwärzen von vertraulichen Daten).

  Der Vorfall wird anschließend an den Key-User des Kunden weitergeleitet. Er kann mittels der anhängenden Kontextinformationen genau nachvollziehen, was der Anwender getan hat, und kann bei Benutzerfehlern direkt helfen.

Sollte der Key-User zu keiner Lösung kommen, so kann er seine Aktivitäten im Vorfall dokumentieren und diese an den SAP-Cloud-Support schicken.

Die SAP-Cloud-Supportorganisation

Der SAP-Cloud-Support ist in wenigen globalen Supportzentren rund um die Welt verteilt. Damit kann SAP rund um die Uhr in den Sprachen der Kunden Support liefern. SAP-intern ist der Support in drei Stufen eingeteilt:

- Der *Direct Support* ist in den wesentlichen Landessprachen verfügbar und liefert schnelle Hilfe bei bekannten Problemstellungen. Die zuvor bereits beschriebenen Kontextinformationen der Vorfälle sind dabei eine große Hilfe und ersparen in vielen Fällen zusätzliche Rückfragen beim Kunden.

- Der *Expert Support* ist in den einzelnen Fachbereichen der SAP-Cloud-Produkte spezialisiert. Hier werden komplexere Probleme analysiert und Lösungen erarbeitet. Sowohl Direct Support als auch Expert Support arbeiten sehr eng mit dem Systembetrieb zusammen.

- Sollte ein Coding-Fehler entdeckt werden, wird dieser vom *Entwicklungssupport* behoben. Die jeweilige Korrektur wird nach intensiver Qualitätskontrolle nahezu zeitgleich in alle Cloud-Systeme eingespielt.

Interne Supportregelung

Alle Supportstufen arbeiten bei der Analyse der gemeldeten Vorfälle eng zusammen und ziehen daraus Lehren für die kontinuierliche Verbesserung unserer Cloud-Produkte.

Schließlich werden Kunden bei Abschluss jedes Vorfalls zu ihrer Zufriedenheit mit der bereitgestellten Lösung befragt. Die Antworten unserer Kunden werden für die ständige Qualitätsverbesserung unseres Supports, aber auch als Messinstrument für dessen Erfolg verwendet.

Das SAP-Cloud-Supportangebot

Kunden nutzen SAP-Cloud-Applikationen zu unterschiedlichen Zwecken. Dies führt in der Konsequenz dazu, dass sie auch unterschiedliche Anforderungen an den Support haben. Das SAP-Cloud-Supportangebot ist deswegen am Bedarf unserer Kunden ausgerichtet. Bereits im Standardsupport bietet SAP rund um die Uhr Support für geschäfts-

Mehrstufiges Supportangebot

kritische Probleme. Self-Service-Angebote, Release-Informationen und einige weitere nützliche Angebote stehen allen Kunden mit diesem Supportangebot zur Verfügung.

Kunden, die eine individuelle Betreuung durch den Support wünschen, steht *Premium-Plus-Support* zur Verfügung. Ein dediziert benannter Kundenbetreuer des Supports führt regelmäßige Supportreviews mit dem Kunden durch und stellt somit sicher, dass der Kunde den größtmöglichen Nutzen aus SAP Service und Support zieht.

Der *Platinum-Support* beinhaltet ebenfalls einen dedizierten Kundenbetreuer, allerdings mit einem noch intensiveren Betreuungsplan. Darüber hinaus sagt der SAP-Cloud-Support im Rahmen des Platinum-Angebots auch fest definierte Lösungszeiten für Applikationsprobleme zu.

In dem von hoher Dynamik geprägten Cloud-Markt werden sich auch die Anforderungen unserer Kunden an den Support weiterentwickeln. Deswegen werden wir auch weiterhin unser Supportangebot den Bedürfnissen unserer Kunden anpassen.

2.2 Reduktion der Innovationskosten und Verbesserung der Wertschöpfungskette

Um im globalen Wettbewerb mithalten zu können, müssen vorhandene Strukturen und Prozesse entlang der Wertschöpfungskette stetig optimiert werden. Dies ermöglicht schnellere Entscheidungen sowie zeitnahe Reaktionen auf Veränderungen am Markt und fördert damit die Wettbewerbsfähigkeit des Unternehmens.

Wir unterstützen unsere Kunden dabei, indem wir *SAP Rapid Prototyping* bereitstellen, einen Service, der aufzeigt, wie neue SAP-Software und -Technologie unter realistischen Bedingungen arbeitet. Zeichnen sich bereits anhand des Prototyps überzeugende Potenziale und Nutzen für das Unternehmen ab, erleichtert dies die Entscheidungsfindung zur Realisierung der Innovation. Basierend auf den Bausteinen, die SAP liefert – wie etwa *SAP Rapid Deployment Solutions* –, und den führenden Industrie-Best-Practices kann die neue Geschäftslösung zeitnah in die existierende Lösungslandschaft integriert werden.

Integration Validation — Damit die Integration korrekt und reibungslos erfolgt, hat SAP *Integration Validation* (siehe Abschnitt 2.2.2) entwickelt; eine Methode, die nicht nur die Kernlösungen von SAP abdeckt, sondern auch

Schnittstellen und Nicht-SAP-Komponenten. Bei der Integration Validation werden Produkt-, Lösungs- und Betriebsstandards validiert, um folgende Ziele zu erreichen:

- Datenkonsistenz
- Implementierung der Root Cause Analysis für Ausnahmen und Performanceprobleme
- Implementierung eines durchgängigen Monitoring und Alerting

Verantwortlich für den Integration-Validation-Prozess ist das *Innovation Control Center* (siehe Abschnitt 2.2.1), das Sie dabei unterstützt, SAP-Lösungen effektiv zu implementieren und den reibungslosen Betrieb nach dem Go-live vorzubereiten. Das Innovation Control Center, das beim Kunden eingerichtet wird, bietet Zugriff auf SAP-Experten, die mit dem SAP Backoffice kooperieren.

Auf der Basis des SAP Solution Manager wendet das Innovation-Control-Center-Team die Methode *Build SAP Like a Factory* (siehe Abschnitt 2.2.3) an. Diese Methode reduziert die Implementierungskosten und die TCO, indem sie die Abweichungen von der SAP-Standardsoftware minimiert und unnötige Modifikationen vermeidet.

Nach der Übergabe der Softwarelösung an den Betrieb stellt das Operations Control Center mithilfe der Methode *Run SAP Like a Factory* hoch automatisierte IT-Abläufe und die kontinuierliche Verbesserung von Geschäftsprozessen sicher.

Abbildung 2.17 gibt einen groben Überblick, wie das SAP-Supportangebot Unternehmen dabei hilft, ihrer Vision eines Echtzeit-Unternehmens näher zu kommen.

Wertschöpfungskette optimieren

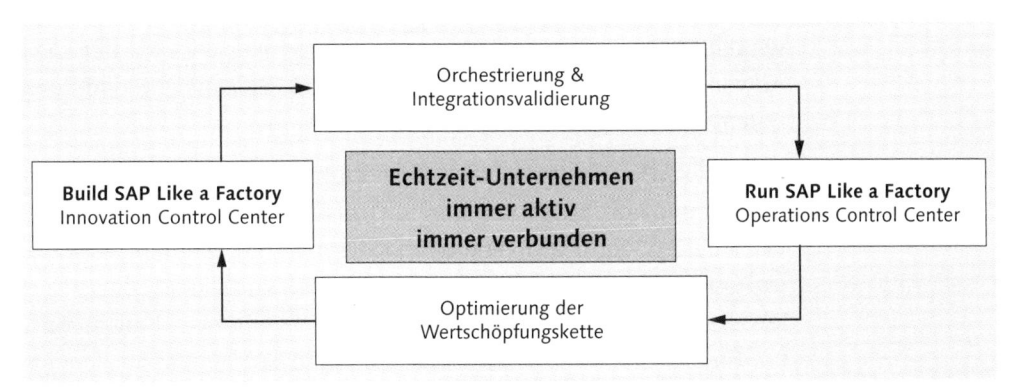

Abbildung 2.17 Optimierung der Wertschöpfungskette

Kostenaspekt Alle Unternehmen streben danach, ihre allgemeinen Vertriebs- und Verwaltungskosten (Selling, General, and Administrative Expenses – SG&A) in den Griff zu bekommen, also die Kosten, die nicht dem Produkt selbst, sondern dem Vertrieb und Marketing zugerechnet werden. Auf Konzernebene sind Standardisierung, Automatisierung, Optimierung von Reporting und Analysen sowie die Reduzierung der IT-Kosten ein wichtiger Hebel. Der Aufbau eines Innovation Control Center kann Ihnen in verschiedenen Bereichen helfen, diesen Hebel anzusetzen:

- Durch die *Vermeidung unnötiger Modifikationen zugunsten von SAP-Standardsoftware* sinkt der finanzielle Aufwand sowohl für Entwicklung und Wartung als auch für Upgrades.

- Durch die Nutzung *führender Lösungs- und Industrie-Best-Practices* kann die Dauer von Implementierungsprojekten drastisch gekürzt werden. Dadurch sinken auch die Kosten.

- Durch die *Anleitung für die Entwicklung kundenspezifischer Erweiterungen* kann der Aufwand um nahezu 60% reduziert werden.

- Das Innovation Control Center kann die *Dauer und den Aufwand für Root Cause Analysis* um bis zu 50% reduzieren.

2.2.1 Innovation Control Center

Als weltweit führender Anbieter von betriebswirtschaftlicher Software hat es sich SAP zur Aufgabe gemacht, Unternehmen jeder Größe und Branche bei der Optimierung ihrer Abläufe zu unterstützen. Menschen und Organisationen können mit SAP-Software effizienter zusammenarbeiten und geschäftliche Informationen effektiver für sich nutzen. Um die Wettbewerbsposition ihrer Kunden nachhaltig zu sichern, entwickelt SAP ein umfassendes Lösungsportfolio in den Marktkategorien Anwendersoftware, Analytik, mobile Lösungen sowie Cloud- und Datenbanklösungen ständig weiter.

Effektive und effiziente Implementierung Das *Innovation Control Center* hilft Ihnen, SAP-Softwarelösungen effektiv und effizient zu implementieren und den uneingeschränkten Betrieb der Lösung nach dem Produktivstart vorzubereiten. Das Control Center, das onsite beim Kunden installiert wird, liefert Zugriff auf SAP-Experten, die in Verbindung mit der SAP-Entwicklung stehen, um Kundenprobleme schnell und unkompliziert zu lösen. Die enge Zusammenarbeit zwischen dem Innovation Control Center und dem

SAP-Backoffice (SAP Mission Control Center) hilft, die Kosten von Implementierungen zu reduzieren und IT-Innovationen in Projekten zu beschleunigen. Dies wird durch die Nutzung von Best-Practice-Modellen und Standardlösungen in einer sehr frühen Phase der Implementierung erreicht. Daneben spielt die technische Stabilisierung der Software durch ausgewählte Services und Tools in der Realisierungsphase eine wichtige Rolle, z. B. im Hinblick auf Performance und Datenkonsistenz.

Das Innovation Control Center unterstützt sowohl Neuimplementierungen als auch Optimierungsprojekte – z.B. Custom-Code-Reduktion – und ist exklusiv für Sie als SAP-ActiveEmbedded- oder SAP-MaxAttention-Kunde verfügbar.

> **Ziele eines Innovation Control Center**
>
> ▶ **Maximale Nutzung von Standardfunktionalität**
> Durch die Nutzung von Best Practices werden unnötige Modifikationen vermieden.
>
> ▶ **Technische Absicherung der Softwareimplementierung**
> Durch die End-to-End-Validierung aller technischen Integrationsaspekte werden die kritischen IT-Prozesse stabilisiert.
>
> ▶ **Planung des operativen Betriebs schon vor Produktivstart**
> Durch die frühzeitige Vorbereitung des operativen Betriebs wird sichergestellt, dass die Lösung sicher und effizient im Produktivbetrieb unterstützt werden kann.

Komponenten des Innovation Control Center

Ein klassisches Innovation Control Center gliedert sich in die folgenden Komponenten:

❶ Setup

❷ Zero Modification

❸ Integration Validation

❹ Vorbereitung Operations Control Center

❺ optional: Application Lifecycle Management, SAP Rapid Prototyping

Abbildung 2.18 verdeutlicht die Reihenfolge und das Zusammenspiel der einzelnen Komponenten.

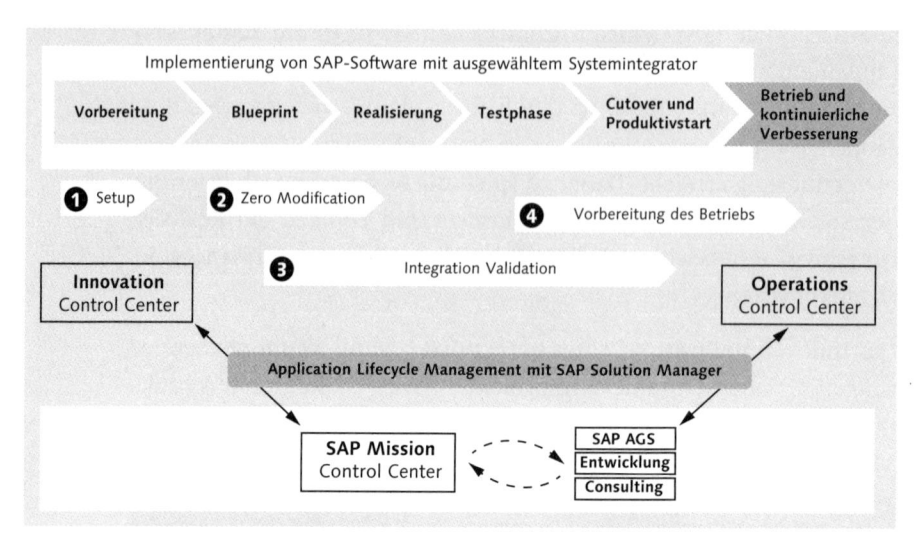

Abbildung 2.18 Die einzelnen Komponenten eines Innovation Control Center – gegliedert nach Projektphasen

Im Setup wird das eigentliche Innovation Control Center geplant und implementiert. In dieser Phase wird es in die Projektorganisation und die Projektkommunikation integriert. Im Einzelnen werden die Rollen und Aufgaben des Innovation Control Center festgelegt und die Kommunikationspfade etabliert. Der SAP Solution Manager dient dabei als Kommunikationsmittel. Im SAP Solution Manager werden zusätzlich einzelne Dashboards angeboten, wie etwa der *Blueprint Analyzer*, in denen Fortschritt und Qualität der Softwarelösung dokumentiert werden.

Zero Modification *Zero Modification* ist ein neues Serviceangebot von SAP AGS mit der Zielsetzung, unnötige Modifikationen zu vermeiden und Implementierungen näher an den SAP-Standard zu führen (siehe Abbildung 2.19). Die Reduktion unnötiger Eigenentwicklungen trägt maßgeblich zur Verminderung von Implementierungs- und Betriebskosten einer Softwarelösung bei.

Dies wird dadurch erreicht, dass die Technical Quality Manager von SAP AGS schon frühzeitig in die Blueprint-Phase eines Projekts eingebunden werden und mit ihrem Fachwissen und mittels eines strukturierten Zugriffs auf Experten aus dem Backoffice, der Entwicklung und der SAP-Beratung Best Practices identifizieren und auf Standardlösungen hinweisen, die ohne Modifikationen umgesetzt werden können.

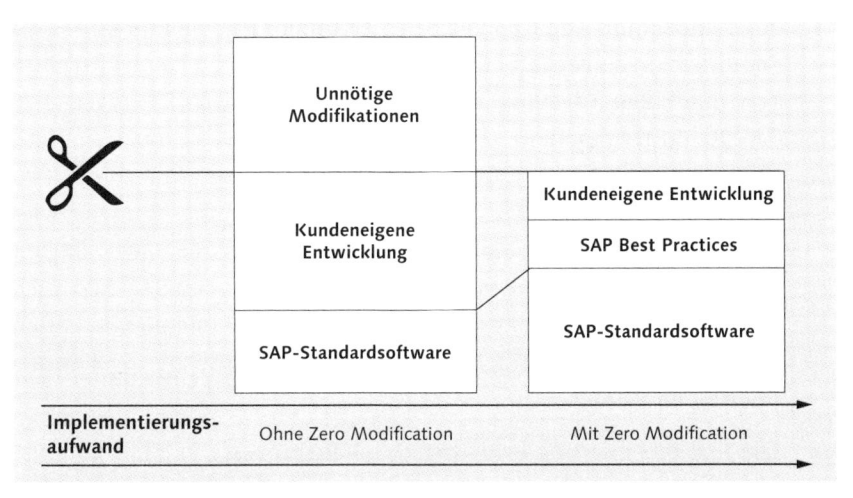

2.2 Reduktion der Innovationskosten und Verbesserung der Wertschöpfungskette

Abbildung 2.19 Die Vermeidung unnötiger Modifikationen reduziert den Aufwand bei der Implementierung.

Der eingesetzte Technical Quality Manager nimmt die wahrgenommenen funktionalen Lücken (*Gaps*) auf, dokumentiert sie umfassend und leitet sie mittels des SAP Solution Manager an das umfassende Expertennetz im Mission Control Center der SAP weiter (siehe Abbildung 2.20). Dort wird die Meldung bearbeitet, sodass eine zeitnahe Antwort erfolgen kann.

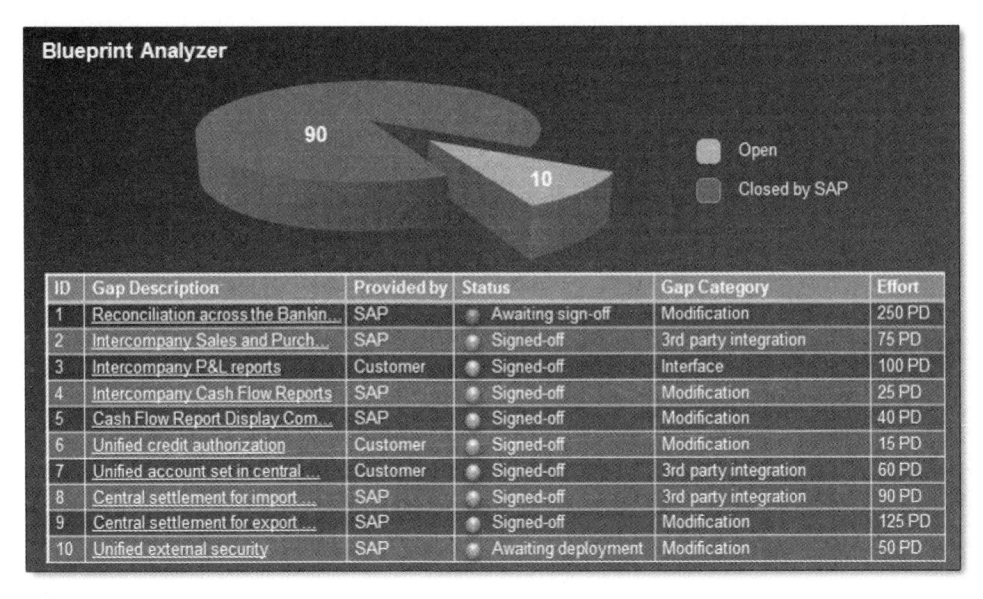

ID	Gap Description	Provided by	Status	Gap Category	Effort
1	Reconciliation across the Bankin...	SAP	Awaiting sign-off	Modification	250 PD
2	Intercompany Sales and Purch...	SAP	Signed-off	3rd party integration	75 PD
3	Intercompany P&L reports	Customer	Signed-off	Interface	100 PD
4	Intercompany Cash Flow Reports	SAP	Signed-off	Modification	25 PD
5	Cash Flow Report Display Com...	SAP	Signed-off	Modification	40 PD
6	Unified credit authorization	Customer	Signed-off	Modification	15 PD
7	Unified account set in central ...	Customer	Signed-off	3rd party integration	60 PD
8	Central settlement for import ...	SAP	Signed-off	3rd party integration	90 PD
9	Central settlement for export ...	SAP	Signed-off	Modification	125 PD
10	Unified external security	SAP	Awaiting deployment	Modification	50 PD

Abbildung 2.20 Der Blueprint Analyzer schafft Transparenz über die Gaps in einem Implementierungsprojekt.

Aber nicht nur Gap-Management ist unter dem Oberbegriff Zero Modification zu verstehen. So möchten wir Sie auch dabei unterstützen, durch den frühzeitigen Einsatz vorkonfigurierter Lösungen (z.B. SAP Rapid Deployment Solutions oder anderer Best Practice Solutions) eine günstige Startposition für Ihr Implementierungsprojekt zu bekommen. Mit dem Einsatz von *Best Practices* einer Branche oder einer Lösung erreichen Sie schneller mehr und sparen wertvolle Zeit und Kosten bei der Implementierung. In Zukunft plant SAP AGS auch die Bereitstellung kundenspezifisch aufgesetzter Systemlandschaften in der Cloud, die dann bei Abnahme auf die Hardware der Kunden übertragen werden kann.

Integration Validation

Die Implementierung kritischer Geschäftsprozesse in einer komplexen, SAP-übergreifenden Systemlandschaft kann eine herausfordernde Aufgabe sein, die im Projekt zwischen mehreren Entscheidern und Projektteams verteilt ist. Um alle Integrationsaspekte einer Lösung frühzeitig zu erfassen, bietet SAP AGS im Rahmen des Innovation Control Center die Methode *Integration Validation* (siehe auch Abschnitt 2.2.2) an.

Dabei werden pro Arbeitsstrang technische KPIs festgelegt und zu verschiedenen Zeitpunkten eines IT-Prozesses gemessen. Mittels festgelegter Servicepakete (z.B. SAP Business Process Performance Optimization) werden Maßnahmen eingeleitet, die zu einer Verbesserung führen. Diese werden im Rahmen eines iterativen, projektbasierten Ansatzes immer wieder validiert.

Mittels des *Integration Validator Dashboards* (siehe Tabelle 2.1 in Abschnitt 2.2.2) können Problemfelder und Optimierungsfortschritte transparent gemacht werden.

Zum Abschluss des Projekts müssen neben den üblichen Go-live-Services Maßnahmen ergriffen werden, um die neue Applikation sicher und effizient in den Produktivbetrieb zu übergeben.

Operations Control Center

SAP bietet die Einrichtung eines *Operations Control Center* an, ein Team von IT-Operatoren, die Alerts in einem geführten Prozess bearbeiten. Das Operations Control Center liefert ein Monitoring über spezielle Dashboards, die sowohl den Status ausgewählter Geschäftsprozesse über betriebswirtschaftliche KPIs als auch technische Analysen der produktiven Systemlandschaft berücksichtigen. Durch kontinuierliche Verbesserungen des allgemeinen Setup des Operations Control Center können auch neue Prozesse und Lösungen abgedeckt werden.

Schon kurz vor Abschluss des Implementierungsprojekts unterstützt Sie das Angebot des Innovation Control Center dabei, den operativen Betrieb einer Applikation vorzubereiten. Haben Sie noch kein operatives Operations Control Center im Einsatz, unterstützt Sie SAP AGS beim Aufbau eines neuen Operations-Control-Center-Konzepts. Sollte bereits ein Operations Control Center etabliert sein, unterstützt der Innovation-Control-Center-Ansatz die Integration der neuen Lösung bzw. der damit verbundenen Geschäftsanforderungen in das Operations Control Center.

Optional lassen sich Elemente des *Application Lifecycle Management* und *SAP Rapid Prototyping* im ganzheitlichen Innovation-Control-Center-Ansatz verankern. Application Lifecycle Management beinhaltet einen umfassenden Supportansatz im Anwendungsumfeld und schließt den gesamten Lebenszyklus einer IT-Lösung ein (Phasen: Requirements, Design, Build, Deploy, Operate, Optimize). Der SAP Solution Manager unterstützt bei der Durchführung der in den einzelnen Phasen anfallenden Aktivitäten, wie z.B. Change Request Management, Solution Documentation oder Testmanagement. Details zum Application Lifecycle Management finden Sie in Abschnitt 2.3.1.

Die Implementierung brandneuer Technologien birgt immer technische und finanzielle Risiken. Mit dem Service *SAP Rapid Prototyping* des SAP AGS lassen sich diese Risiken in einer frühen Phase vorhersehen, beschreiben und eliminieren, sodass Schwierigkeiten und Zusatzkosten bei Implementierung und Betrieb der Lösung reduziert werden. Dies wird dadurch erreicht, dass mit dem Aufbau eines Prototyps spezifische Anwendungsfälle mit echten Kundendaten evaluiert und getestet werden. So kann SAP Ihnen aufzeigen, wie SAP-Software unter realistischen Bedingungen arbeitet. Neben der Eliminierung von Risiken vor einem produktiven Einsatz lassen sich durch einen Prototyp kundenspezifische Potenziale für die Benutzer frühzeitig erkennen.

SAP Rapid Prototyping

SAP Rapid Prototyping trägt auf diese Weise maßgeblich zur strategischen Planung von IT-Investments und zur Beschleunigung von IT-Innovationen bei, während der Produktivbetrieb nur minimal unterbrochen wird (siehe Abbildung 2.21).

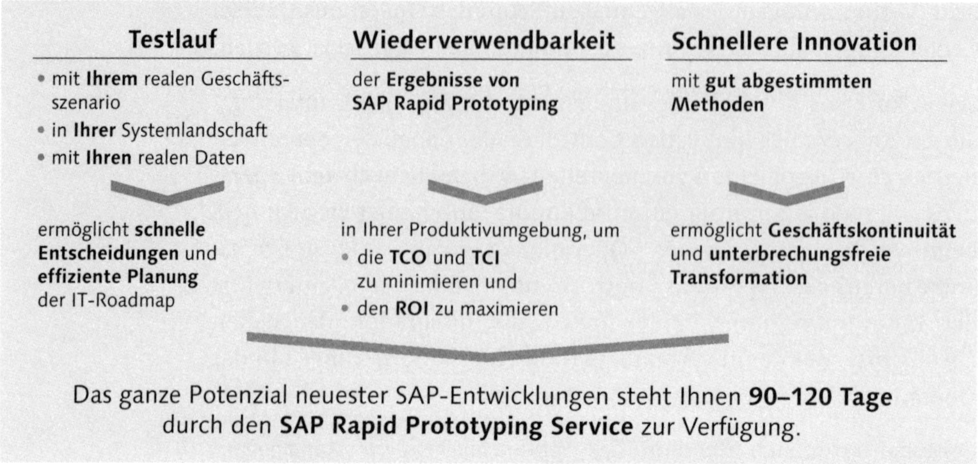

Testlauf	Wiederverwendbarkeit	Schnellere Innovation
• mit **Ihrem** realen Geschäftsszenario • in **Ihrer** Systemlandschaft • mit **Ihren** realen Daten	der **Ergebnisse von SAP Rapid Prototyping**	mit **gut abgestimmten Methoden**
ermöglicht **schnelle Entscheidungen** und **effiziente Planung** der IT-Roadmap	in Ihrer Produktivumgebung, um • die **TCO** und **TCI** zu minimieren und • den **ROI** zu maximieren	ermöglicht **Geschäftskontinuität** und **unterbrechungsfreie Transformation**

Das ganze Potenzial neuester SAP-Entwicklungen steht Ihnen **90–120 Tage** durch den **SAP Rapid Prototyping Service** zur Verfügung.

Abbildung 2.21 Beschleunigung von Innovationen mithilfe von SAP Rapid Prototyping

Kundenbericht: China Minmetals erzielt deutlich effizientere Geschäftsabläufe durch das Innovation Control Center

»China Minmetals Corporation ist ein internationales Bergbau- und Metallerzeugungsunternehmen mit Tochtergesellschaften in über 28 Ländern und mehr als 177.000 Mitarbeitern weltweit. Im Juli 2012 haben wir ein Upgrade-Projekt für die Anwendung SAP ERP begonnen, das auf die Optimierung der Finanzfunktionen abzielte. Die Services von SAP MaxAttention trugen entscheidend zur Verbesserung der Qualität während des Projekts bei. Dadurch konnten wir einen reibungslosen Übergang in die Betriebs- und Wartungsphase sicherstellen. Bereits frühzeitig haben wir das Innovation Control Center genutzt, um das Upgrade-Projekt zu steuern und zu kontrollieren. Das Ergebnis war sehr positiv:

- Durch das Innovation Control Center konnten wir während des gesamten Projekts Best Practices nutzen.
- Der Projektfortschritt und der Status zu lösender Probleme wurden in Echtzeit auf den Überwachungsbildschirmen des Innovation Control Center angezeigt.
- Unsere funktionalen Geschäftsanforderungen wurden dokumentiert, an SAP übermittelt und dort ausgewertet.
- Der Bearbeitungs- und Beendigungsstatus von Programmentwicklungen und Tests wurde erfasst und in Echtzeit angezeigt.

Anfangs hatten wir 160 Anforderungen zur Abänderung oder Erweiterung der SAP-Standardsoftware durch spezifischen Code für unser Unternehmen. In jedem dieser Fälle wurde uns im Innovation Control Center vorgeschlagen, wie wir die SAP-Standardsoftware so implementieren können, dass unsere Geschäftsanforderungen so weit wie möglich erfüllt werden.

So konnten wir die Möglichkeiten der SAP-Standardlösungen maximal ausnutzen und mussten nur dort eigene Entwicklungen anstoßen, wo es absolut notwendig war. Am Ende blieben Anforderungen zur Anpassung von 22 Finanzberichten übrig. Für diese Finanzberichte stellte SAP geeigneten Code und passende Lösungen bereit.

Das Innovation Control Center hat uns nicht nur geholfen, die Qualität während des Projekts zu verbessern. Es half uns auch, nach dem Produktivstart die Kosten für Betrieb und Wartung zu senken. Und genauso wichtig war es natürlich, den Anteil an eigenen Entwicklungen auf ein Minimum zu reduzieren, denn dadurch sinken die potenziellen Risiken bei künftigen Upgrades.

Während des gesamten Projekts half uns das Innovation Control Center sicherzustellen, dass Best Practices übernommen, die Möglichkeiten der SAP-Standardsoftware maximal ausgenutzt und unnötige eigene Entwicklungen vermieden wurden. Das Ergebnis: Wir konnten die Effizienz bei einigen lang laufenden Geschäftsvorgängen um durchschnittlich 30 % verbessern und die Kosten für Produktivbetrieb und Wartung reduzieren.

Wir waren sehr zufrieden mit der Zusammenarbeit mit SAP und glauben, dass der Erfolg durch SAP MaxAttention der Grund ist, warum andere chinesische Unternehmen bei ihren SAP-Softwareimplementierungen ebenfalls auf dieses Supportangebot setzen.«

Xiaoqing Yan, Deputy General Manager of Information Management Division bei China Minmetals

2.2.2 Integration Validation

Im Laufe der vergangenen Jahre sind IT-Landschaften und Geschäftsprozesse stetig komplexer geworden. SAP-Kunden arbeiten mittlerweile durchgängig mit Lösungen, die auf eine Vielzahl von SAP- und Nicht-SAP-Komponenten verteilt sind. Der Aspekt der Integration ist für den Erfolg eines Softwareeinführungsprojekts von beständig wachsender Bedeutung. Ebenso stellt die Implementierung komplexer Lösungslandschaften und erfolgsentscheidender Geschäftsprozess-Szenarien eine erhebliche Herausforderung dar, da in der Regel viele Teams und Projektbeteiligte involviert sind. Und noch schwieriger wird es in der operativen Phase.

Als Antwort auf die Herausforderungen, mit denen viele SAP-Kunden heute konfrontiert sind, hat SAP AGS die Methode *Integration Validation* nun zum integralen Bestandteil und Verbindungsstück von *Innovation Control Center* (siehe Abschnitt 2.2.1) und *Operations Control Center* (siehe Abschnitt 3.1) gemacht.

Ziele Ziel von Integration Validation ist es:

- die reibungslose Einführung von Lösungen ohne größere Unterbrechungen der laufenden Geschäftsprozesse zu gewährleisten
- bewährte Verfahren in einem standardisierten, projektbasierten Bereitstellungsansatz zusammenzuführen
- alle Aspekte der Lösungsintegration abzudecken und sicherzustellen, dass die Funktionen zur Ursachenanalyse vollständig implementiert sind
- die implementierte Lösung für den reibungslosen Betrieb nach dem Produktivstart vorzubereiten

Mit Integration Validation profitieren SAP-Kunden von einer transparenten Vorbereitung auf den Produktivstart sowie dessen reibungsloser und effizienter Durchführung – und dies bei nahezu unterbrechungsfreier Aufrechterhaltung der Geschäftskontinuität. Darüber hinaus reduzieren sich die Implementierungs- und Betriebskosten aufgrund einer geringeren Anzahl von Testzyklen, weniger Unterbrechungen und bewährter Verfahren spürbar.

Integration Validation umfasst auch eine systematische Validierung sämtlicher mit der Lösungsintegration verbundener Geschäftsprozesse durch SAP AGS. Auf diese Weise werden größere Probleme frühzeitig erkannt und sind bis zum Produktivstart längst behoben.

Integration Validation – Hauptkomponenten

Hauptkomponenten Um die ehrgeizigen Ziele von Integration Validation erfüllen zu können, entwickelte SAP ein standardisiertes Verfahren zur Validierung zentraler Geschäftsprozesse. Dabei werden diese auf Übereinstimmung mit einigen wichtigen Produkt-, Lösungs- und operativen Standards überprüft.

Demzufolge besteht jedes Einführungsprojekt im Wesentlichen aus den folgenden fünf Kernbereichen:

- Datenkonsistenz
- Ausnahmemanagement
- Leistung und Skalierbarkeit
- Systemintegration und Queues
- Tagesend- und Massenverarbeitung

Diese Themen sind für den Erfolg des Einführungsprojekts von entscheidender Bedeutung. In den folgenden Abschnitten erfahren Sie, was es in den einzelnen Bereichen zu berücksichtigen gilt.

Datenkonsistenz
In den frühen Tagen der IT war die Datenkonsistenz dadurch gewährleistet, dass Anwendungsarchitekturen aus nur einem System, einem Festplattensubsystem und einer Datenbank bestanden. Commit-Zyklen sorgten jederzeit für die Vollständigkeit von Transaktionen. In den *verteilten Systemlandschaften* der heutigen Zeit kann die Datenkonsistenz jedoch nicht mehr sichergestellt werden. Heute gibt es verschiedene, jeweils für bestimmte Bereiche zuständige Geschäftsprozess-Managementsysteme, die einerseits anwendungsübergreifende Datensynchronisierung erfordern, die aber andererseits verschiedene Datenbanken nutzen und ihre Daten auf Festplatten oder im Arbeitsspeicher (*In-Memory*) ablegen. In sich sind diese Systeme durchaus konsistent, aber nicht einheitenübergreifend. Denn auf Subsystemebene kommen verschiedene Speichersysteme zum Einsatz. Kurz gesagt: In verteilten Systemlandschaften gibt es *keinen Synchronisationspunkt* mehr, der durchgängig die systemübergreifende Konsistenz und Korrektheit von Daten gewährleistet.

Welche grundlegenden Konzepte gilt es also zu berücksichtigen, wenn es darum geht, die Datenkonsistenz innerhalb der Lösungslandschaft eines Kunden sicherzustellen? Hier wären zu nennen: | Konzepte

- *Transaktionsrichtigkeit*: Bezeichnet die Datenkonsistenz innerhalb einzelner Buchungen in einem Geschäftssystem.
- Durchgängige *Transaktionskonsistenz* (Anwendungskonsistenz): Bezieht sich auf die Datenkonsistenz innerhalb mehrerer Geschäftstransaktionen in einer oder mehreren Anwendungen bzw. in einem oder mehreren Systemen.
- Proaktive *Datenkonsistenzprüfung*: Beinhaltet die laufende Überwachung der Datenkonsistenz, damit Konsistenzprobleme erkannt werden, bevor sie sich negativ auf die täglichen Abläufe auswirken.
- *Vollständigkeitsprüfung* des durchgängigen Prozesses: Stellt fest, ob ein Geschäftsprozess korrekt abgeschlossen wurde.
- Vermeidung von *Inkonsistenzen*: Keinem Benutzer sollte es möglich sein, bei der Erfüllung seiner täglichen Aufgaben Inkonsistenzen zu erzeugen. Dies bedeutet, dass die in der Datenbank gespei-

cherten Daten nicht von der Reihenfolge der Dateneingabe in den verschiedenen Bildschirmen abhängig sein dürfen.

Das *Datenkonsistenzmanagement* wirkt sich auf alle Bereiche des Application Lifecycle Management aus: Manche Aktivitäten müssen bereits in der Designphase einer Lösung berücksichtigt werden. Dann werden entsprechende Funktionen in die Lösung integriert, und nach dem Produktivstart müssen bestimmte operative Aufgaben ausgeführt werden.

SAP stellt *bewährte Verfahren* (Best Practices) und *Konsistenzberichte bzw. -verfahren* bereit, die eine durchgängige Synchronisierung von Transaktionsdaten über verschiedene Geschäftsanwendungen hinweg ermöglichen. Abhängig von kundenspezifischen Parametern und Anforderungen (z. B. Datenmengen, Systemressourcen, Rund-um-die-Uhr-Betrieb etc.) muss bei der Implementierung gegebenenfalls ein gesondertes Augenmerk auf die SAP-Standards gelegt werden, um durchgängige Transaktionskonsistenz und -richtigkeit sicherzustellen. Anschließend ist es Aufgabe des IT-Teams, im laufenden Betrieb für die regelmäßige Durchführung von Prüfverfahren und die Einrichtung von Mechanismen zur Wiederherstellung nach einem potenziellen Fehlerzustand – ausgelöst durch Hardware- oder Benutzerfehler, Datenmanipulation etc. – zu sorgen.

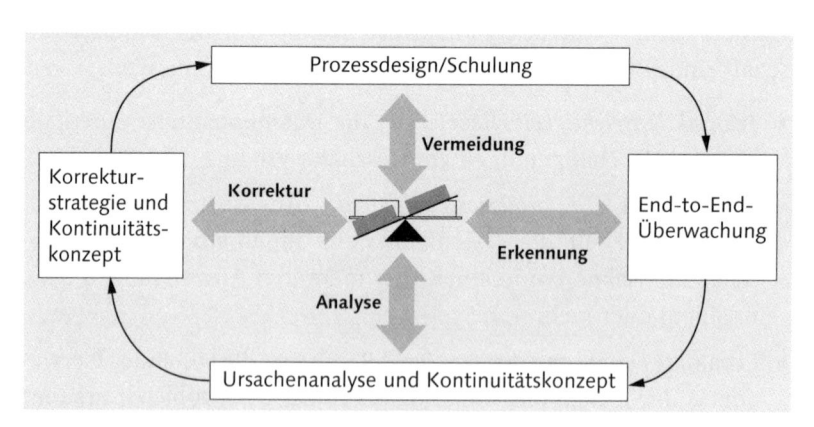

Abbildung 2.22 Datenkonsistenz – Übersicht

Vorgehen bei Inkonsistenzen

Der Umgang mit Dateninkonsistenzen lässt sich in vier Phasen einteilen, wie Abbildung 2.22 zeigt:

- **Vermeidung**
Die Vermeidung von Inkonsistenzen sollte bereits beim Prozessde-

sign und in der Schulungsphase berücksichtigt werden: Die Transaktionsrichtigkeit muss in der Designphase der Lösung sichergestellt werden, und vor dem Produktivstart müssen die Benutzer ausreichend geschult werden, damit sie gemäß definierten Verfahren auch mit unvorhergesehenen Ausnahmen umgehen können. Darüber hinaus sollte der Vermeidung von Inkonsistenzen auch beim Geschäftsprozess- und Customizing-Design sowie bei Systemdatenänderungsprozessen Beachtung geschenkt werden.

- **Erkennung**
  Ausreichendes Schnittstellen-Monitoring und entsprechende Fehlerbehandlungsverfahren sind Voraussetzung für die Datenkonsistenz. Durch Implementierung und Durchführung eines Verfahrens zur Überwachung von Inkonsistenzen wird es ermöglicht, diese frühzeitig zu erkennen, sodass weitere negative Auswirkungen vermieden werden.

- **Analyse**
  Die Grundursache muss schnellstmöglich ermittelt werden, um in der Folge weitere Inkonsistenzen zu vermeiden. Darüber hinaus sollte ein Geschäftskontinuitätskonzept implementiert werden, um beim Auftreten von Inkonsistenzen umgehend entsprechende Maßnahmen ergreifen zu können. Zu diesen Maßnahmen gehören u.a. Analyseverfahren sowie die wichtige Entscheidung, ob und in welchem Umfang die Arbeit mit dem System fortgesetzt und wie der normale Betrieb schnellstmöglich wiederaufgenommen werden kann.

- **Korrektur**
  Wann immer dies möglich ist, sollte die Korrektur der inkonsistenten Daten im Anschluss an die Ursachenanalyse erfolgen. Auf diese Weise wird die Grundursache beseitigt, *bevor* die Inkonsistenzen mithilfe eines entsprechenden Verfahrens korrigiert werden.

Ausnahmemanagement
Immer mehr SAP-Kunden nutzen zur Unterstützung ihrer Geschäftsprozesse verschiedene SAP-Komponenten wie *SAP Business Suite* und *SAP NetWeaver Portal* in Kombination mit älteren oder eigenentwickelten Anwendungskomponenten. Diese basieren in der überwiegenden Mehrzahl der Fälle auf Technologien anderer Anbieter – z.B. Oracle BEA WebLogic, IBM WebSphere oder Microsoft IIS/.NET – oder wurden als native Anwendungen entwickelt.

2 | Beschleunigte Innovation und kontinuierliche Verbesserung

Integrationskomponenten

Zur Koordination der auf die verschiedenen Anwendungskomponenten verteilten Geschäftsprozesse werden in der Regel Integrationskomponenten verwendet. Häufig sind dies SAP-Komponenten wie *SAP NetWeaver Process Integration* (SAP NetWeaver PI) und *SAP NetWeaver Business Process Management* (SAP NetWeaver BPM) oder Nicht-SAP-Komponenten wie *Software AG webMethods, Tibco ESB* und *IBM WebSphere ESB*. Bei einigen Kunden kommen sogar mehrere Integrationskomponenten zum Einsatz: z.B. SAP NetWeaver PI für das technische Routing und Tibco ESB für die semantische Koordination.

Das alte Paradigma, dass eine Geschäftstransaktion bzw. eine *SAP Logical Unit of Work* (LUW) in einer Anwendung entweder vollständig und korrekt oder überhaupt nicht gebucht wird, gilt für Geschäftsprozesse in diesen verteilten und multitechnologischen Anwendungslandschaften nicht mehr. Und in einer solch heterogenen Umgebung gibt es auch kein systemübergreifendes LUW-Konzept mit mehrphasiger Commit-Logik. Entsprechend besteht ein erhöhter Bedarf an *End-to-End Exception Management* (durchgängiges Ausnahmemanagement), das sämtliche am Geschäftsprozess beteiligten Anwendungskomponenten abdeckt.

End-to-End Exception Management

Beim *End-to-End Exception Management* handelt es sich um eine der wichtigsten Komponenten von Integration Validation, die Folgendes beinhaltet:

- Geschäftskritische Ausnahmen werden automatisch identifiziert. Die entsprechenden Protokolldaten bleiben in der lokalen Anwendungskomponente erhalten.

- Die Protokolldaten für geschäftskritische Ausnahmen, die Folgemaßnahmen erfordern, werden an einen *Central Exception Store* übermittelt. Bei diesem Prozess wird die Ausnahme in ein einheitliches, anwendungs- und technologieübergreifendes Format umgewandelt, das eine umfassende, zentralisierte Ursachenanalyse ermöglicht.

- Protokollfragmente für geschäftskritische Transaktionen innerhalb einer Anwendungskomponente oder aus verschiedenen Anwendungskomponenten, die zu demselben technischen Prozess oder zu demselben Geschäftsprozess gehören, können identifiziert und miteinander korreliert werden. Dazu wird ein geeigneter Korrelationsmechanismus auf der Ebene technischer Anforderungen, Nachrichtenebene und bzw. oder auf der Ebene der Geschäftsprozessinstanz (einmalige Ausführung einer Geschäftstransaktion) benötigt.

▸ Jede geschäftskritische Ausnahme führt zu einer Ereignis- bzw. Alert-Instanz in einer zentralen Ereignis- bzw. Alert-Management-Infrastruktur. Dies ermöglicht eine Integration in unternehmensweite IT-Service-Management-Prozesse wie Störungs-, Problem- und Änderungsmanagement.

▸ Eine klar definierte Dokumentation für alle geschäftskritischen Ausnahmen beschreibt, wie die jeweilige Ausnahme analysiert wird und welche Folgemaßnahmen zu treffen sind. Als Folgemaßnahmen kommen z.B. das Ausführen eines Korrekturberichts, das manuelle Bearbeiten eines Geschäftsbelegs oder das Anpassen der Stammdaten in Verbindung mit dem anschließenden erneuten Ausführen der fehlgeschlagenen Geschäftstransaktion infrage.

▸ Darüber hinaus ist für alle geschäftskritischen Ausnahmen klar definiert, welche Person oder welches Team für die Ursachenanalyse und die Gegenmaßnahmen zuständig ist. Mithilfe eines entsprechenden Berechtigungskonzepts wird sichergestellt, dass vertrauliche Geschäftsdaten nur autorisierten Personen angezeigt und entsprechende Maßnahmen nur von diesen Personen ergriffen werden können.

Die Ausnahmemanagementprozesse unterscheiden sich in Abhängigkeit davon, ob sich die jeweilige SAP-Lösung in der Designphase oder der operativen Phase befindet.

In der Designphase, d.h. vor dem Produktivstart einer bestimmten Lösung beim Kunden, müssen folgende Aktivitäten ausgeführt werden (siehe Abbildung 2.23):

Aktivitäten in der Designphase

▸ **Identifizierung**
Der Geschäftsprozessverantwortliche, der Anwendungssupport, der technische Support und das Implementierungsteam müssen sich dahingehend abstimmen, in welchem Umfang die Erkennung, Analyse und Behebung von Ausnahmen erfolgen soll.

▸ **Instrumentierung**
Ausgehend vom festgelegten Umfang der Ausnahmen, muss entschieden werden, wie die relevanten Informationen abgerufen

werden können. Sollte genügend Standardinstrumentierung vorhanden sein, kann diese genutzt und in die Ausnahmemanagementinfrastruktur integriert werden. Andernfalls muss eine spezielle Instrumentierung bereitgestellt werden.

▸ **Dokumentation**
Damit für die einzelnen Ausnahmen geeignete Folgemaßnahmen ergriffen werden können, muss ein dokumentierter Analyse- und Behebungsprozess bereitgestellt werden. Aus Gründen der Effizienz sollten Analyse- und Behebungsaktivitäten zentralisiert und automatisiert erfolgen.

▸ **Einrichtung**
Vor dem Produktivstart einer Lösung sollte die erforderliche Ausnahmemanagementinfrastruktur eingerichtet werden. Diese umfasst sowohl Komponenten zur Erkennung (Überwachung, Alerts) als auch Komponenten für die Analyse und Behebung von Ausnahmen (Werkzeuge für die Ursachenanalyse, Guided-Procedure-Framework). Darüber hinaus sollte eine Integration in bestehende Supportprozesse in Betracht gezogen werden.

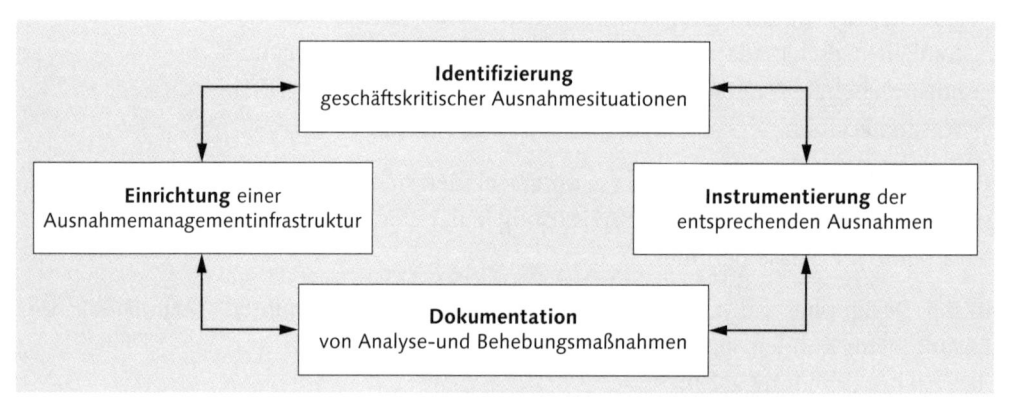

Abbildung 2.23 Ausnahmemanagement in der Designphase

Aktivitäten in der Betriebsphase

In der operativen Phase, d.h. nach dem Produktivstart, beinhaltet der Ausnahmemanagementprozess folgende Aktivitäten, wie Abbildung 2.24 zeigt:

▸ **Erkennung**
Wenn in einer Kundenlösung eine geschäftskritische Ausnahme auftritt, muss diese zuverlässig erkannt werden. Zum Beispiel kön-

nen die entsprechenden Informationen per E-Mail oder SMS an die zuständige Bearbeitungsgruppe des Anwendungssupports und bzw. oder technischen Supports gesendet werden.

- **Analyse**
Wenn eine Ausnahme erkannt wurde, müssen alle Kontextinformationen für die Analyse zur Verfügung stehen.

- **Behebung**
Damit eine Ausnahme durch eine weniger erfahrene Person behoben werden kann, muss eine klare, möglichst schrittweise und leicht zugängliche Beschreibung des Analyse- und Behebungsprozesses bereitgestellt werden.

- **Optimierung**
Häufig werden nicht alle Ausnahmen bereits in der Designphase erkannt. Daher beinhaltet das Ausnahmemanagement auch einen kontinuierlichen Verbesserungsprozess, der entweder in der vollständigen Behebung oder – sollte dies nicht möglich sein – in der Instrumentierung und Dokumentation der in der operativen Phase erkannten Ausnahme besteht.

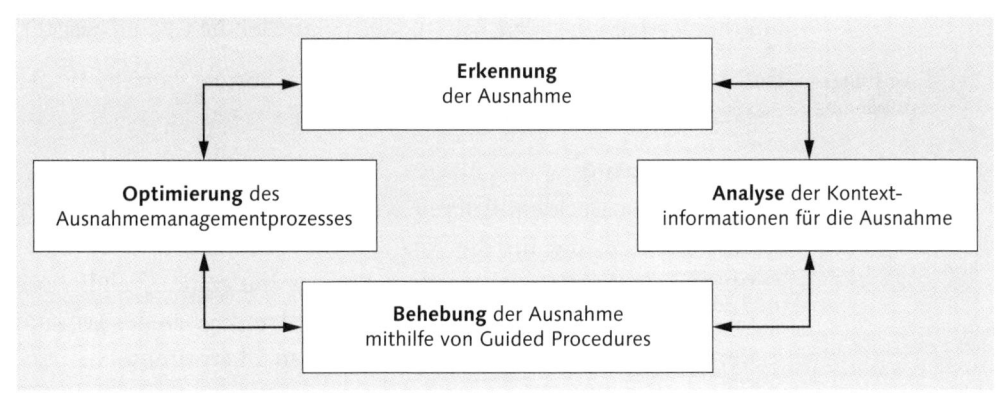

Abbildung 2.24 Ausnahmemanagement in der operativen Phase

Leistung und Skalierbarkeit
Da heute Geschäftsbeziehungen und -abläufe zum überwiegenden Teil digital umgesetzt werden, ist die Sicherstellung der Leistungsfähigkeit von IT-Systemen wichtiger denn je. Denn nur wer über eine zuverlässige, leistungsoptimierte IT-Infrastruktur verfügt, kann mit der immer rasanteren Beschleunigung des globalen Marktes Schritt halten.

Die Suche, Analyse, Weitergabe oder Verteilung digitaler Daten darf im Unternehmen nicht zum Flaschenhals werden, da die kostbare Zeit für Aufgaben benötigt wird, die stärker zur Wertschöpfung beitragen. Dies gilt für die internen Prozesse in praktisch allen Unternehmen und Geschäftsbereichen, insbesondere jedoch für kommerzielle Websites im Endverbrauchergeschäft. Die Anwender sind es gewohnt, dass Webserver und -services in Sekundenschnelle reagieren. Analysten zufolge werden Websites, die nicht binnen weniger Sekunden geladen werden, von den Besuchern schnell wieder verlassen. Bei Shopping-Websites schlägt sich dies direkt in entgangenen Umsätzen nieder, aber auch für andere Websites bedeutet es potenzielle Verluste bei den Werbeeinnahmen – und auf keinen Fall motiviert es zu einem weiteren Besuch.

Aus diesem Grund investieren Betreiber kommerzieller Websites in erheblichem Maße in die Leistungsfähigkeit – es zahlt sich in direkter oder indirekter Weise aus, da die Reaktionszeit auch ein Alleinstellungsmerkmal (im positiven oder negativen Sinn) gegenüber Mitbewerbern darstellen kann. Zugleich steigern die hervorragenden Reaktionszeiten öffentlicher Websites die Erwartungshaltung gegenüber internen Systemen, sodass Mitarbeitern schneller die Geduld ausgeht.

Leistungsoptimierung

Der Leistungsoptimierungsprozess für Ihre Lösung besteht in der Regel aus folgenden Phasen:

- **Identifizierung**
  In dieser Phase identifizieren wir Geschäftsprozessschritte oder Schnittstellen, die für die Analyse und anschließende Optimierungsmaßnahmen relevant sind. Bei der Integrationsvalidierung ist diese Phase nur von zweitrangiger Bedeutung, da der gesamte Kerngeschäftsprozess einer durchgängigen Überprüfung unterzogen wird.

- **Instrumentierung**
  In der Instrumentierungsphase wird die Systemlandschaft für die Erfassung von Leistungsdaten aller beteiligten Komponenten vorbereitet. Die Systeme werden zur Analyse mit dem SAP Solution Manager verbunden. Welche Aktivitäten anschließend ausgeführt werden müssen, ist möglicherweise in Abhängigkeit von der Art des Systems unterschiedlich. Zum Beispiel kann es erforderlich sein, Konfigurationsänderungen auf ABAP-Seite vorzunehmen,

Verbindungen für die Datenerfassung herzustellen oder Introscope-Agenten zu implementieren (wenn Java- und .NET-Anwendungen involviert sind). Außerdem müssen die verschiedenen Komponenten für die SAP-Passport-Weiterleitung aktiviert werden, und der Byte-Code oder Quellcode muss mit Messpunkten für die Leistungsmessung instrumentiert werden. Der Zweck dieser Maßnahmen ist immer derselbe: Das System muss für die Unterstützung des SAP-Passports vorbereitet werden, damit dieser interpretiert und bei Ausführung wichtiger Geschäftsprozesse weitergeleitet werden kann.

- **Analyse**
Während der Analyse wird die tatsächliche Leistungsmessung vorgenommen. Die zu analysierende Geschäftstransaktion wird ausgeführt, und dank der vorausgegangenen Instrumentierung werden Messungen in den beteiligten Systemen ausgelöst. Nach Abschluss der Transaktion werden die Messdaten aus allen Komponenten – einschließlich Frontend – erfasst und miteinander korreliert, um eine einheitliche Sicht auf die Ergebnisse bereitzustellen. Eine detaillierte Analyse dieser Daten ermöglicht es, die durch eine bestimmte, clientseitige Benutzeraktion in den Backend-Systemen ausgelösten Prozesse auf einfache Weise nachzuvollziehen. Mit anderen Worten: Die Analyse deckt auf, was im Hintergrund geschieht und bei welcher Aktivität welcher Anteil an der Gesamtverarbeitungszeit auf die einzelnen Komponenten entfällt. Anschließend kann auf der Grundlage dieser Erkenntnisse über die Einleitung weiterer Schritte entschieden werden.

- **Optimierung**
Das Ergebnis der Analyse sollte eine Liste von Bereichen sein, in denen Optimierungen möglich und sinnvoll sind, d.h., bei der Implementierung sind Verbesserungen zu erwarten. Der zu optimierende Bereich ist in starkem Maße abhängig von den verwendeten Technologien, dem Geschäftskontext und anderen Faktoren. Die Optimierung kann kleinere, einfach zu implementierende Änderungen des Codes, jedoch auch größere, konzeptuelle Änderungen umfassen, die einen höheren Aufwand erfordern. Ein Beispiel wäre die Erstellung eines Tabellenindex zur Vermeidung einer teuren SQL-Anweisung. Nach der Optimierung wird eine erneute Analyse zur Validierung des Optimierungserfolgs durch-

geführt. In einigen Fällen kann es erforderlich sein, die Messung durch Optimieren der Instrumentierung zu verfeinern. Um ein mehrfaches manuelles Ausführen der Geschäftstransaktion zu vermeiden, können Sie auch direkt mit der Vorbereitung der Transaktion für die Überwachung fortfahren und auf diese Weise umgehend davon profitieren.

▸ **Überwachung**
Die Überwachung von Transaktionen mit dem SAP Solution Manager kann auf unterschiedliche Weise implementiert werden. Auf der einen Seite bieten Anwendungen wie das System-Monitoring oder das Schnittstellenkanal-Monitoring (neben anderen Daten) Leistungssichten, die mit spezifischen technischen Entitäten verknüpft sind, z.B. mit der Dialogreaktionszeit für einen Anwendungsserver oder den Reaktionszeiten für einen bestimmten Webservice zwischen zwei Systemen, die bei der Ausführung der Transaktion zum Einsatz kommen. Auf der anderen Seite stützt sich End User Experience Monitoring auf die Daten, die bereits für die Analyse auf Einzeltransaktionsebene gewonnen wurden. Für eine automatische Ausführung sind jedoch weitere Details erforderlich, die in der Identifizierungsphase erfasst werden müssen.

Kennzahlen   Ein weiterer wichtiger Aspekt im Hinblick auf Leistung und Skalierbarkeit sind die *Kennzahlen* (Key Performance Indicators, KPIs) von Geschäftsprozessen. Hier geht es nicht um die Reaktionszeit einer Onlinetransaktion oder die Laufzeit eines Hintergrundjobs. Der Fokus bei diesen Kennzahlen liegt darauf, dass ein Geschäftsprozess mit maximaler Effizienz ausgeführt wird.

Alle SAP-Kunden tätigen eine erhebliche Anfangsinvestition (Softwarelizenzen und Implementierungskosten) und erwarten einen entsprechenden *Return on Investment* (ROI). Daher muss vorrangig sichergestellt werden, dass die implementierten Geschäftsprozesse aus technischer Sicht stabil laufen und z.B. Schnittstellen und Hintergrundjobs fehlerfrei verarbeitet werden. Wenn Fehler auftreten, muss das Problem schnellstmöglich behoben werden (*Operations Control Center*). Solche Maßnahmen zur Geschäftsprozessstabilisierung dienen dem Schutz der Anfangsinvestition des Kunden und liegen zum überwiegenden Teil in der Verantwortung der IT-Abteilung. Unterstützt werden diese Aktivitäten durch den vorwiegend technischen und anwendungsübergreifenden Teil des *Geschäftsprozess-Monitorings*, zu dem z.B. die Überwachung von Hintergrundjobs für einzelne Jobs oder vollständige BW-Prozessketten sowie das Schnittstellen-Monitoring (IDocs, qRFC, XI/PI etc.) gehören. Aus der Perspektive der Integration Validation sollten diese technischen Aspekte noch vor dem Produktivstart getestet und ihre automatische Überwachung eingerichtet sein.

In Abbildung 2.25 finden Sie einige typische Beispiele für Fehlerursachen, die in der Verantwortung der IT liegen. An der entsprechenden Wirkungskette ist leicht erkennbar, dass diese IT-Probleme direkte Auswirkungen auf die Unternehmensziele haben und die IT daher eine wichtige Rolle für die Wertschöpfung im Unternehmen spielt.

Fehler und Verursacher

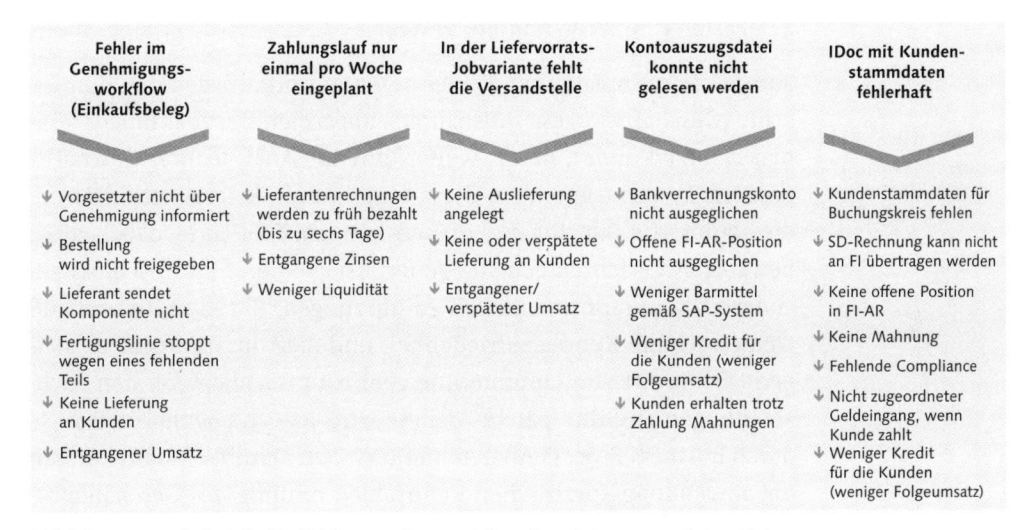

Fehler im Genehmigungs-workflow (Einkaufsbeleg)	Zahlungslauf nur einmal pro Woche eingeplant	In der Liefervorrats-Jobvariante fehlt die Versandstelle	Kontoauszugsdatei konnte nicht gelesen werden	IDoc mit Kunden-stammdaten fehlerhaft
↓ Vorgesetzter nicht über Genehmigung informiert ↓ Bestellung wird nicht freigegeben ↓ Lieferant sendet Komponente nicht ↓ Fertigungslinie stoppt wegen eines fehlenden Teils ↓ Keine Lieferung an Kunden ↓ Entgangener Umsatz	↓ Lieferantenrechnungen werden zu früh bezahlt (bis zu sechs Tage) ↓ Entgangene Zinsen ↓ Weniger Liquidität	↓ Keine Auslieferung angelegt ↓ Keine oder verspätete Lieferung an Kunden ↓ Entgangener/ verspäteter Umsatz	↓ Bankverrechnungskonto nicht ausgeglichen ↓ Offene FI-AR-Position nicht ausgeglichen ↓ Weniger Barmittel gemäß SAP-System ↓ Weniger Kredit für die Kunden (weniger Folgeumsatz) ↓ Kunden erhalten trotz Zahlung Mahnungen	↓ Kundenstammdaten für Buchungskreis fehlen ↓ SD-Rechnung kann nicht an FI übertragen werden ↓ Keine offene Position in FI-AR ↓ Keine Mahnung ↓ Fehlende Compliance ↓ Nicht zugeordneter Geldeingang, wenn Kunde zahlt ↓ Weniger Kredit für die Kunden (weniger Folgeumsatz)

Abbildung 2.25 Beispiele für Fehlerursachen und ihre Auswirkungen auf den Unternehmenserfolg

In einem zweiten bzw. parallelen Schritt in der Vorbereitung des Produktivstarts wird überprüft, ob das vorhandene Geschäftsprozessdesign ausreichend und anwendungstechnisch stabil ist. Die Erfahrung zeigt, dass Kunden ihre Geschäftsprozesse meist nicht zu 100% effizient ausführen, was im SAP-System häufig als sogenannter *Belegrückstand* erkennbar wird, der ab Tag 1 – dem Produktivstart der SAP-Lösung – vermieden werden sollte. Infolgedessen wird das volle Potenzial der Prozesse (wie ursprünglich vorgesehen) kaum jemals ausgeschöpft. Eine *Geschäftsprozessoptimierung* in Form einer Aufarbeitung dieses Belegrückstands und der Vermeidung systematischer Fehler (Stammdaten-, Konfigurations- oder Benutzerfehler) trägt dazu bei, dass die Prozesse mit optimaler Effizienz gemäß dem ursprünglichen Plan ausgeführt werden. Die Verantwortung für diese Aufgabe liegt teilweise bei der IT und teilweise bei den Fachabteilungen (in Abhängigkeit von der identifizierten Grundursache des entsprechenden Belegrückstands), wobei der Schwerpunkt bei den Fachabteilungen liegt. Diese Art von Analyse- und Verbesserungsmaßnahmen wird unterstützt durch die Funktionalität *Business Process Analytics* (siehe Abschnitt 2.3.2) im SAP Solution Manager, die eine automatische Aufschlüsselung von Daten ermöglicht und z. B. zeigt, wie sich der Rückstand auf die verschiedenen Organisationseinheiten oder Belegarten (Prozessvarianten) verteilt.

Sobald die systematischen Fehler beseitigt sind, werden den Kunden echte (Geschäftsprozess-)Ausnahmen angezeigt. Darüber hinaus können sich die Kunden auf die weiterführende Analyse ihrer Geschäftsprozesse konzentrieren, um Organisationseinheiten zu identifizieren, die als interne Benchmarks dienen können. Ziel ist es dabei, diese bewährten Verfahren genauer zu untersuchen und im Anschluss auf andere Organisationseinheiten zu übertragen, um die Effizienz und damit auch die Kundenzufriedenheit und die Umsatzströme zu steigern. Diese Art von Optimierung geht hauptsächlich von den Fachabteilungen aus; die spätere Analyse wird jedoch ebenfalls teilweise durch Business Process Analytics unterstützt. Darüber hinaus können die anwendungsspezifischen Kennzahlen mithilfe des Geschäftsprozess-Monitorings überwacht werden, um den Belegrückstand so gering wie möglich zu halten und eine erneute Verringerung der Prozessergebnisse zu vermeiden.

Integration Validation unterstützt Sie dabei, diese Art von Geschäftsprozesskennzahlen zu definieren und eine automatische Überwachung im SAP Solution Manager einzurichten.

Systemintegration und Queues

Asynchrone Verarbeitung

Sämtliche asynchronen Verarbeitungsschritte, die nicht durch Anwender gesteuert werden, erfordern besondere Aufmerksamkeit. Einer der besten Implementierungsansätze für die mit der Systemintegration (Schnittstellen) verbundene asynchrone Verarbeitung ist die Queue-Technik. Präziser ausgedrückt, gibt es verschiedene Methoden, diese Art von Queues zu implementieren, z.B.:

- Queued-RFC-Schnittstelle (qRFC)
- Statuskennzeichen in den Datendateien der Datenbank
- Datenübernahmedateien in einem Dateisystem
- Intermediate Documents (IDocs) für die Integration zwischen verschiedenen SAP-Komponenten

Aus mehreren Gründen ist es besonders wichtig, über einen klaren Verarbeitungsstatus dieser Queues zu verfügen. So kann z.B. sichergestellt werden, dass die Verarbeitung bei einem Systemausfall schnell neu gestartet wird und Ausnahmen auf der Grundlage der Informationen im Ausnahmeprotokoll behandelt werden können.

Ohne eine ordnungsgemäße Überwachung dieser Queues kann es rasch zu einer Beeinträchtigung der *Systemintegrität* kommen.

Sämtliche Queues und asynchronen Massenverarbeitungsjobs müssen im SAP Solution Manager dokumentiert werden. Die Länge der Queues, die verarbeitete, fehlerhafte und zu verarbeitende Objekte enthalten, muss automatisch überwacht werden, z.B. mit dem Geschäftsprozess-Monitoring im SAP Solution Manager. Entsprechende Routinejobs sollten wöchentlich oder sogar täglich geplant werden, um die Daten der verarbeiteten Objekte unter Berücksichtigung der Sicherungs- und Wiederherstellungsstrategie der einzelnen Anwendungskomponenten zu bereinigen.

Größere, heterogene Lösungslandschaften erfordern in wachsendem Maße eine konsolidierte Überwachung von SAP- und Nicht-SAP-Komponenten. Im Rahmen der Integration Validation werden die Anforderungen geprüft, und bei Bedarf wird das SAP-Schnittstellenkanal-Monitoring eingesetzt bzw. empfohlen.

Tagesend- und Massenverarbeitung

Jede SAP-Lösung umfasst eine Vielzahl von Tagesend- und Massenverarbeitungsschritten. Diese Batch-Job-Ketten müssen in der Regel nach einem bestimmten, mithilfe einer Jobeinplanungslösung verwalteten, Zeitplan ausgeführt werden.

Batch-Jobs

Anders ausgedrückt: Viele dieser Jobs müssen innerhalb eines bestimmten Zeitfensters ausgeführt werden. Ihr erfolgreicher Abschluss ist in vielen Fällen geschäftskritisch für das Unternehmen, da Anwender nur dann in der SAP-Lösung arbeiten können, wenn bestimmte Batch-Jobs über Nacht erfolgreich beendet wurden. Entsprechend ist eine erfolgreiche Verwaltung der Zeitpläne für die Batch-Verarbeitung von großer Wichtigkeit. Sämtliche Batch-Jobs müssen auf der Grundlage der Statusinformationen in den entsprechenden Daten-Queues auf Abhängigkeit von anderen Verarbeitungsschritten, das verfügbare Zeitfenster und Neustartfähigkeit überprüft werden. Wenn das verfügbare Zeitfenster nicht ausreicht, muss der Batch-Job in parallel ausgeführte Teiljobs oder RFC-Tasks aufgeteilt werden.

Während der Verarbeitung der Batch-Kette ist ein effizientes Ausnahmemanagement von entscheidender Bedeutung. Dies erfordert insbesondere, dass sämtliche Batch-Jobs nach Auftreten einer Ausnahme und Generierung einer Warnmeldung neu gestartet werden können.

Im Rahmen der Validierung der Kundenlösung werden verschiedene Fragen hinsichtlich der Dokumentation des jeweiligen Hintergrundjobs oder der jeweiligen Jobkette geklärt. Von besonderer Wichtigkeit ist dabei, dass Fehlerbehandlungs- und Eskalationsverfahren implementiert sind und die Neustartfähigkeit gegeben ist. SAP-Kunden sollten zumindest für die wichtigsten Jobs Fehlerbehandlungsverfahren und Eskalationspfade definieren und diese an sämtliche beteiligten Personen kommunizieren. Bei Bedarf sollten darüber hinaus Autoreaktionsmethoden konfiguriert werden.

Integration Validation unterstützt sämtliche der oben genannten Aspekte.

Visualisierung für Integration Validation

Integration Validator Dashboard

Der aktuelle Status eines Integration-Validation-Projekts kann jederzeit im SAP Solution Manager angezeigt werden. Tabelle 2.1 zeigt ein Beispiel für eine mögliche Strukturierung eines entsprechenden Dashboards. Diese Visualisierung bildet die Basis für eine fundierte Entscheidungsfindung, wenn es beim Produktivstart einer SAP-Lösung zu kritischen Situationen kommen sollte.

Reduktion der Innovationskosten und Verbesserung der Wertschöpfungskette | 2.2

	Geschäftsprozess						
	Filialnachschub	Materialstamm-datenverwaltung	Retourenabwicklung	Reservierung	Produktion mit Lohnbearbeitung	Beschaffung für Oberstoffe	Beschaffung für Lohnbearbeitung
Datenkonsistenz							
Kein Benutzer kann irgendwelche Inkonsistenzen erzeugen.	×	✓	×	×	✓	✓	×
Transaktionskonsistenz – alle zusammengehörigen Buchungen werden gemeinsam oder gar nicht gebucht.	×	☠	×	×	☠	✓	×
Datenkonsistenz kann systemübergreifend proaktiv geprüft werden.	×	☠	×	×	✓	×	×
Vollständigkeit des durchgängigen Prozesses (für SAP- und Fremdsysteme) kann sichergestellt werden.	×	☠	×	×	O	O	×
Ausnahmemanagement (Instrumentierung und Verfahren)							
Alle Ausnahmen werden protokolliert, und die Anwender erhalten Fehlermeldungen mit geeignetem Kontext.	☠	O	☠	☠	☠	☠	☠
Alle Ausnahmen lösen einen Alert aus.	×	O	×	×	×	✓	×
Alle Ausnahmen lösen eine Störung aus, und die Störungsbehebung wird protokolliert.	×	×	×	×	×	O	×
Es gibt Guided Procedures zum Behandeln von Ausnahmen.	×	×	×	×	×	☠	×
Systemintegration und Queues							
Alle Queues werden auf Abschluss der Verarbeitung und Fehler überwacht (Geschäftsprozessüberwachung).	☠	O	☠	☠	✓	O	×
Leistung und Skalierbarkeit							
Durchgängige Protokollierung der Geschäftsprozessleistung ist aktiviert.	✓	×	✓	✓	✓	✓	×
KPIs für Geschäftsprozesse sind definiert und Teil von Berichten.	O	O	O	O	O	✓	×
Tagesend- und Massenverarbeitung							
Parallelisierung und Neustartfähigkeit sind implementiert und getestet.	☠	O	☠	☠	O	O	O

☠ Showstopper
× kritisches Problem (Vorfall) bei der Integrationsvalidierung erkannt
✓ Integration validiert und dokumentiert
O Integration nicht validiert

Tabelle 2.1 Visualisierung für Integration Validation

2.2.3 Build SAP Like a Factory: zwei wertschöpfende Releases pro Jahr

Häufig wird der signifikante Anteil, den die IT zum Unternehmenserfolg beiträgt, nicht wahrgenommen. Schlimmer noch: Aus Sicht der Fachabteilungen ist die IT in vielen Fällen eher ein Hindernis, da z.B. geschäftswichtige Systeme aufgrund eines technischen Updates nicht zur Verfügung stehen. Dass diese Updates tatsächlich die Grundlage für Innovation sind, die die Fachabteilungen in die Lage versetzt, sich dem Wettbewerb zu stellen, nehmen diese oft nicht oder verspätet wahr.

Verwaltung von Anforderungen und Releases in Kombination mit SAP-Updates

Deshalb empfehlen wir Ihnen, Ihre Anforderer aus der Fachabteilung besser kennenzulernen und dadurch besser zu verstehen. Dabei müssen Geschäftsanforderungen absolute Priorität haben, es geht nicht um IT der IT wegen. Ansätze wie das Design Thinking (siehe Kapitel 6) helfen Ihnen dabei, die tatsächlichen Nutzer von Anwendungen zu beobachten und deren Blickwinkel so einzunehmen, dass das Ergebnis eines Projekts die ursprüngliche Geschäftsanforderung erfüllt. Durch diesen Ansatz gibt es immer ein klar nachvollziehbares Verhältnis zwischen Innovation und Geschäftsmodell – und einen fast selbstverständlichen Zusammenhang zwischen IT und Geschäftserfolg. SAP bietet Ihnen mit dem SAP Solution Manager die Plattform, mit der Sie Ihre Lösung an sich stetig verändernde Geschäfts- und Marktanforderungen anpassen können.

Der Ansatz des SAP Solution Manager ist ganzheitlich. Er unterstützt die Kundenlösung während des kompletten Lebenszyklus, vom Zeitpunkt der ersten Planung und Implementierung über den laufenden Betrieb der produktiven Systeme bis zur Umsetzung kontinuierlicher Verbesserungen und Upgrades. Auch werden nicht nur einzelne Systeme betrachtet, sondern die Gesamtheit der Kundenlösung, in der unterschiedliche Systeme und Technologien eingesetzt werden können. So können z.B. auch auf neuen Technologien basierende Systeme wie *SAP Business Suite powered by SAP HANA* von den im Folgenden beschriebenen Funktionen des SAP Solution Manager profitieren.

Funktionen des SAP Solution Manager

Portfolio- und *Projektmanagement* erlauben es Ihnen z.B., Anforderungen aus den Geschäftsbereichen von der initialen Idee bis zur Konzeption und zum Projektmanagement zu verwalten, d.h., alle relevanten Informationen stehen allen Beteiligten von Anfang an zur Verfügung. Dabei wird die Projektmanagementsoftware *SAP cProjects* genutzt, um alle Änderungen zu sammeln, die in einer bestimmten Zeit durchgeführt werden sollen, und um deren Ausführung zu planen. Ressourcenplanung sowie die Integration in Backend-Systeme (etwa *CATS*) sind verfügbar, um den Aufwand für einzelne Änderungen zu dokumentieren. SAP cProjects kann außerdem verwendet werden, um Änderungen zu planen, die den Genehmigungs-Workflow durchlaufen haben. Der resultierende Projektplan wird in das entsprechende Projekt im SAP Solution Manager integriert. Dieser ermöglicht eine vollständige Projektbeherrschung, da alle Projektphasen zentral im SAP Solution Manager verwaltet werden.

Während des kompletten Projekts wird das hier aufgebaute Wissen kontinuierlich erweitert und sichtbar und verständlich in der Lösungsdokumentation bewahrt. Alle Informationen aus dem Projekt werden bei Produktivstart in die Lösung im SAP Solution Manager übertragen. Der Vorteil dieses Ansatzes ist, dass das gesammelte Wissen aus dem Projekt den Teams, die die Lösung produktiv betreiben, ohne Medienbrüche zur Verfügung steht.

SAP nennt dieses Wissen *Single Source of Truth*, eine strukturierte, umfassende, vereinheitlichte und vor allem zuverlässige Sammlung von Informationen über alle laufenden Projekte und den Status der produktiven SAP-Lösung, die wiederum die Basis ist für informierte, faktenbasierte Entscheidungen und Maßnahmen während des gesamten Lebenszyklus der Lösung.

<small>Single Source of Truth</small>

Das Management von Portfolios oder mehreren parallelen Projekten befasst sich mit Aufgaben wie Planung, Controlling, Ressourcenverwaltung und Berichtswesen. Ziel ist es, Geschäfts- und IT-Anforderungen für neue Entwicklungsprojekte zu identifizieren, in Abstimmung mit den Fachabteilungen zu priorisieren, Geschäftsmodellen zuzuweisen und mit minimalen Risiken zu realisieren. Sobald ein Projekt genehmigt ist, wird es der *Project Management Organisation* (PMO) übergeben, die die Detailplanung und Durchführung des Projekts übernimmt.

<small>Große Ideen verwirklichen: Project Portfolio Management</small>

Neben Änderungen, die durch Geschäftsanforderungen entstehen, sind auch Updates und reguläre Änderungen notwendig, um den Betrieb der Produktionssysteme sicherzustellen. Hier werden Fehler behoben und kontinuierliche Verbesserungen regelmäßig durchgeführt. In den meisten Fällen folgen diese Betriebsprozesse ITIL-Richtlinien, für die der SAP Solution Manager als einzige Lösung weltweit in allen 15 Prozessen zertifiziert ist.

Zwischen innovativen Projekten und dem Betrieb der Produktionssysteme kann es zu Konflikten kommen, da Ressourcen, wie etwa Systeme oder Mitarbeiter, in beiden Bereichen benötigt werden. Solche Konflikte zwischen Innovation und Betrieb können nicht isoliert gelöst werden. Um hier eine befriedigende Lösung herbeizuführen, müssen wir das Gesamtbild betrachten und Risiken bewerten wie z.B.:

- Projektverzögerungen, weil Schlüsselressourcen Probleme in der Betriebsführung lösen müssen und daher nicht für Projekte zur Verfügung stehen
- Sperrungen und Inkonsistenzen, die auftreten, wenn verschiedene Interessenvertreter technische Objekte innerhalb kurzer Zeit mehrfach ändern

Um solche Konflikte zu vermeiden und Risiken zu entschärfen, empfehlen wir, das *Portfolio Management* mit dem *IT Service Management* zu integrieren und so Incident und Problem Management mit dem Change Management basierend auf unternehmensweit gültigen Kriterien zu harmonisieren.

Durch dieses Vorgehen und die zugrunde liegenden einheitlichen Bewertungskriterien ist es möglich, Anforderungen aus Projekten und dem Betrieb regelmäßig abzugleichen und zu synchronisieren, um einen ganzheitlichen Prozess für die Planung, Entwicklung und den Einsatz zu etablieren. Dabei erleichtert striktes Release Management die Koordination und Harmonisierung von Anforderungen.

SAP ITPPM und der SAP Solution Manager

Die Funktionen des SAP IT Portfolio und Project Management (SAP ITPPM) bieten Ihnen auf hoher Ebene Einblick in das gesamte Portfolio Ihres Unternehmens, Portfolio-Analysen, Kapazitäten, Ressourcen und Budgets. Sie können SAP ITPPM auf Ihrem SAP Solution Manager betreiben, um zentral Ihr Portfolio und Ihre Projekte zu verwalten.

Das Portfolio Management bietet Ihnen einen ganzheitlichen Überblick über Risiken und Chancen in Ihren Projekten. Sie können zeitnah entscheiden und so Verzögerungen vermeiden, da Informationen aus unterschiedlichen Quellen zentral zur Verfügung stehen. Diese Quellen können sich aus diversen Systemen zusammensetzen, wie z.B. Projektmanagement, Personal- und Finanzwesen. So haben Sie stets den Überblick über Portfolio und Ressourcenverfügbarkeit und können von der höchsten Ebene in tiefere Analysen einsteigen. Für die intuitive Portfolio-Analyse stehen Dashboards bereit.

Reduktion der Innovationskosten und Verbesserung der Wertschöpfungskette | 2.2

Die Struktur eines Portfolios wird über eine Hierarchie von sogenannten *Investment Buckets* abgebildet. Dies erlaubt eine flexible Kategorisierung von Portfolios. Ein Portfolio kann mehrere Investment-Bucket-Hierarchien enthalten, die z. B. unterschiedlichen Produktlinien, organisatorischen Einheiten oder regionalen Strukturen entsprechen. Sobald Sie Ihre Investment-Bucket-Hierarchie angelegt haben, können Sie Projekte und Anforderungen zu Investment Buckets zuordnen und Budgets und Ressourcen beplanen.

Struktur eines Portfolios

Während der Kapazitäts- und Finanzplanung Ihrer Projekte legen Sie Ihre Ressourcen und Budgets fest. Im Verlauf der Projekte pflegen Sie die tatsächlichen Kosten und Verfügbarkeiten. Das System berechnet die Werte automatisch gemäß Ihren Customizing-Einstellungen.

Aufgrund sich ändernder Marktsituationen wird es immer neue Projektvorschläge oder Konzepte geben, die Einfluss auf Ihr Portfolio haben und deshalb auf Sinnhaftigkeit und Machbarkeit geprüft werden müssen. Diese sind im System als sogenannte *Portfolio Items* abgelegt. Zur Beurteilung dieser Ideen können Sie Portfolio Items mit einem Bewertungssystem vergleichen, das auf Kennzahlen basiert. Die Bewertung von Portfolio-Objekten kann aufgrund von Attributen dieser Objekte oder auch durch Umfrageergebnisse bestimmt werden. So können Sie Risiken, strategische Wichtigkeit, Machbarkeit und andere Kriterien schnell beurteilen und zeitnah fundierte Entscheidungen treffen.

Um Nachvollziehbarkeit zu gewährleisten, wird der geschätzte Wert des Projekts für die Fachabteilung dokumentiert und nach Produktivstart gegen die tatsächliche Wertschöpfung im Geschäftszweig geprüft. Da der SAP Solution Manager an alle produktiven Systeme der Landschaft angeschlossen ist, können tatsächlich eingetretene Verbesserungen gemessen und mit den vorab geschätzten Resultaten verglichen werden.

Nachvollziehbarkeit für die Geschäftsbereiche

Zusätzlich zu »großen Ideen« im Unternehmen, die großen Einfluss auf Geschäftsprozesse oder ganze Geschäftsbereiche haben, können Änderungsanträge täglich auftreten. Die Gründe sind oft unterschiedlich; z. B. muss ein Incident oder ein Problem gelöst (Break Fix) oder eine kleinere Verbesserung in einen bestehenden Geschäftsprozess eingebaut werden. Im IT Service Management des SAP Solution Manager dient ein Änderungsantrag (Request for Change, RfC) dazu, eine Änderung anzustoßen. Ein Änderungsantrag kann die folgenden Informationen beinhalten:

Kleine Ideen verwirklichen: Änderungsanträge

109

- eine kurze Beschreibung des Änderungsantrags
- betroffene Interessengruppen
    - Meldender
    - Change Manager
    - Change Advisory Board
    - Serviceteam
    - Service-Agent
- Einfluss auf Geschäftsprozesse
    - Dringlichkeit
    - Priorität
    - Kategorisierung (betroffener Geschäftsprozess oder Service)
- Notizen
- Änderungsbeschreibung
- Lösungsbeschreibung
- Beschreibung einer Umgehungslösung
- Fragen an den Meldenden
- Antworten vom Meldenden

Während der Bearbeitung des Änderungsantrags werden alle Informationen gesammelt, die für eine fundierte Entscheidung benötigt werden. Sind alle Informationen vorhanden, kann der Änderungsantrag genehmigt oder abgelehnt werden. So können »kleine Ideen« in Minor Releases oder über das standardisierte Change-Management-Verfahren schnell in die produktiven Systeme propagiert werden.

Release Management

Release Management beschreibt den Prozess der Planung, der Entwicklung, des Testens und des Produktivstarts von Software und Konfiguration. Der Prozess stellt sicher, dass konsistente und reproduzierbare Methoden genutzt werden, und minimiert durch formale Überprüfungen und Vorgehensweisen das Risiko von Fehlern in der Produktivumgebung. Ein Release ist eine Zusammenstellung von Software, Konfigurationseinstellungen, Prozessen und Dokumentation, die benötigt werden, um eine oder mehrere genehmigte Änderungen zu implementieren.

Die zentrale und wichtigste Aufgabe des Release Management ist es, den Produktivbetrieb zu schützen und dennoch Änderungen, die im

Tagesgeschäft notwendig sind, und kleinere Verbesserungen kontrolliert einzuspielen. Ein Release kann folgende Entitäten enthalten:

- große und kleinere Verbesserungen an Geschäftsprozessen
- SAP Support Packages
- SAP Enhancement Packages
- Problemlösungen
- Notfallkorrekturen

Änderungen müssen Release-Kategorien zugeordnet werden. Grundsätzlich existieren dazu vier Release-Kategorien:

Release-Kategorien

- Das *Major Release* verfügt über ein großes Zeitfenster, um bedeutende und neue Funktionen einzuführen, die ein hohes Maß an Neuentwicklung mit sich bringen. Major Releases können auch dazu genutzt werden, die neuesten SAP-Softwareversionen einzuspielen, um von Innovationen, rechtlichen Änderungen und Korrekturen zu profitieren. Da diese Release-Kategorie großen Einfluss auf geschäftskritische Systeme und Prozesse hat, müssen ausreichend Zeit und Ressourcen für das Testmanagement eingeplant werden (Regressionstest, User-Acceptance-Test, Performancetest).
- Ein *Minor Release* hat einen viel kürzeren Release-Zyklus als das Major Release und beinhaltet in aller Regel kleinere Verbesserungen an Geschäftsprozessen und Fehlerkorrekturen. Aufgrund der kürzeren Zyklen ist hier nicht ausreichend Zeit für einen kompletten Regressionstest (siehe Abschnitt 2.3.3) vorhanden, sodass eine eingeschränkte, aber zielgerichtete und risikobasierte Teststrategie benötigt wird.
- Eine *Standardänderung* ist wenig riskant, und ihr Einfluss auf die Lösung ist klar abgegrenzt.
- Eine *Notfallkorrektur* darf nur Änderungen der Priorität 1 enthalten und wird daher unmittelbar in die Produktivumgebung eingespielt, um dort kritische Fehler zu beheben.

Abbildung 2.26 skizziert das Prinzip des Release Management, die Release-Planung und den Release-Kalender. Hier müssen mehrere Projekte in Einklang gebracht werden, wenn Meilensteine des Release erreicht werden.

Auf der Zeitachse sind drei Major Releases dargestellt. Darunter sehen Sie vier Projekte. Die zuständigen Fachbereiche werden zusammen mit der Software-Change-Management-Organisation darüber entscheiden, welchem Release ein Projekt zugeordnet wird. Bei dieser Entscheidung helfen die Anforderungsanalyse, Änderungskategorie und Priorisierung.

Im dargestellten Beispiel werden die Projekte 2, 3 und 4 mit Major Release 2 eingespielt. Diese drei Projekte müssen abgestimmt sein und sich darauf einigen, synchron in die Testphase einzutreten. Auch Meilensteine, wie etwa Entwicklungsschluss, Testzyklen oder Produktivstarts, müssen harmonisiert sein.

In umfassenderen Projekten, die zeitnah und zu unterschiedlichen Zeitpunkten Innovation liefern müssen, kann es sein, dass der Projektumfang fachbereichsorientiert auf mehrere Releases aufgeteilt werden muss. Projekt 4 in Abbildung 2.26 zeigt ein solches Beispiel.

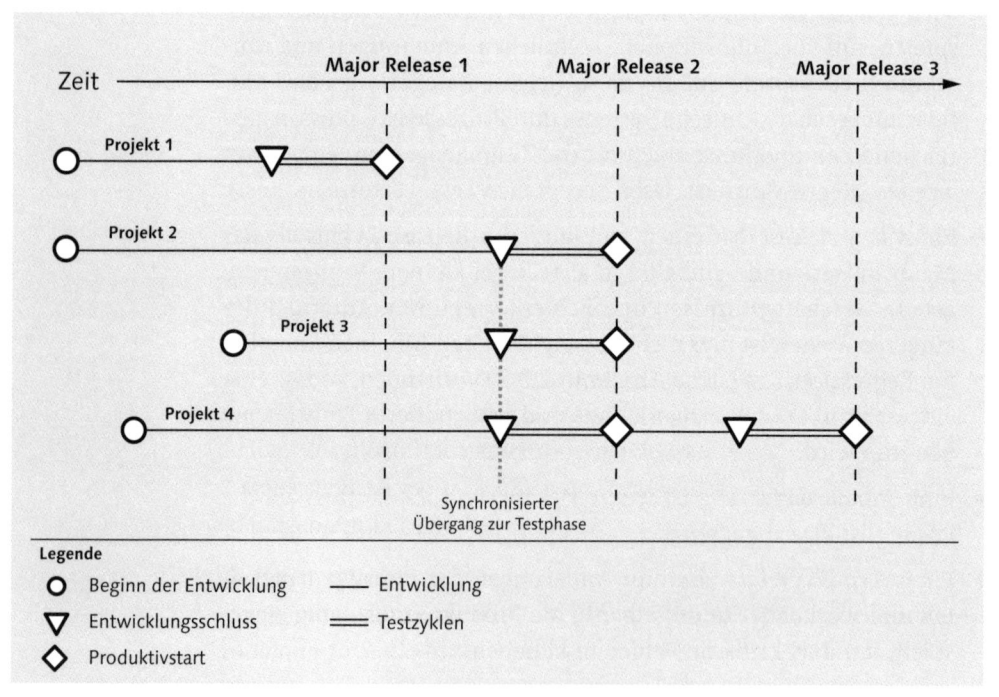

Abbildung 2.26 Releases und synchronisiertes Testen von Projekten

Vorteile des Release Managements

Die Vorteile des Release Management sind offensichtlich:

- ein verlässlicher und reproduzierbarer Software-Release-Prozess
- klare Absprachen und Sichtbarkeit für die Geschäftsbereiche und IT, welche Änderungen und Projekte wann zur Verfügung stehen

- erhöhte Stabilität der Produktivumgebung, da sich die Häufigkeit von Transporten reduziert und sich die Qualität der Änderungen durch solide Tests aller Release-Komponenten verbessert
- reduzierte Testkosten, da mehrere Projekte gemeinsam Regressions- und Integrationstests durchführen können
- reduzierte administrative Aufwände, da Projekte synchron von Phase zu Phase wechseln

Um die Stabilität der Geschäftsanwendungen zu gewährleisten, bietet es sich an, parallel in verschiedenen Entwicklungssystemen Änderungen durchzuführen. So können z.B. im Projekt-Entwicklungssystem Neuerungen entwickelt und gleichzeitig in einem Wartungssystem für die produktive Systemlandschaft Fehler korrigiert werden, ohne dass sich die Entwicklerteams gegenseitig sperren. In diesem Szenario ist der regelmäßige Abgleich der Entwicklungssysteme von großer Bedeutung. Da Arbeiten parallel ausgeführt wurden, sind Änderungen über einfache Transporte von Aufträgen ins jeweils andere System nicht möglich, weil dabei die Gefahr besteht, dass aktuelle Softwarestände überschrieben werden und Inkonsistenzen entstehen. Um dies zu vermeiden, kann ein kontrollierter Import in das jeweilige Zielsystem durchgeführt werden. Diesen Vorgang nennt man *Retrofit*.

Parallele Projekte

Typische Kundenszenarien sind:

Duale Systemlandschaften

- Neben der normalen Wartung für den Produktivbetrieb werden über einen längeren Zeitraum neue Funktionen in einem eigenen Entwicklungssystem entwickelt. Nachdem ein Entwicklungsprojekt in die Produktion eingespielt wurde, wird mit der Entwicklung des nächsten Projekts begonnen. Dieses Szenario erfordert eine permanente duale Systemlandschaft (auch *Phasenlandschaft* oder *N+1-Landschaft* genannt).
- Es wird für ein einzelnes Projekt – etwa für ein Upgrade – vorübergehend ein eigenes Entwicklungs- und Testsystem aufgebaut. Während ein Entwicklungssystem für das neue Release vorbereitet wird, bleibt das zweite Entwicklungssystem auf dem gleichen Stand wie das Produktivsystem und steht weiterhin für Fehlerkorrekturen zur Verfügung.

Eine duale Systemlandschaft (siehe Abbildung 2.27) besteht aus einer regulären Landschaft (z.B. einer Drei-System-Landschaft) und einer zusätzlichen Projektlandschaft (z.B. einer Zwei-System-Landschaft). Alle Wartungsaktivitäten können ohne Konflikte mit der Projektentwicklung im Entwicklungssystem der Wartung vorgenommen werden. Dadurch können Probleme in der Produktion schnell und reibungslos behoben werden. Gleichzeitig ist auch die Projektentwicklung von den Wartungsaktivitäten entkoppelt und kann zunächst unabhängig arbeiten.

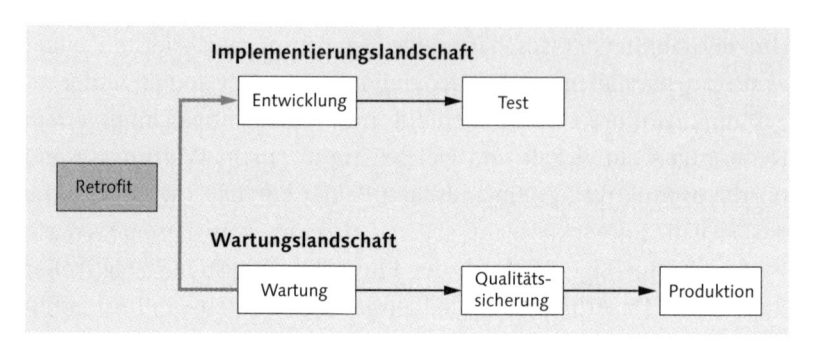

Abbildung 2.27 Duale Systemlandschaft

Allerdings müssen in einer solchen dualen Systemlandschaft alle Änderungen im Wartungssystem manuell in das Projekt-Entwicklungssystem übertragen werden, um sicherzustellen, dass die Fehlerkorrekturen auch nach dem Produktivstart des Projekts noch verfügbar sind. Dies erfordert erheblichen manuellen Aufwand. Zudem besteht das Risiko, dass die manuelle Doppelpflege in einzelnen Fällen vergessen wird. Dadurch entstehen Inkonsistenzen zwischen den Entwicklungssystemen und erhebliche Probleme beim späteren Projekt-Produktivstart.

Retrofit-Kategorien

Das *Retrofit*-Werkzeug im SAP Solution Manager zeichnet automatisch alle Änderungen in der Wartungslandschaft auf und überträgt sie in das Projekt-Entwicklungssystem. Es sind verschiedene Retrofit-Kategorien verfügbar:

- **Autoimport**
  Wenn das Entwicklungsobjekt nur im Wartungssystem geändert wurde, aber nicht im Entwicklungssystem, kann das Objekt automatisch ins Entwicklungssystem übertragen werden. Die alte Version im Entwicklungssystem wird dabei überschrieben. Unterstützt werden alle Objektarten, die in Transportaufträgen gespeichert werden können.

Reduktion der Innovationskosten und Verbesserung der Wertschöpfungskette | 2.2

- **Automatischer Abgleich mit der SAP-Korrektur-Workbench**
  Wenn ein Entwicklungsobjekt in beiden Entwicklungssystemen gleichzeitig geändert wurde, kann ein halb automatischer Abgleich mithilfe der SAP-Korrektur-Workbench erfolgen, die in das Retrofit-Werkzeug integriert wurde. Dabei werden, ähnlich wie beim Einspielen eines SAP-Hinweises, nur die geänderten oder hinzugefügten Codezeilen aus dem Wartungssystem in das Entwicklungssystem übertragen. Beide Objektversionen werden automatisch abgeglichen.

- **Halb automatischer Abgleich mit BC-Sets**
  Falls eine Customizing-Einstellung in beiden Entwicklungssystemen gleichzeitig geändert wurde, kann ein halb automatischer Abgleich mithilfe von *Business Configuration Sets* (BC-Sets) erfolgen. Dabei kann der Benutzer zunächst die Customizing-Einstellungen in beiden Systemen vergleichen und dann eine Entscheidung über die finale Version treffen.

- **Manueller Abgleich**
  Ein manueller Abgleich wird nur dann benötigt, wenn keine der oben beschriebenen Methoden anwendbar ist. In diesem seltenen Fall muss das Entwicklungsobjekt manuell in beiden Systemen geändert werden. Die erfolgreiche Durchführung des manuellen Abgleichs muss dabei ebenfalls im Retrofit-Werkzeug bestätigt werden.

Die Klassifikation der Objekte erfolgt automatisch und separat für jedes Objekt in einem Transportauftrag. Wenn z. B. ein Transportauftrag zehn Objekte enthält, von denen nur eines manuell übertragen werden muss, können die restlichen neun Objekte weiterhin automatisch übertragen werden.

Das Retrofit-Werkzeug bietet umfangreiche Informationen, wie z. B. einen Überblick über alle anstehenden Retrofit-Aufträge oder Protokolle zu bereits durchgeführten Retrofit-Aufträgen. Müssen die Retrofit-Aufträge in einer bestimmten Reihenfolge erledigt werden, wird dies ebenfalls angezeigt.

Um Retrofit nutzen zu können, muss eine Grundkonfiguration des Change Request Management im SAP Solution Manager vorgenommen werden. Darüber hinaus müssen Sie die systemübergreifende Objektsperre aktivieren. Transportaufträge müssen zentral im Aufgabenplan angelegt, freigegeben und importiert werden. Die Verwendung workflowbasierter Änderungsdokumente ist nicht erforderlich. | Voraussetzungen

2.3 Innovation und kontinuierliche Verbesserung der Geschäftsprozesse

Betrieb und Automatisierung von Geschäftsprozessen bergen in der Regel großes Potenzial für Optimierungen. SAP stellt deshalb Methoden, Werkzeuge und Services bereit, mit denen Sie die Produktivität der Nutzer erhöhen, den Automatisierungsgrad der Geschäftsprozesse steigern, die Bearbeitung von Geschäftsprozessausnahmen sowie die Analyse und Überwachung von Geschäftsprozessen verbessern. Grundlegend dabei sind Transparenz bei der Ausführung der Geschäftsprozesse und ein durchgängiges Management von Geschäftsprozessausnahmen.

Besonderes Augenmerk liegt auf den folgenden Aspekten:

- **Application Lifecycle Management** (siehe Abschnitt 2.3.1)
  Unterstützt heterogene Systemumgebungen und deckt alle Schlüsselbereiche im Lebenszyklus von Lösungen ab.

- **Business Process Analytics** (siehe Abschnitt 2.3.2)
  Nach dem *Six-Sigma-Prinzip* ausgerichtete systematische Analyse der Kerngeschäftsprozesse unserer Kunden mithilfe des *SAP Solution Manager*. Daraus werden Aktionen abgeleitet, die zur Verbesserung der Prozesse beitragen.

- **Optimierung von Regressionstests** (siehe Abschnitt 2.3.3)
  Wenn Kunden Änderungen an ihren SAP-Lösungen vornehmen, testen sie diese mittels Regressionstests. Der SAP Solution Manager bietet diverse Werkzeuge, um den Testaufwand und die damit verbundenen Kosten zu optimieren.

- **Upgrades mit minimaler Ausfallzeit** (siehe Abschnitt 2.3.4)
  SAP unterstützt ihre Kunden, um den Aufwand und die Dauer beim Einspielen neuer Softwareversionen zu beschränken und um die Ausfallzeit für die Anwender in Grenzen zu halten oder sogar gänzlich zu vermeiden.

- **SAP Solution Manager als Innovationsplattform**
  (siehe Abschnitt 2.3.5)
  Angesichts der neuen Technologien wird der SAP Solution Manager kontinuierlich weiterentwickelt, um unsere Kunden bei der Einführung von Innovationen und im weiteren Betrieb zu unterstützen.

All diese Angebote dienen letztlich der Verbesserung der Geschäftsprozesse, denn frei nach den Worten des englischen Staatsmannes Oliver Cromwell: »Wer aufhört, besser zu werden, hat aufgehört, gut zu sein.«

2.3.1 Application Lifecycle Management

Der SAP Solution Manager 7.1 ist *die* zentrale Lösung für das *Application Lifecycle Management* (ALM) und den Betrieb von Softwarelösungen. Er unterstützt heterogene Systemumgebungen, und seine Funktionen decken alle Schlüsselbereiche, von der Implementierung über die Produktivsetzung und den Betrieb bis hin zur kontinuierlichen Verbesserung von Lösungen, ab. Der SAP Solution Manager 7.1 kombiniert Werkzeuge, Inhalte und den direkten Zugang zur SAP, um die Zuverlässigkeit und Stabilität von Lösungen zu erhöhen und die Gesamtbetriebskosten (*Total Cost of Operations*, TCO) zu verringern. Gemäß dem ganzheitlichen Ansatz des SAP Solution Manager werden dabei sowohl traditionelle als auch neue Technologien wie SAP HANA und darauf basierende Anwendungen unterstützt. Darüber hinaus ist der SAP Solution Manager der Dreh- und Angelpunkt für die Zusammenarbeit im *SAP-Ecosystem*, also zwischen Projektteams, SAP-Partnern, der Beratung und SAP AGS, da er die Kommunikation zwischen allen Interessengruppen einer Lösung vereinfacht.

Phasen und Themenblöcke des ALM-Prozesses

Der Begriff *Application Management* stammt aus dem Umfeld der *IT Infrastructure Library* (ITIL). ITIL ist der De-facto-Standard im Bereich Service Management und beinhaltet Dokumentationen zur Planung, Erbringung und Unterstützung von IT-Serviceleistungen.

ITIL

Zum Zeitpunkt der Drucklegung dieses Buches ist SAP mit dem SAP Solution Manager 7.1 die einzige Lösung am Markt, die für alle 15 Prozesse nach ITIL v2011 zertifiziert ist. Dies bedeutet, dass der SAP Solution Manager vorkonfigurierte Prozesse bietet, die vollumfänglich bewährten Vorgehensweisen (Best Practices) entsprechen und damit die anbieterunabhängig definierten Standards für das IT-Management erfüllen. Die Zertifizierung erfolgte nach PinkVERIFY ITIL v2011 für die folgenden Prozesse:

- Availability Management
- Capacity Management
- Change Management
- Event Management
- Financial Management
- Incident Management
- IT Service Continuity Management
- Knowledge Management
- Problem Management
- Release & Deployment Management
- Request Fulfillment
- Service Asset & Configuration Management
- Service Catalog Management
- Service Level Management
- Service Portfolio Management

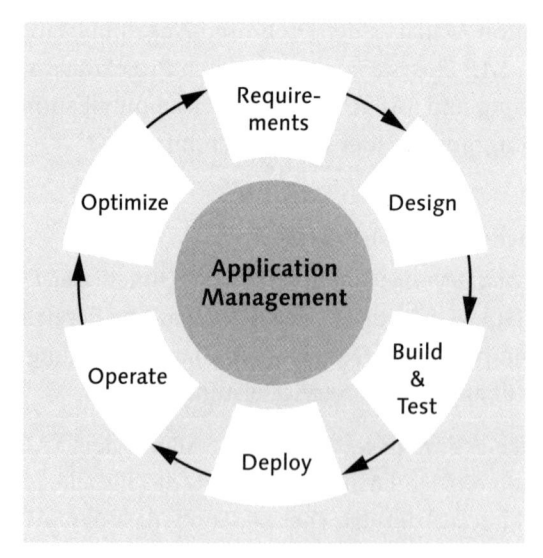

Abbildung 2.28 Application Management

Das Application Management (siehe Abbildung 2.28) beinhaltet einen umfassenden Betreuungsansatz im Anwendungsumfeld. Es schließt den gesamten Lebenszyklus von IT-Lösungen ein. Der Lebenszyklus wird gemäß ITIL in sechs Phasen unterteilt:

▶ **Requirements**
Sammlung von Anforderungen für neue Anwendungen oder für die Anpassung bestehender Anwendungen

▶ **Design**
Umwandlung der Anforderungen in detaillierte Spezifikationen

▶ **Build & Test**
Konfiguration der Anwendung und Erstellung eines Betriebsmodells gemäß den Spezifikationen

▶ **Deploy**
Überführung des Betriebsmodells und der Änderungen in die bestehende produktive IT-Landschaft

▶ **Operate**
Bereitstellung der IT-Dienste, die für den Geschäftsbetrieb benötigt werden

▶ **Optimize**
Analyse der Erfüllung von Servicelevels und gegebenenfalls Start von Aktivitäten, um die Ergebnisse zu verbessern

Application-Management-Lebenszyklus

Innovationen zu beschleunigen und gleichzeitig Risiken und TCO zu reduzieren erfordert einen ganzheitlichen Ansatz beim Application Management. Eine SAP-Lösung effektiv zu betreiben und zu verwalten setzt umfassende und aktuelle Kenntnisse über diese Lösung voraus. Dieser Abschnitt gibt Ihnen einen Überblick über den Umfang und die Prozesse des Application Management, und er erläutert, welche Hilfe der SAP Solution Manager Ihnen bei der Durchführung der in den einzelnen Phasen anfallenden Aktivitäten bietet.

Wie in Abschnitt 2.2.3 bereits erläutert, unterscheidet SAP zwischen zwei Arten von Änderungen, abhängig von der Zeit, die benötigt wird, um die Änderung durchzuführen und einzusetzen. Die größere Kategorie bilden die *Major Releases*, die eine Laufzeit von drei bis sechs Monaten haben und durch Änderungen die Kerngeschäftsprozesse nachhaltig beeinflussen. Daneben gibt es *Minor Releases*, die eine Laufzeit von einem Monat oder kürzer haben und in erster Linie genutzt werden, um Fehlerkorrekturen bereitzustellen sowie kleinere Anforderungen zu realisieren.

Major und Minor Release

Abbildung 2.29 zeigt die großen Themenblöcke, die für das Application Lifecycle Management von Bedeutung sind, um Ihre Lösung zu verwalten:

2 | Beschleunigte Innovation und kontinuierliche Verbesserung

- Portfolio- und Projektmanagement
- Implementierung der Lösung
- Änderungs-, Release- und Testmanagement
- Incident Management, Problem Management und Anforderungsmanagement

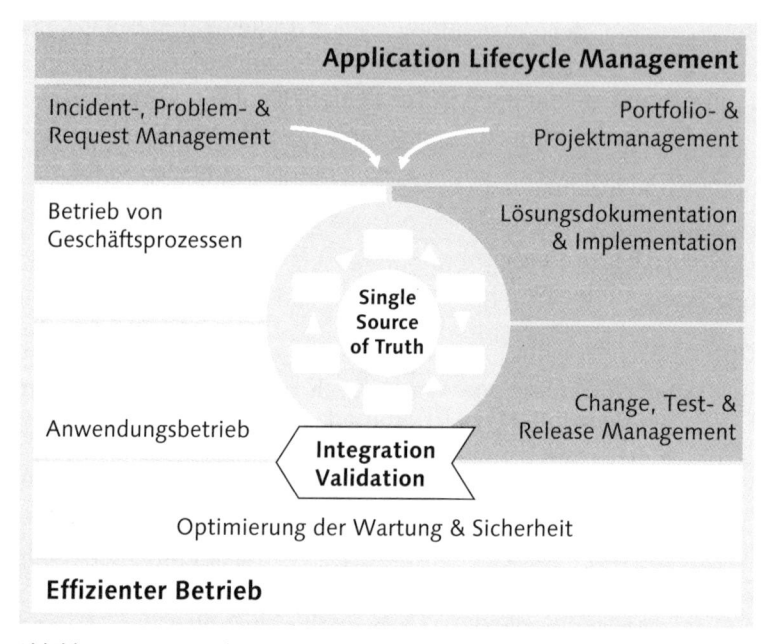

	Application Lifecycle Management	
Incident-, Problem- & Request Management		Portfolio- & Projektmanagement
Betrieb von Geschäftsprozessen	Single Source of Truth	Lösungsdokumentation & Implementation
Anwendungsbetrieb	Integration Validation	Change, Test- & Release Management
	Optimierung der Wartung & Sicherheit	
Effizienter Betrieb		

Abbildung 2.29 Verwalten der Lösung mit Application Lifecycle Management

Die ersten drei Themenblöcke sind primär für das Major Release, Incident Management, Problem Management und Anforderungsmanagement dagegen eher für das Minor Release relevant.

Implementierung der Lösung — Während der *Implementierung der Lösung* können Sie im SAP Solution Manager den Softwareproduktionsprozess steuern. Der SAP Solution Manager fungiert dabei als Informationscontainer für entsprechende Projekte. Ein Projekt im SAP Solution Manager beschreibt, wie die geschäftlichen, technischen und organisatorischen Vorgänge aufgebaut und strukturiert bzw. zu ändern sind. Im Rahmen eines Projekts lassen sich alle Änderungen planen und überwachen, die in einer bestimmten Zeit umgesetzt werden sollen.

Im Application Lifecycle Management deckt ein Projekt die ITIL-Phasen von Requirements über Design, Build & Test bis Deploy ab. Alle während des Projekts angefallenen Informationen werden am Ende der Deploy-Phase an die Lösung übergeben, einschließlich des Wissenstransfers an Anwender mittels E-Learning-Management.

Den SAP Solution Manager für Projekte zu nutzen bringt also folgende Vorteile:

Vorteile des Projektmanagements mit SAP Solution Manager 7.1

- eine strukturierte, systematische Vorgehensweise für das Projekt
- einen streng prozessorientierten Ansatz, der nicht an einzelne Applikationen oder Komponenten gebunden ist und einen umfassenderen Blick auf Prozessflüsse in heterogenen Systemlandschaften erlaubt
- ein zentrales Metadaten-Repository für die jeweiligen Lösungen mit Dokumentation, Testfällen und Konfigurationsinformationen
- weniger Informationsverluste zwischen einzelnen Projektphasen, denn einmal erstellt, werden Inhalte über den gesamten Lösungslebenszyklus hinweg verwendet, was dazu beiträgt, Integrationslücken zu vermeiden.

Alle Änderungen während der Implementierung der Lösung können Sie durch das *Quality Gate Management* überwachen und kontrollieren. Diese Funktion bindet alle am Release beteiligten Personen in den Änderungsprozess ein und bietet definierte Meilensteine und Übergabeprozesse bei signifikanten Phasenübergängen des Projekts, z.B. von Build zu Test.

Änderungs-, Release- und Testmanagement

Dies schließt ein effektives und effizientes *Testmanagement* ein. Der SAP Solution Manager bietet hier Funktionen zur Testautomatisierung an, die es Ihnen erlauben, sicherzustellen, dass alle benötigten Testfälle verfügbar sind und automatisierte Regressionstests sowie eine verbesserte Wartung von Testskripten unterstützen. Darüber hinaus können Sie Ihren Testumfang risikobasiert definieren.

Das zugrunde liegende Transport- und Korrekturwesen bringt Transparenz im Hinblick auf Risiken und Risikominimierung sowie Schutz vor Überholern und Abhängigkeiten für SAP- und Nicht-SAP-Softwareänderungen in Ihren Geschäftsprozessen.

In vielen Systemlandschaften laufen mehrere Projekte parallel, oft auch in verschiedenen Entwicklungssystemen. Es ist möglich, dass es eine Neuentwicklung in einem Projektentwicklungssystem gibt, während gleichzeitig Fehler in einem Wartungssystem für die Produktivumgebung korrigiert werden müssen. Die Entwicklungsteams dürfen sich dabei nicht gegenseitig in ihren Aktivitäten behindern, etwa durch Zugriffssperrung. In solch einem Szenario ist es wichtig, dass die Teams nach einem Plan vorgehen und sich regelmäßig abstimmen. Wenn verschiedene Workstreams parallel abgelaufen sind, können Sie die resultierenden Änderungen nicht einfach per Transportauftrag in die folgenden Systeme propagieren. Dies würde bedeuten, dass gegenwärtige Softwarestände überschrieben werden und Inkonsistenzen auftreten könnten. Um dies zu vermeiden, bietet der SAP Solution Manager kontrollierte Importe in das jeweilige Zielsystem an. Dieses Verfahren wird *Retrofit* (siehe Abschnitt 2.2.3) genannt.

Incident-, Problem- und Anforderungsmanagement

Wie schon erwähnt, gibt es neben Major Releases auch Releases, die eine wesentlich kürzere Laufzeit haben. Diese Minor Releases werden zur Fehlerkorrektur und für kleinere Änderungen verwendet. Minor Releases werden durch Anforderungen in der Betriebsphase der Lösung ausgelöst und müssen in der Regel in einem Monat oder einem kürzeren Zeitraum umgesetzt werden. Die Anforderungen werden als *Service Requests* oder bei Störfällen, die wiederholt auftreten, als *Probleme* im *IT Service Management* des SAP Solution Manager dokumentiert.

Für die Anforderungen und Probleme, die korrektive Aktionen erfordern, werden *Änderungsanforderungen* (*Requests for Change*) gestellt. Diese werden geprüft und vom Qualitätsmanager nach den Standards der IT Infrastructure Library (ITIL V2011) genehmigt oder abgelehnt. Die tatsächliche Änderung wird durch das *Change Request Management* gesteuert und kontrolliert. So können Sie Änderungen, die schnell durchgeführt werden müssen, trotzdem wohldokumentiert erledigen. Diese Änderungen werden z. B. notwendig, wenn ein Fehler die produktive Systemumgebung gefährdet. Für diesen Anwendungsfall stellt der SAP Solution Manager eine dedizierte Änderungsart, die sogenannte *dringende Änderung*, bereit.

2.3.2 Geschäftsprozessverbesserung mit Business Process Analytics

Business Process Analytics eröffnet die Möglichkeit, bestehende SAP-Business-Suite-Prozesse im Rahmen des vorgegebenen Designs zu verbessern. Die Optimierungen können sowohl in den Aufgabenbereich der IT als auch der Fachabteilung fallen.

Zielsetzung

Die Analyse von mehreren hundert SAP-Kundensystemen ergibt ein einheitliches Bild: Unterschiedliche Geschäftsprozesse in fast jedem System könnten noch besser betrieben werden, ohne dass man dafür die Prozesslogik umstellen muss, d.h., die Zielsetzung ist die Optimierung der bestehenden SAP-Investition. Die ursächlichen Schwächen im täglichen Betrieb sind dabei fast immer dieselben und lassen sich grob wie folgt zusammenfassen:

Typische Schwachstellen im Geschäftsprozess

- mangelnde Stammdatenqualität
- Konfigurationsprobleme
- Anwender, die nicht alle notwendigen Daten eingeben oder das System nicht wie vorgesehen nutzen
- Geschäftsprozesse, die nicht bis zum Ende fertig designt wurden
- technische Probleme in der automatischen Verarbeitung

Diese Prozessschwächen verhindern eine vornehmlich automatische Verarbeitung, erfordern viele Nacharbeiten im Prozess und führen damit zu unnötig langen Prozessdurchlaufzeiten und hohen Prozesskosten. Dabei sind es oft gar nicht die Kerngeschäftsprozesse, sondern Nebenprozesse, in denen die Ursachen zu finden sind. Da die unterschiedlichen Module (z.B. Vertrieb, Einkauf, Controlling) im SAP-System aber hochgradig integriert funktionieren, führen Probleme oder deren Ursachen in einem Prozess fast zwangsläufig zu Folgeproblemen oder Auswirkungen in anderen Prozessen.

Hohe Prozesskosten

Ein typisches praktisches Problem, das ganz leicht gelöst werden kann, ist das Setzen eines Löschvermerks im Fertigungsauftrag, sobald ein Auftrag betriebswirtschaftlich beendet wurde. Dieses Kennzeichen sollten eigentlich die Kollegen in der Fertigung setzen. Das wird aber ganz selten gemacht, da sich für die Kollegen in der Fertigung keine Vor- und Nachteile durch das Setzen dieses Kennzeichens ergeben. Für die Kollegen, die für den Periodenabschluss verantwortlich sind, kann der Unterschied aber erheblich sein. Ohne das Kennzeichen läuft die Verarbeitung zur Auftragsabrechnung oder die Ermittlung von Abweichungen oder Ware in Arbeit unter Umständen mehrere Stunden länger als nötig. Das Ziel eines schnellen Periodenabschlusses wird auf diese Weise leichtfertig und unbewusst von den Kollegen in der Fertigung untergraben. Dies ist ein typisches Beispiel dafür, dass häufig die Problemverursacher die Konsequenzen ihres

Handelns gar nicht erkennen, und gleichzeitig wissen diejenigen, die mit dem Problem konfrontiert werden, nicht, wo es verursacht wurde.

Wirkungskette: vom technischen Problem zu Umsatzeinbußen

Das eben beschriebene Problem ist ein typischer *Quick-Win*, um den Prozess *Periodenabschluss* zu verbessern. Es ist gleichzeitig aber auch ein recht einfaches Beispiel, da hier nur zwei integrierte Bereiche angesprochen wurden. Häufig können vermeintlich einfache Probleme aber auch viel komplexere Auswirkungen haben. Schauen wir uns dazu ein anderes praktisches Beispiel an. Nehmen wir an, ein Genehmigungsworkflow zu einer Bestellung bricht technisch ab. Dabei soll es sich nicht um eine Bestellung zu Bürobedarf handeln, sondern um eine Bestellung für Komponenten, die in der Fertigung verbaut werden. Wie sieht eine mögliche Wirkungskette aus?

1. Da der Workflow abgebrochen ist, wird der verantwortliche Manager nicht darüber informiert, dass eine Bestellung freigegeben werden muss.

2. Der Manager kann also keine Genehmigung erteilen, und die Bestellung wird nicht freigegeben und somit auch an keinen Lieferanten übermittelt. Bis zu diesem Punkt war nur die Einkaufsabteilung betroffen.

3. Weil kein Zulieferer beauftragt wurde, die entsprechenden Komponenten zu liefern, fehlen sie nun in der Produktionsversorgung, und die Fertigung stoppt. Es ist also neben der Einkaufsabteilung jetzt auch die Fertigung betroffen. Um die Fertigung wieder anlaufen lassen zu können, müssen kurzfristig Komponenten zu schlechteren Konditionen und höheren Transportkosten beschafft werden.

4. Da die Fertigung nicht weiterproduzieren kann, können auch keine weiteren Fertigwaren, die auf die fehlenden Komponenten angewiesen sind, auf Lager gelegt werden. Damit ist nun auch die Vertriebsabteilung betroffen. Angenommene Kundenaufträge können nicht mehr beliefert werden und werden vielleicht sogar vom jeweiligen Kunden storniert. Neue Aufträge können gegebenenfalls nicht mehr angenommen werden.

5. Es kommt zu Umsatzverlusten und unzufriedenen Kunden, die in Zukunft vielleicht woanders einkaufen werden. Die kurzfristig beschafften Komponenten zu höheren Preisen drücken zusätzlich auf die Marge und damit auf den Gewinn des Unternehmens.

Dieses Beispiel soll zwei Dinge zeigen: Zum einen können sich kleine Probleme in einem Teil des SAP-Systems oder des Unternehmensbereichs schnell auf mehrere andere Teile des SAP-Systems oder des Unternehmensbereichs ausbreiten. Zum anderen hat die IT einen größeren Anteil am Unternehmenserfolg oder -misserfolg und auch eine größere Verantwortung, als häufig wahrgenommen wird.

> **Hauptziele, die mit Business Process Analytics verfolgt werden können**
>
> Das übergeordnete Ziel ist die Optimierung der bestehenden SAP-Investition. Im Rahmen von Kundenprojekten konnten insbesondere in den folgenden Bereichen positive Effekte erzielt werden:
> - Sicherstellung, dass vorgegebene Prozess-Templates im System eingehalten werden
> - Effizienzgewinne, da Prozesse weniger Nacharbeiten benötigen und die Automatisierungsrate ansteigt
> - Verbesserung des Working Capital (Umsatzsteigerung, Reduzierung von Verbindlichkeiten und Kapitalbindung)
> - verbesserte Planung der Lieferkette durch verbesserte Eingabedaten, Reduzierung von Ausnahmen und Vermeidung von »Schattenplanung« außerhalb des SAP-Systems
> - schnellerer Periodenabschluss durch weniger Ausnahmen und notwendige Nacharbeiten
>
> Diese Ziele gelten unabhängig davon, ob Sie ein »traditionelles« SAP-Business-Suite-System oder *SAP Business Suite powered by SAP HANA* betreiben. SAP HANA ist in der Lage, Ihre Transaktionen und Prozesse technisch zu beschleunigen; SAP HANA kann aber nicht von sich aus die Qualität der Stammdaten, transaktionalen Daten, der SAP-Konfiguration oder der Prozesse selbst positiv beeinflussen. Zu diesem Zweck sollten Sie auf jeden Fall Business Process Analytics einsetzen.

Im nächsten Abschnitt wird beschrieben, wie mithilfe des *SAP Solution Manager* die oben genannten Schwachstellen (schnell) entdeckt werden können, wie Sie systematische Probleme erkennen und nachhaltig lösen und die Zusammenarbeit zwischen der IT und den Fachabteilungen stärken können.

Werkzeuge im SAP Solution Manager

Der SAP Solution Manager bietet mehrere Werkzeuge an, die den Betrieb von Geschäftsprozessen unterstützen. Dabei sind die folgenden Werkzeuge insbesondere dafür vorgesehen, die Geschäftsprozesse technisch stabil laufen zu lassen. Sie wenden sich also in erster Linie an die IT-Abteilung und sollen IT-Aufgaben vereinfachen. Dazu gehört der technische Teil des *Business Process Monitoring*, um vor allem Störungen in der Verbreitung von Hintergrundjobs und Schnittstellentechnologien schnell zu erkennen, zu beheben und in Zukunft zu vermeiden. Im Bereich Hintergundjobs gibt es weitere Werkzeuge, um neue Anforderungen strukturiert einzureichen, zu dokumentieren und die Einplanung von Hintergrundjobs zu optimieren. Angrenzend an den Bereich Schnittstellenüberwachung ist das Thema Datenkonsistenz; der *SAP Solution Manager* ermöglicht es, technische Inkonsistenzen innerhalb eines Systems bzw. zwischen unterschiedlichen SAP- und Nicht-SAP-Systemen zu überprüfen.

Technisch stabile Geschäftsprozesse als Voraussetzung

Wenn die IT – u.a. mit den oben genannten Werkzeugen aus dem Bereich Geschäftsprozessüberwachung, Datenkonsistenzmanagement und Jobverwaltung – gewährleisten kann, dass die Geschäftsprozesse technisch stabil laufen, wird es interessant, zu überprüfen, inwieweit die Geschäftsprozesse weiter verbessert werden können, ohne dass die Prozesse grundlegend umstrukturiert werden müssen. Dabei helfen Ihnen speziell *Business Process Analytics* im *SAP Solution Manager* und mehrere Hundert zugehörige problemorientierte Applikationskennzahlen, die genauso auch für das *Business Process Monitoring* genutzt werden können. Diese Kennzahlen sind alle aus der Zusammenarbeit von Kunden und SAP-Mitarbeitern aus dem Service und Support entstanden.

> **Kennzahlen von Business Process Analytics auf SAP HANA**
>
> Einige der Applikationskennzahlen laufen bereits heute technisch auf SAP HANA als Side-by-Side-Szenario. Mit dem SAP Solution Manager 7.1, Support Package 10, werden alle Kennzahlen von Business Process Analytics auf SAP HANA technisch laufen. Eine gegebenenfalls notwendige technische Optimierung der einzelnen Kennzahlen für die Nutzung von SAP HANA ist erst für spätere Releases geplant.

Der Ansatz und die Grundphilosophie der Kennzahlen sind folgende: Jeder der im SAP-System abgebildeten Geschäftsprozesse muss aufgrund des SAP-Datenmodells bestimmte Meilensteine eines Prozesses durchlaufen; unabhängig davon, wie kundenspezifisch der Prozess abgebildet und wie viel kundenspezifisches Coding dazu programmiert wurde. Zum Beispiel muss erst eine Auslieferung erstellt worden sein, bevor ein Warenausgang gebucht werden kann, und erst nach der Warenausgangsbuchung kann eine Rechnung erstellt werden. Die ausgelieferten Kennzahlen verfolgen nun nicht alle einzelnen Prozessinstanzen nach, sondern überprüfen an den unterschiedlichen Meilensteinen eines Prozesses, was die Gesamtzahl aller Prozessinstanzen ist, die an diesem Meilenstein hängengeblieben sind und nicht fertig verarbeitet wurden.

Darüber hinaus gibt es Kennzahlen mit folgenden Messungen:

- Anzahl der angelegten Dokumente pro Tag
- Automatisierungsraten für bestimmte Belege
- Durchlaufzeiten von Prozessteilstrecken

Business Process Analytics hilft, die Menge aller Ausnahmen zu gruppieren und systematische Abweichungen zu erkennen. So erlaubt die Teilfunktion *Benchmarking* eine Visualisierung und einen Aufriss nach Organisationseinheiten, z.B. Verkaufsorganisation, Werk, Buchungskreis und Belegarten, etwa Prozessvarianten. Dadurch kann man erkennen, ob Probleme in allen Unternehmensteilen/Prozessvarianten auftreten oder nur lokal in bestimmten Bereichen.

Benchmarking

Die Teilfunktion *Age Analysis* erlaubt eine Altersstrukturanalyse auf den Daten. Dadurch kann man erkennen, ob die nicht verarbeiteten Prozessinstanzen bereits sehr alt sind (z.B. aus den Jahren 2004 bis 2012 stammen) oder ob es sich um aktuelle Vorgänge handelt, wobei man bei einer zeitnahen Verbuchung den Schaden noch in Grenzen halten bzw. vermeintlich entgangene Umsätze noch realisieren kann.

Age Analysis

Durch das tägliche Messen der gleichen Kennzahl erlaubt die Teilfunktion *Trend Analysis* (siehe Abbildung 2.30) eine Darstellung, wie sich die Situation im Laufe der Zeit entwickelt: Wird die Situation besser, schlimmer, oder bleibt alles gleich? Auf diese Weise kann also auch nachverfolgt werden, ob eventuelle Aktionen, die eingeleitet wurden, den erwarteten positiven Effekt zur Folge haben oder nicht. Ebenso kann man vielleicht zeitliche Gesetzmäßigkeiten erkennen, dass bestimmte Effekte z.B. nur am Monatsanfang/-ende oder in der Wochenmitte auftreten.

Trend Analysis

Nun ist es mitunter nach wie vor recht schwer bzw. zeitaufwendig, die grundlegende Ursache für das eine oder andere Problem aufzudecken. Um dem zu begegnen, wurden zwei Maßnahmen ergriffen: Mit den ST-A/PI-Plug-in-Versionen ab 2013 wurden hauptsächlich Kennzahlen entwickelt, die die betriebswirtschaftlichen Belegdaten mit zugehörigen technischen Protokolldaten abmischen. Dadurch können häufig Probleme, die auf fehlenden Stammdaten, falscher Konfiguration oder fehlenden Anwendereingaben basieren, direkt abgelesen werden. Beispiele dafür finden Sie im SAP Community Network unter *http://scn.sap.com/people/volker.vongloeden/content*.

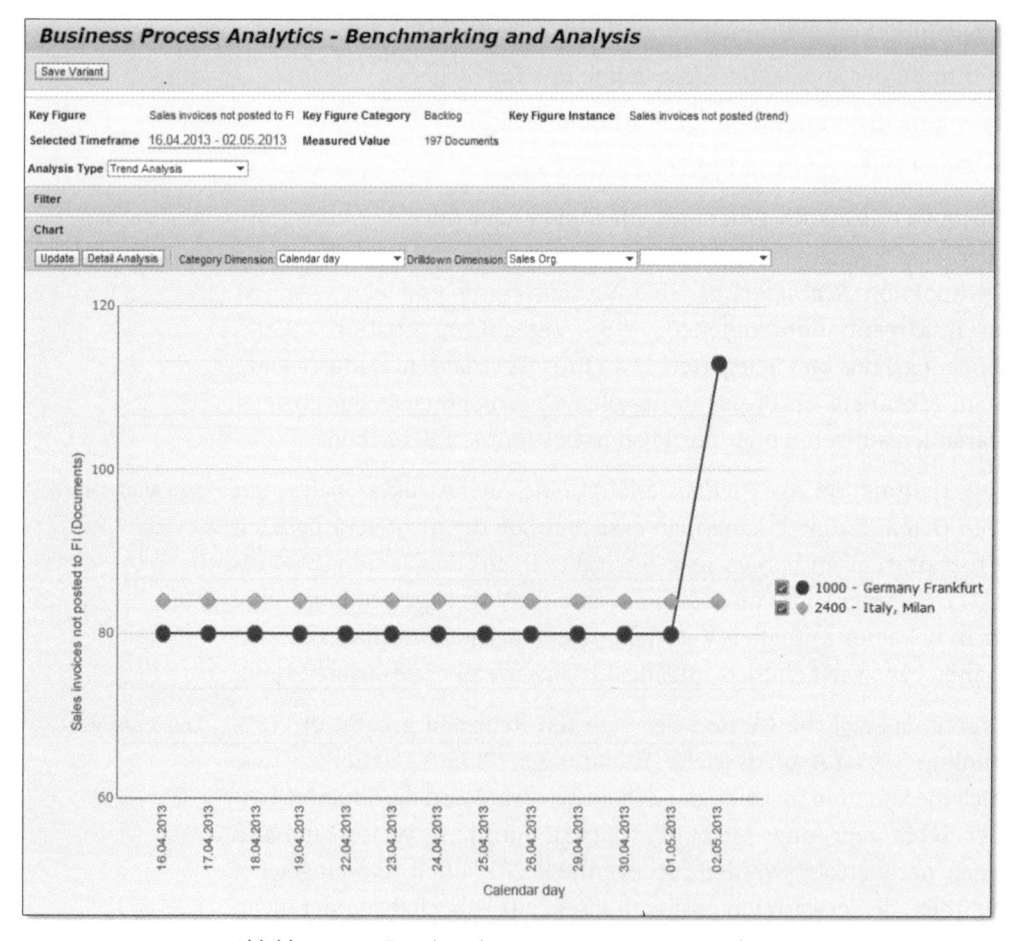

Abbildung 2.30 Trend Analysis in Business Process Analytics

Advanced Benchmarking

Darüber hinaus ist in *Business Process Analytics* eine weitere Teilfunktion, das *Advanced Benchmarking* (siehe Abbildung 2.31), entwickelt worden, das es erlaubt, die Daten nach weit mehr als nur zwei bis fünf vordefinierten Merkmalen auszuwerten. Es steht quasi jede Spalte der Ergebnisliste als Merkmal zur Analyse zur Verfügung, d.h., es

Innovation und kontinuierliche Verbesserung der Geschäftsprozesse | **2.3**

können z. B. auch Problemhäufungen zu einem bestimmten Datum, einem bestimmten Kunden oder zu einer bestimmten Fehlermeldung erkannt werden.

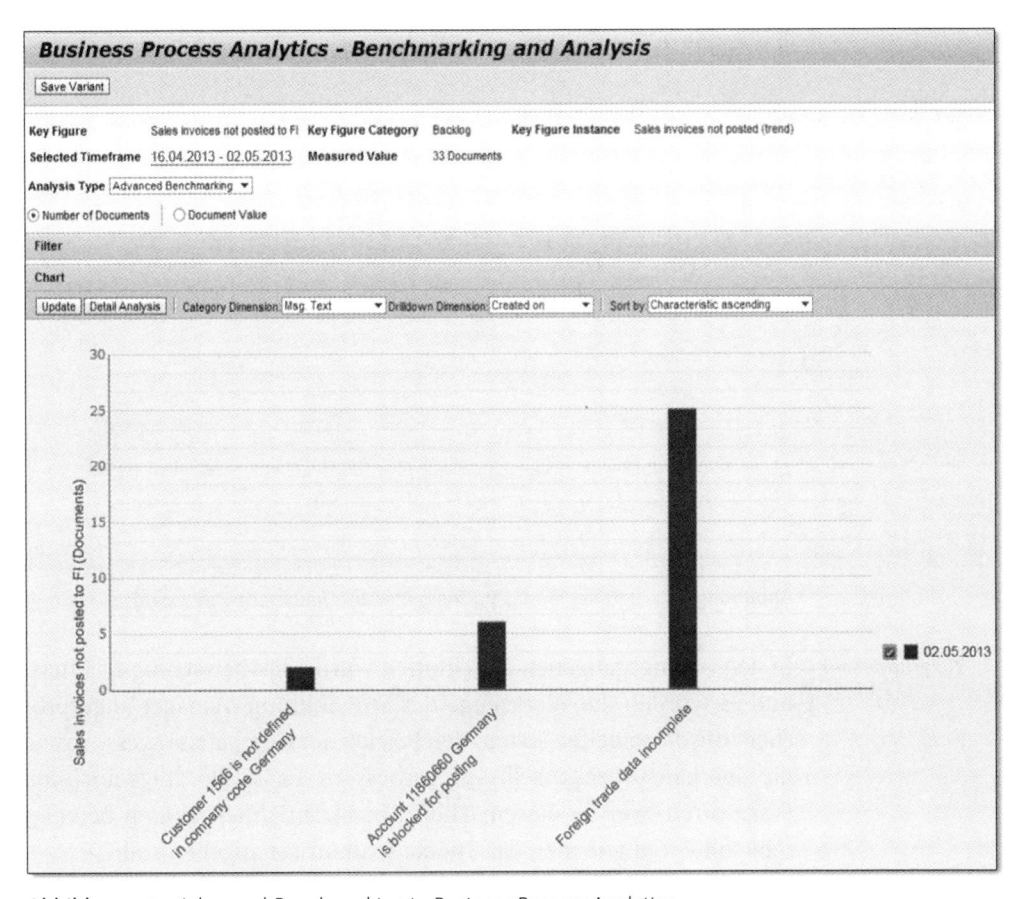

Abbildung 2.31 Advanced Benchmarking in Business Process Analytics

Business Process Analytics ist also ein sehr operatives Werkzeug, das primär dem Zweck der Analyse dient. Um bestimmte Benutzerkreise, z.B. Manager, einfach nur zu informieren und den Fortschritt bestimmter Verbesserungsmaßnahmen übersichtlich darzustellen, stellt der SAP Solution Manager noch eine Auswahl an *Dashboards* (siehe Abbildung 2.32) zum Betrieb von Geschäftsprozessen zur Verfügung. Sie können entsprechende Dashboards frei konfigurieren und bis zu neun unterschiedliche Kennzahlen (aus dem Business Process Analytics und/oder Business Process Monitoring) darstellen. Pro Kennzahl können Sie entscheiden, wie die Daten dargestellt werden

Dashboards zur Fortschrittskontrolle

sollen, z. B. als Fieberkurve, Balkendiagramm, Tortendiagramm oder tabellarisch. In Kundenprojekten mit dem Fokus auf Prozessverbesserungen hat sich die tabellarische Darstellung als zielführendste herausgestellt, da man so am schnellsten überblicken kann, in welchen Bereichen Fort- bzw. Rückschritte gemacht wurden.

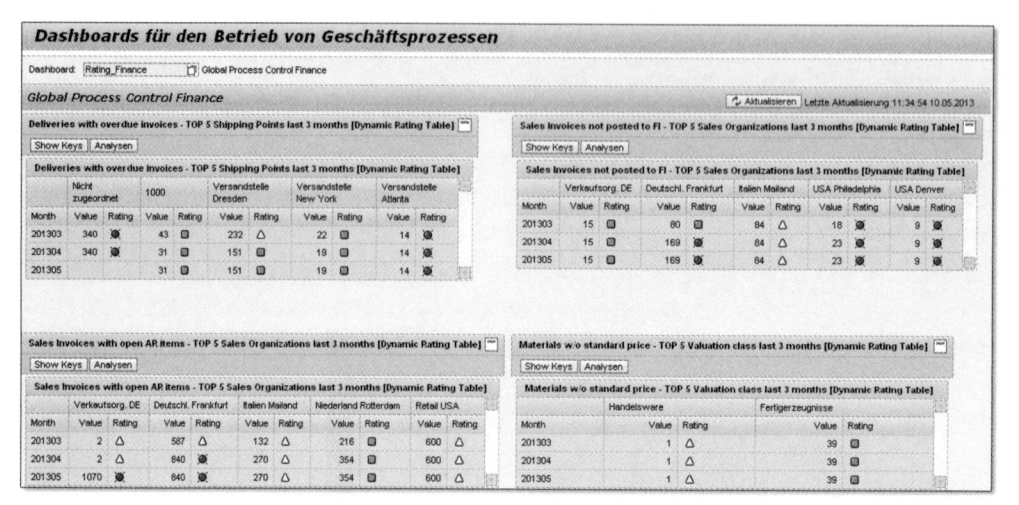

Abbildung 2.32 Beispiel für das Business Process Operations Dashboard

Zielgruppe und Methodik

In den vorangegangenen Abschnitten wurde die Zielsetzung erläutert, und es wurden die Werkzeuge des SAP Solution Manager angesprochen, die dabei helfen sollen, den Betrieb der Geschäftsprozesse sowie die Geschäftsprozesse selbst zu verbessern. Es ist allerdings noch die Frage offen, wer an diesem Thema in Ihrem Unternehmen beteiligt sein sollte und wie man das Thema strukturiert angehen sollte.

Das Werkzeug *Business Process Analytics* ist nicht primär für den einzelnen Sachbearbeiter in der Fachabteilung entwickelt worden. Dieser Benutzerkreis sollte seine individuellen Arbeitslisten bereits heute direkt aus dem jeweiligen SAP-ERP-, SAP-CRM-, SAP-SRM- oder SAP-SCM-System herausziehen können. Business Process Analytics ist vielmehr für Personen entwickelt worden, die eine übergreifende, beaufsichtigende Funktion einnehmen (z. B. Modul- oder Prozessverantwortliche, Werks- oder Vertriebsleiter etc.) und ein Interesse daran haben, zu verstehen, wo innerhalb des Unternehmens die gleichen Aktivitäten besser, schlechter, effizienter oder effektiver durchgeführt werden als anderswo. Business Process Analytics fungiert also zum einen als Sicherheitsnetz, um Ausnahmen zu entdecken, die dem einzelnen Sachbearbeiter nicht aufgefallen sind, und zum anderen soll es dabei helfen, die aufgetretenen Ausnahmen systematisch zu gruppieren und die Ursachen von Problemen zu lösen, anstatt lediglich einzelne Ereignisse zu klären.

Für die systematische Analyse hat SAP in vielen Kundenprojekten mit SAP-MaxAttention-Kunden eine neun Schritte umfassende Methodik entwickelt, die sich am allgemeinen Six-Sigma-Prinzip (DMAIC-Zyklus) ausrichtet:

Ausrichtung nach Six Sigma

- **D**efinieren
- **M**essen
- **A**nalysieren
- **I**mplementieren
- **C**ontrollieren

Zunächst definiert man das Arbeitspaket, den Geschäftsprozess und die Menge an Kennzahlen, die man analysieren möchte, und setzt diese innerhalb von Business Process Analytics im SAP Solution Manager auf. Dann werden die Kennzahlen innerhalb von Business Process Analytics gemessen und analysiert. Aus der Analyse werden Aktionen abgeleitet und implementiert, die zu einer Prozessverbesserung führen sollen. Am Ende wird kontrolliert, ob sich die positiven Effekte tatsächlich eingestellt haben.

> **Exkurs: Prozessverbesserungen in neun Schritten**
>
> Das allgemeine Six-Sigma-Prinzip wurde in SAP-Projekten zur Geschäftsprozessverbesserung folgendermaßen verfeinert:
>
> 1. Mithilfe des *Benchmarkings* kann zunächst festgestellt werden, ob es sich um ein generelles oder spezielles Problem handelt.
> 2. Bei speziellen Problemen (für bestimmte Belegarten oder Organisationseinheiten) kann man lediglich auf diese Bereiche filtern.
> 3. Durch die *Age Analysis* können die Daten in zwei Gruppen unterteilt werden: die Altlasten, die einfach nur im System aufgeräumt werden sollten, und die Daten, die noch immer operativ relevant sind.
> 4. Gerade für die operativ relevanten Daten springt man dann irgendwann vom SAP Solution Manager mit aktuell gewählten Filtern in die detaillierte Ergebnisliste der Belege, die im angeschlossenen SAP-System (z.B. SAP ERP) liegt.
> 5. Die Ursache für das Problem muss zusammen mit Experten gesucht und gefunden werden.

> 6. Alle gefundenen Ursachen werden für die untersuchten Belege (gegebenenfalls Stichprobe) dokumentiert.
> 7. Für jede gefundene Ursache einer Kennzahl wird mindestens eine Aktion definiert, um das Problem zu lösen.
> 8. Für jede gefundene Ursache wird mindestens ein Vorteil dokumentiert, der bei der Lösung des Problems erwartet wird.
> 9. Mittels der *Trend Analysis* wird kontrolliert, ob sich positive Effekte nach der jeweiligen Implementierung einer Aktion entsprechend eingestellt haben.

2.3.3 Optimierung von Regressionstests

Softwareänderungen, die Sie an Ihren SAP-Lösungen vornehmen, reichen von kleinen Änderungen der Konfiguration über eigenentwickelte Releases bis hin zu SAP-Wartungsereignissen (SAP Support Packages, Legal Change Packages) und SAP-Innovationen mittels SAP Enhancement Packages. Alle Änderungen werden in der Regel mit funktionalen Tests und zum Teil auch Lasttests auf korrekte Arbeitsweise überprüft. Diese Tests werden in immer kleiner werdenden Zeitfenstern ausgeführt und können zum Teil zu erheblichen zeitlichen und finanziellen Aufwänden führen. Der SAP Solution Manager bietet Ihnen diverse Werkzeuge, um den Testaufwand und die damit verbundenen Kosten zu optimieren. In den letzten Jahren haben sich zwei Verfahren durchgesetzt, um diese Ziele zu erreichen: Auswirkungsanalysen zur semi-automatischen Optimierung von Testplänen und der Übergang von manuellen zu automatisierten funktionalen Tests.

Auswirkungsanalysen mit dem Business Process Change Analyzer

Die meisten Firmen haben manuelle und zum Teil automatisierte Testfälle zur Durchführung von Regressionstests definiert. Diese Testfälle werden direkt oder indirekt den funktionalen Bereichen und Geschäftsprozessen zugeordnet. Bei signifikanten Änderungen der SAP-Lösung reicht es nicht mehr aus, alle relevanten Testfälle auszuwählen, da das zur Verfügung stehende Zeitintervall und das Testbudget i. d. R. nicht ausreichen, um alle relevanten Tests auszuführen.

Business Process Change Analyzer

Der *SAP Solution Manager* bietet Ihnen mit dem Werkzeug *Business Process Change Analyzer* die Möglichkeit, nicht nur die von der Änderung betroffenen Geschäftsprozesse zu identifizieren, sondern auch den Testumfang signifikant zu reduzieren.

Test-Scope-Optimierung mit dem Business Process Change Analyzer
Bei Softwareänderungen mit einer sehr hohen Anzahl geänderter Objekte werden mit großer Wahrscheinlichkeit fast alle betroffenen Geschäftsprozesse identifiziert, sodass eine Reduzierung des Testumfangs nicht ohne Weiteres möglich ist.

Mit dem *SAP Solution Manager 7.1* wurde der Business Process Change Analyzer um die optionale Funktion *Test Scope Optimization* ergänzt, um eine risikobasierte Optimierung des Testaufwands zu ermöglichen. Dabei wird von der Prämisse ausgegangen, dass ein geändertes Softwareobjekt im Kontext eines Geschäftsprozesses zumindest einmal getestet werden sollte, aber nicht unbedingt mehrmals, sofern dieses Objekt auch in anderen Geschäftsprozessen verwendet wird. Für die Optimierung des Testumfangs und -aufwands identifiziert der Business Process Change Analyzer daher nicht nur, welche geänderten Softwareobjekte pro Geschäftsprozess oder Prozessschritt verwendet werden, sondern auch deren Anzahl und den Testaufwand der zugeordneten Testfälle. Die *Business Process Change Analyzer Test Scope Optimization* berechnet daraus eine Testreihenfolge, bei der Prozessschritte, die viele geänderte Softwareobjekte auf sich vereinigen, bei gleichzeitig niedrigem Testaufwand ganz am Anfang der Reihenfolge einsortiert werden (Bereich ganz links in Abbildung 2.33).

Test Scope Optimization

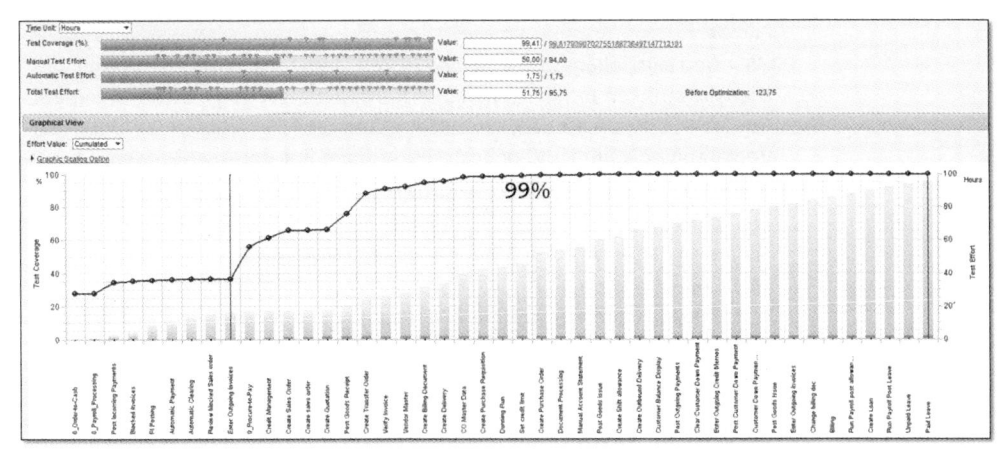

Abbildung 2.33 Optimierung des Testaufwands und Testumfangs mit dem Business Process Change Analyzer

Mit wachsender Sequenznummer nimmt die Anzahl der mit Tests abgedeckten geänderten Softwareobjekte rapide ab. Wie in Abbildung 2.33 dargestellt, flacht die Kurve der Testeffizienz ab 95 % Testabdeckung rapide ab und zeigt dann einen sehr flachen Verlauf, der anzeigt, dass die Aufnahme weiterer betroffener Geschäftsprozesse in den Testplan kaum noch zur Abdeckung geänderter Objekte beiträgt. SAP empfiehlt daher, zunächst einen Testumfang mit 100 % Abdeckung aller geänderten Softwareobjekte zu berechnen. Bei dieser Optimierung wird bereits eine signifikante Anzahl von Tests ausgelassen, da über andere effizientere Testfälle bereits alle Softwareänderungen abgedeckt werden.

Möchte man weitere signifikante Reduzierungen des Testaufwands erreichen, bietet es sich an, die Testabdeckung auf unter 100 % zu reduzieren. Durch das Auslassen von z. B. 1 % der geänderten Objekte ergeben sich wichtige Reduktionen im Testaufwand. Das damit verbundene erhöhte Risiko ungetesteter Änderungen kann zum Teil kompensiert werden. Dies wird durch den Ansatz möglich, geschäftskritische Prozesse im *Business Blueprint* über ein Kundenattribut als Priorität 1 zu kennzeichnen und in der Test-Scope-Optimierung des Business Process Change Analyzer betroffene Geschäftsprozesse hoher Priorität von der Optimierung auszuschließen. Diese Prozessschritte werden in Abbildung 2.33 links neben der vertikalen Linie aufgelistet. Erfahrungen sowohl mittelständischer als auch sehr großer Unternehmen bestätigen die Praxistauglichkeit dieses Vorgehens.

Kundenbericht: Landmark setzt den Business Process Change Analyzer im SAP Solution Manager 7.1 ein

»Wir sind Australiens größter Händler von landwirtschaftlichen Waren und Dienstleistungen und betreuen in 400 Niederlassungen 100.000 Kunden. Mit SAP-Software steuern wir unser gesamtes Filialnetz von der internen Verwaltung bis hin zu Verkaufstransaktionen mit unseren Kunden.

Um die größten Vorteile des neuesten SAP Enhancement Package zu nutzen, entschieden wir uns vor Kurzem, unsere aktuelle SAP-Software zu erweitern. Dies war ein sehr komplexes Vorhaben, denn wir mussten nicht nur die SAP-ERP-, sondern auch die SAP-NetWeaver-Business-Warehouse- und viele andere SAP-Anwendungen aktualisieren. Was die ganze Sache jedoch noch schwieriger machte, war, dass unsere IT-Mitarbeiter innerhalb von fünf Monaten das Projekt abschließen mussten. Wir folgten dem Best-Practices-Ansatz[2] der SAP für Regressionstests und setzten verschiedene Anwendungen des SAP Solution Manager 7.1 ein – so

---

2 Siehe dazu auch *http://scn.sap.com/docs/DOC-14714*.

auch den Business Process Change Analyzer mit automatischer Test Scope Optimization.

In Verbindung mit dem durch den SAP Solution Manager gestützten Solution-Documentation-, Custom-Code-Management- und Testautomatisierungsansatz konnten wir unser Ziel, nämlich unsere SAP-Landschaft rechtzeitig und budgetgerecht innerhalb von fünf Monaten auf den neuesten Stand zu bringen, erreichen. Dadurch konnten wir 50 % der Testkosten und 60 % der Testzeit einsparen sowie 50 % Personalkosten reduzieren. Durch das Automatisieren von ca. 270 kritischen Transaktionen, das sind weniger als 10 % unserer gesamten Transaktionen, haben wir ein Tool, das mit nur einem Klick und in nur einer Stunde den Health Check für unser nächstes Release übernimmt. Wenn man dies nun noch mit dem Business Process Change Analyzer kombiniert, kann man sich genau auf die Systemelemente konzentrieren, die auch getestet werden müssen.«

Jamie Newman, Head of Information Technology, Landmark Operations Ltd.[3]

Automatisierung funktionaler Regressionstests

Ein zweiter Ansatz zur Optimierung funktionaler Regressionstests besteht in der Automatisierung manueller Testfälle. Basierend auf den Erfahrungen einer Vielzahl von Firmen zeigten sich die folgenden Nachteile manueller Tests, die für einen Übergang zu automatisierten Tests sprechen:

Nachteile manueller Tests

- **Testabdeckung**
  Die Testphase wird oft zu kurz ausgelegt, um alle manuellen Tests durchzuführen und Fehlerkorrekturen nachzutesten.

- **Fehler im Produktivsystem**
  Fehlende Testabdeckung führt zu nicht akzeptablen Fehlerquoten im Produktivsystem.

- **Kosten**
  Es entstehen hohe Kosten durch die Involvierung von Geschäftsprozess-Experten bei manuellen Testausführungen sowie hohe Kosten für die Korrekturen von Fehlern im Produktivsystem aufgrund unzureichender Testabdeckung.

- **Komplexität**
  Das Know-how von Testern reicht oft nicht mehr aus, um die zunehmend komplexeren Geschäftsprozesse manuell zu testen.

---

3 Siehe dazu auch *https://scn.sap.com/docs/DOC-41582*.

2 | Beschleunigte Innovation und kontinuierliche Verbesserung

Es gibt eine Reihe von bewährten Werkzeugen zur Testautomatisierung, die neben SAP-Anwendungen auch partner- und kundenentwickelte Anwendungen automatisieren können. Die von SAP-Kunden hauptsächlich verwendeten Werkzeuge gliedern sich in die beiden im Folgenden beschriebenen Testoptionen.

Testoption 1

Test Automation Framework

Der SAP Solution Manager 7.1 bietet speziell für SAP-zentrische Kunden[4] alle für das Testmanagement notwendigen Werkzeuge (siehe Abbildung 2.34). Über das *Test Automation Framework* können neben SAP-Werkzeugen wie *Component-based Test Automation* auch Partnerwerkzeuge wie *HP QuickTest Professional* für die Testautomatisierung integriert verwendet werden. SAP empfiehlt die Verwendung von Component-based Test Automation für die Automatisierung von SAP-GUI- oder CRM-Web-Client-basierten Geschäftsprozessen in Verbindung mit HP QuickTest Professional für alle weiteren Prozessschritte, wie z.B. Partneranwendungen oder Eigenentwicklungen.

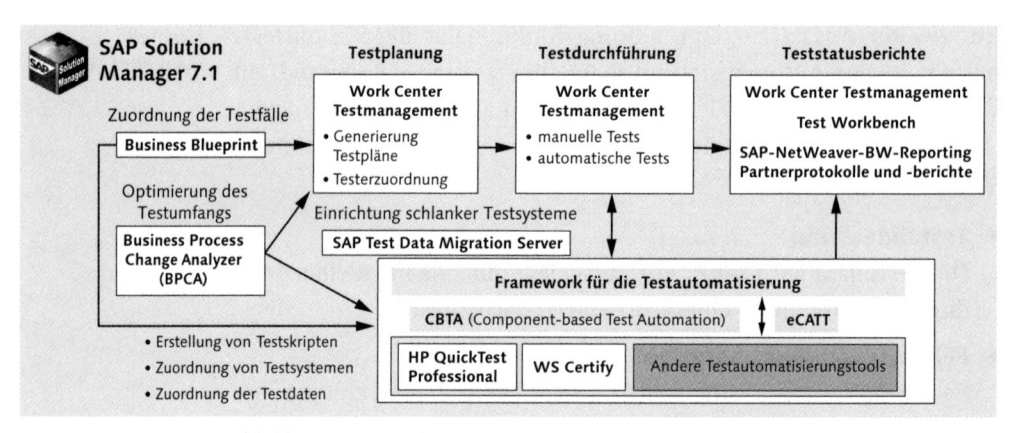

Abbildung 2.34 Werkzeuge der Testoption 1

SAP Solution Manager 7.1 bietet eine robuste Testmanagement-Anwendung (siehe Abbildung 2.35) mit Unterteilung in die folgenden Bereiche:

▶ *Testskript*-Definition und -Verwaltung, basierend auf den Werkzeugen Component-based Test Automation, HP QuickTest Profes-

---

4 80% oder mehr der Geschäftsprozesse und Prozessschritte werden mit SAP-Applikationen abgebildet.

2.3 Innovation und kontinuierliche Verbesserung der Geschäftsprozesse

sional oder anderen integrierten Partnerwerkzeugen für die Testautomatisierung von SAP- und Nicht-SAP-Anwendungen

- Verwaltung von *Systemen für die Testausführung* (»System under Test«)
- Planung und Zuordnung von *Testdaten* für automatische Tests diverser Geschäftsprozessvarianten

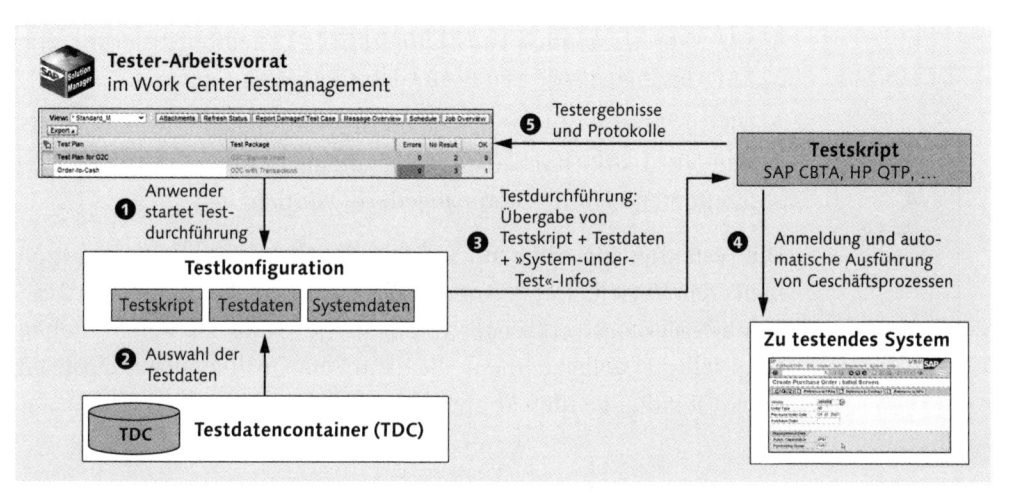

Abbildung 2.35 Ausführung automatischer Tests mit dem SAP Solution Manager 7.1

Testoption 2

Testoption 2 umfasst integrierte Werkzeuge des SAP Solution Manager 7.1, HP Quality Center sowie SAP Test Acceleration and Optimization und HP QuickTest Professional für die Testautomatisierung.

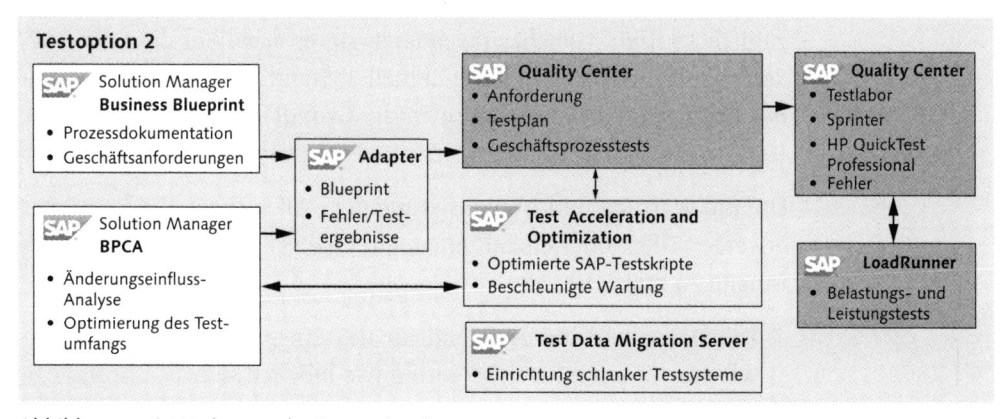

Abbildung 2.36 Werkzeuge der Testoption 2

Verzahnung der SAP- und HP-Werkzeuge

Abbildung 2.36 verdeutlicht die enge Verzahnung der SAP- und HP-Werkzeuge, durch die folgende Integration erreicht wird:

1. *SAP Solution Manager*: Definition der Geschäftsprozess-Hierarchie
2. *SAP Solution Manager*: Optimierung des Testaufwands
3. *HP Quality Center*: Definition von Testanforderungen, manuellen Tests, Testplänen etc.
4. *SAP Test Acceleration and Optimization*: Testautomatisierung von SAP-Geschäftsprozessen (SAP GUI, CRM Web-Client)
5. *HP QuickTest Professional*: Testautomatisierung aller weiteren SAP- und Nicht-SAP-Geschäftsprozesse, die nicht durch SAP Test Acceleration and Optimization abgedeckt werden

Die Testautomatisierung mit SAP Test Acceleration and Optimization bietet den Vorteil, dass Personen ohne technische Kenntnisse der Testautomatisierungswerkzeuge automatische Tests zu einem hohen Grad selbst erstellen können, die dann vom Qualitätssicherungsteam vervollständigt werden können.

2.3.4 Durchführung von Softwareaktualisierungen und Upgrades mit minimaler Ausfallzeit

Die steigenden Anforderungen internationalisierter Märkte erfordern heute von vielen SAP-Kunden, dass sie ihre Geschäftsprozesse in immer kürzeren Zeitabständen an geänderte Marktanforderungen anpassen. Um dem gerecht zu werden, müssen IT-Organisationen ihre Implementierungs- und Wartungsprozesse stetig verbessern und zeitlich straffen. Gleichzeitig müssen sie es schaffen, dass die SAP-Software auf einem möglichst aktuellen Stand ist, denn nur so kann der Zugang zu SAP-Innovationen als Grundlage für eine effiziente Umsetzung der Geschäftsanforderungen gewährleistet werden.

Um die Wartung und Aktualisierung der SAP-Software in die immer engeren IT-Kalender einzubinden, gilt es, zwei zentrale Herausforderungen zu meistern:

1. Die Dauer und der Aufwand für das Einspielen neuer SAP-Softwareversionen müssen so gering wie möglich sein.
2. Die Ausfallzeiten für die Benutzer der Systeme dürfen gewisse Grenzen nicht überschreiten.

Gerade letztere Anforderung ist in den letzten Jahren immer stärker in den Fokus gerückt, da viele Unternehmen heute global und damit rund um die Uhr tätig sind. Das typische »Wochenende«, das früher für Wartungsaktivitäten zur Verfügung stand, ist oftmals nicht mehr verfügbar.

Mit der Weiterentwicklung der Werkzeuge, Methoden und Services, die SAP im Rahmen des Application Lifecycle Management Supports zur Verfügung stellt, ist es möglich geworden, diese Herausforderungen effektiv zu beherrschen. Im Folgenden beschreiben wir die wichtigsten Werkzeuge und Verfahren zur Unterstützung von Wartungsprojekten.

Minimierung der Laufzeiten und Aufwände für Wartungsprojekte

Große Fortschritte bei der Reduzierung der Aufwände und Laufzeiten von Wartungsprojekten konnten mit der Einführung des Konzepts der *SAP Enhancement Packages* erreicht werden. Dabei sind neue Funktionalitäten einer Softwareauslieferung nach der technischen Implementierung zunächst nicht aktiv und haben damit keine Auswirkung auf die Benutzer. Die Aufwände und die Dauer von Wartungsprojekten für SAP-ERP-Lösungen sind heute im Vergleich zu den früheren Upgrade-Verfahren (*Release Upgrade*) um fast 60 % geringer. So dauert ein typisches Projekt zur Installation eines neuen SAP Enhancement Package heute ca. sieben Wochen. Upgrades von älteren Releases, wie z. B. von SAP R/3 4.6C auf SAP ERP 6.0, erfordern dagegen im Schnitt eine Projektdauer von 25 Wochen (siehe *service.sap.com/upgradedb*).

SAP Enhancement Packages

Darüber hinaus wurden die Werkzeuge zur Implementierung von neuen Softwareversionen vereinheitlicht und im *Software Logistics Toolset* zusammengefasst. Vor der Einführung des Software Logistic Toolset wurden die darin enthaltenen Werkzeuge nur zusammen mit den SAP-Produkten ausgeliefert. Dies hatte zur Konsequenz, dass verbesserte Versionen der Softwarelogistikwerkzeuge nur erhältlich waren, wenn auch neue SAP-Produktversionen implementiert wurden. Daher konnten Innovationen an den Werkzeugen, z. B. zur Reduzierung der Ausfallzeiten, nur mit Verzögerung in den Wartungsprozessen verwendet werden.

Software Logistic Toolset

Mit dem Software Logistic Toolset werden die Wartungswerkzeuge nun getrennt von den Produkten aktualisiert und ausgeliefert. Damit

2 | Beschleunigte Innovation und kontinuierliche Verbesserung

können Verbesserungen der Wartungswerkzeuge sofort, auch in laufenden Projekten, zum Einsatz kommen. Zentrales Werkzeug im Software Logistic Toolset zur Aktualisierung von SAP-Software ist der *Software Update Manager*.

Software Update Manager — Der Software Update Manager kann für verschiedene wiederkehrende Wartungsaktivitäten eingesetzt werden, wie z.B. die Implementierung von Support Packages, SAP Enhancement Packages oder Java-Patches. Darüber hinaus erlaubt der Software Update Manager mithilfe der *Data Migration Option* das Upgrade und die Migration nach *SAP HANA* in einem Einschrittverfahren. Der Software Update Manager ersetzt früher getrennte Werkzeuge zur Wartung von ABAP- und Java-basierten SAP-NetWeaver- und SAP-Business-Suite-Systemen, wie z.B. den *SAPup* oder *SAPJup* für das Upgrade von ABAP- und Java-basierten Systemen, den *SAP Enhancement Package Installer* oder den *Java Support Package Manager* für die Implementierung von Support Packages in Java-basierten Systemen. Durch die Zusammenfassung all dieser Werkzeuge im Software Update Manager konnten die Wartungsprozesse und -abläufe vereinheitlicht und vereinfacht werden. Kenntnisse über verschiedene Werkzeuge sind nicht mehr notwendig, und Systembrüche, insbesondere wenn ABAP- und Java-Systeme gemeinsam aktualisiert werden mussten, werden vermieden. Insgesamt ist dadurch der Einspielvorgang für neue Softwareversionen wesentlich effizienter und schneller geworden.

Maintenance Optimizer — Um den Software Update Manager einsetzen zu können, ist es notwendig, zunächst die richtigen Softwarepakete zu identifizieren und bereitzustellen, die für die Aktualisierung benötigt werden. Aufgrund der gestiegenen betriebswirtschaftlichen Anforderungen an SAP-Softwarelösungen ist in den letzten Jahren auch die Zahl der Softwarepakete und Systeme gestiegen, die zur flexiblen Realisierung dieser Anforderungen erforderlich sind. Im Gegensatz zu früher ist es daher heute auch für erfahrene SAP-Administratoren nicht mehr möglich, alle benötigten Softwarepakete selbst im SAP Service Marketplace zusammenzustellen. Eine vollständige, konsistente und einfache Zusammenstellung dieser Softwarepakete, auch über Systemgrenzen hinweg, kann daher nur über ein entsprechendes automatisiertes Instrument erfolgen. Für diesen Zweck wurde der *Maintenance Optimizer* entwickelt, der im SAP Solution Manager im *Change Management* zur Verfügung gestellt wird. Mithilfe des Maintenance Optimizer können SAP-Administratoren die notwendigen

Softwarepakete zur Aktualisierung von SAP-Systemen in einem einfachen geführten Prozess ermitteln und aus den zentralen SAP-Supportsystemen herunterladen. Gleichzeitig dokumentiert der Maintenance Optimizer alle Schritte der Wartungsaktivität, sodass es im Fehlerfall sehr viel einfacher geworden ist, die Ursache der Fehler zu verstehen und zu beseitigen.

Voraussetzung für die Nutzung des Maintenance Optimizer ist die korrekte Dokumentation der SAP-Systemlandschaft im SAP Solution Manager. Diese Information wird in der *Landscape Management Database* in Verbindung mit dem *SAP NetWeaver System Landscape Directory* verwaltet. In früheren Versionen des SAP Solution Manager erfolgte die Systemdatenverwaltung in der *SAP Solution Manager System Landscape.* Um sicherzustellen, dass die Daten aktuell und korrekt sind, bietet die Landschaftsdatenbank verschiedene Prüfverfahren im Produktsystem-Editor an. Diese Prüfungen der Systemdaten sollten regelmäßig, zumindest jedoch vor der Implementierung neuer Softwareversionen, erfolgen.

Die Systemdaten der Landscape Management Database sind auch die Grundlage für Prüfungen wartungsbezogener Abhängigkeiten in der Systemlandschaft. Solche Abhängigkeiten bedingen unter Umständen weitere Wartungsaktivitäten in der Systemlandschaft und sollten daher frühzeitig in der Vorbereitungsphase einer Wartungsaktivität identifiziert werden, um unnötige Verzögerungen während der Projektdurchführung zu vermeiden. Zur Bestimmung solcher Abhängigkeiten bietet SAP neben den bekannten Upgrade-Leitfäden und Release-Hinweisen die Werkzeuge *Landscape Planner* und *Upgrade Dependency Analyzer* an.

Abhängigkeiten bestimmen

Der Landscape Planner ist eine Anwendung im SAP Service Marketplace, die Szenarien analysiert, in denen sich mehrere SAP-Business-Suite-Systeme eine oder mehrere SAP-NetWeaver-Java-Anwendungen (*SAP-NetWeaver-Hub-Systeme*) teilen. Wird in einem solchen Landschaftsszenario ein SAP-Business-Suite-System aktualisiert, prüft der Landscape Planner die Auswirkungen auf angeschlossene SAP-NetWeaver-Hub-Systeme und die damit verbundenen weiteren SAP-Business-Suite-Systeme.

Für eine Prüfung von Abhängigkeiten zwischen SAP-Business-Suite-Systemen und -Instanzen, die in gemeinsamen Geschäftsprozessen direkt miteinander integriert sind, steht der Upgrade Dependency Analyzer zur Verfügung. Diese Anwendung kann sowohl im SAP Service Marketplace als auch im SAP Solution Manager im Work Center für Implementierungs- und Upgrade-Projekte aufgerufen werden. Die SAP-Solution-Manager-Anwendung ist mit der Landscape Management Database verbunden und bietet so die Möglichkeit, in einem Schritt Landschaftsabhängigkeiten zu prüfen.

| Modifikationen und Programmklone vermeiden | Neben einer Verbesserung der basis- und systembezogenen Arbeiten müssen auch die Abläufe für die Anpassung und das Testen von Eigenentwicklungen betrachtet werden, um eine nachhaltige Reduzierung der Wartungsaufwände und Projektlaufzeiten zu erreichen. Solche Entwicklungsarbeiten sind in der Regel im Rahmen von Wartungsprojekten notwendig, insbesondere wenn Modifikationen an SAP-Programmen vorliegen oder Eigenentwicklungen auf der Basis von kopierten SAP-Programmen (sogenannten *Klonen*) erfolgten. Es ist daher empfehlenswert, grundsätzlich auf Modifikationen oder Programmklone zu verzichten bzw. diese in andere, weniger kritische Erweiterungstechnologien zu überführen. Im Rahmen des *Custom Code Management* bietet SAP eine Reihe von Werkzeugen an, die helfen, solche Programme zu identifizieren, zu verwalten und letztlich in den SAP-Standard oder standardkonforme Programme zu überführen. |

Tatsächlich werden aber auch nach solchen Programmverbesserungen und -bereinigungen immer noch Modifikationen und Eigenentwicklungen bestehen bleiben, die im Rahmen von Wartungsaktivitäten oder der Migration nach SAP HANA zu berücksichtigen sind. Um diese Arbeiten effizient durchzuführen, empfiehlt sich folgende Vorgehensweise: Zunächst muss vollständige Transparenz über die tatsächlich in einem System vorhandenen Modifikationen und Eigenentwicklungen erreicht werden. Für diese Programme und Entwicklungsobjekte muss dann festgestellt werden, ob und wie sie tatsächlich genutzt werden. Im SAP Solution Manager liefert das *Custom Code Management* die Plattform, um diese Aufgaben effizient zu erledigen. Mithilfe des *Custom Code Lifecycle Management* können die für die weiteren Analysen notwendigen Informationen kontinuierlich gesammelt, verwaltet und ausgewertet werden. Auf diese Weise werden die Rüstzeiten für die Anpassungsarbeiten deutlich reduziert.

| Werkzeuge | Sind alle aktuell genutzten Modifikationen und Eigenentwicklungen identifiziert, können für diese die Auswirkungen der Implementierung |

einer neuen Softwareversion untersucht werden. Für die Bearbeitung von Konflikten an Modifikationen und Standarderweiterungen stehen dazu die Werkzeuge SPDD (Daten- und Tabellenobjekte), SPAU (Programmobjekte) und SPAU_ENH (Erweiterungen über das *Enhancement Framework*) zur Verfügung. Für Eigenentwicklungen liefert das *ABAP Test Cockpit* Aussagen zu kritischen Syntaxänderungen nach einem Versionswechsel. Insbesondere für die Vorbereitung von Eigenentwicklungen zur Verwendung in SAP-HANA-basierten Systemen der SAP Business Suite liefert das ABAP Test Cockpit die notwendigen Prüfroutinen. Das Cockpit hilft darüber hinaus auch, die notwendigen Entwicklertests effizient durchzuführen. Indirekte Auswirkungen auf Eigenentwicklungen aufgrund kritischer Änderungen an SAP-Programmen, die von den kundeneigenen Programmen hervorgerufen werden, können über das Custom Development Management Cockpit identifiziert werden. Das ABAP Test Cockpit und das Custom Development Management Cockpit sind beide in das Custom-Code-Management-Work-Center des SAP Solution Manager eingebunden.

Software-Update mit minimaler Ausfallzeit

Unternehmen verlangen zunehmend nach Möglichkeiten, die Systemausfallzeit beim Implementieren neuer SAP-Software, von Korrekturen oder kundeneigenen Entwicklungen zu verkürzen. Um dieser Anforderung gerecht zu werden, arbeitet SAP kontinuierlich an der Optimierung der zu diesem Zweck bereitgestellten Werkzeuge. In dem bereits erwähnten *Software Update Manager*, dem wichtigsten Werkzeug zur Unterstützung von Softwareimplementierungen, sind all diese Verbesserungen gebündelt verfügbar – unabhängig davon, ob das SAP-System auf SAP HANA oder auf einer anderen Datenbank basiert.

Geringere Ausfallzeiten mit dem Software Update Manager

Der Software Update Manager ermöglicht die mühelose Implementierung und Aktualisierung von Software im SAP-System bei minimaler Ausfallzeit und geringem Hardwareaufwand. Dazu wird im Software Update Manager eine integrierte Technologie für den Einsatz eines Schattensystems verwendet – wie dies bereits in der Vergangenheit bei SAPup, dem Standardwerkzeug für Aktualisierungen, der Fall war. Diese Technologie basiert darauf, dass nur ein kleiner Teil des Systems – nämlich derjenige Teil, der die Software enthält – aktualisiert bzw. technisch ersetzt wird. Der größte Teil des Systems – derjenige, in dem die Daten enthalten sind – bleibt unverändert. Dank der Schattensystem-Technologie ist es möglich, neue Software zunächst in einem separaten Teil der Datenbank, dem sogenannten Schattensystem, vorzubereiten. Während der Systemausfallzeit wird dieser Teil dann die bisherige Software ersetzen, was wesentlich weniger Zeit in Anspruch nimmt als der Aktualisierungsvorgang selbst. Mit dem Software Update Manager können außerdem zahlreiche, mit der Softwareaktualisierung verbundene Aktivitäten während des laufenden Systembetriebs ausgeführt werden. Mithilfe dieser Technologie lässt sich die technische Ausfallzeit des Systems auf weniger als acht Stunden reduzieren.

Aktivitäten im Schattensystem

Um die technische Systemausfallzeit weiter zu verringern, wurden weitere Aktivitäten in das Schattensystem verlagert. Die wichtigsten dieser Aktivitäten sind:

- die Ausführung von *After-Import-Methoden* (ABAP-Programme, mit denen die Daten modifiziert werden, um sie an das neue Software-Release anzupassen)
- der Einsatz der »*Record & Replay*«-Technologie zur Umsetzung umfangreicher Tabellen: Ein Klon der umgesetzten Tabelle wird in die neue Version umgesetzt, und die Veränderungen gegenüber der ursprünglichen Tabelle werden aufgezeichnet und in die geklonte Tabelle eingespielt. Während der Ausfallzeit muss die Tabelle dann nur noch ersetzt werden.
- die Ausführung der *Transaktion SGEN* (zur Umwandlung des ABAP-Codes in die ausführbare Form) im Schattensystem

Diese Verbesserungen ermöglichen eine Reduktion der technischen Systemausfallzeit bei einem Software-Update auf weniger als vier Stunden.

Kundeneigene Transporte

Im Anschluss an die Implementierung der neuen Software im System wird eine Reihe kundeneigener Transporte importiert. Diese Transporte sind das Ergebnis der während des Aktualisierungs- bzw. Upgrade-Projekts durchgeführten Entwicklungs- und Wartungsaktivitäten sowie der Anpassung der Systemkonfiguration an die neue Softwareversion. Die Anzahl der nach der Softwareaktualisierung importierten Transporte kann von 50 (bei rein technischen Upgrades und bei einer geringen Anzahl Transporte im System während des regulären Betriebs) bis zu 30.000 (bei Projekten mit großem Funktionsumfang, bei langer Projektdauer und bei häufigen und zahlreichen Transporten im System während des regulären Betriebs) variieren. Eine große Anzahl Transporte kann zu einer wesentlich längeren Systemausfallzeit führen.

SAP hat das Standardwerkzeug für den Import von Transporten verbessert und um neue Funktionen, z.B. für die Parallelausführung des Imports, erweitert. So ist es nun z.B. auch möglich, die kundeneigenen Transporte in den Aktualisierungsvorgang einzubeziehen und während der Produktivzeit in das Schattensystem zu importieren. Die Möglichkeit der Einbeziehung kundeneigener Transporte in den Aktualisierungsvorgang kann zu einer zusätzlichen Verringerung der Systemausfallzeit – und damit auch der Geschäftsausfallzeit – beitragen.

Der Software Update Manager bietet auch eine Funktion, um die SAP-Systeme auf eine SAP-HANA-Datenbank zu migrieren – die *Software Update Manager Data Migration Option* (DMO). Das Werkzeug ermöglicht es, die Aktualisierung der Software und die Migration auf die neue Plattform in einem Schritt durchzuführen. Dadurch wird die Ausfallzeit deutlich reduziert.

In bestimmten Fällen – insbesondere dann, wenn die Daten migriert werden müssen, z.B. im Rahmen der Konvertierung in Unicode oder der Migration auf SAP HANA – lässt sich die Systemausfallzeit mit der Schattentechnologie nicht in ausreichendem Maße reduzieren. Da während der Ausfallzeit die gesamte Datenbank exportiert und wieder importiert werden muss, kann die daraus folgende Dauer der Nichtverfügbarkeit des Systems erhebliche Auswirkungen auf den Geschäftsbetrieb haben.

Neben der kontinuierlichen Optimierung der im *Software Provisioning Manager* gebündelten Standardwerkzeuge hat SAP die *Near-Zero-Downtime-Methodik* (NZDT) entwickelt, die einen Klon des Produktivsystems als Grundlage nutzt. Das grundlegende Prinzip dieser Methodik lässt sich gut am Beispiel der Aktualisierung eines SAP-Release in Verbindung mit Unicode-Konvertierung und Migration auf die SAP-HANA-Datenbank veranschaulichen. Im hier beschriebenen Fall handelt es sich beim Start-Release um SAP ERP 6.04 ohne Unicode (mit nur einer System-Codepage) und beim Ziel-Release um SAP ERP 6.16 mit Unicode auf SAP HANA. Der Vorgang ist in Abbildung 2.37 als ein zehn Schritte umfassender Prozess dargestellt.

Migration nach SAP HANA mit NZDT

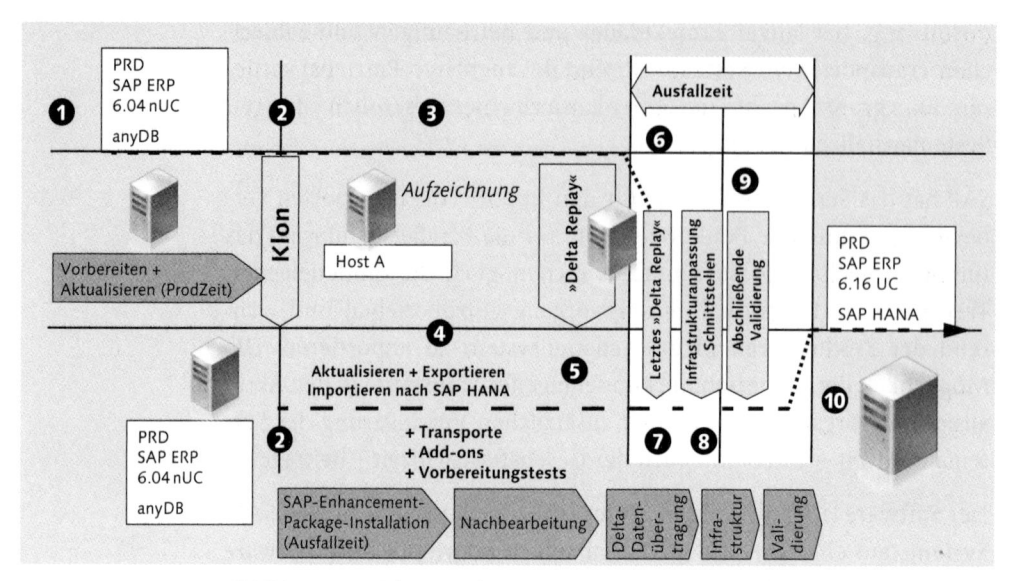

Abbildung 2.37 Schematische Darstellung des Near-Zero-Downtime-Verfahrens

Schritte der NZDT-Methodik

❶ Das Produktivsystem steht den Benutzern in vollem Umfang zur Verfügung. Die während der Produktivzeit möglichen Aktivitäten zur Vorbereitung der Aktualisierung des PRD-Systems, der Unicode-Konvertierung und der Migration nach SAP HANA werden durchgeführt.

❷ Die Aufzeichnung der Transaktionsdaten wird gestartet, und sämtliche Änderungen an den Datenbanktabellen werden protokolliert. Änderungen an der Konfiguration sind nicht zulässig. Es wird ein konsistenter Klon des Systems erstellt und isoliert.

❸ Die Aufzeichnung der Transaktionsdaten wird im PRD-System fortgesetzt.

❹ Der Aktualisierungs- und Migrationsvorgang wird im Klon fortgesetzt. Nach Abschluss der Aktualisierung wird der Klon mithilfe der Standardmethode (Import/Export) auf SAP HANA migriert. Die Konvertierung in Unicode erfolgt automatisch innerhalb dieses Vorgangs. Die zusätzlich vorhandenen Transporte werden in den Klon importiert. Innerhalb von Schritt ❹ erfolgt auch der größte Teil der erforderlichen Datenumsetzungen.

❺ Nach Abschluss der Aktualisierung und Migration des Klons werden die aufgezeichneten Daten (Delta-Sätze) aus dem Produktivsystem in den Klon übertragen (*On-Line Data Replay*). Diese Übertragung erfolgt während des Betriebs des Produktivsystems

(Produktivzeit). Die Benutzer können während der Onlinedatenübertragung weiter im PRD-System arbeiten.

❻ Die echte Ausfallzeit beginnt. Das Produktivsystem wird heruntergefahren. Die Übertragung der restlichen Daten (*Final Data Replay*) erfolgt. Sämtliche Daten werden zwischen dem alten Produktivsystem und dem Klon, d.h. dem neuen Produktivsystem, synchronisiert.

❼ Die technische Abstimmung der übertragenen Daten erfolgt.

❽ Die erforderlichen Anpassungen der Infrastruktur werden vorgenommen. Die funktionale Validierung wird durchgeführt.

❾ Entscheidung zum Produktivstart

❿ Der Klon übernimmt die Rolle des Produktivsystems, und das PRD-System wird hochgefahren. Die Benutzer können nun mit dem aktualisierten und konvertierten Unicode-System arbeiten.

Das NZDT-Verfahren lässt sich auf sämtliche Arten von Wartungsereignissen anwenden. Darüber hinaus können mithilfe der NZDT-Methodik auch komplexere Änderungen am System vorgenommen werden, ohne dass sich die Ausfallzeit dadurch verlängert. Dies gilt u.a. für Vorgänge wie das Ausgliedern bestimmter Datengruppen (z.B. eines Buchungskreises) oder das Aufteilen umfangreicher Systeme (z.B. einer globalen Instanz in mehrere regionale Systeme). Dieser Ansatz kann für sämtliche SAP-ERP-Systeme, einschließlich Branchenlösungen und SAP-CRM-Systemen, genutzt werden.

Im Fall eines Kunden aus der Hightechbranche mit einer Datenbankgröße von 50 TB ist mit dem NZDT-Ansatz z.B. eine Verkürzung der technischen Ausfallzeit auf zwei Stunden möglich. Die dadurch bedingte Geschäftsausfallzeit kann hier auf sechs Stunden reduziert werden, sofern die verbleibenden, während der Ausfallzeit auszuführenden Aktivitäten ausreichend optimiert werden.

Dasselbe Konzept lässt sich auch auf ausgewählte Komponenten auf Basis von SAP NetWeaver anwenden: *Process Integration* und *Portal*. Bei diesen Komponenten ist sogar eine Verkürzung der Ausfallzeit auf weniger als eine Stunde möglich.

Ein wesentlicher Faktor für eine erfolgreiche Reduzierung der Ausfallzeiten besteht darin, die nicht technischen Aktivitäten, die während der Geschäftsausfallzeit ausgeführt werden müssen, effizient zu planen. In vielen Fällen besteht hier noch ein beträchtliches Verbes-

2 | Beschleunigte Innovation und kontinuierliche Verbesserung

serungspotenzial, etwa beim Herunterfahren des Systems, beim Sperren der Benutzer, beim Deaktivieren von Schnittstellen und beim anschließenden Hochfahren, Wiederinbetriebnehmen und Validieren des Systems.

Zero Downtime Maintenance

Ultimatives Ziel beim Verringern der Ausfallzeiten ist es, das Einführen neuer Software völlig ohne Ausfall des Produktivsystems zu ermöglichen. Dies kann mit der neuen Methode der *Zero Downtime Maintenance* (ZDM) erreicht werden. Der Grundgedanke dieses Verfahrens besteht darin, die technische Ausfallzeit auf null zu senken. Darüber hinaus soll der Kunde bestimmte einzelne Schritte, die gegenwärtig während der Geschäftsausfallzeit erfolgen müssen, parallel zur produktiven Nutzung des Systems ausführen können. Dies ist mithilfe eines *Brückensystems* möglich.

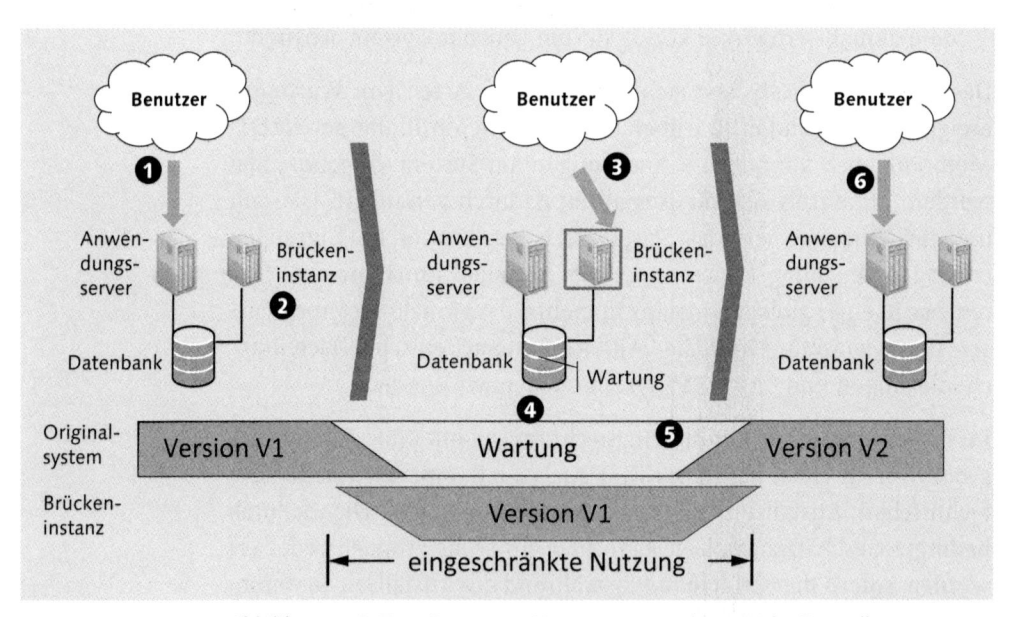

Abbildung 2.38 Zero Downtime Maintenance – schematische Darstellung

Schritte des ZDM-Verfahrens

Das ZDM-Verfahren, das in Abbildung 2.38 dargestellt ist, lässt sich kurz wie folgt beschreiben:

❶ Das System wird in der *Softwareversion V1* betrieben. Die Benutzer verwenden es über zahlreiche verschiedene Kanäle (SAP GUI, Web UI, Mobilgeräte, Internet, Schnittstellen, Hintergrundjobs).

❷ Innerhalb der Datenbank des Produktivsystems wird eine *Brückeninstanz* in einem dedizierten Datenbankschema angelegt. Das

Repository des Produktivsystems wird kopiert, und die Daten (z. B. Anwendungsdaten) werden von der Brückeninstanz bearbeitet.

❸ Die Benutzerlast wird auf die Brückeninstanz verschoben. Das Brückensystem verfügt über eine eigene Ausführungsschicht (Softwareversion V1) und kann auf die ursprünglichen Anwendungsdaten zugreifen.

❹ Die neue Software (Version V2) wird im Originalsystem implementiert. Der Betrieb des Brückensystems wird dadurch nicht beeinträchtigt.

❺ Die Originalinstanz kann nun überprüft werden (Validierung der Softwareversion V2).

❻ Die Benutzer werden wieder auf das Originalsystem umgeleitet und können ihre Arbeit nun mit der Softwareversion V2 fortsetzen.

Da es sich bei ZDM um ein In-Place-Verfahren handelt, muss kein Klon der Datenbank erstellt werden. Während der Implementierung der neuen Software laufen die wichtigen Funktionen weiter und stehen den Benutzern ohne Unterbrechung zur Verfügung.

Die neue ZDM-Methode lässt sich auf sämtliche Arten umfangreicherer Änderungsereignisse anwenden und ermöglicht eine unterbrechungsfreie Aktualisierung des SAP-Software-Stacks. Zu diesen Ereignissen zählen z. B. Aktualisierungen durch SAP Enhancement Packages, Implementierungen von Support Package Stacks, die Implementierung kundeneigener Entwicklungen sowie Konfigurationsänderungen. Diese Änderungen können nun häufiger als früher erfolgen (z. B. vierteljährlich oder sogar monatlich), da keine Ausfallzeiten mehr mit den Endanwendern abgestimmt werden müssen. Es ist auch nicht länger erforderlich, mit einer Änderung bis zu einem passenden Zeitpunkt – z. B. einem verlängerten Wochenende – zu warten, an dem das System gestoppt werden kann.

Wenn der Software-Stack immer dem aktuellen SAP-Standard entspricht und jeweils alle bekannten Korrekturen enthält, verringert sich der Aufwand für den Produktivsupport. Zudem könnte sichergestellt werden, dass kein veraltetes Release verwendet wird. Aufgrund der häufigeren Ausführung umfasst jedes Ereignis weniger einzelne Änderungen. Die Komplexität der einzelnen Änderungsereignisse und das mit ihnen verbundene Risiko werden dadurch beträchtlich reduziert.

Vorteile

Durch die Anwendung der ZDM-Methodik sind Innovationen künftig leichter zugänglich. Sie können häufiger neue Funktionen implementieren, ohne dazu jeweils auf ein langes Wochenende warten zu müssen. Und die IT-Organisationen können wesentlich schneller auf neue Anforderungen reagieren.

2.3.5 SAP Solution Manager auf SAP HANA als Innovationsplattform

Bereit für Cloud, mobile und SAP-HANA-Lösungen

Heute ist der SAP Solution Manager eine Lösung, die es Ihnen möglich macht, heterogene SAP-Lösungen durch den gesamten Lebenszyklus hindurch zu begleiten (siehe Abbildung 2.39). Viele Kunden investieren in den SAP Solution Manager, einige nutzen schon seit Jahren einzelne Prozesse, manche nutzen seinen gesamten Leistungsumfang. Mit der Erweiterung des SAP-Portfolios um Cloud, mobile Lösungen und In-Memory-Technologie haben viele Kunden, die heute On-Premise-Lösungen betreiben, SAP die Frage nach der strategischen Ausrichtung des SAP Solution Manager in der Zukunft gestellt. Genauer war die Frage, ob der SAP Solution Manager als Managementplattform der SAP positioniert ist, um Cloud-, mobile und SAP-HANA-Lösungen einzuführen und zu betreiben. Die Antwort der SAP ist klar: ja! Wir haben uns darauf festgelegt, den SAP Solution Manager in Zukunft kontinuierlich zu erweitern, um Kunden die Möglichkeit zu geben, Innovation schnell und risikofrei zu implementieren und den Betrieb sicher zu führen.

Folgende Überlegungen führten zu der Entscheidung, wie der SAP Solution Manager die innovativen Produktlinien der SAP unterstützen soll:

- wo immer möglich, bestehende Funktionen verwenden
- bestehende Funktionen, wo nötig, schnell und nahtlos erweitern

Monitoring- und Alerting-Infrastruktur

Ein gutes Beispiel für die organische und nahtlose Erweiterung der SAP-Solution-Manager-Funktionen ist die Monitoring- und Alerting-Infrastruktur. Sie wurde für SAP HANA erweitert, sodass die folgenden Prozesse möglich sind:

- Sie ermöglicht die Echtzeit-Überwachung von Anwendungen und Geschäftsprozessen, wie Sie es für Ihre bestehende Landschaft mit dem SAP Solution Manager gewohnt waren.

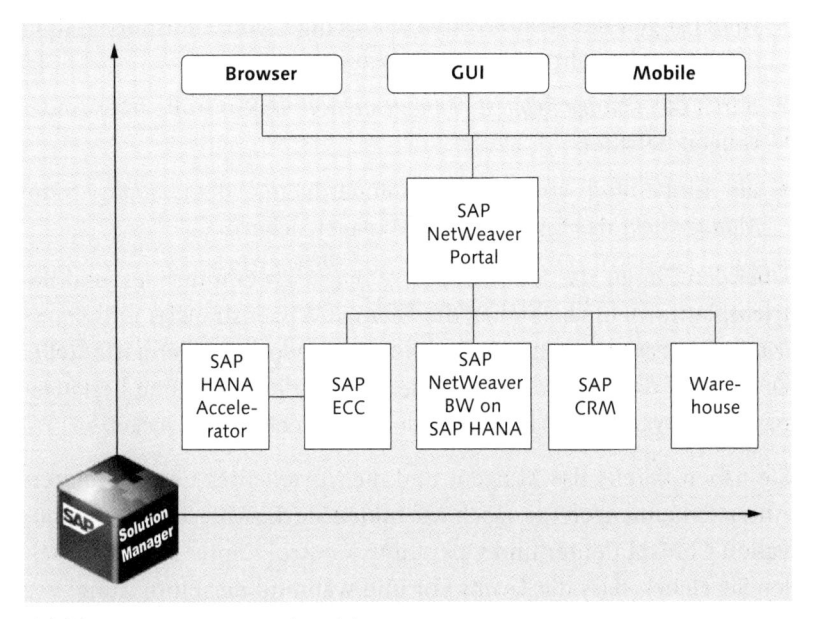

Abbildung 2.39 Innovation als Teil Ihrer Lösung

- Sobald kritische Events auftreten, werden Sie benachrichtigt und durch Dokumentation oder Guided Procedures direkt in den Lösungsprozess geführt.
- Die Ursachenanalyse (Root Cause Analysis) unterstützt Sie bei der schnellen Problembehebung.
- Die Monitoring- und Alerting-Infrastruktur bietet darüber hinaus Unterstützung für administrative Aufgaben, die Ihnen helfen, den Betrieb einer SAP-HANA-basierten Lösung noch schneller und effizienter zu gestalten.

Dies führt dazu, dass Sie die Gesamtbetriebskosten für Technologie und Geschäftsprozesse weiter optimieren und senken können.

Auch die bewährten und etablierten Funktionen des SAP Solution Manager für Anforderungsmanagement, Design, Build und Test können Sie im SAP-HANA-Umfeld einsetzen. So können Sie in SAP-HANA-Projekten z.B.:

Komplette Abdeckung des Projektmanagements

- bestehende Business Blueprints für Innovationsprojekte anpassen und erweitern
- Testfälle und Testpläne wiederverwenden

- Änderungen mit dem erweiterten Change- und Transport-System (CTS+) auf bewährte Art transportieren
- durch das *Change Request Management* volle Kontrolle über Änderungen behalten
- die Einhaltung von Qualitätsstandards mit dem *Quality Gate Management* des SAP Solution Manager sichern

Knowledge Management

Über den Einsatz des SAP Solution Manager als Einführungs- und Betriebsplattform hinaus stehen die Themen Wissenstransfer und *Knowledge Management* bei neuen Technologien jedoch an allererster Stelle. Denn ohne das erforderliche Wissen helfen die besten und bestangepassten Werkzeuge nicht, Innovation zum Leben zu erwecken.

Sie haben bereits das Konzept und die Vorteile des Control-Center-Ansatzes kennengelernt. Doch wie bilden Sie die Mitarbeiter im Innovation Control Center und Operations Control Center aus? Wie stellen Sie sicher, dass die Teams vor und während der Einführung, vor allem aber im Betrieb, wissen, wie sie mit Ausnahmesituationen umgehen? Da Geschäftsmodelle und Märkte immer schneller Veränderungen erzwingen, ohne die man im Wettbewerb nicht bestehen kann, müssen wir auch im Umgang mit Fähigkeiten und Fachkenntnissen der Mitarbeiter umdenken.

Traditionell sind *Managementmodelle* hierarchisch aufgebaut; wie in einer Pyramide ist die Entscheidungsgewalt an der Spitze der Pyramide konzentriert. Entscheidungen werden an der Spitze getroffen, durch die Hierarchie kaskadiert und von Mitarbeitern auf unteren Ebenen der Pyramide ausgeführt. Schon heute wissen wir, dass die Geschäftswelt im einundzwanzigsten Jahrhundert schneller getaktete Entscheidungen und mehr Flexibilität verlangt.

Die umgekehrte Pyramide ist eine Metapher für die Inversion der traditionellen Managementpraxis. Mitarbeiter bekommen hier mehr Entscheidungsgewalt und Handlungsspielraum und stehen aufgrund ihrer Nähe zum Kunden und/oder zu Geschäftsprozessen an der Spitze der Pyramide. Der Manager wird zum Katalysator der Teamleistung. Durch diese Umkehr wird eine Organisation in der Theorie schneller, anpassungsfähiger und sowohl effektiver als auch effizienter.

Um diese Umkehr aber in der Praxis umzusetzen, benötigen die Mitarbeiter neue Kenntnisse und Fähigkeiten. Bisher führten sie Anweisungen aus, nun müssen sie im Team und über das Team hinaus kooperieren und Entscheidungen fällen. Dazu benötigen sie angemessene Ressourcen und optimierte Informations- und Kommunikationskanäle.

Aufgrund der Nähe zu seinen Kunden ist der SAP AGS in der einzigartigen Position, Innovation aktiv voranzutreiben und so Wissen stetig aufzubauen. In vielen Fällen bietet der SAP AGS schon bewährte Vorgehensweisen zum Umgang mit Stolpersteinen in Projekten oder Fehlerbehebungen im Betrieb, wenn Sie zum ersten Mal Hilfe benötigen. Dieses Wissen will SAP jedoch nicht unter Verschluss halten, sondern ihren Kunden so schnell wie möglich zur Verfügung stellen. SAP HANA ist dafür ein gutes Beispiel, denn hier wurde mit der *SAP HANA Deployment Best Practice* ein Kommunikationskanal geschaffen, der die initiale Schulung der Teammitglieder, die an Implementierungs- oder Migrationsprojekten im SAP-HANA-Umfeld beteiligt sind, erleichtert.

SAP HANA Deployment Best Practice

Ziel war von vornherein, eine zentrale Informationsquelle zu schaffen, die barrierefrei Zugang zum Wissen des SAP AGS bietet. Wie schon erwähnt, kam auch hier das Prinzip zum Tragen, nur Neues zu entwickeln, wenn keine bestehende Funktion die Anforderungen erfüllt. Mit der *Design-Thinking*-Methode kam SAP zu der Lösung, dass der SAP Solution Manager als Single Source of Truth diese Informationsquelle sein muss und dass keine Neuentwicklung notwendig ist, um Inhalte schnell, aktuell und sicher Kunden zur Verfügung zu stellen.

Der SAP Solution Manager verfügt bereits über eine Technologie, mit der man Inhalte jeglicher Art zum Wissenstransfer publizieren kann, nämlich Roadmaps im SAP Solution Manager. Sie kennen und schätzen diese Technik schon in einem anderen Zusammenhang, nämlich z. B. im Kontext von Implementierungsprojekten als *ASAP-Implementierungs-Roadmap*. Hier wird die ASAP-Implementierungsmethode in Form einer Roadmap bereitgestellt, die viele Jahre Erfahrung mit SAP-Projekten widerspiegelt.

ASAP-Implementierungs-Roadmap

Die ASAP-Implementierungs-Roadmap umfasst Folgendes:

▸ Sie bietet Prozesse und bewährte Geschäftsverfahren für die Implementierung von SAP-Anwendungen und -Lösungen.
▸ Sie stellt einen Rahmen für das Projektmanagement zur Verfügung, das dem Industriestandard *Project Management Institute Project Management Body Of Knowledge* (PMI PMBOK) entspricht.

- Sie deckt alle für die Implementierung von SAP-Lösungen und -Anwendungen erforderlichen Projektleistungen ab, wobei ein wesentliches Augenmerk darauf liegt, das Projektteam im Verlauf des Projekts sicher durch die Lebenszyklen von Projektmanagement, Value Management, Geschäftsprozessverwaltung und Application Lifecycle Management zu leiten.
- Sie gibt klare Empfehlungen für Projekte, in denen ein oder mehrere Services auf globaler Ebene angeboten werden sollen. Mit globalem Sourcing lassen sich bei allen Arten von Projekten drastische Einsparungen erzielen.
- Sie behandelt technische Aspekte des Implementierungsprozesses, wie z.B. die Planung und Auslegung der Infrastruktur, das Einrichten der Systemlandschaft sowie die Installation und Konfiguration der Software.

Technisch wurde deshalb bei der SAP HANA Deployment Best Practice die bewährte Technologie verwendet, allerdings handelt es sich bei den Inhalten eher um Lerninhalte, die Ihnen den Einstieg in SAP-HANA-Projekte wesentlich erleichtern.

Struktur der SAP HANA Deployment Best Practice

Die Struktur der SAP HANA Deployment Best Practice ist in der ersten geplanten Auslieferung wie folgt (siehe auch Abbildung 2.40):

- *Fundamentals* bietet einen Überblick über SAP HANA im Allgemeinen sowie Informationen zu folgenden Themenblöcken:
  - SAP NetWeaver BW on SAP HANA
  - SAP Business Suite on SAP HANA
  - SAP HANA Application Accelerator
  - SAP HANA Supportability
- Im Kapitel *Architektur* finden Sie Empfehlungen zu folgenden Themen:
  - Sizing
  - Infrastruktur-Roadmap (Nearline Storage und Virtualisierung)
  - Datenbereitstellung
  - User Experience
  - Entwicklungswerkzeuge
  - Betriebswerkzeuge
  - Best Practices zu Organisation, Fertigkeiten und Training, die Sie für ein Customer Center of Expertise benötigen

- Das Kapitel *Transition* befasst sich damit, wie Sie den Übergang zum Betrieb von SAP-HANA-gestützten Lösungen nahtlos schaffen. Die Themen hier sind:
  - Migration oder Greenfield-Ansatz, also Neuimplementierung
  - Einführung in SAP Rapid Prototyping
  - Data Volume Management
  - fachliche Einführung in die Upgrade Roadmap
  - technische Einführung in die Migrations-Roadmap
  - Umgang mit kundeneigenen Entwicklungen
  - Optimierung des Datenmodells

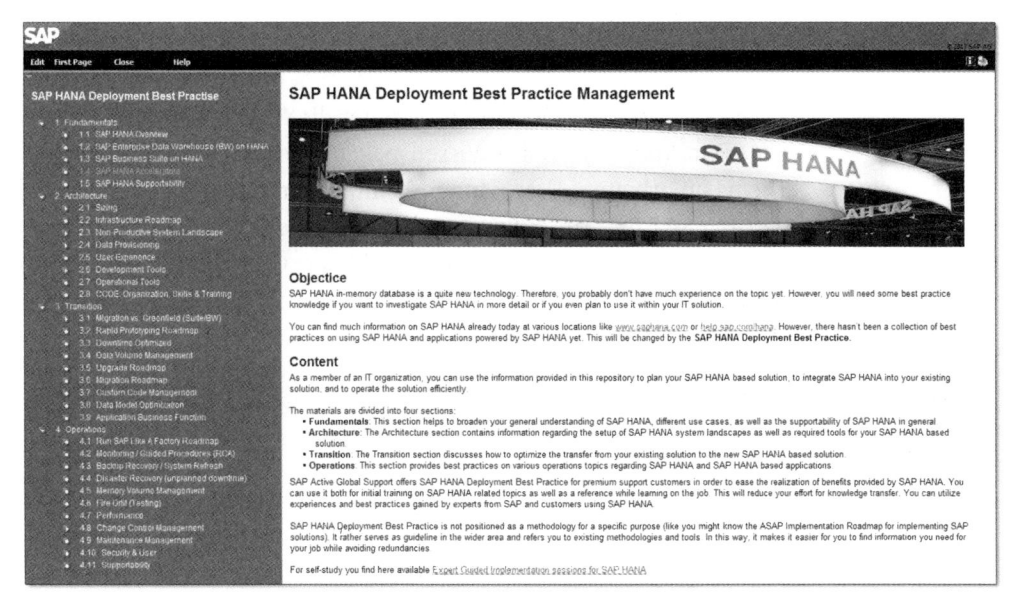

Abbildung 2.40 Einstieg und Struktur der SAP HANA Deployment Best Practice von SAP AGS

- Als letztes Kapitel führt *Operations* in die betrieblichen Aspekte von SAP HANA ein. Folgende Bereiche werden hier behandelt:
  - Einführung in die Run-SAP-Like-a-Factory-Roadmap
  - Monitoring und Root Cause Analysis
  - Backup und Recovery
  - Recovery im Katastrophenfall
  - Memory Volume Management
  - Notfallübungen

- Performance
- Change Control Management
- Maintenance Management
- Sicherheit und User Management

Jeder Eintrag in der Struktur der SAP HANA Deployment Best Practice bietet einen kurzen Einstieg in das Thema auf ungefähr einer Bildschirmseite (siehe Abbildung 2.41, ❶). Die Einführungen bestehen aus:

- einer Beschreibung der Zielsetzung
- Voraussetzungen
- einer Vorgehensweise
- Projektleistungen (Deliverables), die erreicht werden sollen

Nach dieser kurzen Orientierung bietet die Registerkarte ACCELERATOR (❷ in Abbildung 2.41) Wissenspakete, die im Detail das jeweilige Thema aufarbeiten. Dies können Whitepaper, aufgezeichnete Webinare der SAP Enterprise Support Academy (siehe Abschnitt 4.1), Artikel der Knowledge Base des Primary Support, Kundenerfahrungsberichte, aufgezeichnete Systemdemonstrationen oder Beispielreports von verwandten Services sein.

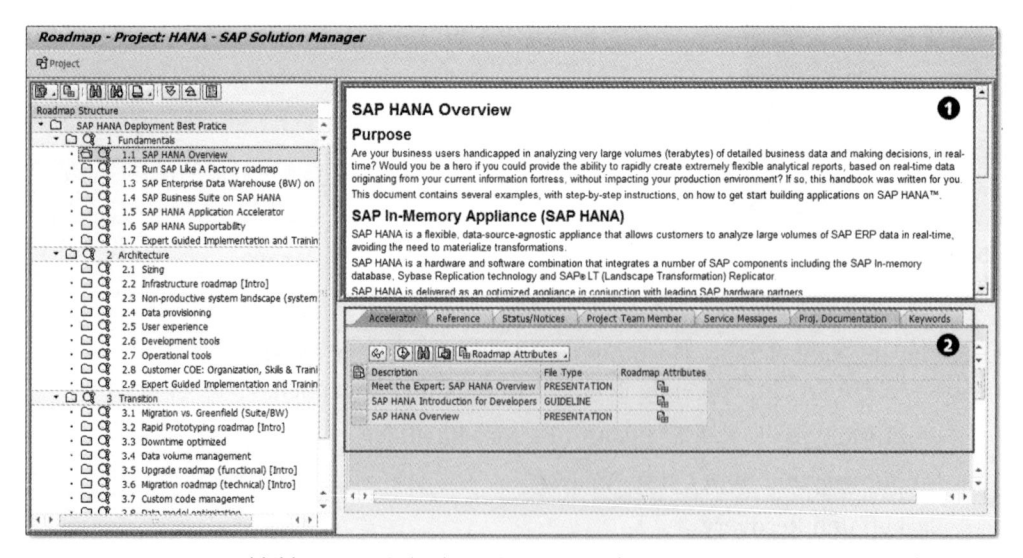

Abbildung 2.41 Sicht der SAP HANA Deployment Best Practice im SAP Solution Manager

Sie können die SAP HANA Deployment Best Practice als HTML-Struktur verwenden (siehe Abbildung 2.40) oder in Ihrem SAP Solution Manager aufrufen. Da alle Inhalte, die der SAP AGS direkt verantwortet, mit der SAP HANA Deployment Best Practice physisch ausgeliefert werden, können Sie die Inhalte auch aufrufen, wenn Sie aus Sicherheitsgründen nicht über eine Internetverbindung verfügen.

Experten der SAP, die in Deployment Rooms oder dem Mission Control Center eng in Kundenprojekte eingebunden sind, aktualisieren die Inhalte der SAP HANA Deployment Best Practice ständig. Es ist geplant, Aktualisierungen synchronisiert mit SAP-HANA-Updates zu publizieren.

»[Es gibt] zwei Dinge, auf denen das Wohlgelingen in allen Verhältnissen beruht. Das eine ist, dass Zweck und Ziel der Tätigkeit richtig bestimmt sind. Das andere aber besteht darin, die zu diesem Endziel führenden Handlungen zu finden.«
(Aristoteles, griechischer Philosoph)

3 Operational Excellence, Kontinuität der Geschäftsprozesse und Senkung der Betriebskosten

Operational Excellence ist ein ganzheitlicher Ansatz von Optimierungen, durch den Unternehmen sicherstellen, dass die Anforderungen ihrer Firmenstrategie erfüllt werden und dass sie sich bei gleichzeitig sehr hoher Profitabilität eine Spitzenposition innerhalb des Wettbewerbs sichern können. Dabei stehen Begriffe wie Wirtschaftlichkeit, Effizienz, leistungsfähiges Management und Flexibilität sowie Verbesserung der Organisationsstruktur, Arbeitsabläufe und Qualität im Mittelpunkt. Letztlich zielt Operational Excellence auf die stetige Optimierung der gesamten Wertschöpfungskette ab.

SAP unterstützt diesen Ansatz durch Werkzeuge, Services und Methoden, die eng miteinander verzahnt sind. Isolierte Einzelmaßnahmen sind selten zielführend. Deshalb bietet SAP ganzheitliche Lösungen mit Fokus auf dem IT-Betrieb, der IT-Landschaft sowie auf der Kontinuität und fortlaufenden Optimierung der Geschäftsprozesse.

So ist z.B. das Management von Ausnahmen (*Exception Management*) eine Kernaufgabe des IT-Betriebs. Durch *Run SAP Like a Factory* (siehe Abschnitt 3.1) stellt SAP über den *SAP Solution Manager als Betriebsplattform* (siehe Abschnitt 3.1.2) eine Methode zur Verfügung, um den SAP-Lösungsbetrieb von zwei Vollzeitarbeitskräften pro Schicht bewältigen lassen zu können.

Ausnahmemanagement

Jede wichtige Ausnahme im Geschäftsprozessbetrieb muss entsprechend einen Alarm auslösen und als Störfall wahrgenommen werden, der auf der Basis von Guided Procedures und einer ständig optimierten Wissensbasis bearbeitet wird. Probleme werden an ein Team für die technische und funktionale Root Cause Analysis weitergeleitet. Durch Video- oder direkte Telefonverbindungen können die Experten aller Dienstleister zugeschaltet werden, um bei der *Root Cause Analysis* und Problemlösung zu unterstützen.

Dieses Szenario wird durch das *Operations Control Center* (siehe Abschnitt 3.1) realisiert, das die Voraussetzung für einen funktionierenden Mission Critical Support darstellt. In Verbindung mit einem durchgängigen Management des Applikationslebenszyklus (siehe Abschnitt 2.3.1) und *Run SAP Like a Factory* ist damit der Grundstein für die Innovationsbeschleunigung gelegt.

Sicherheit gewährleisten

Es ist geradezu ein Muss für jede IT-Organisation, für *Sicherheit* zu sorgen und die SAP-Lösung gegen unerlaubten Zugriff sowie unerlaubte Nutzung und Manipulation zu schützen. Das Sicherheitsmanagement ist ein stetiger Qualitätssicherungsprozess, zu dessen Bestandteilen kontinuierliche Assessments, Schutzmaßnahmen, Monitoring, das Aufdecken von Übergriffen, die Beseitigung von Störfällen sowie Reparaturarbeiten gehören.

Effektivität und Einsparungen

Abgesehen von diesen Beispielen, hat das Operations Control Center noch viele weitere Aufgaben – etwa Benutzerperformance sowie System- und Geschäftsprozessverfügbarkeit zu sichern. Nach unseren Erfahrungen kann das Operations Control Center, das mit dem Mission Control Center zusammenarbeitet, nach dem Go-live Kosteneinsparungen von bis zu 60 % bewirken.

Weitere SAP-Angebote zur Steigerung der Operational Excellence unserer Kunden sind:

- **Reduktion der Technologieschichten durch SAP HANA und Cloud** (siehe Abschnitt 3.2)
  Mit dem Ziel einer klar strukturierten, hinreichend einfachen Lösungsarchitektur und einer konsistenten Systemlandschaft vor Augen unterstützt Sie SAP, produktive Systemlandschaften, die IT-Infrastruktur sowie die Datenhaltung und -transformation durch den Einsatz von SAP HANA zu vereinfachen.

- **SAP Landscape Transformation** (siehe Abschnitt 3.3)
  Dieses Angebot hilft Ihnen, Ihre Geschäfts- und IT-Transformationen zu beschleunigen und komplexe, betriebswirtschaftliche Veränderungen über standardisierte Lösungen umzusetzen. So können Sie Systemumgestaltungen wie etwa Fusionen und Übernahmen, interne Reorganisationen und Projekte zur Harmonisierung bestehender Geschäftsprozesse eigenständig oder mit dem notwendigen Maß an Unterstützung abwickeln.

3.1 Operations Control Center und »Run SAP Like a Factory«

Das *Operations Control Center* ist die physische Manifestation von *Run SAP Like a Factory*. Es stellt hochautomatisierte und proaktive IT-Abläufe sicher, die neben der Senkung der Betriebskosten und einer exzellenten IT-Servicequalität nicht zuletzt eine höhere Benutzerzufriedenheit im Unternehmen zur Folge haben. Darüber hinaus fördert das Operations Control Center die kontinuierliche Verbesserung von Geschäftsprozessen und IT-Support. Ein intensives Zusammenspiel mit dem Innovation Control Center und dem Mission Control Center untermauert diese ehrgeizigen Ziele (siehe Abbildung 3.1).

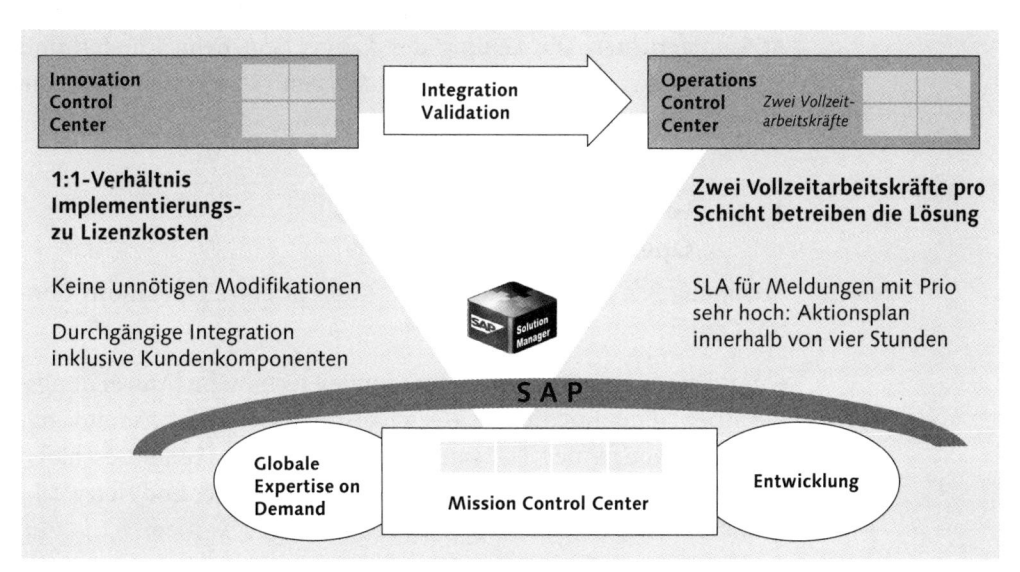

Abbildung 3.1 Zusammenspiel von Innovation Control Center und Operations Control Center aufseiten der Kunden sowie Mission Control Center aufseiten der SAP

3 | Operational Excellence, Geschäftsprozesskontinuität und Kostensenkung

Aufbau und Vorgehensweisen

Im Operations Control Center kümmert sich ein kleines Team von IT-Operatoren um die produktive SAP-Umgebung. Je nach Umgebung und Komplexität der Geschäftsprozesse können im Idealfall zwei Vollzeitmitarbeiter pro Schicht den einwandfreien Betrieb der Systemumgebung sicherstellen. Ein *Service Level Agreement* (SLA) gewährleistet, dass innerhalb von maximal vier Stunden ein Aktionsplan für Probleme mit sehr hoher Priorität vorliegt.

Das Operations Control Center ist eine zentrale IT-Supporteinheit vor Ort, die für das proaktive *Monitoring* der SAP-Produktivumgebung beim Kunden zuständig ist. Wichtige Nicht-SAP-Umgebungen können ebenfalls in diese Überwachung einbezogen werden. Es wird empfohlen, einen physischen Raum innerhalb der IT-Supportorganisation einzurichten.

Der Status der Geschäftsprozesse und IT-Landschaftskomponenten, alle kritischen betriebswirtschaftlichen (»Business«) und IT-Ausnahmen sowie abgesetzte *Alerts* werden in diesem Raum auf großen TV-Bildschirmen angezeigt. Treten Probleme auf, können Partner und SAP-Spezialisten per Videoverbindung zugeschaltet werden. Es besteht auch die Möglichkeit, weitere IT-Supportteams in diesen Raum zu integrieren. So kann die Einbeziehung von Mitgliedern des Service-Desk-Teams z.B. für eine effiziente, interdisziplinäre Kommunikation sorgen. Der Raum wird vom Kunden mithilfe von SAP AGS eingerichtet. Die Leitung des Raums liegt beim Kunden und einem Team von technischen und fachlichen IT-Operatoren, das die aufgetretenen Alerts bearbeitet.

3.1.1 Leistungen und Vorteile des Operations Control Center

Konzept

Abbildung 3.2 zeigt das allgemeine Konzept eines Operations Control Center:

- ▸ Das Operations Control Center sammelt technische (Anwendungsbetrieb) und funktionale (Geschäftsprozessabläufe) Monitoring-Informationen der IT-Landschaftskomponenten und Geschäftsprozesse. Die Infrastrukturebene, wie z.B. Drucker und Netzwerkkomponenten, kann ebenfalls mit einbezogen werden.

- ▸ Die Daten werden im SAP Solution Manager hinterlegt und auf zentralen Monitoren (z.B. auf TV-Bildschirmen im Operations-

Control-Center-Raum) oder in Reports und Dashboards dargestellt.

- Auf der Basis der gesammelten Daten werden gegebenenfalls Alerts generiert und proaktiv im Event-Management-Prozess bearbeitet.
- Der Prozess der kontinuierlichen Verbesserung widmet sich kritischen Problembereichen in Business und IT. Er wird durch die Daten der zentralen Monitore, z.B. Trenddaten, und Prozessstandards, z.B. *PDCA*, *DMAIC* (siehe den Punkt »Kontinuierliche Verbesserung von Business und IT« in diesem Abschnitt), unterstützt.
- Es besteht eine enge Integration mit dem IT Service Management (ITSM), insbesondere mit dem Incident Management, Problem Management und Change Management.

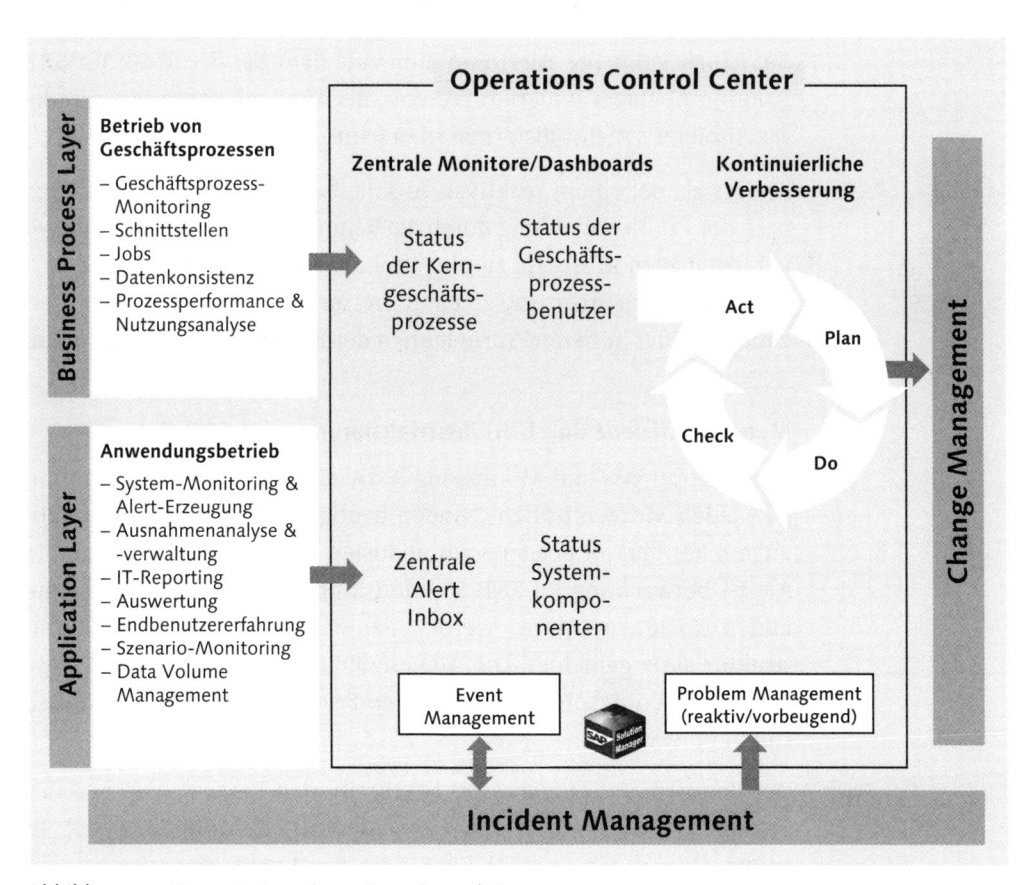

Abbildung 3.2 Konzept eines Operations Control Center

3 | Operational Excellence, Geschäftsprozesskontinuität und Kostensenkung

Störungsfreie Geschäftsabläufe und höhere Benutzerzufriedenheit

Proaktiver Support

Die Infrastruktur hinter dem Operations Control Center sammelt und wertet die Informationen aus allen produktiven Komponenten sieben Tage die Woche rund um die Uhr aus. Bei technischen Problemen oder Ausnahmen innerhalb von Geschäftsprozessen werden Alerts abgesetzt und in der zentralen *Alert Inbox* im *SAP Solution Manager* angezeigt. Fachliche und technische IT-Operatoren werden aktiv benachrichtigt und starten sofort Analyse- und Korrekturmaßnahmen.

Je nach Einstellung der Schwellenwerte kann das Problem sogar erkannt und gelöst werden, bevor sich überhaupt negative Auswirkungen auf die Geschäftsabläufe zeigen. Zumindest hat der IT-Support einen Zeitvorsprung zur Analyse der Situation und arbeitet schon an dem Problem, bevor es von den Benutzern gemeldet wird. Zusätzlich kann die Alert-Funktion mit dem Service Desk im SAP Solution Manager integriert werden, der auch mit ITSM-Tools anderer Anbieter synchronisiert werden kann.

Anders als bei einem reaktiven Ansatz, bei dem der IT-Support erst nach der Problemmeldung durch die Benutzer aktiv wird, führt dieser vorausschauende Ansatz zu einer erheblich gesteigerten Verfügbarkeit der Geschäftsprozesse, einer besseren IT-Servicequalität und damit zu einer höheren Zufriedenheit der Benutzer im Unternehmen.

Mehr IT-Effizienz durch »Industrialisierung« des SAP-Betriebs

Administrations- und Monitoring-Aktivitäten, wie z.B. »Transaktion XYZ jeden Morgen prüfen«, finden häufig manuell statt. Diese Aktivitäten können oft ersetzt – automatisiert – werden, indem man die Alert-Überwachung im SAP Solution Manager einrichtet: Probleme und Ausnahmen (Alerts) werden dann von der Monitoring-Infrastruktur aktiv gemeldet. Die Abwesenheit von Alerts bedeutet, dass keine Notwendigkeit einer manuellen Prüfung besteht; alle Prozesse laufen einwandfrei.

Event Management

Der Begriff *Event Management* beschreibt den Prozess zwischen der Erzeugung und dem Abschluss von Alerts (siehe Abbildung 3.3). In einem Operations Control Center ist das Event Management gut strukturiert:

- Ausgangspunkt ihrer Arbeit ist für die IT-Operatoren immer die zentrale Alert Inbox im SAP Solution Manager.
- Alle Informationen, die sie für ihre Arbeit benötigen, wie z.B. die Historie einer bestimmten Kennzahl, werden im Alert-Kontext und in einer Wissensdatenbank bereitgestellt.
- Eine *Guided Procedure*, d.h. eine wizard-ähnliche Anwendung im SAP Solution Manager, sagt den IT-Operatoren genau, welche Analysemaßnahme zuerst erforderlich ist.
- Sofern das Problem nicht gelöst werden kann, hat der IT-Operator die Möglichkeit, mit einem einzigen Mausklick einen Incident anzulegen und für die Weiterbearbeitung an die nächste Supportebene zu übergeben. Die Integration mit dem ITSM von Drittanbietern ist hier von Vorteil: Die bidirektionale Schnittstelle auf Service-Desk-Ebene bildet das technische Fundament für diesen Vorgang.

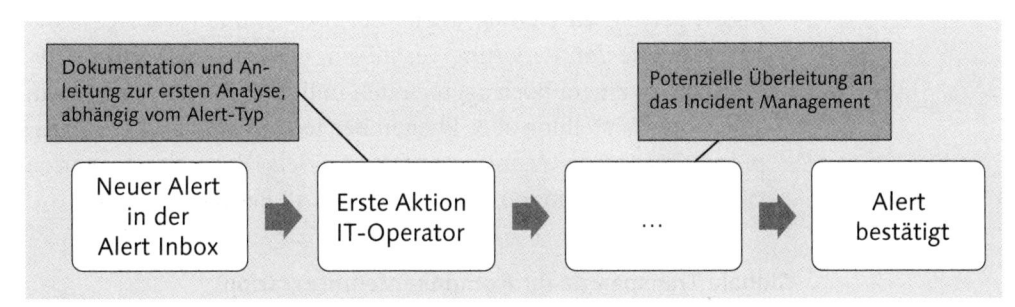

Abbildung 3.3 Aktionen des IT-Operators im Event-Management-Prozess

Die IT-Operatoren lösen einfache Probleme, die kein Spezialwissen erfordern. Sie entlasten damit die Experten auf der zweiten Supportebene, die sich dadurch auf komplexe Probleme oder Projekte und die kontinuierliche Verbesserung konzentrieren können.

Globale Transparenz für den Betriebszustand einer SAP-Lösung

Globale Transparenz bedeutet: Das Operations Control Center meldet den Status der Produktivumgebung und der geschäftskritischen Prozesse. Dies kann auf vielfältige Weise geschehen:

Monitoring und Reporting

- SAP-Kunden möchten den Status ihrer Kerngeschäftsprozesse und technischen Komponenten kennen. Der SAP Solution Manager bietet zahlreiche Möglichkeiten zur Überwachung der Verfügbarkeit (technisch und in Bezug auf die Geschäftsprozesse). Zusätzlich werden wichtige Leistungsdaten gesammelt und einschließlich Trendinformationen nahezu in Echtzeit auf den Monitoren des Operations Control Center dargestellt.

- Neben diesen allgemeinen Daten benötigt der Kunde möglicherweise abhängig von seiner spezifischen Konfiguration zusätzliche Monitoring-Daten. Dies könnten z.B. weiterführende Fehlerinformationen zur geschäftskritischen Schnittstelle oder Informationen zur Konsistenz der Geschäftsdaten sein. Dieser Überwachungsbedarf kann durch die Aktivierung zusätzlicher Datenlieferanten erfüllt werden – oder durch die Verwendung einer der ausgereiften Erweiterungsoptionen des SAP Solution Manager.

- Die Daten müssen abhängig von Empfänger und Reporting-Szenario aufbereitet werden. IT-Supportexperten benötigen andere Daten und Aggregationsebenen als die Führungsebene. Um allen Bedürfnissen gerecht zu werden, bietet der SAP Solution Manager eine breite Palette von Reporting-Techniken, von einer statischen PDF-Datei bis zu einem hoch aggregierten und interaktiven Dashboard, sowie die Darstellung aller Ebenen der technischen und geschäftsprozessbezogenen Monitoring-Daten. Viele Reporting-Szenarien sind bereits vorkonfiguriert und setzen SAP Best Practices um.

Globale Transparenz für Komponentenintegration

In der IT-Welt von heute arbeiten SAP- und Nicht-SAP-Komponenten eng zusammen. Die Schnittstellen zwischen produktiven Kernkomponenten, z.B. im Hinblick auf Schnittstellenverfügbarkeit, Datenkonsistenz oder Durchsatz, spielen eine geschäftskritische Rolle. Die kontinuierliche Überwachung der Schnittstellen zwischen SAP- und Nicht-SAP-Komponenten sowie der Komponentenintegration als Ganzes ist unerlässlich. Die zentralen Monitore in einem Operations Control Center können ein vollständiges Bild des Integrationsstatus und der Performance aus verschiedenen Perspektiven liefern, wie die folgenden Beispiele zeigen:

- *End User Experience Monitoring* (EEM) zeigt die Perspektive des Endbenutzers.

- *PI-Monitoring* zeigt die Perspektive des systemübergreifenden Meldungsflusses.

- *BI-Monitoring* zeigt die Reporting-Perspektive.
- *Interface Channel Monitoring* zeigt die Schnittstellenperspektive.

Ausdrücklich zu betonen ist hier, dass sowohl SAP-Komponenten als auch Nicht-SAP-Komponenten in dieses Gesamtbild integriert werden können. So bieten *CA Wily Introscope* in der Vollversion und *SAP IT Infrastructure Management* eine Vielzahl von Integrationsmöglichkeiten von Nicht-SAP-Komponenten.

Kontinuierliche Verbesserung von Business und IT

Als zweiten Kernprozess eines Operations Control Center empfiehlt SAP die Einrichtung eines kontinuierlichen Verbesserungsprozesses. Sobald dieser initiiert wurde, übernimmt er die strukturierte Analyse und Dokumentation der Ursache aufgetretener Probleme. Verbesserungsvorschläge werden gesammelt, priorisiert, getestet und implementiert. Der Erfolg der Verbesserungsmaßnahmen wird ständig gemessen.

Kontinuierliche Verbesserung zielt auf die größeren operativen Problembereiche und Herausforderungen ab. Die vorgeschlagenen Änderungen haben möglicherweise Auswirkungen auf die Konfiguration der Geschäftsprozesse oder IT-Supportprozesse als Ganzes. Als Resultat der Änderungen ist möglicherweise die Implementierung neuer *Run-SAP-Like-a-Factory*-Projekte erforderlich.

Veränderungen der Geschäftsanwendungen, Geschäftsprozesse und Prozesskonfigurationen führen zu immer neuen kritischen Geschäftsprozessen und damit zu neuen potenziellen Ausnahmesituationen, die vom Operations Control Center aufgespürt werden müssen. Mit anderen Worten, die Analyse der aktuellen Geschäftsabläufe ist nicht die einzige Quelle, die Änderungsbedarf produziert. Um es mit künftigen operativen Risiken aufzunehmen, müssen unter Umständen nicht nur die Monitore, sondern auch die IT-Supportprozesse kontinuierlich angepasst werden.

Kontinuierliche Verbesserung ist ein strukturierter Prozess in mehreren Schritten. Es gibt mehrere bekannte Definitionen für Verbesserungsprozesse. Ein Beispiel ist der von Dr. W. E. Deming populär gemachte PDCA-Prozess, bestehend aus den vier Schritten *Plan, Do, Check* und *Act*, also planen, umsetzen, überprüfen und handeln (siehe Abbildung 3.4):

PDCA-Prozess

- Plan: Planung der Verbesserung
- Do: schneller Test der ersten Ideen in der Realität
- Check: Prüfung der Ergebnisse und Definition des neuen Standards
- Act: Implementierung des neuen Standards

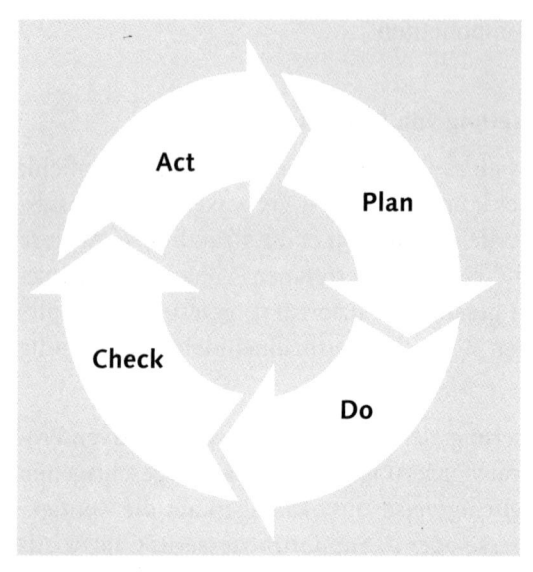

Abbildung 3.4 Der PDCA-Prozess nach Deming

Die Anzahl der Prozessschritte und die zugrunde liegende Verbesserungstheorie sind nicht ausschlaggebend. So führt z.B. der *DMAIC*-Ansatz – eine der Kernmethoden in *Six-Sigma-Projekten*, bestehend aus den Phasen *Define, Measure, Analyze, Improve* und *Control* – normalerweise zu ähnlichen Ergebnissen. Der wichtige Aspekt besteht jedoch darin, ein Bewusstsein für die kontinuierliche Verbesserung innerhalb der IT zu verankern. Darüber hinaus muss der Verbesserungsprozess selbst mit der oberen Führungsebene abgestimmt werden, um neu identifizierte operative Herausforderungen und Problembereiche gezielt anzugehen und zu korrigieren.

Bei der Einrichtung eines Operations Control Center sorgt SAP für die nahtlose Integration der kontinuierlichen Verbesserung in die vorhandene IT-Supportumgebung. Die Integration findet gewöhnlich auf beiden Ebenen – *IT-Supportwerkzeuge* und *IT-Supportprozesse* – statt:

- Daten aus vorhandenen IT-Supportwerkzeugen werden zur Lenkung des Prozesses verwendet. So können Daten aus dem Service Desk eines Drittanbieters bei der Identifizierung notorischer Problembereiche für die Anwender helfen. Änderungen, die durch den Prozess der kontinuierlichen Verbesserung angestoßen wurden, werden vom vorhandenen Verwaltungswerkzeug für Änderungsanträge verwaltet und überwacht.
- Abhängig vom Reifegrad kann die kontinuierliche Verbesserung auch Konzepte, Rollen, Prozesse und Verfahren vorhandener Prozesse aus Incident Management und Problem Management wiederverwenden.

All dies führt zu innovativeren Abläufen im Betrieb der SAP-Software. Durch diesen Effizienzgewinn werden nicht nur Ressourcen freigesetzt, die bisher für den täglichen Betrieb der Systemlandschaft benötigt wurden – die IT-Operatoren können außerdem mehr Arbeit in kürzerer Zeit erledigen.

3.1.2 Operative Plattform und Kostensenkung

Die operative Plattform des Operations Control Center wird gebildet durch den *SAP Solution Manager* – mindestens Release 7.1 mit möglichst hohem Stand des Service Pack –, *CA Wily Introscope* und eine *Agenteninfrastruktur*, die die überwachte Produktivlandschaft mit dem SAP Solution Manager verbindet.

Nach erfolgreicher Konfiguration des technischen und funktionalen Monitoring ist es möglich, den operativen Status der Produktivumgebung in zentralen Monitoren darzustellen. Die Monitore können entweder auf großen Bildschirmen im Operations-Control-Center-Raum abgebildet oder nur bei Bedarf von IT-Administratoren und -Experten abgerufen werden.

Die Informationen in diesen Monitoren sind teilweise vorgegeben. So wird jedem Kunden empfohlen, die technische Verfügbarkeit seiner produktiven Systeme zu überwachen. Teilweise hängen die Monitore aber auch von den betrieblichen und kundenspezifischen Erfordernissen ab. Für ein SAP-Bankensystem sind z. B. andere Informationen von Belang als für eine SAP-Lagerverwaltungsumgebung.

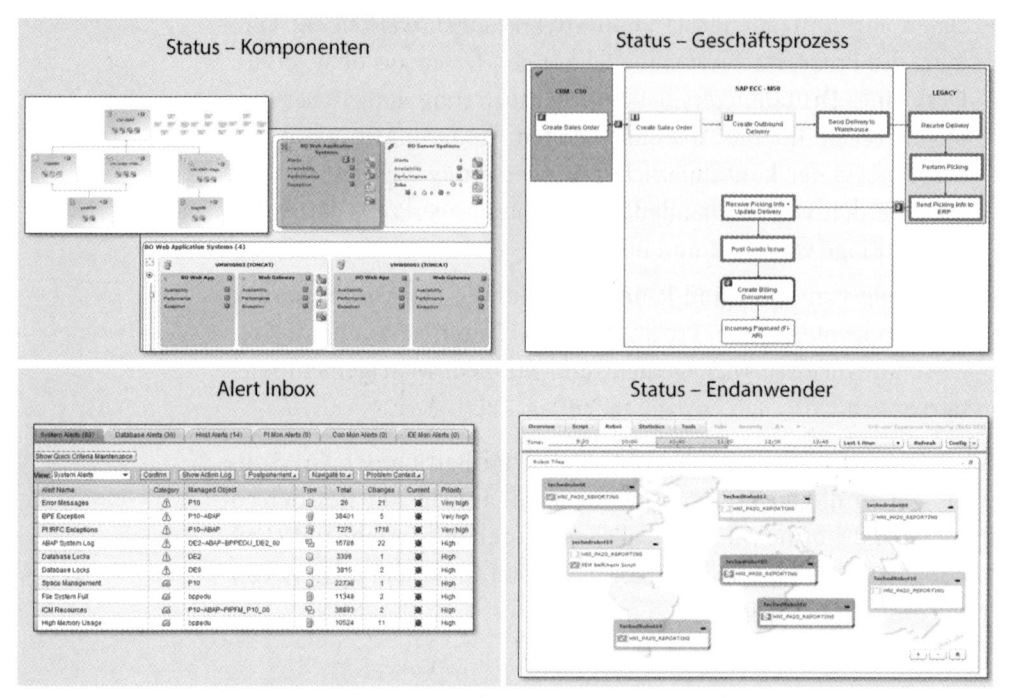

3 | Operational Excellence, Geschäftsprozesskontinuität und Kostensenkung

Abbildung 3.5 Standardmonitore des Operations Control Center

»Four Screens« Der vorgegebene oder allgemeine Teil der zentralen Monitore wird auch *The four Screens* genannt, da meist die folgenden vier Perspektiven zu sehen sind: Status der Komponenten oder technischer Status, funktionaler Status oder Geschäftsprozessstatus, Anwenderperspektive und Alert Inbox (siehe Abbildung 3.5):

> - In der Sicht für den *technischen Status* (siehe Abbildung 3.6) werden Verfügbarkeit, Leistung, Konfiguration und Ausnahmen aller im Lösungsumfang enthaltenen Produktivsysteme in den Ampelfarben angezeigt. IT-Administratoren oder technische Supportexperten können von hier aus mit einem Drilldown auf die einzelnen Systeme und somit auch auf detaillierte technische KPIs und die KPI-Historie zugreifen. Abbildung 3.6 zeigt die Monitoring-Sicht für ein System auf Basis von *SAP HANA*, wo insbesondere wichtige Informationen über Speicherplatzbelegung, Tabellengröße und -wachstum und CPU-Verbrauch angezeigt werden. Damit Customer-COE-Leiter und SAP-Basisadministratoren stets die Möglichkeit haben, sich über den Status der Kernproduktivsysteme zu informieren, kann in das Operations Control Center auch eine mobile Anwendungssicht für Smartphones integriert werden.

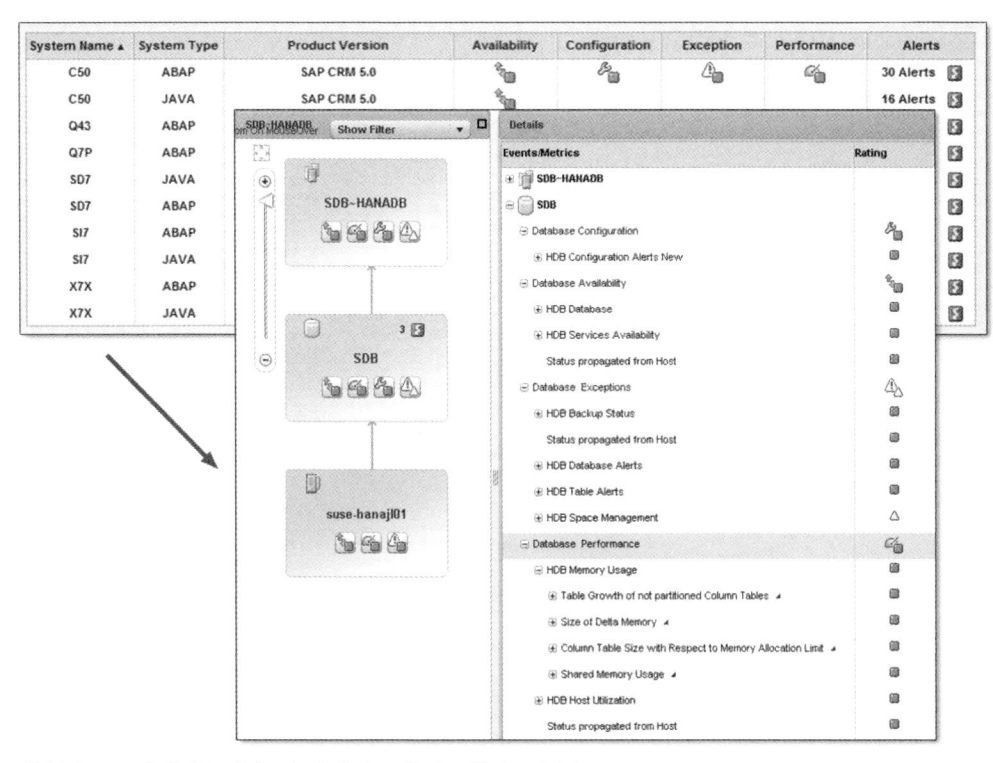

Abbildung 3.6 Sicht auf den technischen Status (Systemliste)

- In einem Überblick über die *Geschäftsprozesse* (siehe Abbildung 3.7) werden die einzelnen Prozessschritte oder Schnittstellen in den Ampelfarben angezeigt. IT-Administratoren oder funktionale Supportexperten können von hier aus mit einem Drilldown auf verschiedene Alert-Details sowie Historien- und Analysesichten zugreifen.

- Üblich ist auch eine Leistungssicht aus der *Anwenderperspektive* (siehe Abbildung 3.8), vor allem bei Dialogbenutzern, die von verschiedenen Regionen aus verbunden werden. Diese Perspektive zeigt sofort an, ob die Gesamtreaktionszeit (einschließlich Netzwerkzeit) des überwachten Prozesses noch in einem annehmbaren Rahmen liegt. Vom Übersichtsbild aus können IT-Administratoren oder Supportexperten mit einem Drilldown auf verschiedene Schritte simulierter Aktivitäten, auf historische Sichten oder auf Dashboards zugreifen.

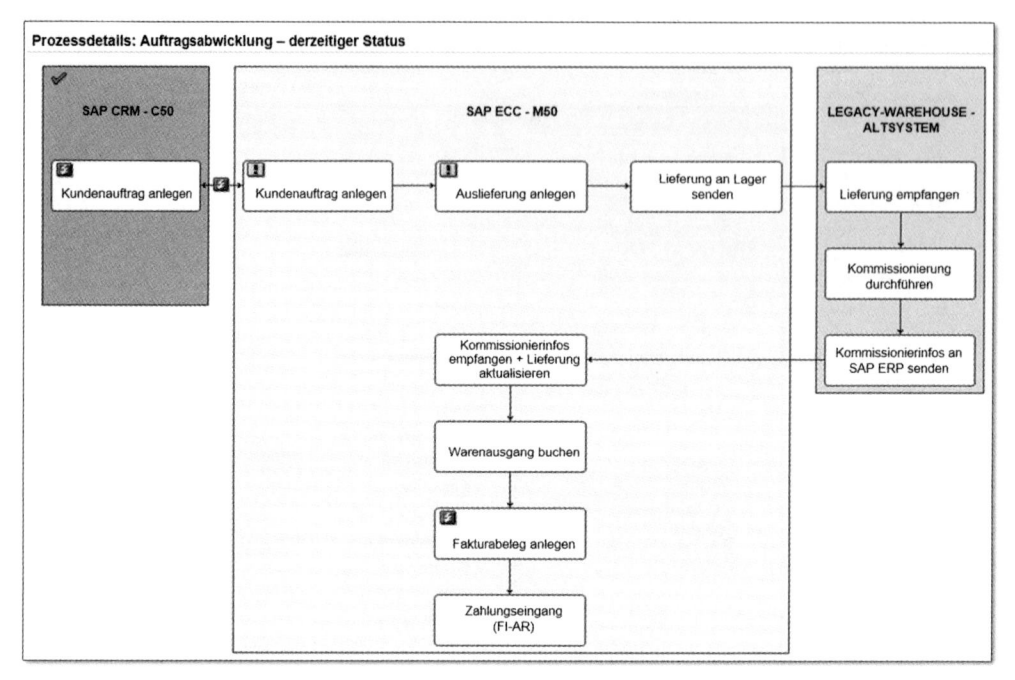

3 | Operational Excellence, Geschäftsprozesskontinuität und Kostensenkung

Abbildung 3.7 Status von Geschäftsprozessen

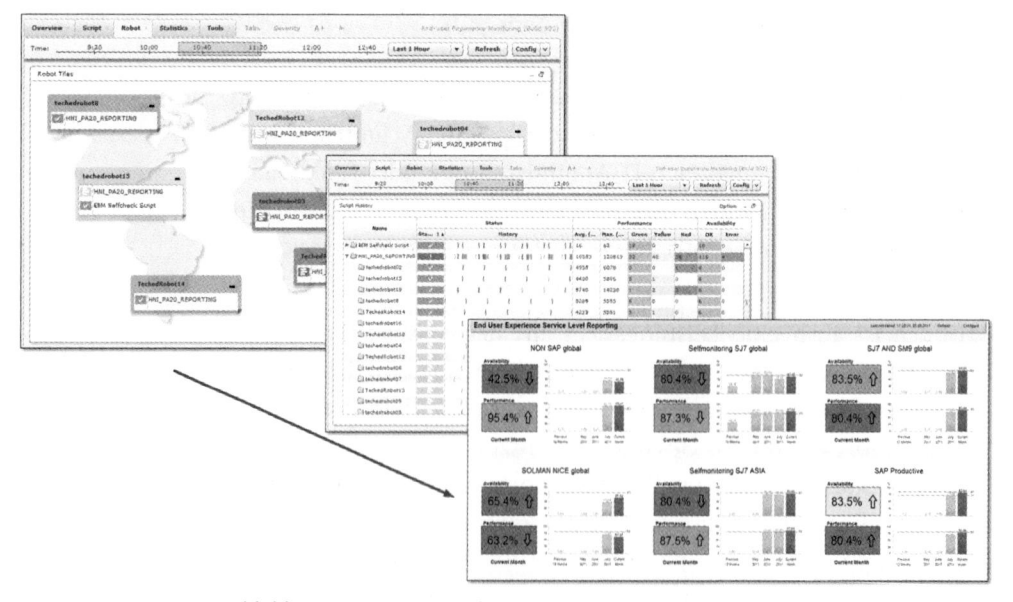

Abbildung 3.8 Leistungssicht aus der Endbenutzerperspektive

Operations Control Center und »Run SAP Like a Factory« | **3.1**

- Beim vierten Monitor handelt es sich um die *Alert Inbox* mit automatischer Aktualisierung. Die Nutzung der Alert Inbox wird auf den folgenden Seiten beschrieben.

Neben diesen allgemeinen Standards gehören zu einem Operations Control Center immer auch kundenspezifische Monitore:

- Ein Kunde mit komplexen Integrationsszenarien arbeitet bereits mit SAP NetWeaver Process Integration (SAP NetWeaver PI) und eventuell auch mit weiteren Middleware-Komponenten von Fremdanbietern. Die Nicht-SAP-Komponenten können mit CA Wily Introscope in den SAP Solution Manager integriert werden. Zusätzliche Überwachungsbilder zeigen für mehrere Domänen PI-spezifische Informationen an, z.B. die Verfügbarkeit von PI-Infrastrukturkomponenten, PI-Ladedaten und PI-spezifische Alerts. Darüber hinaus werden zukünftig auch Informationen zum Nachrichtenfluss zur Verfügung stehen.

    Kundenspezifische Monitore

- Viele Kunden arbeiten mit anspruchsvollen Business-Warehouse-Szenarien und möchten SAP NetWeaver Business Warehouse (SAP NetWeaver BW), SAP BusinessObjects Business Intelligence sowie Quellsysteme in einer Sicht zusammenfassen. Außerdem verwenden einige Kunden bereits BW-Systeme auf Basis von SAP HANA und möchten diese ebenfalls einschließen. Das Operations Control Center bietet dazu spezielle BW-Sichten für alle Komponenten, von denen aus IT-Administratoren mit einem Drilldown auf verschiedene Komponenten zugreifen und diese detailliert analysieren können.

Der erste Prozess im Operations Control Center wird *Event Management* genannt und dient der Festlegung sämtlicher Aktivitäten von der Auslösung eines Alerts im SAP Solution Manager bis hin zu dessen Schließung. Im Folgenden wird dies mit einem Beispiel verdeutlicht.

Event Management

Die IT-Administratoren arbeiten mit den zentralen Monitoren und der Alert Inbox (siehe Abbildung 3.9). Die Inbox kontrollieren sie entweder regelmäßig oder immer dann, wenn im Übersichtsmonitor ein Kennzeichen rot angezeigt wird. Wird etwa durch die Überwachungsinfrastruktur der Abbruch eines wichtigen Hintergrundjobs zur Überprüfung der SAP-HANA-Datenbank festgestellt, erscheint im automatisch aktualisierten Eingang ein roter Alert. Der IT-Administrator öffnet ihn und ordnet sich selbst als Bearbeiter zu. SAP hat den Alert

Alert Inbox: Beispiel SAP HANA

173

bereits mit einer speziellen *Guided Procedure* für die SAP-HANA-Datenbank verknüpft. Durch den SAP Solution Manager liefert SAP viele Guided Procedures und *Knowledge Articles* für die Analyse typischer Fehler und für die Administration der SAP-HANA-Datenbank aus. Die Guided Procedure bietet dem Administrator detaillierte Informationen mit Maßnahmen zur Problembeseitigung. Der Kunde kann die Dokumentation mit einer Neustartoption und einem Ansprechpartner im Datenbankteam anreichern. Der IT-Administrator kann vom Alert auch direkt in die richtige Expertentransaktion im verwalteten System wechseln (in diesem Fall z. B. das DBACOCKPIT). Er überprüft die Fehlersituation und erkennt, dass dieses Szenario einen Neustart des Hintergrundjobs erforderlich macht. Nach Absprache mit dem Datenbankteam und dem erfolgreichen Neustart des Jobs schließt er dann den Alert im SAP Solution Manager.

Kann der Job nicht neu gestartet werden, hat der IT-Administrator die Möglichkeit, den Alert mit nur einem Mausklick in eine Störungsmeldung zu verwandeln und diese an den für die weitere Bearbeitung in der Jobdokumentation genannten Verantwortlichen zu übermitteln. Dieser wird im Rahmen des Störungsmanagement-Prozesses benachrichtigt und kann wiederum mit nur einem Mausklick von der Störungsmeldung zum Alert wechseln.

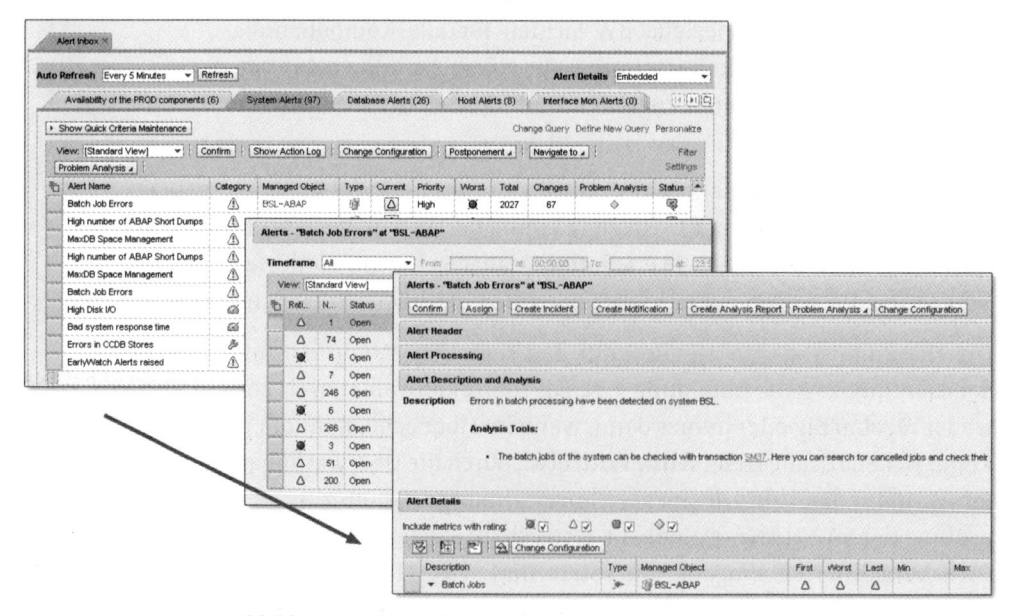

Abbildung 3.9 Alert Inbox

Nach der erfolgreichen Bearbeitung des Alerts fügt der IT-Administrator einen Kommentar hinzu und schließt den Alert. Dieser erscheint dann nicht mehr im Eingang, kann aber bei Bedarf noch in der Historientabelle abgerufen werden. Es gehört also zu den alltäglichen Aufgaben der IT-Administratoren, den Alert-Eingang für kritische Alerts freizuhalten.

Der zweite Prozess im Operations Control Center ist die kontinuierliche Verbesserung. Er dient der Ermittlung und Optimierung von Bereichen, die den Geschäfts- oder IT-Betrieb erheblich stören. Im Folgenden wird dies mit zwei Beispielen verdeutlicht.

Kontinuierliche Verbesserung

Im ersten Beispiel zeigen die zentralen Monitore im SAP Solution Manager fortwährend zahlreiche ABAP-Dumps in den SAP-ERP- und SAP-CRM-Systemen an. Parallel dazu wurde festgestellt, dass immer wieder eine Vielzahl von Verbuchungen abbrach. Darüber hinaus zeigt eine strukturierte Analyse der SAP-Störungen, dass sich in zahlreichen Tickets Anwendungsbenutzer über fehlende oder inkonsistente Daten im Bereich Kunden- und Produktstammdaten beschwert haben.

Prozess- und Schnittstellenprobleme

Um die Problemursache ausfindig machen zu können, wendet sich das Operations Control Center des Kunden an das SAP Mission Control Center und wirkt auf die gemeinsame Durchführung des Services *SAP Solution Management Assessment* (SMA) für die Prozesse zur Geschäftsdatenpflege hin. Dabei werden nicht nur schwerwiegende Prozessstörungen, sondern auch Probleme mit einer der Kernschnittstellen zwischen SAP CRM und SAP ERP aufgedeckt. Für eine umfassende Analyse wird durch das Assessment der Service *SAP Interface Management* für die Schnittstelle veranlasst.

SAP SMA und SAP Interface Management schlagen einige Software- und Konfigurationsänderungen vor, um in Zukunft Inkonsistenzen bei den Geschäftsdaten zu vermeiden. Die Datenkonsistenz wird jedoch nicht überwacht, daher hat der Kunde keine Informationen über den aktuellen Zustand und die Erfolgsaussichten der vorgeschlagenen Maßnahmen.

Da aber der Geschäftsbetrieb bereits beeinträchtigt ist, entscheidet sich das Unternehmensmanagement zusammen mit dem Operations Control Center dafür, den SAP-SMA-Vorschlag umzusetzen, und stuft die entsprechenden Änderungsprojekte als »sehr wichtig« ein. Das

Ziel besteht darin, erneute Dateninkonsistenzen in diesem Bereich zu vermeiden.

Zusätzliche Monitore im Operations Control Center sollen künftig Informationen zur Datenkonsistenz liefern:

- Der erste Monitor prüft regelmäßig die Datenkonsistenz zwischen SAP ERP und SAP CRM für Kunden- und Produktstammdaten.
- Der zweite Monitor meldet automatisch Fehler in der Kernschnittstelle zwischen SAP ERP und SAP CRM.
- Der dritte Monitor meldet Dumps und abgebrochene Verbuchungen.

Projekte zur Anpassung der Pflegetransaktionen und der Kernschnittstelle werden an das Innovation Control Center übergeben, das die Änderungen veranlasst und verwaltet.

Zusätzlich muss sichergestellt werden, dass Dateninkonsistenzen künftig zügig behoben werden. Daher wird in der IT unter Einbeziehung von Mitarbeitern aus den Fachbereichen ein Datenkonsistenzmanagement-Prozess eingeführt. Sollte das Operations Control Center erneut Inkonsistenzen bemerken, dient dieser Prozess als Richtschnur, um die Analyse durchzuführen, die Inkonsistenzen zu bereinigen und neue Unstimmigkeiten zu verhindern. Die verantwortlichen Teams können sich sofort mit den bereits vorhandenen Inkonsistenzen befassen.

Die neuen Monitore im Operations Control Center messen den Erfolg der Korrekturmaßnahmen. Die aktuelle Anzahl der Dateninkonsistenzen wird inklusive Trend auch dem Unternehmensmanagement berichtet.

Technische Abbrüche In einem zweiten Beispiel für die kontinuierliche Verbesserung hat ein Kunde seine Werke und die dortige Effizienz der Prozesse *Maintain to Settle* und *Demand to Supply* durch Benchmarks miteinander verglichen. Die Ursachenanalyse mithilfe von Business Process Analytics (siehe Abschnitt 2.3.2) im SAP Solution Manager hat ergeben, dass Instandhaltungsaufträge vorhanden sind, die zwar freigegeben, technisch aber nicht abgeschlossen wurden.

Die Teams des Kunden verwendeten den *Six-Sigma-DMAIC-Zyklus*, um die Ursache für die Abweichungen in bestimmten Werken messen und analysieren zu können sowie eine Verbesserungsstrategie zu implementieren. Auf diese Weise konnten sie den Belegrückstand deutlich reduzieren.

Das Unternehmen berichtet später, dass die kontinuierliche Verbesserung dazu beigetragen hat, die Richtigkeit der Bilanz zu erhöhen und die Vertriebsgemeinkosten zu reduzieren.

3.1.3 Zusammenfassung

Ein Operations Control Center bringt folgende Vorteile:

- **Höhere Geschäftskontinuität**　　　　　　　　　　　　　　　　Vorteile
 Es bietet Transparenz, Standardisierung, Automatisierung und vorausschauende Funktionen. Der vorausschauende (alert-gesteuerte) Betriebsablauf führt zu höherer Kontinuität im Geschäftsbetrieb, da Probleme automatisch aufgespürt, gemeldet und im Idealfall behoben werden können, bevor der Geschäftsbetrieb beeinträchtigt wird. So ermittelt das Operations Control Center z.B. automatisch den Füllgrad der SAP-Dateisysteme. Durch gegensteuernde Maßnahmen (Bereinigung oder Erweiterung) kann verhindert werden, dass das SAP-System davon beeinflusst wird. Zentrale Monitore liefern den IT-Administratoren und Supportexperten die notwendigen Informationen, mit denen sie die ständige Verfügbarkeit von Geschäftsprozessen und IT-Komponenten sicherstellen können.

- **Höhere Zufriedenheit**
 Kontinuierliche Verbesserung führt auf zweierlei Arten zu mehr Zufriedenheit: Zum einen wird der Support unterstützt, da einzelne schwerwiegende Störungen und geringfügigere, aber regelmäßig auftretende Störungscluster analysiert und behoben werden. Da Störungen immer auch Opportunitätskosten verursachen, führt allein ihr Rückgang schon zu einer höheren Zufriedenheit. Zum anderen zeigt der kontinuierliche Verbesserungsprozess – unter Zuhilfenahme aller verfügbaren Informationen über die Lösung – der IT Möglichkeiten auf, um die Geschäftsprozesse für die Anwendungsbenutzer zu verbessern. So können z.B. manuelle Aufwände durch automatische Vorgänge ersetzt werden. Oder es können versteckte Rückstände und Engpässe im Geschäftsablauf aufgedeckt werden. Dank einer Betriebsplattform auf Basis des SAP Solution

Manager entwickelt sich die IT vom reinen Befehlsempfänger zu einem Innovationspartner für ihre geschäftlichen Kunden.

- **Effizienterer IT-Support**
  Durch die nahtlose Integration in die Expertenwerkzeuge zur Ursachenanalyse können Engpässe schneller aufgespürt werden. Die zentralen Monitore des Operations Control Center liefern zusätzliche Informationen, mit denen die (technische und geschäftsprozessbezogene) Leistung wieder optimiert werden kann.

Reduktion der Kosten

- **Geringere Betriebskosten**
  Die Standardisierung und Automatisierung von Verwaltungsaufgaben bedeutet eine erhebliche Kostensenkung, wie die folgenden Beispiele verdeutlichen:

  - Verwaltungsvorgänge können durch Guided Procedures standardisiert werden. Im Fehler- oder Verwaltungsfall wird genau die vordefinierte Prozedur ausgeführt. Dies führt zu höherer Servicequalität, besserer Governance, mehr Kontrolle (z.B. Zugriffskontrolle auf ein Produktivsystem) und niedrigeren Betriebsrisiken. SAP liefert insbesondere für SAP-HANA-Systeme einen Grundstock an Guided Procedures und Knowledge Articles, die die täglichen Verwaltungsvorgänge bereits weitestgehend abdecken.

  - Tägliche manuelle Zustandsprüfungen könnten fast vollständig durch das neue Alert-Monitoring-Konzept ersetzt werden. Der Systemstatus kann über die Alerts sowie technische und geschäftsprozessbezogene Leistungsdaten automatisch übermittelt werden.

  - Dank des zusätzlichen Supports der IT-Administratoren kann sich der *Second-Level-Support* voll und ganz auf komplexere und wichtigere Themen konzentrieren.

Zusammenfassend lässt sich also sagen, dass das Unternehmen auf diese Weise mit weniger Supportaufwand mehr erreichen kann.

3.2 Reduzierung der Technologieschichten durch SAP HANA und Cloud

In den letzten Jahren hat sich die Rolle der IT grundlegend gewandelt. In modernen Unternehmen trägt die IT-Organisation die Verantwortung dafür, Mittel bereitzustellen, um Verkaufserlöse und Produktivität zu erhöhen, um die Kundenbindung zu verbessern und um die Profitabilität zu steigern. Neben der Absicherung einer permanenten Verfügbarkeit der Anwendungslösungen wird vor allem Agilität gefordert – eine gute Reaktionsfähigkeit auf sich ändernde firmeninterne und externe Rahmenbedingungen.

Eine klar strukturierte und hinreichend einfache Lösungsarchitektur sowie eine konsistente Systemlandschaft stellen grundlegende Voraussetzungen für die Erfüllung dieser Anforderungen dar. Daher sind viele der aktuellen IT-Transformationsprojekte nicht in erster Linie durch den Zwang motiviert, Kosten zu sparen, sondern durch die Notwendigkeit, eine deutlich höhere garantierte Verfügbarkeit der Lösung zu erreichen sowie ein völlig neues Agilitätsniveau für die Implementierung funktionaler Änderungen und Erweiterungen.

<small>Vereinfachte Lösungsarchitektur</small>

Ein Kernelement dieser *IT-Transformationsprojekte* ist die Vereinfachung der Lösungsarchitektur, die auf mehreren Ebenen stattfindet:

- Vereinfachung der produktiven Systemlandschaften
- Vereinfachung der IT-Infrastruktur
- vereinfachte Datenhaltung und -transformation durch den Einsatz von SAP HANA

Basierend auf der Zusammenarbeit mit Unternehmen aller Größen und Branchen, verfügt das Team von SAP Service und Support über umfangreiche Erfahrungen in der Entwicklung von Lösungsansätzen unter Berücksichtigung der jeweiligen Herausforderungen und Erfolgsfaktoren. Im Rahmen eines Serviceangebots mit der Bezeichnung *IT Planning* unterstützen wir SAP-Kunden weltweit beim Design der passenden Lösung und bei der Planung und Absicherung der Implementierung.

3.2.1 Vereinfachung der produktiven Systemlandschaften

Die meisten größeren Unternehmen haben bereits damit begonnen, ihre IT-Systemlandschaft zu vereinfachen und neu zu modellieren – mit dem Ziel, die Produktivität und Agilität der Geschäftsprozesse des Unternehmens zu erhöhen. Standardisierung, Harmonisierung, Konsolidierung und Zentralisierung der IT-Landschaft und der IT-Prozesse sind dabei die zentralen Themen.

<small>Typische Szenarien</small>

Typische Szenarien in größeren Firmen sind:

- Zentralisierung von Rechenzentren auf regionaler oder sogar globaler Ebene für alle nicht produktions- und lagernahen Systeme
- Konsolidierung von SAP-Produktivsystemen hin zu regionalen oder globalen Systemen für alle nicht produktions- oder lagernahen Systeme
- weltweite Harmonisierung von Geschäftsprozessen, die nicht differenzierend für den jeweiligen Markt sind – gegebenenfalls einhergehend mit einer Neuimplementierung des jeweiligen SAP-Systems

Alle Szenarien vereinfachen letztlich die IT-Prozesse, reduzieren IT-Kosten und erhöhen die Agilität in der IT, auf neue Geschäftsanforderungen zu reagieren.

Eine Systemlandschaft, basierend auf jeweils einem einzigen globalen Produktivsystem pro Applikation, bietet in sehr vielen Fällen größtmögliche Vorteile für die IT und die Fachbereiche. Allerdings ist diese Strategie nicht für jedes Unternehmen die optimale Lösung. Weitere Aspekte wie etwa *Performance* und *Skalierbarkeit* oder Anforderungen an die *Systemverfügbarkeit* müssen berücksichtigt werden. So sehen wir bei den SAP-ERP-Systemen einen Trend zu globalen oder regionalen Systemen, während produktionsnahe Systeme oder Systeme zur Lagersteuerung oft regional oder sogar lokal implementiert werden – dann aber basierend auf einem globalen Template.

Branchenunterschiede Die typischen Landschaftskonzepte unterscheiden sich auch zwischen den einzelnen Branchen (siehe Tabelle 3.1):

- Viele globale Hightech-Unternehmen setzen auf globale Produktivsysteme, haben aber in der Regel nicht ein einziges Produktivsystem für SAP ERP, sondern mehrere globale Systeme.
- Viele globale Chemieunternehmen konsolidieren hin zu globalen Produktivsystemen für SAP ERP – meistens durch Neuimplementierung mit harmonisierten Geschäftsprozessen.
- Die meisten globalen Konsumgüterhersteller haben regionale Produktivsysteme mit einem globalen Template.

	Globale Systeme (eines oder eines pro Geschäftsbereich)	Regionale Systeme mit einem Template (eines pro Region oder eines pro Region und Geschäftsbereich)
Eigenschaften	▸ Motivation ist eine globale Prozessharmonisierung, eine globale Lieferkette (Supply Chain) ▸ Rahmenbedingung: wenige Unterschiede in den Märkten ▸ Technische Machbarkeit hinsichtlich Performance und Skalierbarkeit muss überprüft werden. Diese Aspekte stellen aber meist keinen Show-Stopper dar (inklusive Systemperformance und Netzwerklatenz) ▸ Herausforderungen liegen im Betrieb eines solchen Systems (geplante Wartungsfenster, Batch-Jobs etc.) ▸ Die Risikoauswirkungen bei Systemausfällen müssen bewertet werden.	▸ Motivation ist eine globale Prozessharmonisierung, wobei aber das Ausfallrisiko eines globalen Systems durch eine regionale Struktur vermieden wird. ▸ Prozessharmonisierung wird über ein gemeinsames Template erreicht und/oder über eine spezielle Entwicklungs- und Transportstrategie. ▸ Stammdatenharmonisierung kann über ein gemeinsames Stammdatensystem (z. B. mit SAP ERP Master Data Governance) erreicht werden.
Branchen	▸ Hightechunternehmen ▸ Pharmaindustrie ▸ Chemieindustrie	▸ Konsumgüterhersteller

Tabelle 3.1 Typische Landschaften für Produktivsysteme für SAP ERP Financials und Operations

Wie unterstützt SAP Service und Support diesen Prozess?

Unsere Spezialisten helfen in der frühen Planungsphase dabei, die Zielarchitektur gemäß der Anforderung des Unternehmens zu definieren: von der Anzahl der notwendigen Produktivsysteme pro Applikation (z. B.: Ist ein einziges globales Produktivsystem machbar? Was bedeutet das für den IT-Betrieb?) über Anzahl und Zweck der Systeme in der Transportlandschaft bis hin zur Definition der konkreten technischen Architektur.

Dabei untersucht SAP Service und Support zunächst, welche Architekturoptionen zu den jeweiligen Geschäftsanforderungen passen würden und ob dies sowohl aus SAP-Applikationssicht als auch aus technischer Sicht machbar ist (siehe Abbildung 3.10). In einem gemeinsamen Workshop werden dann die Landschaftsoptionen anhand von Kriterien bewertet und dabei die Vor- und Nachteile sowie die Risiken dokumentiert.

```
(0) SAP-Einschränkungen und Best Practices
-------------------------------------------
(1) Geschäftsanforderungen: Globale Prozesse
(2) Geschäftsanforderungen: Prozessharmonisierung
-------------------------------------------
(3) IT-Einschränkungen: Technische Machbarkeit
(4) IT-Einschränkungen: Systembetrieb/IT-Reife
-------------------------------------------
(5) Projektkosten/-risiken vs. langfristige Vorteile

➔ Einfache Erfolgsformel:                    Empfohlene
                                             Systemstrategie
• Geschäftsanforderungen sollten die Strategie treiben.
• Je kritischer ein System für das Geschäft ist, desto genauer
  sollten die IT-Einschränkungen beleuchtet werden.
```

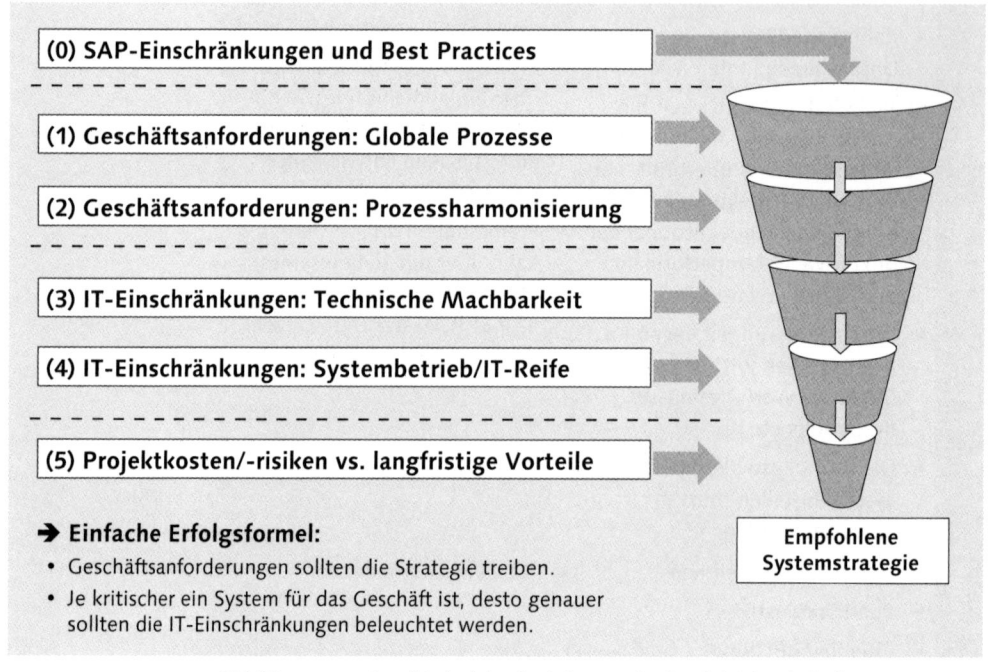

Abbildung 3.10 Aspekte bei der Evaluierung der Produktivlandschaftsstrategie

3.2.2 Vereinfachung der IT-Infrastruktur

Während die Konsolidierung der produktiven Systemlandschaften eine sehr grundlegende Änderung darstellt, die auch Anpassungen in weiteren Bereichen nach sich zieht und die immer in enger Abstimmung mit den Fachbereichen stattfinden muss, kann eine Vereinfachung und Standardisierung der IT-Infrastruktur stufenweise umgesetzt und als reines IT-Projekt durchgeführt werden.

Neben der Kostenreduktion liegen die Vorteile dabei vor allem in den Bereichen Verfügbarkeit und Agilität, etwa in der Bereitstellung von Entwicklungs- und Testsystemen.

Die wichtigsten Zielstellungen solcher Projekte sind:

Projektziele

- **Homogenisierung und Standardisierung der Infrastruktur**
  z.B. Server, Storage, High-Availability-/Disaster-Recovery-Lösungen etc.; Beseitigung von historisch entstandenen Insellösungen; Schaffung der Grundlagen für einen effizienten IT-Betrieb
- **Effizientere Ausnutzung der zur Verfügung stehenden Ressourcen**
  Vermeidung von Leerlauf von Servern und Storage; Abdeckung von zusätzlichen Anforderungen der Fachabteilungen ohne zwingende Hardwarebeschaffung – etwa durch die Bereitstellung virtueller Server
- **Erhöhte Agilität**
  schnellere und einfachere Reaktion auf Anforderungen der Fach- oder Entwicklungsabteilungen

Schon eine konsistente Homogenisierung und Standardisierung der Infrastruktur führt zu signifikanten Vorteilen, wie etwa einer höheren Verfügbarkeit der Gesamtlösung, einem geringeren Betriebsaufwand und einer einfacheren Erweiterbarkeit. Einen noch größeren Raum von Möglichkeiten erschließt der Einsatz von *Cloud-Technologien*. Dabei ist sekundär, in welcher der folgenden Formen dies geschieht:

- als *Private Cloud*, d.h., die Cloud-Technologie befindet sich im eigenen Rechenzentrum

Cloud-Varianten

- als *Managed Private Cloud*, d.h., über Hosting-/Outsourcing-Modelle wird der Systembetrieb der Private Cloud durch einen Partner vorgenommen
- als *Public Cloud*, d.h., der Kunde konsumiert die Anwendungsservices nur noch bei Bedarf

Cloud-Computing basiert auf Virtualisierungstechnologien und erlaubt eine flexible Zuweisung von Hardwareressourcen – Stichwort *Elasticity* und automatisches *Load-Balancing*. Das bedeutet, die Infrastruktur reagiert »elastisch« auf sich ändernde Lastprofile – es wird immer genau die benötigte Leistung zur Verfügung gestellt. Ein exklusives Vorhalten von Kapazitäten für Spitzenlastsituationen ist nicht mehr notwendig. Die Cloud-Technologie sorgt für eine effiziente und bedarfsorientierte Bereitstellung der zur Verfügung stehenden Gesamtressourcen für die einzelnen Systeme in der Cloud. Darüber hinaus können beim Cloud-Computing die Ressourcen durch *Cloning*, d.h. effiziente Systemkopie, oder *Templates von virtuellen Maschinen* sehr einfach und schnell verfügbar gemacht werden.

Ein Beispiel für den erfolgreichen Einsatz einer Private Cloud ist SAP selbst. Die IT-Organisation der SAP muss täglich für die unterschiedlichsten Anforderungen Hunderte von Systemen zur Verfügung stellen: als Entwicklungssysteme, Testsysteme oder als Systeme für den Produktivbetrieb. Ohne die Nutzung einer komplett virtualisierten Serverfarm, ohne den Einsatz von Systemtemplates und ohne die entsprechenden Werkzeuge für Systemaufbau/-relokation/-löschung wäre dies schlichtweg unmöglich.

Beispiel aus Kundenprojekt — Bei einem Unternehmen in Nordeuropa konnten durch den Aufbau einer Private Cloud über 1.000 meist sehr gering ausgelastete Server ersetzt werden bei gleichzeitig signifikanter Erhöhung des Service Levels und Reduktion des Betriebsaufwands.

Wie vereinfachen diese Technologien den IT-Betrieb?

Agilität, Skalierbarkeit, Elasticity — Eine schnelle Bereitstellung von Ressourcen und/oder virtuellen Maschinen ermöglicht eine flexible und schnelle Reaktion auf sich verändernde Bedingungen. Dabei können einzelne virtuelle Maschinen dynamisch wachsen oder auch ihre Größe reduzieren. So können sie auf Lastspitzen reagieren, ohne dass die entsprechenden Ressourcen dediziert vorgehalten werden müssen. Und es ist möglich, neue Server/Systeme sehr schnell als virtuelle Maschinen bereitzustellen, die flexibel auf die vorhandenen Server der Infrastruktur abgebildet werden.

Bessere Hardwareauslastung — Die Infrastrukturressourcen werden in Form virtueller Maschinen zur Verfügung gestellt, die sich der Anwendung gegenüber wie ein dedizierter Server verhalten, die jedoch flexibel und virtuell auf die vorhandenen Server- und Storage-Ressourcen abgebildet werden. Die Größe der virtuellen Maschinen wird nur für die Durchschnittslast ausgelegt. Bei Lastspitzen werden die notwendigen Ressourcen automatisch temporär aus einem »Pool« entnommen. Ein dediziertes Vorhalten von Ressourcen für die Abdeckung von Lastspitzen ist nicht mehr notwendig.

Einfache Systembereitstellung und Wartung — Virtuelle Maschinen können mithilfe vordefinierter Templates sehr einfach und schnell bereitgestellt werden. Das Gleiche gilt für das *Cloning*. Dies vereinfacht den Testprozess, etwa für die Implementierung von Support Packages der SAP. Die Wartung der Hardware wird durch diese Funktionen ebenfalls sehr effizient unterstützt; Systeme werden einfach temporär auf andere Maschinen »umgezogen«.

Wie unterstützt SAP Service und Support diesen Prozess?

Das optimale Design der IT-Infrastruktur für ein Unternehmen hängt von einer Reihe von Rahmenbedingungen ab (siehe Abbildung 3.11). In erster Linie soll die IT-Infrastruktur die Anwendungsarchitektur in einer effektiven Weise unterstützen. Deshalb bildet die Untersuchung der Lösungslandschaft den Startpunkt für die Definition der darunterliegenden IT-Infrastruktur. Dabei geht es um die Klärung von Aspekten wie Größe und Durchsatzanforderungen der einzelnen Systeme, konkrete Verfügbarkeitsanforderungen, Abhängigkeiten zwischen Systemen sowie geplante Erweiterungen. Zusätzlich spielen technische Rahmenbedingungen eine Rolle, wie etwa die Rechenzentrumsstrategie – wie viele Rechenzentren existieren, welche Rolle haben sie? –, existierende Standards für Hardware, Storage oder High-Availability/Disaster Recovery.

Rahmenbedingungen prüfen

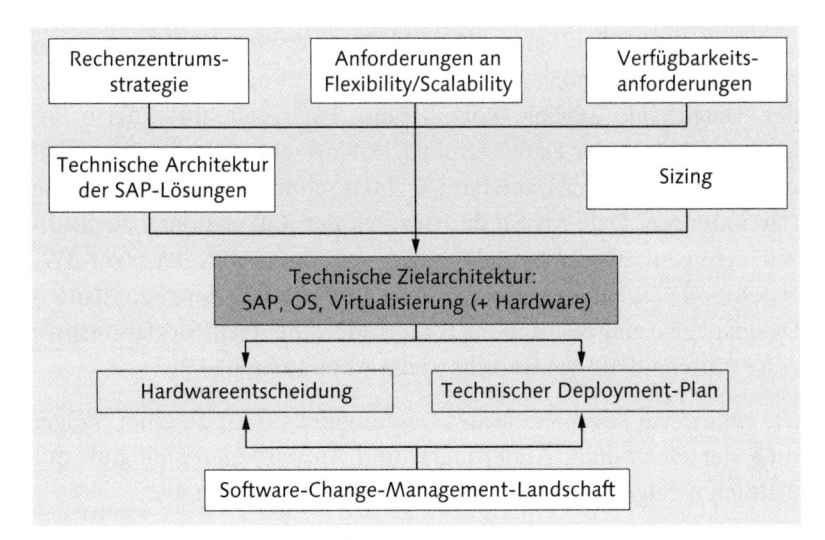

Abbildung 3.11 Faktoren, die das Design einer optimalen IT-Architektur beeinflussen

Das Team von SAP Service und Support analysiert die für Ihr Unternehmen wichtigen Aspekte und definiert die Alternativen, die für Ihre konkreten Rahmenbedingungen möglich und sinnvoll sind. Basierend auf den Erfahrungen aus der Zusammenarbeit mit Unter-

3.2.3 Vereinfachte Datenhaltung und -transformation durch SAP HANA

Vorteile von SAP HANA

SAP HANA ist die strategische Plattform der SAP für Anwendungen jeglicher Art. Neben einer Performance auf einem komplett neuen Niveau und neben der Möglichkeit, vollkommen neuartige Anwendungen zu erstellen, bietet SAP HANA auch ein umfangreiches Potenzial, die technische Architektur zu vereinfachen. Dies betrifft sowohl die Vereinfachung der Datenhaltung und -transformation innerhalb eines Systems als auch ein vereinfachtes Design der technischen Systemlandschaft.

Beispiel SAP NetWeaver BW

Zur Illustration der vereinfachten Datenhaltung und -transformation wird nachfolgend *SAP NetWeaver Business Warehouse* (SAP NetWeaver BW) betrachtet. Für die anderen Applikationen der SAP Business Suite ergeben sich ähnliche Vorteile.

Durch die technologischen Möglichkeiten von SAP HANA ist es nun nicht mehr notwendig, Daten für Berichte in aggregierter Form in der Datenbank explizit vorzuhalten. Die spaltenorientierte In-Memory-Ablage der Daten ermöglicht eine sehr schnelle und effiziente Aggregation der Daten sowie einen schnellen Zugriff auf große Datenmengen. Daher kann der Großteil der Kalkulationen zur Laufzeit erfolgen, wodurch mehrere Ebenen im SAP-NetWeaver-BW-Datenmodell wegfallen. Neben einer Eliminierung der redundanten Datenspeicherung werden auch die Lade- und Transformationsprozesse entscheidend vereinfacht (siehe Abbildung 3.12).

Die reduzierte Komplexität des Datenmodells führt zu einer Steigerung der Flexibilität. Änderungen und Anpassungen sind nun mit deutlich weniger Aufwand und in kürzerer Zeit umsetzbar.

Neue Zugriffsmöglichkeiten

Insgesamt können durch SAP HANA viele Aktivitäten zur Laufzeit durchgeführt werden, die früher in asynchron laufenden Hintergrundprozessen vorbereitet werden mussten. Dies ermöglicht auch für die Anwender neue Zugriffsarten. Von einem Bericht aus kann nun sowohl auf Echtzeitdaten in flachen Tabellen als auch auf die herkömmlichen »kundenspezifischen Data Marts« in *InfoCubes* zugegriffen werden.

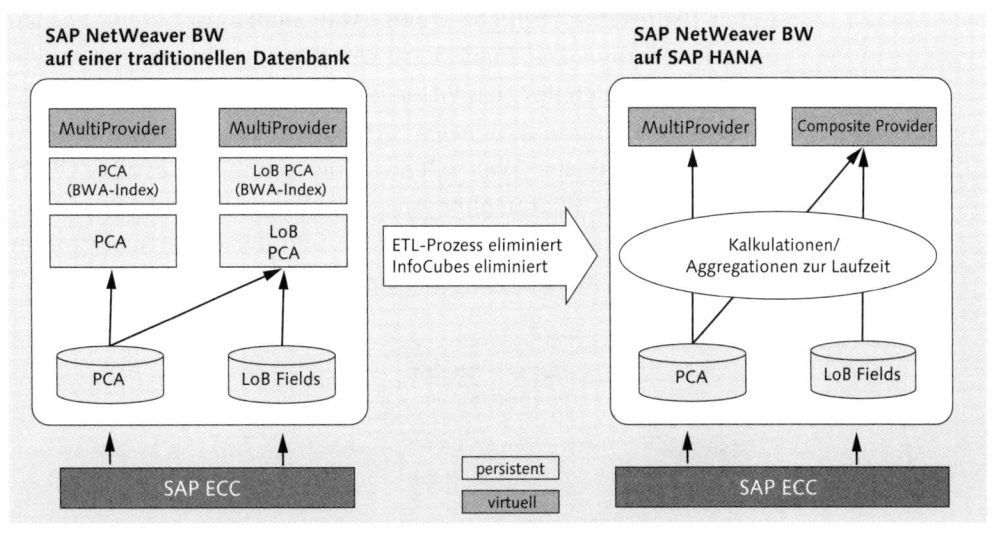

Abbildung 3.12 Vereinfachung des SAP-NetWeaver-BW-Datenmodells durch SAP HANA

Eine weitere Möglichkeit zur Landschaftsvereinfachung entsteht durch die Verlagerung von Teilen der Applikation in die Plattform, also in SAP HANA. Die Verarbeitung von Massendaten direkt in der Datenbank vermeidet den Transfer großer Datenmengen in den Applikationsserver. Die implizit durch SAP HANA vorgenommene Parallelisierung steigert den Durchsatz und macht die früher notwendigen Anstrengungen zur Parallelisierung auf der Ebene der Applikationsserver obsolet, wodurch der Anwendungsbetrieb vereinfacht wird.

Ein weiteres Beispiel für die Verlagerung von Anwendungsfunktionen in die Datenbank ist *SAP HANA Live*. Unter diesem Oberbegriff ist eine Gruppe bestimmter Angebote der SAP HANA Analytics Foundation zusammengefasst. SAP HANA Live ermöglicht einen hoch performanten Zugriff auf detaillierte SAP-Buchungsdaten und damit ein flexibles operatives Reporting über alle Merkmale dieser Daten, mit Drilldown-Optionen von aggregierten Daten über alle Merkmale der Einzelposten.

SAP HANA Live

SAP HANA Live kann unmittelbar innerhalb eines Systems der SAP Business Suite genutzt werden, wenn dieses auf der SAP-HANA-Datenbank läuft. In diesem Fall werden operative Analysen großer Datenmengen in Echtzeit ermöglicht, ohne dass die Daten in ein Reporting-System (z.B. SAP NetWeaver BW) transferiert werden müssen (siehe Abbildung 3.13). Informationen sind im Kontext der

Geschäftsprozesse verfügbar, und zwar sofort nach dem Buchen einer Transaktion. Die Reports – in SAP BusinessObjects oder Microsoft Excel – greifen über das virtuelle Datenmodell direkt auf die Originaltabellen im transaktionalen SAP-System zu. Die Trennung zwischen transaktionaler Welt (Online Transaction Processing, OLTP) und analytischer Welt (Online Analytical Processing, OLAP) entfällt. Dies vereinfacht nicht nur die Abläufe und den Arbeitsaufwand in der IT, sondern auch die Arbeitsumgebung für den Benutzer selbst.

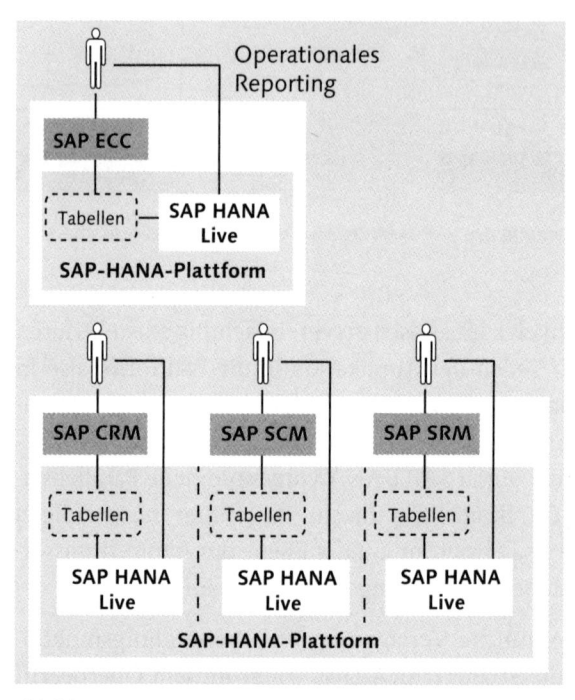

Abbildung 3.13 Operatives Reporting in transaktionalen Systemen mittels SAP HANA Live

Darüber hinaus stehen jetzt mit SAP HANA Live alle Attribute der Einzelposten zum Reporting zur Verfügung. Das ermöglicht neue flexible Analysemöglichkeiten für die Anwender, ohne dass die IT eingreifen muss.

Mehrere Anwendungssysteme auf einer SAP HANA DB
SAP HANA ermöglicht die Installation mehrerer Anwendungssysteme in einem gemeinsamen Datenbanksystem. Die möglichen Kombinationen werden schrittweise freigegeben; der SAP-Hinweis 1826100 enthält den jeweils aktuellen Stand. Dabei läuft jedes Anwendungssystem in einem eigenen Datenbankschema, in einem getrennten Namens-

und Autorisierungsraum. Für definierte Anwendungsfälle ist in SAP HANA ein Zugriff über Schemata hinweg möglich.

In dieser Konstellation teilen sich die betreffenden Anwendungssysteme ein gemeinsames SAP-HANA-Datenbanksystem sowie die darunterliegende Hardware. Die Hardwareressourcen stehen allen Anwendungssystemen gemeinsam zur Verfügung. Basierend auf der SAP-HANA-Architektur mit einem hohen Parallelisierungsgrad von Datenbankoperationen, ermöglicht dies eine hervorragende Performance aufwendiger Operationen – durch die »breite« Nutzung der vorhandenen Hardwarekapazität über Systemgrenzen hinweg. Die Ausnutzung der Hardwarekapazität ist sehr flexibel; in Zeiten geringer Aktivität eines der Systeme werden die vorhandenen Ressourcen automatisch für die Abdeckung von Lastspitzen eines anderen Systems eingesetzt.

Diese Konfiguration vereinfacht auch den Datenbankbetrieb und bringt Vorteile für High-Availability- und Disaster-Recovery-Szenarien mit sich: Nach einer Systemkopie oder nach einem Datenbank-Restore sind die Daten in den verschiedenen Systemen stets konsistent.

Allerdings gehen mit diesen Vorteilen auch einige Herausforderungen einher, wie etwa die Synchronisation der Systeme in Bezug auf High-Availability und Disaster Recovery.

Wie unterstützt SAP Service und Support diesen Prozess?

SAP HANA verfügt über ein umfangreiches Spektrum von Funktionen, um die IT-Anforderungen in Bereichen wie *Performance/Skalierbarkeit*, *Erweiterungsfähigkeit* und *High-Availability/Disaster Recovery* abzudecken. In Kombination mit den Funktionen der Hardware- und Betriebssystemplattformen ergibt sich ein leistungsfähiges Set von Möglichkeiten, um SAP HANA in eine vorhandene IT-Infrastruktur zu integrieren – kundenspezifisch und zugeschnitten auf die konkreten Anforderungen und Rahmenbedingungen (siehe Abbildung 3.14).

SAP Service und Support hat eine Reihe von Best Practices entwickelt, die typische Landschaften und Architekturmodelle beschreiben. Diese Dokumente werden über den SAP Solution Manager kostenfrei zur Verfügung gestellt. Sie sind eingebettet in eine Methodik, die im SAP Solution Manager als Roadmap abgebildet ist. Die Roadmap

Roadmap und Best Practices

beschreibt Schritt für Schritt die Vorgehensweise für die Definition der optimalen Infrastrukturarchitektur.

Darüber hinaus bietet SAP Service und Support maßgeschneiderte Services an, die einen Umstieg auf SAP HANA effektiv unterstützen. Sie reichen vom Design der technischen Infrastruktur über die Definition des passenden Upgrade-/Migrationsansatzes bis hin zur Durchführung der einzelnen Schritte und zur Absicherung eines sicheren Systembetriebs nach dem Umstieg.

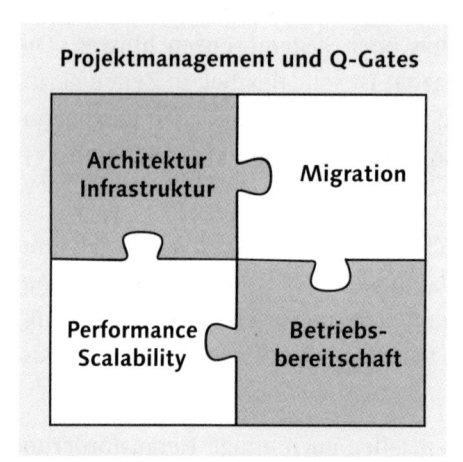

Abbildung 3.14 Ganzheitliche Methodik für den Umstieg auf SAP HANA – implementiert im SAP Solution Manager

3.3 Optimierung der Systemlandschaft durch SAP Landscape Transformation

Gründe für Transformationen

Regelmäßig Veränderungen an SAP-Systemlandschaften vornehmen zu können ist die Realität in vielen Firmen und deren IT-Abteilungen. In der Regel sind transformationsbezogene IT-Projekte durch betriebswirtschaftlich sinnvolle Veränderungen motiviert oder werden aufgrund neuer, innovativer IT-Technologietrends initiiert.

Transformationen in Unternehmen können also durch eine Vielzahl externer Einflüsse bedingt sein, wie etwa veränderte Marktbedingungen, die in der Unternehmensstruktur und dem Produktportfolio widergespiegelt werden sollen. Der Bedarf an Anpassungen kann aber auch unternehmensinterne Gründe haben, wie etwa regionale Unterschiede, Systemkomplexität oder interne Umstrukturierungen.

Daher spielt die Fähigkeit, operative Prozesse und Strukturen jederzeit schnellstmöglich und effektiv anpassen zu können, eine Schlüsselrolle im Wettbewerb.

Seit 2010 bietet SAP mit *SAP Landscape Transformation* (SAP LT) eine Software an, die Ihnen hilft, flexibel auf Marktveränderungen zu reagieren. Die Lösung unterstützt Sie dabei, Organisationsstrukturen anzupassen, Geschäftsprozesse zu vereinheitlichen und Konsolidierungen von Systemen strukturiert durchzuführen. In der Software stecken mehr als 20 Jahre Erfahrung aus über 15.000 Projekten zur Systemlandschaftsoptimierung.

Unterstützende Software

Bewährte Methoden, SAP Best Practices und standardisierte Technologien wurden als zentrale Bausteine in der Software verankert und bilden die Grundlage für die Planung und Realisierung des angestrebten Transformationsszenarios (siehe Abbildung 3.15).

Einflussfaktoren

| Anpassungen an SAP Innovation | Geschäft & IT Transformation | Applikationen & IT Stilllegung |

Transformationsszenarien

- Kauf/Verkauf eines Unternehmens oder Durchführung einer Reorganisation
- Verlegung von Unternehmensteilen oder ausgesuchten Applikationen in SAP HANA
- Steigerung der Datenqualität und Transparenz sowie Beschleunigung von Finanzabschlüssen
- Zentralisierung oder Optimierung von Systemlandschaften während der Stilllegung von SAP- und Nicht-SAP-Systemen

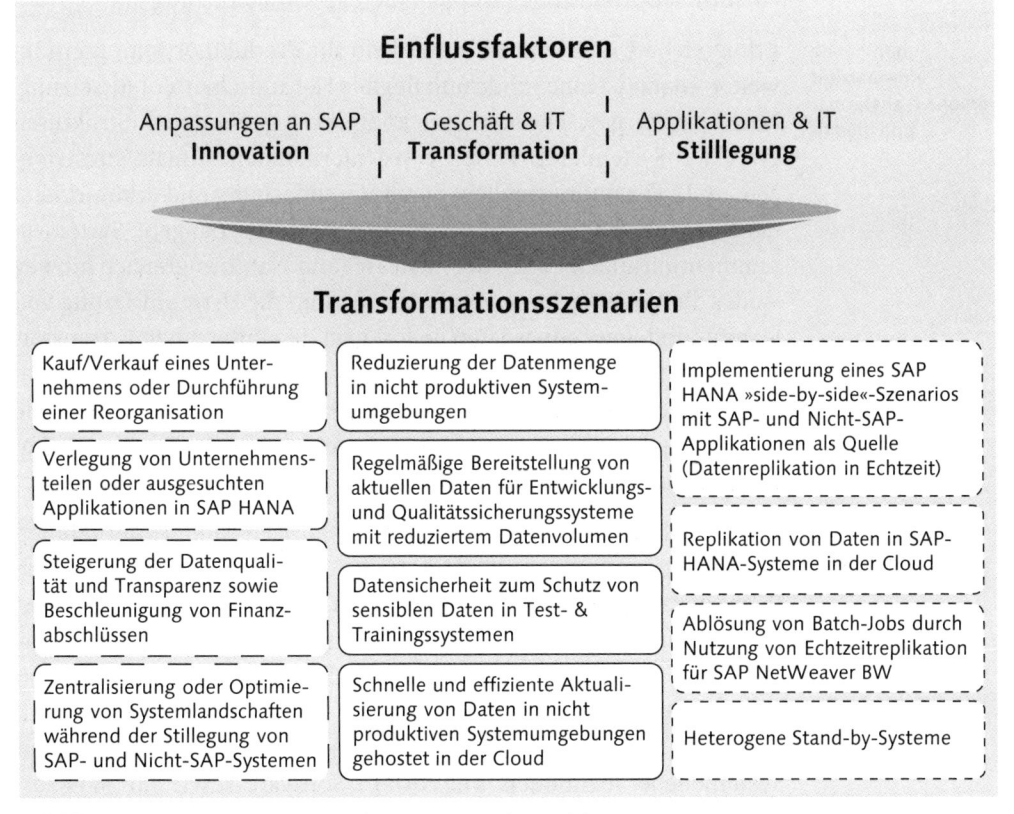

- Reduzierung der Datenmenge in nicht produktiven Systemumgebungen
- Regelmäßige Bereitstellung von aktuellen Daten für Entwicklungs- und Qualitätssicherungssysteme mit reduziertem Datenvolumen
- Datensicherheit zum Schutz von sensiblen Daten in Test- & Trainingssystemen
- Schnelle und effiziente Aktualisierung von Daten in nicht produktiven Systemumgebungen gehostet in der Cloud

- Implementierung eines SAP HANA »side-by-side«-Szenarios mit SAP- und Nicht-SAP-Applikationen als Quelle (Datenreplikation in Echtzeit)
- Replikation von Daten in SAP-HANA-Systeme in der Cloud
- Ablösung von Batch-Jobs durch Nutzung von Echtzeitreplikation für SAP NetWeaver BW
- Heterogene Stand-by-Systeme

Abbildung 3.15 Marktsituation – Modernisierung und Wandel

Um schnell und flexibel auf unternehmensinterne Anfragen reagieren zu können und eine maximal effiziente und standardisierte Abwicklung solcher SAP-Landschaftsoptimierungsprojekte sicherzustellen, ist es ratsam, eigene Experten in der IT-Abteilung zu etablieren. Dadurch ist auch gewährleistet, dass Sie das Lösungsspektrum der SAP-LT-Software vollständig abdecken können.

3.3.1 Servicekonzepte für Transformationsanforderungen mit Schwerpunkt SAP HANA

Das Management von SAP-Landschaftstransformationen ist damit ein strategisch wichtiger Teil des gesamten IT- und Lebenszyklusmanagements von SAP-Anwendungen. Je nach Vielfalt und Komplexität der Transformationsanforderungen bietet SAP speziell zugeschnittene Servicekonzepte wie den Engineering Service *SAP LT Management* oder die bereits langjährig etablierten Consulting Services der *System-Landscape-Optimization*-Gruppe (SLO) als Unterstützung an.

Zunehmende Komplexität erhöht Transformationsbedarf

Erfolgreiche Unternehmen entwickeln ihr Produktportfolio konstant weiter – dafür ist eine solide und flexible IT-Landschaft Voraussetzung. Nach Jahren gewachsener und komplexer gewordener Strukturen erreichen Systemlandschaften von Unternehmen oftmals ihre Grenzen, und es ist unumgänglich, durch Vereinfachung und erhöhte Standardisierung die notwendige Agilität wiederzuerlangen. Systemzusammenführungen – auch über Release- und Plattformgrenzen hinweg – oder die Vereinfachung von Prozessen und die Harmonisierung von Stamm- und Bewegungsdaten gehören zu den unterstützten Transformationsanforderungen von SAP-LT-Software. Diese hochstandardisierten Lösungen helfen dauerhaft, Betriebskosten zu reduzieren, die notwendige Flexibilität zurückzugewinnen und solche Projekte risikolos und kostengünstig umzusetzen.

Standardisierte Verfahren

Durch sich verändernde Rahmenbedingungen sind Unternehmen regelmäßig gezwungen, ihre internen Abläufe zu prüfen und durch Reorganisationsmaßnahmen oder durch den Verkauf von Unternehmensteilen zu optimieren oder sich strategische Wettbewerbsvorteile und Wachstumschancen durch Akquisitionen oder Fusionen mit anderen Unternehmen zu sichern. Diese betriebswirtschaftlich motivierten Veränderungen erfordern es, die Geschäftsprozesse auf Systemebene abzubilden. Die SAP-LT-Software sowie die SLO-Services bieten standardisierte Verfahren für die Umsetzung solcher Transformationsszenarien an, um einheitliche Datenstrukturen sowie die reibungslose und konsistente Überführung aller relevanten Daten sicherzustellen.

Grundlegende Technologieverbesserungen können einen unmittelbaren Mehrwert zur Steigerung der Wettbewerbsfähigkeit und Optimierung des Geschäftsbetriebs beisteuern. SAP HANA ist ein solches Beispiel. Um die innovativen Möglichkeiten in vollem Umfang ausschöpfen zu können, lassen sich die bisherigen SAP-Anwendungen entweder über Datenreplikationsverfahren mit SAP HANA integrieren oder bei Bedarf durch selektive Datenmigration nach SAP HANA realisieren (zur Datenübertragung nach SAP HANA siehe Abschnitt 2.1.1). Der Vorteil dieses Verfahrens besteht in der Möglichkeit, einen Software-Release- und Datenbankwechsel in das Transformationsprojekt mit aufzunehmen und nur bestimmte Daten in das SAP-HANA-System zu übertragen. Mit der SAP-LT-Software sind Sie in der Lage, die Nutzung von SAP HANA an Ihren eigenen Bedürfnissen auszurichten, wie etwa einzelne Komponenten der SAP Business Suite in ein SAP-HANA-System auszugliedern. Zudem haben Sie die Möglichkeit, die *SAP Test Data Migration Server Software* (TDMS) für den konsistenten Aufbau nicht produktiver Systeme zu nutzen (siehe Abbildung 3.16).

Mehrwert durch SAP HANA

Das **Management von Transformationsprojekten** auf Basis des SAP Solution Manager ermöglicht SAP-Kunden die Durchführung von Systemkonsolidierungen und Transformationen			
Der »Side-car«-Ansatz	Unterbrechungsfreier Release-wechsel und Betrieb von SAP Business Suite auf SAP HANA	Konsolidierung/Überführung von Geschäftsfunktionen nach SAP Business Suite auf SAP HANA	Aufbau von nicht-produktiven Umgebungen auch SAP-HANA-basiert oder in der Cloud
SAP LT Replication Server • Datenbereitstellung für SAP HANA in Echtzeit • Datenmigration von Nicht-SAP- zu SAP-Systemen • Grundlage zur Nutzung von SAP HANA-Beschleunigern und Anwendungen	**SAP-LT-Software** • Ermöglicht OS/DB Migration & Upgrade nach SAP HANA mit minimaler Systemausfallzeit (Near-Zero Downtime) • Bietet eine heterogene Stand-by-Lösung für den Betrieb von erfolgskritischen Applikationen auf SAP HANA	**SAP-LT-Software** • Reduzieren der Betriebskosten – Konsolidierung von existierenden SAP-Landschaften • Schnelle Umsetzung von Systemanpassungen wie die Reorganisation Ihres Unternehmens • Flexibilität bei der Überführung von Anwendungsbereichen der SAP Business Suite nach SAP HANA	**SAP TDMS** • Reduzierte IT-Kosten durch Aufbau von nicht-produktiven Systemen in der Cloud • Einsparen von Betriebskosten mit effizient eingerichteten SAP-HANA-Test- und »Sandbox«-Umgebungen
Große Datenmengen, Datenarchivierung	Risikominimierung, Sicherheit	Kosteneinsparungen, Flexibilität	Cloud, Datenqualität

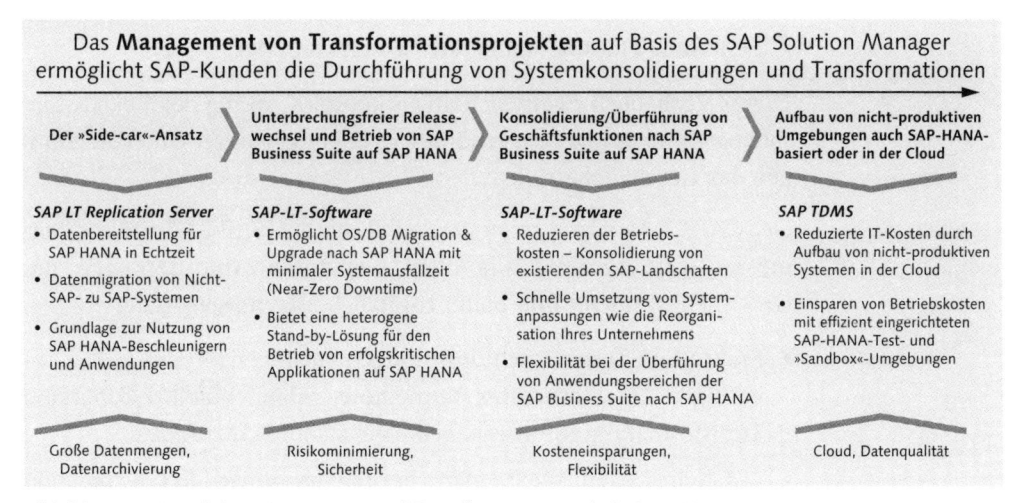

Abbildung 3.16 Nahtlose Integration und Transformation nach SAP HANA

3.3.2 Die Vorteile des SAP-Transformationsansatzes erkennen und nutzen

Die Umsetzung von Transformationsanforderungen basiert auf einer sorgfältigen Vorbereitung und wird gewöhnlich in Projekten von spezialisierten Experten durchgeführt. Generell können verschiedene Transformationsverfahren in Betracht gezogen werden. Mit der Bereitstellung der SAP-LT-Software hat SAP einen standardisierten Transformationsansatz etabliert, der flexibel und risikolos eine konsistente Transformation ausgewählter Daten ermöglicht.

Die Vorteile des SAP-Transformationsansatzes

SAP-Kunden erwarten für die technische Umsetzung von Transformationsanforderungen kostengünstige Lösungen, die schnell und ohne nennenswerte Auswirkungen auf den laufenden Betrieb der SAP-Anwendungen nutzbar sind.

Greenfield-Ansatz — Betrachtet man den *Greenfield-Ansatz*, wohl eine der bekanntesten Methoden, um IT-Transformationsanforderungen umzusetzen, ergeben sich folgende Anforderungen:

- Neuaufbau eines SAP-Systems
- Redesign der vorhandenen Geschäftsprozesse und Organisationsstrukturen
- begrenzte Übertragung historischer Daten
- Erstellung eines neuen Berechtigungskonzepts

Dieses Vorhaben erweist sich oft als komplex, wenig flexibel, kostenintensiv, und es birgt ein erhöhtes Risiko ungewollter Unterbrechungen des Geschäftsbetriebs.

SAP-LT-Managementansatz — Der *SAP-LT-Managementansatz* auf Basis der SAP-LT-Software vermeidet weitestgehend alle oben genannten Anforderungen des Greenfield-Ansatzes und bietet zusätzlich folgende Vorteile:

- End-to-End-Transformationslösungen befähigen Kunden, selbst mit geringem Transformations-Know-how, zielgerichtet ihre konkreten Transformationsanforderungen eigenständig umzusetzen.
- Ein hohes Maß an Standardisierung minimiert das Risiko von Dateninkonsistenzen und erlaubt mit geringem Einarbeitungsaufwand, die Software wieder für gleiche oder ähnliche Transformationsanforderungen zu nutzen.
- Alle betroffenen Tabellen und relevanten Daten werden identifiziert und nach vordefinierten Regeln verändert. Konsequenzen, die sich aus der Veränderung der Daten ergeben – z.B. Festwerte

in Reportvarianten oder Daten in SAP-Archiven –, werden größtenteils systemgestützt angepasst.

- Vordefinierte Projekt-Roadmaps und Guided Procedures für jeden Anwendungsfall ermöglichen eine bessere Einschätzung von Kosten und Risiken.

Durch methodische Unterstützung, Analysen und eine performanceoptimierte Transformationstechnologie lassen sich Gesamtprojektdauer und Ausfallzeit des Produktivsystems minimieren, und durch Anwendung gezielter Performancemaßnahmen kann somit den kundenspezifischen Anforderungen entsprochen werden.

Ein SAP-Transformationsprojekt mit SAP-LT-Software planen und durchführen

Veränderungen an der bestehenden SAP-Systemlandschaft sind je nach Umfang und Komplexität der Transformationsanforderungen Projekte, die sich in mehrere Phasen gliedern. SAP-LT-Software beinhaltet methodische Unterstützung für den gesamten Projektverlauf. *Best Practices* aus vielen SAP-Transformationsprojekten geben Hilfestellung und Expertenwissen für die anstehenden Projektaufgaben an die Hand – und dies weit über die rein technische Umsetzung hinaus.

Umfassende Projektunterstützung

In der Planungsphase ist es unter anderem wichtig, die Ist-Situation der betroffenen SAP-Systeme genau zu untersuchen, um ein klares Bild von der Komplexität des Projektes und Anhaltspunkte für die Projektkosten und -dauer zu erhalten. Ein weiteres Ziel ist es, die möglichen technischen Lösungsansätze zu bewerten und sich für das technisch sinnvollste Verfahren zu entscheiden.

Mit dem *SAP LT Work Center*, das als Erweiterung zum SAP Solution Manager 7.0 oder 7.1 zur Verfügung steht, ist es möglich, auf transformationsspezifische Vorgehensweisen – sogenannte *Projekt-Roadmaps* – und auf allgemeine sowie transformationsspezifische Analysen zentral zuzugreifen. Alle Projektaktivitäten lassen sich über das Work Center steuern und dokumentieren. Die Nutzung des SAP Solution Manager als zentrale Arbeitsumgebung bietet vielerlei Vorteile; z.B. die Wiederverwendung bereits vorhandener Systeminformation, die für die »Remote-Ansteuerung« der betroffenen Systeme gebraucht wird, oder die Möglichkeit, Protokolle bereits erfolgter Testumstellungen zu prüfen.

SAP LT Work Center

Weitere Analysen Nach initialer Analyse der betroffenen Systeme und Festlegung, welche Transformationslösung zum Einsatz kommt, wird der technische Transformationsexperte durch die sich anschließenden Projektschritte geführt. Weitere im Projektverlauf sinnvolle Analysen werden im Projektausführungsplan angeboten. Alle Ergebnisse sind damit zentral aufrufbar und können miteinander verglichen werden. Dies ist unter anderem bei einer Systemkonsolidierung sehr hilfreich, da in diesem Fall oftmals zahlreiche Systeme im Vorfeld untersucht und abgeglichen werden müssen. Je nach Komplexität des Transformationsprojekts sind mehrere Testumstellungen empfehlenswert. Die technische Umstellung wird Schritt für Schritt über ein ausgefeiltes Statusmanagement überwacht – SAP-LT-Software stellt damit die konsistente Umstellung, inklusive aller historischen Daten, sicher. Die vordefinierten Transformationslösungen sind dabei flexibel konfigurierbar, z.B. um Spezifika kundeneigener Tabellen zu berücksichtigen.

Die *Projekt-Roadmaps* unterstützen mit vorkonfigurierten Abstimmlisten – sowohl bei den Testumstellungen als auch durch Checklisten bei der Vorbereitung des *Cutover-Plans* für die produktive Systemumstellung.

3.3.3 Transformationslösungen im Überblick

Flexibel durch modularen Aufbau Transformationsanforderungen (siehe Abbildung 3.17) lassen sich auf unterschiedlichem Weg technisch realisieren. SAP-LT-Software ist ein SAP-Standardprodukt, das auf der Grundlage einer einheitlichen Transformationsplattform und mit seinem modularen Aufbau gewährleistet, verschiedenste Anforderungen in einer hochstandardisierten Vorgehensweise konsistent umsetzen zu können.

Je nach spezifischer Ausgangssituation und betriebswirtschaftlicher Notwendigkeit lassen sich Transformationslösungen auch für ein konkretes Projekt kombinieren – falls z.B. bei einer Kostenrechnungskreis-Zusammenführung auch Leistungsarten betroffen sein sollten. Darüber hinaus erlaubt die Transformationsplattform, Erweiterungen zu den ausgelieferten Lösungen – z.B. für andere Anwendungen der SAP Business Suite als SAP ERP – durch einen qualifizierten SAP-Berater oder SAP-Service-Engineer vorzunehmen.

In den folgenden Abschnitten diskutieren wir die gezeigten Szenarien.

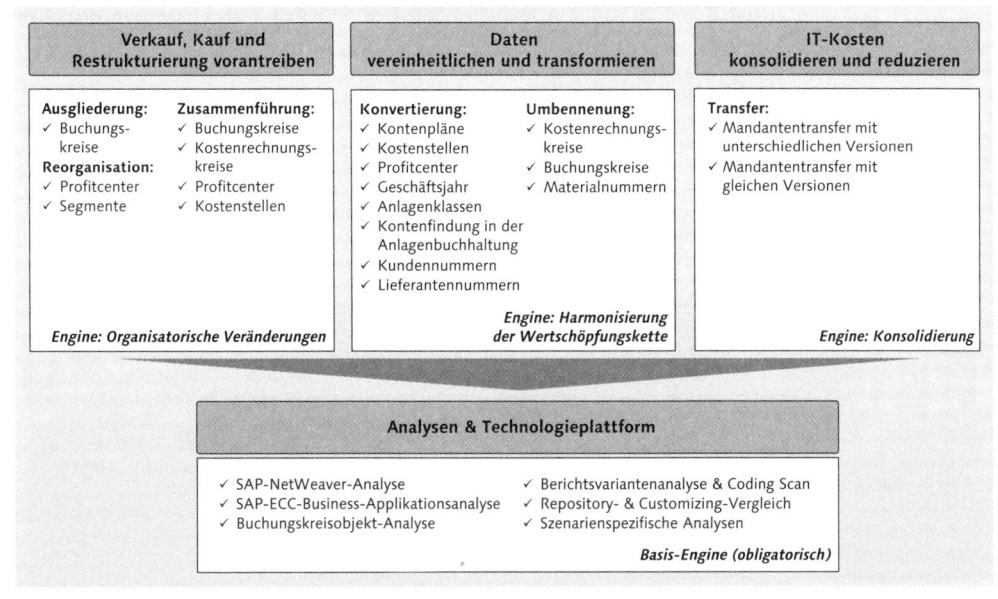

Optimierung der Systemlandschaft durch SAP Landscape Transformation | 3.3

Verkauf, Kauf und Restrukturierung vorantreiben	Daten vereinheitlichen und transformieren	IT-Kosten konsolidieren und reduzieren
Ausgliederung: ✓ Buchungskreise **Reorganisation:** ✓ Profitcenter ✓ Segmente **Zusammenführung:** ✓ Buchungskreise ✓ Kostenrechnungskreise ✓ Profitcenter ✓ Kostenstellen *Engine: Organisatorische Veränderungen*	**Konvertierung:** ✓ Kontenpläne ✓ Kostenstellen ✓ Profitcenter ✓ Geschäftsjahr ✓ Anlagenklassen ✓ Kontenfindung in der Anlagenbuchhaltung ✓ Kundennummern ✓ Lieferantennummern **Umbenennung:** ✓ Kostenrechnungskreise ✓ Buchungskreise ✓ Materialnummern *Engine: Harmonisierung der Wertschöpfungskette*	**Transfer:** ✓ Mandantentransfer mit unterschiedlichen Versionen ✓ Mandantentransfer mit gleichen Versionen *Engine: Konsolidierung*

Analysen & Technologieplattform

✓ SAP-NetWeaver-Analyse   ✓ Berichtsvariantenanalyse & Coding Scan
✓ SAP-ECC-Business-Applikationsanalyse   ✓ Repository- & Customizing-Vergleich
✓ Buchungskreisobjekt-Analyse   ✓ Szenarienspezifische Analysen

Basis-Engine (obligatorisch)

Abbildung 3.17 Typische Anforderungen an SAP LT

Verkauf, Kauf und Restrukturierung vorantreiben

Dieses Szenario beinhaltet Transformationslösungen für Fusionen und Übernahmen, Veräußerungen sowie Restrukturierungsprojekte. Ausgliederungen einer Geschäftseinheit oder ganzer Unternehmen lassen sich z.B. über ein Herauslösen von relevanten Buchungskreisen erreichen. Ein solches *Carve-out-Szenario* kann über das Kopieren und Löschen nicht relevanter Daten betroffener Buchungskreise realisiert werden.

Carve-out-Methode

Die Vereinheitlichung von Berichtsstrukturen nach Kauf eines Unternehmens wird mithilfe von Kostenrechnungskreis-Zusammenführungen ermöglicht. Die Verschiebung von Verantwortungsbereichen, Anpassungen im Berichtswesen oder von Controllingprozessen können zu internen Reorganisationsmaßnahmen führen. Eine stichtagsbezogene Umbenennung, Zusammenführung oder Trennung von Profit-Centern (und Segmenten) ist ebenso im Funktionsumfang enthalten wie die Möglichkeit, alle Daten von Profit-Centern und Kostenstellen sowie Kostenrechnungskreisen zu verändern.

SAP-Kunden, die schrittweise die Nutzung von SAP HANA und einzelnen Anwendungen der SAP Business Suite mit SAP HANA anstreben, können – auf der Grundlage vorhandener oder auch flexibel erweiterbarer Carve-out-Szenarien – die SAP-LT-Software nutzen, um eine selektive Transformation bestimmter SAP-Organisationseinheiten oder -Anwendungsbereiche nach SAP HANA vorzunehmen (siehe Abbildung 3.18).

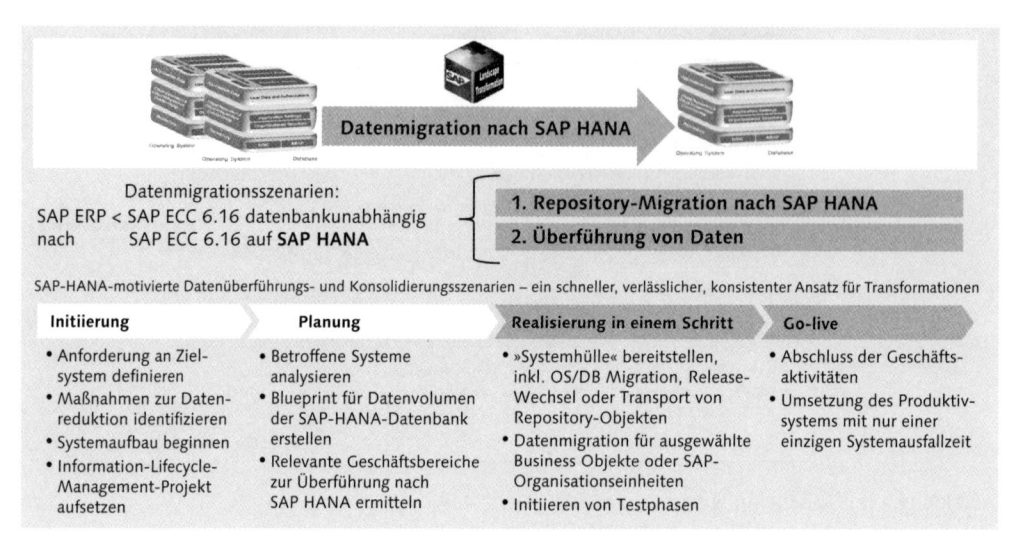

Datenmigration nach SAP HANA

Datenmigrationsszenarien:
SAP ERP < SAP ECC 6.16 datenbankunabhängig
nach SAP ECC 6.16 auf **SAP HANA**

1. Repository-Migration nach SAP HANA
2. Überführung von Daten

SAP-HANA-motivierte Datenüberführungs- und Konsolidierungsszenarien – ein schneller, verlässlicher, konsistenter Ansatz für Transformationen

Initiierung	Planung	Realisierung in einem Schritt	Go-live
• Anforderung an Zielsystem definieren • Maßnahmen zur Datenreduktion identifizieren • Systemaufbau beginnen • Information-Lifecycle-Management-Projekt aufsetzen	• Betroffene Systeme analysieren • Blueprint für Datenvolumen der SAP-HANA-Datenbank erstellen • Relevante Geschäftsbereiche zur Überführung nach SAP HANA ermitteln	• »Systemhülle« bereitstellen, inkl. OS/DB Migration, Release-Wechsel oder Transport von Repository-Objekten • Datenmigration für ausgewählte Business Objekte oder SAP-Organisationseinheiten • Initiieren von Testphasen	• Abschluss der Geschäftsaktivitäten • Umsetzung des Produktivsystems mit nur einer einzigen Systemausfallzeit

Abbildung 3.18 SAP LT – selektive Datenübernahme nach SAP HANA

Daten vereinheitlichen und transformieren

Um landesspezifischen steuerlichen Anforderungen nachzukommen oder unternehmensweit einheitliche Templates einzuführen, die regionale und lokale Unterschiede harmonisieren, müssen Geschäftsprozesse und zugehörige Daten vereinheitlicht oder weitverbreitete Standards – etwa die *Generally Accepted Accounting Principles* (GAAP) und die *International Financial Reporting Standards* (IFRS) – eingesetzt werden.

Die Steigerung der Datenkonsistenz und verbesserte Transparenz von Geschäftsprozessen oder der Finanz- und Controlling-Strukturen ist darüber hinaus ein wichtiges Ziel global aufgestellter Unternehmen – auch um durch geringere Komplexität Betriebskosten zu sparen und flexibler auf neue Anpassungen reagieren zu können.

Leistungsumfang von SAP LT 2.0

Das Lösungsspektrum von SAP LT 2.0 umfasst folgende Transformationsanforderungen:

- **Vereinheitlichung im Bereich Finanzen und Controlling**
    - Umstellung von Kontenplänen und zugehörigen Objekten
    - Umstellung von Kostenrechnungskreisen

- Geschäftsjahresumstellung
- Umstellung von Anlagenklassen und Kontenfindung in der Anlagenbuchhaltung
- Umbenennung von Buchungskreisen
- Umstellung von Kostenstellen und Profit-Centern

▶ **Vereinheitlichung im Bereich Logistik und Vertrieb**
- Umbenennung oder Zusammenführung von Kundennummern
- Umbenennung oder Zusammenführung von Lieferantennummern
- Umbenennung von Materialnummern (1:1-Beziehung)

IT-Kosten konsolidieren und reduzieren

SAP LT unterstützt Sie beim Aufbau eines zentralisierten SAP-Systems, mit dem sich der Aufwand hinsichtlich Systemwartung und Release-Wechsel erheblich senken lässt. Eine damit einhergehende Harmonisierung der Systeme erhöht die Effizienz und verbessert den Geschäftsbetrieb durch Reduzierung von Schnittstellen und redundanten Daten und steigert die Unternehmensflexibilität etwa durch die beschleunigte Implementierung von neuen Anforderungen in der vereinheitlichten SAP-Systemlandschaft.

Vereinfachte Systemkonsolidierung

Die Konsolidierung von SAP-Systemen mithilfe von SAP-LT-Software ist auch ein nachgefragter technischer Ansatz für den Wechsel von bestehenden SAP-ERP-Systemen nach SAP HANA, da in einem integrierten Verfahren mit dem notwendigen Release-Wechsel auch die Datenbankumstellung durchgeführt werden kann.

Der einfachste, schnellste und kostengünstigste Weg, eine solche Systemzusammenführung zu erreichen, erfolgt über den Aufbau eines Mehrmandantensystems – in dem nur noch die relevanten Mandanten aus verschiedenen Quellsystemen vorhanden sind.

3.3.4 SLO-Consulting und ergänzende Serviceleistungen

Die seit über 25 Jahren etablierten Beratungsleistungen der System-Landscape-Optimization-Gruppe (SLO) operieren auf Basis der SAP-LT-Software. Insbesondere bei Projekten mit komplexen und individuellen Kundenanforderungen, die über den Funktionsumfang der

SAP-LT-Standardsoftware hinausgehen, empfiehlt es sich, die SAP-Beratungsexpertise zu nutzen. Die zahlreichen Services sind übergreifend für alle Applikationen der SAP Business Suite anwendbar.

SLO-Consulting-Services für kundenindividuelle Anforderungen

Leistungsumfang der SLO-Consulting-Services

Die gesamte Bandbreite an Transformationsszenarien wird durch das SLO-Consulting-Serviceportfolio abgedeckt und umfasst neben der technischen Durchführung von Transformationsprojekten auch folgende Leistungen:

- Ermitteln des zur Unternehmensstrategie passenden Transformationsszenarios mittels detaillierter Analysen und Assessments zur technischen Realisierbarkeit
- Begleiten von Projekten einschließlich Vorbereitungs-, Test- und Realisierungsphase
- Abdeckung unternehmensspezifischer Anforderungen
- Umsetzung von Transformationsanforderungen weiterer SAP-Applikationen, wie z.B. SAP NetWeaver BW, SAP CRM, SAP SRM und Industrielösungen etc.
- Einbinden zusätzlicher Anforderungen:
  - Maßnahmen zur Performanceverbesserung z.B. durch den *Minimized-Downtime-Service*
  - Datenbankwechsel, Upgrade und *Unicode Conversion*
  - Währungsanpassungen
  - Archivierung und/oder Systemstilllegung

Dank dieses flexiblen Ansatzes können sich Unternehmen ein Servicepaket zusammenstellen, das auf ihre individuellen Anforderungen zur Realisierung des geplanten Transformationsprojekts zugeschnitten ist.

Dienstleistungen für SAP LT durch SAP-Partner

Services von SAP-Partnern

Mit der Verfügbarkeit von SAP LT 2.0 ist es auch SAP-Partnern möglich, die SAP-LT-Software im Rahmen ihrer SAP-Transformationsprojekte anzuwenden. Durch entsprechende Ausbildung, wie der Teilnahme am Kurs SAP LT 100, und Zertifizierung können sich SAP-Partner für die Nutzung der Software qualifizieren und diese auf Mietbasis in ihren Kundenprojekten einsetzen. Partner in verschiedenen Regionen und mit unterschiedlichen fachlichen Schwerpunkten sind bereits Teil dieses *Partnerprogramms*. Damit wird es IT-Service-Providern von SAP-Kunden möglich, mit entsprechender Qualifikation Transformationsprojekte als »Trusted Advisor« für ihre Kunden durchzuführen.

Spezielle Angebote für Kunden von SAP-Premium-Engagements

Unser Ziel ist es, SAP-Kunden in der Nutzung der SAP-LT-Software optimal zu unterstützen. Exklusiv für Kunden von SAP MaxAttention und SAP ActiveEmbedded gibt es den Engineering Service *SAP LT Management*. Der Service trägt dazu bei, ein kunden- und projektspezifisches Angebot zu definieren, das:

Unterstützung durch SAP LT Management

- Hilfe zur Selbsthilfe im Rahmen von kundenspezifischen Ausbildungs- und Coachingmaßnahmen bietet
- die Ausgangssituation analysiert, spezifische Anforderungen sowie Optimierungspotenziale aufdeckt und im weiteren Projektverlauf entsprechend adressiert
- ein angemessenes Safeguarding der Transformationsprojekte, insbesondere bei der technischen Durchführung, gewährleistet

SAP agiert hier im Sinne eines *Mission Control Centers*, das mit dem innerhalb der IT-Organisation des Kunden etablierten *Customer COE* und den entsprechenden Spezialisten für das SAP LT Management zusammenarbeitet.

Trainingsangebot für SAP LT

Das Trainingsangebot für die SAP-LT-Software umfasst eine viertägige Schulung (LT100), in der die Bedienung der Software sowie Details einzelner Transformationslösungen vorgestellt werden. Weitere E-Learning-Angebote stehen als *Online Knowledge Products* (OKP) zur Verfügung.

Schulung LT 100

Für Ralf, Next step:
Selective Data migration
to Suite on Hana

[signature]

> »Zusammenkommen ist ein Beginn, Zusammenbleiben ist ein
> Fortschritt, Zusammenarbeiten führt zum Erfolg.«
> (Henry Ford, amerikanischer Großindustrieller)

4 Zusammenarbeit innerhalb des SAP-Ecosystems

Die Geschäftsbereiche von Unternehmen müssen möglichst schnell auf neue Marktbedingungen reagieren. Es ist daher dringender denn je, dass ein kontinuierlicher Wissensaustausch zwischen SAP und ihren Kunden stattfindet. Diese Basis der gemeinsamen Zusammenarbeit ist zunehmend entscheidend für den Unternehmenserfolg.

Neben großen Veranstaltungen der SAP wie SAPPHIRE, TechEd oder dem alljährlichen SAP MaxAttention Summit tragen auch die SAP-Anwendergruppen, wie die *Deutschsprachige SAP-Anwendergruppe e.V.* (DSAG), *Americas' SAP Users' Group* (ASUG) und das Netzwerk mehrerer Anwendergruppen, das sogenannte *SAP User-Group Executive Network* (SUGEN), zum intensiven Austausch der SAP-Kunden untereinander sowie zwischen SAP und den Kunden bei. Der gegenseitige Dialog setzt schon sehr früh im Lebenszyklus der SAP-Software ein, und auch Service- und Supportangebote werden bereits in einem frühen Stadium ihrer Entstehung in den User-Gruppen diskutiert. Die Anwendergruppen veranstalten Tagungen, Workshops sowie Vortragsreihen, und sie laden zu Trainings ein.

_{Anwendergruppen}

Neben diesen Interessengruppen bieten *Web Communities* im Internet die Möglichkeit, gezielten, fortlaufenden Wissens- und Erfahrungsaustausch zu betreiben. SAP investierte deshalb schon früh in den Auf- und Ausbau der *SAP Community*, die – als Teil des Service- und Supportangebots der SAP – Unternehmen weltweit, rund um die Uhr und über den gesamten Lebenszyklus ihrer Softwarelösung hinweg unterstützt. Der Umfang der angebotenen Informationen sowie der Kommunikations- und Prozessunterstützung hängt davon ab, ob es sich bei einem Mitglied der SAP Community um einen Interessenten, einen Partner, einen Kunden oder einen SAP-Mitarbeiter handelt.

SAP Service Marketplace *Kunden und Partnern*, die umfangreichere und detailliertere Angebote als Interessenten erhalten, dient der SAP Service Marketplace unter *http://service.sap.com* als für sie reservierter Zugang zur SAP Community. Sie finden dort ein umfassendes und detailliertes Informationsangebot zu allen SAP-Produkten – von der Produktübersicht über Release-Informationen bis hin zu Installationsanleitungen und Software-Download. Darüber hinaus stehen alle Informationen und Foren, auf die auch Interessenten Zugriff haben, zur Verfügung.

Partnerprogramm *SAP-Partnern* (siehe Abschnitt 4.6) erleichtert das Partnerprogramm die Zusammenarbeit mit SAP. Aus unserer Sicht bietet es die Grundlage dafür, den Bedarf an Lösungen und Dienstleistungen sowohl im Segment der Großkunden als auch im wachsenden Bereich der kleinen und mittelständischen Betriebe zu decken. Das Ziel der SAP ist die Lieferung erstklassiger Lösungen und Services – ob durch SAP selbst oder durch Partner. Aus diesem Grund wurden Programme zur Überwachung der Servicequalität etabliert. Der SAP-Kunde kann sich darauf verlassen, dass die ausgewählten SAP-Partner, die sein Geschäft unterstützen, ein konsistentes Maß an Professionalität, technischer Expertise und das Verständnis für die spezifischen Anforderungen aufweisen.

Für Kunden spielt neben dem SAP Solution Manager, der in den vorangegangenen Abschnitten 2.3.5 und 3.1.2 bereits beschrieben wurde, das *SAP Support Portal* eine zentrale Rolle. Über dieses Webportal werden support-relevante Anwendungen, z. B. Meldungsbearbeitung, und Informationen wie etwa die SAP Notes geliefert.

SAP Enterprise Support Academy Seit 2010 bietet es darüber hinaus den SAP-Enterprise-Support-Kunden Zugang zur *SAP Enterprise Support Academy* (siehe Abschnitt 4.1). Die Kunden können dort expertengeführte Onlinetrainings und Wissenstransferbausteine für ein Selbststudium zu den jeweils aktuellen IT- und Supportangeboten der SAP abrufen. So erhalten sie z. B. Zugang zu sogenannten *Expert-Guided Implementations*, in denen Experten aufzeigen, wie bestimmte Aufgaben im SAP Solution Manager auf Kundenseite optimal eingerichtet und umgesetzt werden können. Die Mitarbeiter in den IT-Organisationen der SAP-Kunden erhalten so die Möglichkeit, ihre Fähigkeiten weiterzuentwickeln und ihr Fachwissen auszubauen.

Als neues Kooperationsmodell (siehe Abbildung 4.1) stellte SAP den Control-Center-Ansatz vor. Er besteht aus drei Komponenten:

Drei Control Center

- *Innovation Control Center* (siehe Abschnitt 2.2.1 und Abschnitt 4.2), das Implementierungs- und Innovationsprojekte mit den führenden Vorgehensweisen der Branche unterstützt
- *Operations Control Center* (siehe Abschnitt 3.1 und Abschnitt 4.3), das die Orchestrierung und den Betrieb von SAP-Lösungen steuert
- *Mission Control Center* (siehe Abschnitt 4.4), das dem Innovation und Operations Control Center durch Support für Innovationen, Implementierung und Probleme im Betrieb sowie proaktive Maßnahmen zur Seite steht

Das Innovation Control Center und das Operations Control Center sind auf Kundenseite lokalisiert, während sich das Mission Control Center bei SAP an verschiedenen Standorten weltweit befindet.

Innovation Control Center

Build SAP Like a Factory

- Implementierungskosten reduzieren
- Zeitspanne bis zur Wertschöpfung mindern
- Übergang zum Betrieb erleichtern
- unnötige Modifikationen vermeiden

TQM Customer COE Engineering
         IT/Business   Architect

SAP Solution Manager

Operations Control Center

Run SAP Like a Factory

- Kontinuität der Geschäftsprozesse verbessern
- höheres Automationsniveau
- bessere Performance der Geschäftsprozesse
- TCO reduzieren

Kunde
SAP

Mission Control Center

Erweitertes Backoffice

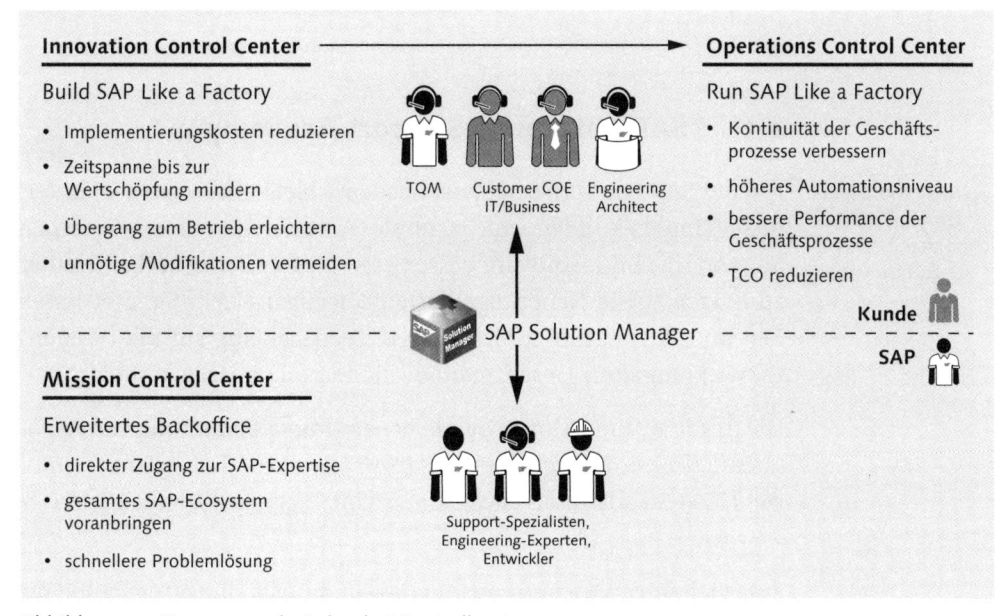

- direkter Zugang zur SAP-Expertise
- gesamtes SAP-Ecosystem voranbringen
- schnellere Problemlösung

Support-Spezialisten, Engineering-Experten, Entwickler

Abbildung 4.1 Zusammenarbeit der drei Kontrollzentren

Der Aufbau eines Innovation und Operations Control Center ist die Basis einer erfolgreichen Kooperation zwischen Kunden und SAP. Für die Einführung eines *Customer Center of Expertise* (Customer COE) mit erweiterten Kompetenzen (siehe Abschnitt 4.5) bedarf es hingegen zusätzlich der Implementierung verschiedener Rollen im Qualitäts-

Advanced Customer Center of Expertise

management, um letztlich eine durchgängige Orchestrierung der IT-Lösungen zu erzielen. Die Einrichtung des Customer COE wird Ihnen durch den Fahrplan der SAP erleichtert. Ist dieser Prozess abgeschlossen, können Sie ein Audit durchführen lassen, um die Bestätigung zu erhalten, dass das Customer COE über erweiterte Kompetenzen verfügt.

Zusätzlich zu den generellen Wegen der Zusammenarbeit, über die Sie in den folgenden Abschnitten mehr erfahren werden, gibt es spezielle Varianten. So hat sich aus Veranstaltungen für SAP-MaxAttention-Kunden heraus eine Community gebildet, die sich immer wieder trifft und die Gelegenheit zum Austausch mit den Vorstandsmitgliedern der SAP nutzt.

Auch im Bereich der sozialen Medien engagiert sich SAP AGS; der Schwerpunkt des Wissenstransfers liegt jedoch auf den Angeboten des SAP Service Marketplace, des SAP Solution Manager sowie der neu geschaffenen Kontrollzentren und der SAP Enterprise Support Academy.

4.1 SAP Enterprise Support Academy

Lernen von Experten für Experten und damit schneller zu Innovation

Mit der SAP Enterprise Support Academy bietet SAP allen SAP-Enterprise-Support-Kunden eine zentrale Anlaufstelle für strategischen Support, die hilft, Software besser zu implementieren und effizienter zu nutzen sowie Neuerungen schneller einzusetzen. Sie gibt Ihnen Zeit und Ressourcen zurück, sodass Sie nachhaltig auf die (Weiter-)Entwicklung Ihrer Geschäftsinnovationen fokussieren können.

Die Academy unterstützt sowohl bei der Implementierung von *Application Lifecycle Management* (*Build SAP Like a SAP Factory*) nach gültigen ITSM-Standards als auch beim nachhaltigen Betrieb (*Run SAP Like a Factory*).

Eine vielfältige Mischung aus Service- und Ausbildungsangeboten für den Softwarebetrieb wurde etabliert, abgeleitet aus den Kundeninteraktionen der letzten vier Jahrzehnte. Damit richtet sich die Academy an alle Kunden, die sich für SAP Enterprise Support entschieden haben, d.h. unabhängig vom Grad der Erfahrung mit SAP-Systemlandschaften im Allgemeinen und der jeweils gewählten Anwendung im Speziellen oder der Erfahrung mit den angebotenen Supportwerkzeugen. Unterschiedliche »Lernachsen« tragen dem Rechnung und ermöglichen die Attribuierung der Service- und Wissenstransferinhalte nach:

- Rolle: Ausrichtung der Serviceangebote nach Aufgabenschwerpunkt
- möglichen Phasen im Softwarelebenszyklus: Implementierung, Betrieb, Upgrade oder Innovation
- Methode oder auch Lieferformat einzelner Inhalte wie Guided Self-Services oder Meet-the-Expert-Sitzungen

4.1.1 Die Wissenstransfer-Methoden im Überblick

Die angebotenen Wissenstransferangebote sortieren sich in Inhalte, die entweder expertengesteuert (*expert-led*) angeboten werden oder für ein Selbststudium (*self-paced*) geeignet sind. Abbildung 4.2 zeigt die verfügbaren Methoden im Überblick.

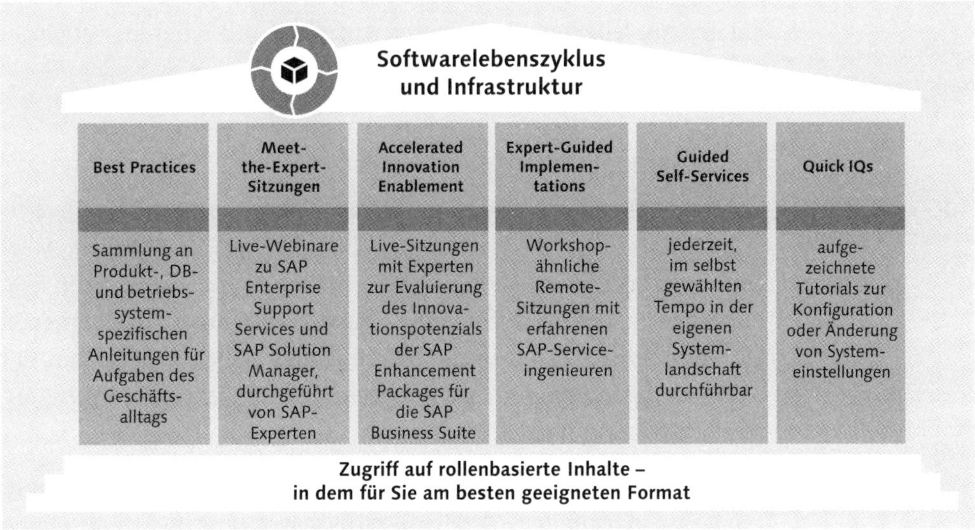

	Softwarelebenszyklus und Infrastruktur				
Best Practices	Meet-the-Expert-Sitzungen	Accelerated Innovation Enablement	Expert-Guided Implementations	Guided Self-Services	Quick IQs
Sammlung an Produkt-, DB- und betriebssystemspezifischen Anleitungen für Aufgaben des Geschäftsalltags	Live-Webinare zu SAP Enterprise Support Services und SAP Solution Manager, durchgeführt von SAP-Experten	Live-Sitzungen mit Experten zur Evaluierung des Innovationspotenzials der SAP Enhancement Packages für die SAP Business Suite	Workshop-ähnliche Remote-Sitzungen mit erfahrenen SAP-Serviceingenieuren	jederzeit, im selbst gewählten Tempo in der eigenen Systemlandschaft durchführbar	aufgezeichnete Tutorials zur Konfiguration oder Änderung von Systemeinstellungen
	Zugriff auf rollenbasierte Inhalte – in dem für Sie am besten geeigneten Format				

Abbildung 4.2 Methoden für den Wissenstransfer

Werfen wir nun einen Blick auf diese Kanäle, mit deren Hilfe SAP die Betriebskompetenz auf Kundenseite stärkt.

Best-Practices-Bibliothek für den Betrieb

Die Best-Practices-Bibliothek ist Ihr Nachschlagewerk für produkt-, datenbank- und betriebssystemspezifische Anleitungen. Zum Umfang

On-Demand-Anleitungen

gehören verschiedenste Dokumente, die unsere Erfahrungen und Erkenntnisse im Zusammenhang mit der Implementierung und dem Betrieb von Lösungen der SAP Business Suite und SAP BusinessObjects beschreiben. Über die Best-Practices-Dokumente haben Kunden direkten Zugriff auf unser Expertenwissen rund um die Uhr. Das Herunterladen der Dokumente ist jederzeit möglich – für die sofortige oder spätere Nutzung.

Meet-the-Expert-Sitzungen

Interaktives Lernen

Das interaktive, expertengeführte Meet-the-Expert-Format bietet sowohl einen strukturierten Überblick über die Facetten des Betriebs als auch eine inhaltliche Vertiefung einzelner Fachgebiete. Fragen werden unmittelbar von unseren Experten beantwortet. Lieferung in mehreren Sprachen ist möglich. Damit haben Sie zeitnahen Expertenzugang unabhängig von Ihrem jeweiligen Standort. Neben Live-Lieferungen bietet die sogenannte *Replay Library* einen umfassenden Katalog mit jederzeit abspielbaren Aufzeichnungen bereits vergangener Sitzungen.

Accelerated Innovation Enablement

Der schnelle Weg zu mehr Innovation

Über die Academy kann auf Accelerated-Innovation-Enablement-Serviceangebote für eine effiziente Nutzung von *SAP Enhancement Packages* zugegriffen werden. Zum Leistungsumfang gehört die Evaluierung der SAP-Enhancement-Package-Technologie bzw. der neuen Funktionen für Lösungen der SAP Business Suite – gemeinsam mit SAP-Lösungsarchitekten im Rahmen von Live-Expert- oder Expert-on-Demand-Sitzungen.

Die Vorteile von Accelerated-Innovation-Enablement-Veranstaltungen liegen klar auf der Hand: strukturierte Beratung und Hilfestellung durch SAP-Experten unter Einbeziehung verschiedener Abteilungen Ihres Unternehmens. Ein zusammenfassender Bericht am Ende der Sitzung rundet die Expertenlieferung ab.

Expert-Guided-Implementation-Sitzungen

Direkter Expertenzugang

Bei Expert-Guided-Implementation-Sitzungen handelt es sich um workshop-ähnliche Sitzungen, die Sie durch die technischen Schritte der Implementierung von Best Practices für den Betrieb begleiten. Der Vorteil ist, dass Sie kein Trainingscenter mehr aufsuchen müssen, sondern auf diese Weise eine effiziente Fernstudienmöglichkeit haben. Es handelt sich um eine einzigartige Kombination aus Trainingseinheiten, gekoppelt mit Direktkonfigurationen in der jeweiligen Kundenumgebung und Expertenzugriff auf Abruf. Zu den Schwerpunkten zählen grundlegende Konfiguration, Einrichtung einer Überwachung der Geschäftsprozesse, kundenspezifisches Entwicklungsmanagement etc. für Ihr eigenes System. Zum Leistungsumfang gehören nicht nur das Setup des SAP Solution Manager und das Aufsetzen einzelner Work Center, sondern auch die Vorbereitung für die Nutzung von Self-Services.

Guided Self-Services

Durch *Guided Self-Services* bietet SAP ihren Kunden bewährte und gleichermaßen standardisierte Verfahren zur Analyse und Optimierung ihrer Systeme an. Diese »Schritt-für-Schritt«-Anleitungen werden über den SAP Solution Manager bereitgestellt und stehen damit rund um die Uhr und unbegrenzt zur Verfügung – SAP-Expertise ohne Geschäftsschluss. Thematisch adressiert wird die Optimierung der wichtigsten Bereiche, wie etwa Systemleistung, Management des Datenvolumens, Änderungsmanagement, Sicherheitsoptimierung und Optimierung der Geschäftsprozesse.

Der »Wissensautomat«

Quick IQs

Über kurze, aufgezeichnete Tutorien, sogenannte *Quick IQs*, wird Expertenwissen zur Konfiguration oder Änderung von Systemeinstellungen vermittelt. Quick-IQ-Tutorien werden mit dem *SAP Workforce Performance Builder* erzeugt, dem innovativen Werkzeug zur Erstellung von kontextsensitiver Dokumentation und Softwaresimulationen der SAP.

Ohne Umwege support-relevante Systemeinstellungen überprüfen

4.1.2 Die Entwicklung der SAP Enterprise Support Academy am Beispiel von SAP HANA

Seit seiner Gründung 2010 hat das Academy-Programm, das im März 2013 mit dem *TSIA Vision Award* ausgezeichnet wurde, mehrere substanzielle Evolutionsstufen durchlaufen (siehe Abbildung 4.3).

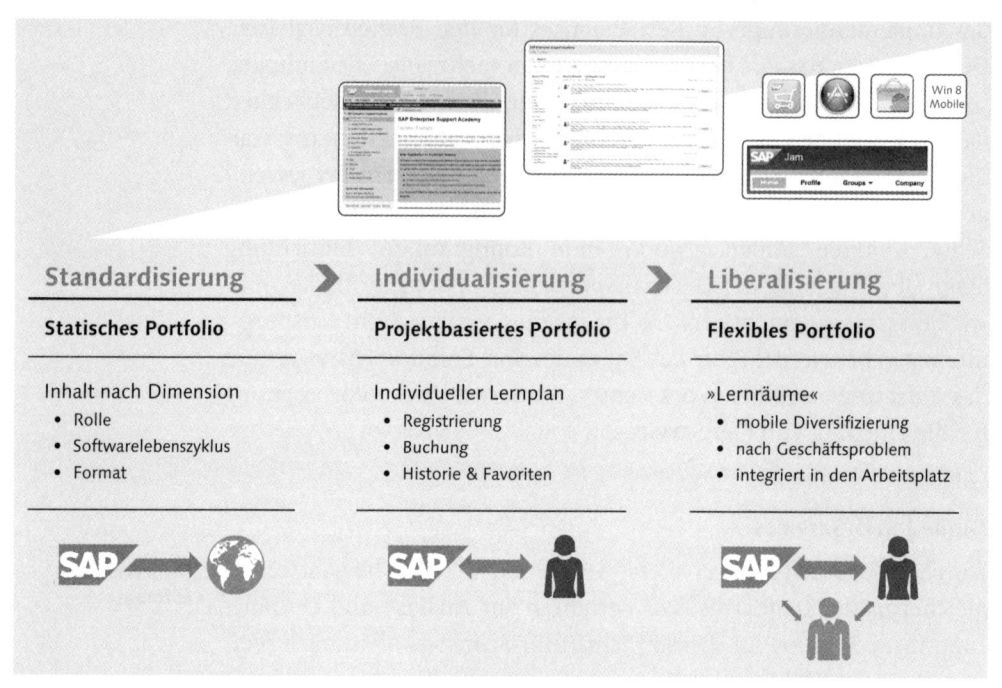

Abbildung 4.3 Die Entwicklung der SAP Enterprise Support Academy

Zu Beginn war das Programm eine rein portalbasierte Lösung (*Push-Modell*), die die verfügbaren Service- und Lerninhalte jeweils verschiedenen Lernachsen (siehe Abbildung 4.3) zuweist. Über die Verknüpfung mit einem personalisierten Lernportal, dem *Academy Learning Studio*, kann der Nutzer nun die relevanten und zielführenden Angebote nach individuellen Anforderungen und Präferenzen zum Bedarfszeitpunkt identifizieren und abrufen.

Eine mehrstufige Filterfunktion erlaubt es, nach den SAP-Marktkategorien, d.h. nach Softwarelösungen wie etwa SAP HANA oder SAP Business Suite, oder etwa nach Serviceschwerpunkt, Rolle oder Wissenstransfermethode und weiteren Attributen zu suchen.

Die Mehrsprachigkeit sowohl der Benutzeroberfläche als auch einzelner Wissenstransfer-Angebote runden den individuellen Lernplan und Erfahrungsaustausch ab. Inhalte stehen aktuell in rund sieben Sprachen zur Verfügung. Eine weitere Ausbaustufe bietet »Lernräume«, die sich herkömmlichen Geschäftsproblemen wie dem Management von Datenvolumen, der Sicherheit oder dem Custom Code Management u.Ä. widmen. Diese neuartige, kollaborative Interaktionsform im Kontext support-spezifischer *Value Maps* wird durch die cloud-basierte Lösung *SAP Jam* möglich. Damit öffnet sich das klassische Push-Pull-Modell auch für die häufig nachgefragte Peer-to-Peer-Interaktion.

An einem Beispiel lässt sich das konkreter fassen: Neben einer klassischen Filterfunktion bietet die Schlagwortsuche auch eine effiziente Methode, auf gewünschte Inhalte schnell zugreifen zu können. So liefert die Ergebnisliste zu SAP HANA neben einem Überblick der gebotenen Supportability-Funktionen auch Expertensitzungen, wie Backup und Recovery oder Performance-Monitoring on SAP EarlyWatch für SAP HANA. Mit Blick auf die Weiterentwicklung des Academy-Programms sei die geplante *Workplace Integration* vorweggenommen, die ebenfalls am Beispiel von SAP HANA erstmals die Integration sogenannter *Deployment Best Practices* in verschiedene Work Center des SAP Solution Manager vorsieht, um bei sich wiederholenden Aufgaben zu unterstützen. Damit steht der Content dann nicht nur als Onlineangebot zur Verfügung, sondern kann auch in den lokalen SAP Solution Manager der Kundenlandschaft integriert und dadurch im aktuellen Arbeitsablauf, etwa der Interpretation und Bearbeitung eines Betriebs-Alerts, situativ, d. h. ohne weitere Suche, abgerufen werden.

SAP HANA und Workplace Integration

SAP Enterprise Support Academy gewinnt TSIA Vision Award[1]

Nur zwei Jahre nach Programmgründung hat sich die SAP Enterprise Support Academy im Mai 2013 um den TSIA[2] Vision Award beworben. In der Endausscheidung konnte das Programm im Rahmen einer Live-Demo und einer Jury-Befragung mehrere Hundert Teilnehmer vom Innovationspotenzial dieses neuen Ansatzes, der Servicelieferung mit Wissenstransfer auf Basis neuester Technologie bündelt, überzeugen.

Mit dem Vision Award 2013 wird die Academy ausgezeichnet »als wahrhaft wegweisende Idee im Bereich Technologieservices, die unsere Industrie voranbringt und aufkommende Trends ausgestaltet.«

Um es auf den Punkt zu bringen, die SAP Enterprise Support Academy hilft Ihnen:

Zusammenfassung

▸ schneller auf relevante Dienstleistungen von SAP Enterprise Support zuzugreifen

---

1 Siehe dazu auch *www.youtube.com/watch?v=hwTCCPFAXtg*.
2 Die *Technology Services Industry Association* (TSIA, *www.tsia.com*) arbeitet als weltweiter Verband für die und mit der Servicebranche.

- Ihre Mitarbeiter zielgerichtet und zeitnah zu Themen des SAP Enterprise Support auszubilden
- die Zusammenarbeit zwischen der IT-Abteilung und den Geschäftsbereichen Ihres Unternehmens zu verbessern

Ein elektronischer Newsletter bündelt die Informationen zu den regelmäßigen technischen und inhaltlichen Aktualisierungen der SAP Enterprise Support Academy. Sie können ihn unter *service.sap.com/esacademy* anfordern.

> **Kundenbericht: SAP Enterprise Support Academy verhilft Piaggio zu deutlich niedrigeren Gesamtbetriebskosten**
>
> »Piaggio & C. SpA ist in der ganzen Welt für seine Motorroller der Marke Vespa bekannt. Wir standen als Unternehmen vor der Aufgabe, die Komplexität unserer Systemlandschaft zu verringern und unsere IT-Strategie zu optimieren. Zugleich wollten wir unsere Gesamtbetriebskosten reduzieren. Wir nutzten für unser Vorhaben die Möglichkeiten von SAP Enterprise Support.
>
> Eine Komponente dieses Supportangebots ist die Zusammenarbeit mit einem Support Advisor von SAP Active Global Support. Mit ihm erörterten wir unsere Geschäftsstrategie und die Projektanforderungen, die Möglichkeiten zur Optimierung unserer SAP-Landschaft und den Zugang zu SAP-Ressourcen. Wie von ihm empfohlen, nahmen wir einen Service zur Optimierung der IT-Landschaft in Anspruch.
>
> Um Beratungskosten zu sparen, entschieden wir uns, unser internes Wissen über SAP-Software auszubauen. Als SAP-Enterprise-Support-Kunde können wir die Schulungsangebote der SAP Enterprise Support Academy nutzen. Dazu gehören unter anderem Meet-the-Expert-Sitzungen oder Guided Self-Services. Im Rahmen der Akademieangebote erhielten wir Best-Practice-Dokumente zum proaktiven Performance- und Kapazitätsmanagement und nahmen an Meet-the-Expert-Sitzungen teil. Mit dem so erworbenen Wissen konnten wir eine effektive Strategie planen, durch die wir unsere Kosten dann um mehr als 10 % gesenkt haben.
>
> Außerdem verringerten wir die Anzahl der zu verwaltenden Systeme und unseren Gesamtaufwand für die Systemadministration. Auch unsere Geschäftsprozesse sind nun schlanker und leistungsfähiger.«
>
> *Pietro Andria, Bereichsleiter Supply-Chain-Systeme/Informationstechnologie bei Piaggio*

Neben der SAP Enterprise Support Academy bieten auch die Control Center Raum für eine intensive Zusammenarbeit zwischen Ihnen und SAP. Welche Prozesse Sie dazu nutzen können, erfahren Sie in den nächsten Abschnitten.

4.2 Kooperationsmodell für das Innovation Control Center

Entscheidend für den Erfolg eines Innovation-Control-Center-Ansatzes ist die Integration der benötigten Expertise in das Implementierungsprojekt. In Abbildung 4.4 werden die verschiedenen Rollen und das Modell der Zusammenarbeit dargestellt.

Projektorganisation
- Leitung Project Management Office (PMO)
- Leitung SAP-Applikationsbetrieb
- Leitung Verkauf/Produktion etc.
- Finanzmanager
- Berater
- Partner
- etc. ...

Innovation Control Center

Embedded-Support-Team
- Technical Quality Manager (Leitung des Innovation Control Center)
- Engineering Architect
- etc. ...

SAP Solution Manager
Governance
Expertise on Demand

SAP AGS
Entwicklung
Consulting

SAP Mission Control Center

SAP-Backoffice
- Spezialisten des Mission Control Center
- funktionale Experten, Entwickler etc. ...

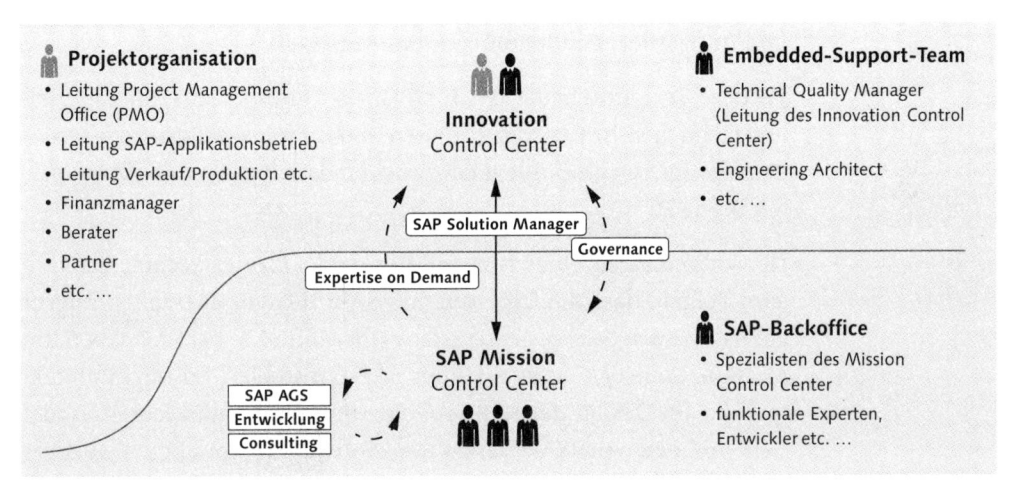

Abbildung 4.4 Implementierungsunterstützung durch verschiedene SAP-Spezialisten beim Kunden vor Ort und durch SAP-Expertenteams im SAP-Backoffice

Die Projektorganisation (Kunde und gegebenenfalls Implementierungspartner) ist für das Projektmanagement und die Implementierung einer Lösung in allen Phasen des Projekts verantwortlich. Das Innovation Control Center stellt sicher, dass die designte Lösung nahe am Standard ist, dass effektiv und effizient implementiert wird und dass der uneingeschränkte Betrieb der Lösung nach dem Produktivstart vorbereitet wird.

Rollen und Aufgaben

Um den vollen Mehrwert eines Innovation Control Center auszuschöpfen, ist eine enge Abstimmung mit dem Projekt notwendig. Aus diesem Grund muss mindestens ein Innovation-Control-Center- oder Integration-Validation-Leiter in das Projekt eingebettet werden. In großen Projekten mit übergreifendem Umfang und großen Projektteams ist es sinnvoll, weitere Teammitglieder des Innovation Control Center, z.B. Technical Quality Manager, in das Projekt mit einzubinden.

Der Innovation-Control-Center- oder Integration-Validation-Leiter übernimmt übergeordnet die Verantwortung für den Control-Center-Ansatz und steuert den Entscheidungsprozess zwischen Kunden, Partnern, Entwicklung, Management und SAP AGS. Er stellt sicher, dass die Arbeit des Innovation Control Center in den allgemeinen Projektplan des Kunden aufgenommen wird und dass Dokumentationsrichtlinien, z.B. bei *Zero Modification*, eingehalten werden. Er überwacht den Fortschritt der Services, die für Zero Modification und Integration Validation benötigt werden.

Weitere Teammitglieder des Innovation Control Center mit speziellem fachlichen Hintergrund können in das Projekt eingebunden werden. Sie agieren als Bindeglied zwischen dem Projekt und den Experten bei SAP.

Der volle Nutzen eines Innovation Control Center kommt dadurch zum Tragen, dass die Experten von SAP AGS vor Ort vollen Zugriff auf das *Mission Control Center* (siehe Abschnitt 4.3) bei SAP haben. Im Mission Control Center arbeiten SAP-Entwickler, Lösungsarchitekten, die am Design der SAP-Produkte mitwirken, und Experten, die sich mit den von SAP verkauften Softwarekomponenten anderer Anbieter auskennen, Hand in Hand. Über eine gemeinsame Infrastruktur (ansteuerbar durch den SAP Solution Manager) sind sie mit dem Innovation Control Center am Kundenstandort verbunden. Dadurch wird nicht nur eine schnelle Kommunikation sichergestellt, sondern auch die Möglichkeit geschaffen, auf die verfügbare Expertise im gesamten SAP-Ecosystem strukturiert zuzugreifen.

Als Kommunikationswerkzeug für den *Zero Modification Service* dient der SAP Solution Manager mit seiner ausgereiften *Service-Desk-Funktionalität*. Mitglieder des Projekts oder Teammitglieder des Innovation Control Center können ihre funktionalen Fragen rund um die Implementierung, wie z.B. wahrgenommene Gaps, im Service Desk dokumentieren und an SAP senden. Bei SAP erscheinen die Anfragen als Meldungen und können somit nach der ersten Analyse an die richtigen Experten weitergeleitet werden (*Dispatching*). Bei der Erfassung der Meldung ist stets darauf zu achten, dass die Dokumentation so ausführlich ist, dass sie ein Dritter verstehen kann. Aus diesem Grund liefert SAP im Innovation Control Center Vorlagen wie etwa ein *Functional Gap Template*, das als Attachment angehängt werden sollte.

4.3 Kooperationsmodell für das Operations Control Center

Sobald die Überleitung einer neuen Lösung in den Produktionsprozess beginnt, kümmert sich in der Regel ein gemeinsames Expertenteam aus Projekt- und Produktionssupport um die Erfüllung aller erforderlichen Voraussetzungen für einen sicheren Betrieb. Dies wird durch die Integration-Validation-Methode (siehe Abschnitt 2.2.2) als Bestandteil des Innovation Control Center abgesichert.

Die folgenden Maßnahmen unterstützen den sicheren Betrieb:

Absicherung des Betriebs

- Technische Überwachung aller beteiligten IT-Landschaftskomponenten einschließlich Komponentenverfügbarkeit, Performance, technischer Ausnahmen und Konfiguration. Insbesondere Kunden, die jetzt auf die neue SAP-HANA-Technologie umsteigen, sollten die zentralen Alert-, Monitoring- und Administrationsfunktionen für SAP HANA nutzen, die der SAP Solution Manager bereitstellt.
- Überwachung kritischer Geschäftsprozesse und Geschäftsprozess-Schritte inklusive kritischer Geschäftsvorfälle, Schnittstellen, Ausnahmen innerhalb der Geschäftsabläufe und Hintergrundjobs
- Basis-Monitoring der Geschäftsdatenkonsistenz, abhängig von der Art der neuen Anwendung. So erfordert ein neu eingeführtes Szenario mit SAP ERP und SAP CRM z.B. die Überwachung der systemübergreifenden Datenkonsistenz, da dieselben Geschäftsdaten in mehreren Systemen hinterlegt werden.
- Schätzung der Datenvolumen und Wachstumsraten sowie deren Auswirkungen auf Sizing und technische Kapazität
- Überwachung spezieller Komponenten wie *SAP NetWeaver Process Integration* (SAP NetWeaver PI) oder *SAP NetWeaver Business Warehouse* (SAP NetWeaver BW) einschließlich SAP-HANA-Szenarien
- Absetzung von Alarmsignalen in allen Situationen, die ein schnelles Eingreifen der IT-Operatoren oder die Benachrichtigung der verantwortlichen Person erfordern

Alle oben genannten Punkte sind durch eine korrekte Dokumentation abzusichern. So müssen z.B. die IT-Landschaft, die geschäftskritischen Geschäfts- und IT-Prozesse und die erforderlichen Maßnahmen für die IT-Operatoren im Falle eines Alarms oder einer Ausnahme dokumentiert werden. Diese Basisdokumentation wird anschließend durch operative Aspekte ergänzt und im SAP Solution Manager hinterlegt.

Hypercare-Phase Teammitglieder des Innovation Control Center und des Operations Control Center sind wichtige Ressourcen bei dieser gemeinsamen Definitionsmaßnahme. Diese Phase der Dokumentation und Überwachung ist mit großer Wahrscheinlichkeit nicht mit dem Produktivstart abgeschlossen. Insbesondere im Verlauf der *Hypercare-Phase*, also z.B. die ersten vier Wochen nach dem Go-live, werden Überwachungslücken offensichtlich, und die Dokumentation der Fehlerbehandlungsroutinen muss auf der Grundlage der realen Probleme erfolgen, die während dieser Phase aufgetreten sind. Mit dem Ende der Hypercare-Phase geht die Verantwortung für den Betrieb der neu eingeführten Anwendung vollständig auf das Operations Control Center über. Das bedeutet:

- Die Überwachung der neuen Anwendung wurde, wie oben beschrieben, dokumentiert und eingerichtet.
- Alerts wurden konfiguriert, Analyseverfahren dokumentiert bzw. als Guided Procedures konfiguriert.
- Das IT-Operator-Team wurde in der Verwendung der zentralen Monitore und Alert-Eingänge entsprechend geschult.

Sonderleistungen für Premium-Engagements Zum täglichen Betrieb der Produktivumgebung trägt das Operations Control Center wesentlich bei und würde selbst ohne Verbindung zu SAP einen zusätzlichen Mehrwert bereitstellen. Darüber hinaus liefert jedoch die Verbindung zwischen SAP und dem Operations Control Center für Premium-Engagement-Kunden deutliche Vorteile in zwei weiteren Bereichen:

- **Sofortige Unterstützung in kritischen Situationen**
  Ein komplett eingerichtetes Operations Control Center umfasst eine Videoverbindung zu zentralen Leistungserbringern, namentlich zu SAP AGS. In einer kritischen Situation wird das Mission Control Center der SAP sofort in das Operations Control Center des Kunden integriert, das die Rolle eines sogenannten *War Rooms*, einer Einsatzzentrale, übernimmt. Alle Hauptakteure, zu

denen auch externe Spezialisten gehören können, sind entweder im Operations-Control-Center-Raum anwesend oder per Videoverbindung zugeschaltet. Alle Tools und Informationen, die für die Ursachenanalyse benötigt werden, sind über die Monitore und die Methode *Run SAP Like a Factory* verfügbar. Das Mission Control Center und alle involvierten Partner haben sofort Zugriff auf die aktuellen Kennzahlen der Produktivlandschaft einschließlich Historie.

Darüber hinausgehend kann das Operations Control Center dem Mission Control Center die Dokumentation der Geschäfts- und IT-Prozesse bereitstellen. Viele kritische Probleme, für die das Mission Control Center eine Lösung anbieten muss, werden z.B. durch Änderungen verursacht. Sind die Änderungen nicht in der SAP-Anwendung, sondern auf Infrastrukturebene erfolgt, gestaltet sich die Klärung der Frage, was sich in der Vergangenheit z.B. auf Netzwerkebene geändert hat, ohne eine korrekte Prozessdokumentation oftmals schwierig und zeitaufwendig. Die vom Operations Control Center bereitgestellte IT-Prozessdokumentation kann dazu beitragen, die Situation wesentlich schneller zu klären.

Das Operations Control Center des Kunden dient dem Mission Control Center der SAP außerdem als Anlaufstelle, an die Empfehlungen für die Umsetzung von Maßnahmen im Rahmen des kontinuierlichen Verbesserungsprozesses weitergegeben werden können. Dieses Konzept stellt eine schnelle und koordinierte Problemlösung sicher.

▶ **Unterstützung für den kontinuierlichen Verbesserungsprozess**
Das Operations Control Center arbeitet sozusagen auf zwei verschiedenen Zeitachsen. Monitoring- und Alert-Funktionen bieten Echtzeit-Informationen für die proaktive Erkennung und Lösung von Ausnahmen. Dashboards und Trendanalyse-Reporting leisten Hilfestellung für Qualitätsmanagement und Verbesserungsprozesse. Entsprechend dieser Aufteilung steht SAP AGS den Kunden nicht nur in akuten Problemsituationen zur Seite, sondern begleitet und unterstützt sie darüber hinaus auch bei der kontinuierlichen Verbesserung. SAP AGS liefert Best-Practice-Informationen von anderen Kunden, hilft den Kunden bei der Implementierung und Verbesserung der Reporting-Lösung und kann auf Wunsch auch die aktuellen Verbesserungsinitiativen unterstützen.

Potenzial für Optimierung

4.4 Kooperationsmodell für das Mission Control Center

Wie in den vorangegangenen Abschnitten beschrieben, profitieren das Innovation Control Center und das Operations Control Center von der hochwertigen Unterstützung durch das Mission Control Center. Dieses ist der zentrale Eingangskanal für alle komplexen und geschäftskritischen Anfragen. Es stehen Experten für alle Lösungsbereiche und Phasen des Applikationslebenszyklus bereit, um entsprechende Unterstützung zu leisten bzw. sicherzustellen, dass die richtigen Know-how-Träger aus allen Bereichen der SAP und bei Bedarf auch des SAP-Partnernetzwerks den notwendigen Support zur Verfügung stellen. Abbildung 4.5 zeigt am Beispiel des Mission Control Center EMEA, wie ein solches Control Center strukturiert ist.

Mission Control Center EMEA

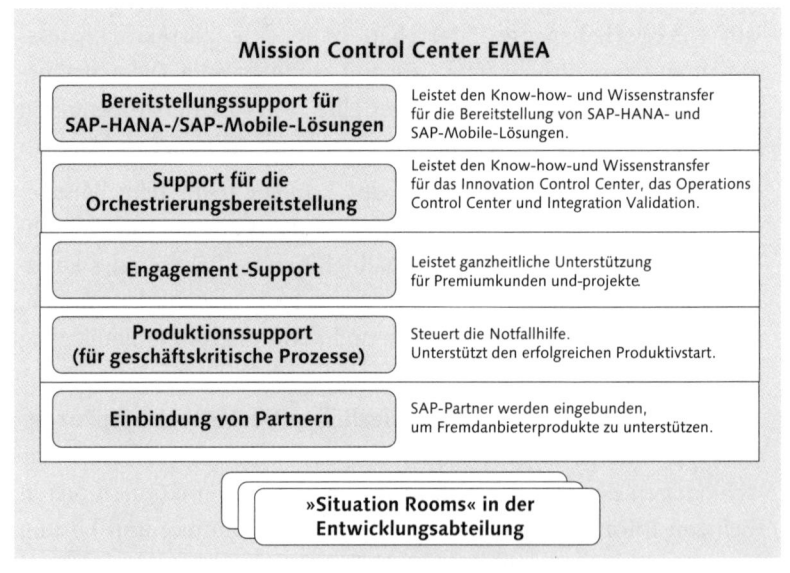

Bereitstellungssupport für SAP-HANA-/SAP-Mobile-Lösungen	Leistet den Know-how- und Wissenstransfer für die Bereitstellung von SAP-HANA- und SAP-Mobile-Lösungen.
Support für die Orchestrierungsbereitstellung	Leistet den Know-how- und Wissenstransfer für das Innovation Control Center, das Operations Control Center und Integration Validation.
Engagement-Support	Leistet ganzheitliche Unterstützung für Premiumkunden und -projekte.
Produktionssupport (für geschäftskritische Prozesse)	Steuert die Notfallhilfe. Unterstützt den erfolgreichen Produktivstart.
Einbindung von Partnern	SAP-Partner werden eingebunden, um Fremdanbieterprodukte zu unterstützen.

»Situation Rooms« in der Entwicklungsabteilung

Abbildung 4.5 Struktur des Mission Control Center für EMEA

Know-how-Transfer

Ein wesentlicher Aspekt des Mission Control Center ist es, aus den eingehenden Anfragen und deren Lösungen kontinuierlich sogenannte *Best-Practice-Dokumente* und *Guided Procedures* zu entwickeln. Damit wird sichergestellt, dass eine Vielzahl von Mitarbeitern der SAP und der Kunden bereits erarbeitetes Know-how und bewährte Vorgehensweisen nutzen kann:

- Best-Practice-Dokumente sind dokumentierte Vorgehensweisen, die dafür sorgen, dass in gleichen oder ähnlichen Situationen nicht sofort auf die Hilfe eines Topexperten zurückgegriffen werden muss.
- Guided Procedures sind geführte Abläufe auf dem SAP Solution Manager, die sicherstellen, dass alle zur Lösung einer spezifischen Aufgabe notwendigen Schritte vollständig und in der richtigen Reihenfolge durchgeführt werden. Dabei wird zu jedem Schritt kontextbezogen Hilfestellung geleistet.

Durch diese Vorgehensweise wird die Know-how- und Erfahrungsbasis, die durch die Arbeit des Mission Control Center entsteht, fortlaufend einem immer größeren Kreis innerhalb der SAP, den Partnern und auch den Kunden verfügbar gemacht. Damit ist es möglich, Expertise und Erfahrung in skalierbarer Form zur Verfügung zu stellen.

Arbeitsweise der Mission Control Center

Eine grundlegende Aufgabe der Mission Control Center ist es, neben der Unterstützung von Kunden und Supportengagements dafür zu sorgen, dass alle unterstützenden Einheiten jederzeit reibungslos funktionieren, um schnellstmöglich höchste Qualität zu liefern. Dazu gehört eine hohe Transparenz bezüglich des Bearbeitungsstands von Anfragen und der Qualität der entsprechenden Antworten.

Um dies sicherzustellen, wurden konkrete Zusammenarbeitsszenarien – basierend auf dem SAP Solution Manager beim Kunden und dem Mission Control Center – entwickelt. Damit wird gewährleistet, dass wesentliche Aspekte eines Projekts oder einer Betriebssituation, natürlich nur mit Einverständnis des Kunden, automatisch an das entsprechende Mission Control Center der SAP weitergeleitet werden.

Die Szenarien der Zusammenarbeit basieren auf folgenden Voraussetzungen:

- Eine Remoteverbindung zwischen dem Kunden und SAP existiert; dies ist bei > 98 % der Kunden ohnehin der Fall.
- Dokumentation von Lösungs- und Systemlandschaft im SAP Solution Manager
- Nutzung des SAP Solution Manager für alle Aktivitäten des Innovation Control Center und des Operations Control Center
- Video-/Telefonkonferenzen mit allen Beteiligten auf Kunden-, Partner- und SAP-Seite

- Nutzung von Zusammenarbeitsszenarien – Applikations-Sharing, um gemeinsam am System an einer Problemlösung zu arbeiten bzw. um durch das Mission Control Center eine entsprechende Führung zu geben. Die Kontrolle beim Applikations-Sharing bleibt in der Hand des Kunden.

Fallbeispiel 1: Instabile Schnittstelle

Beim Kunden werden im Rahmen eines Implementierungsprojekts entsprechende *Quality Gates* (Q-Gates) definiert und im SAP Solution Manager dokumentiert. Diese Informationen werden, nach Zustimmung des Kunden, an das Mission Control Center bei SAP weitergeleitet.

In einem Projekt ist z.B. das Q-Gate *Bereit für Integrationstest* definiert, das den Abschluss der Systemkonfiguration voraussetzt. Ein gelieferter Service, wie etwa Interface Management, führt zu dem Ergebnis, dass eine geschäftskritische Schnittstelle zu einem Legacy-System transaktional nicht sicher und darüber hinaus instabil ist. Das würde zu Problemen im Integrationstest führen und muss daher vorher geändert werden.

Im Mission Control Center sind alle Q-Gates mit dem zugehörigen Status auf einem zentralen Monitor verfügbar. Es überprüft anstehende Q-Gates im Zusammenhang mit Ergebnissen von gelieferten Services und nimmt per Videokonferenz Kontakt mit dem Innovation Control Center beim Kunden auf, um zu besprechen, wie man den Fehler behebt. Im vorliegenden Fall würde sich ein Schnittstellenexperte durch Applikations-Sharing auf das Kundensystem aufschalten und gemeinsam mit dem Kundenmitarbeiter die Schnittstelle korrekt und stabil konfigurieren.

Fallbeispiel 2: Funktionalität nicht abbildbar

Ein Kunde plant die Implementierung für einen neu gegründeten Geschäftsbereich. Im Rahmen der Erstellung des Blueprints ergibt sich, dass offensichtlich eine für den Geschäftsprozess notwendige Funktionalität nicht abgebildet werden kann. Der Kunde erstellt in seinem Innovation Control Center eine Dokumentation der Anforderung im Blueprint Analyzer und sendet die Dokumentation zusammen mit einer sogenannten *Serviceanfrage* über den SAP Solution Manager an das Mission Control Center bei SAP.

Dort erscheint die Anfrage auf einem zentralen Monitor und wird einem geeigneten Experten, dem sogenannten *Solution Architect*, zur Beurteilung zugewiesen. Nach Rücksprache per Videokonferenz mit dem Innovation Control Center auf Kundenseite erstellt der Experte in Abstimmung mit der SAP-Entwicklung einen Lösungsvorschlag, der darin besteht, ein bestimmtes Customizing zu verwenden und ein *User Exit* mit einigen Zeilen Programmcode zu erstellen.

Kooperationsmodell für das Mission Control Center | **4.4**

Die Lösung wird dem Innovation Control Center zur Verfügung gestellt und führt dazu, dass umfangreiche kundenspezifische Programmierung vermieden werden kann. Die Serviceanfrage wird nach Bestätigung durch den Kunden geschlossen.

Das Mission Control Center kümmert sich aber auch um geschäftskritische Situationen – wie etwa einen Produktionsausfall –, die der Kunde mit Priorität »sehr hoch« via Service Desk des SAP Solution Manager gemeldet hat. Diese Meldungen werden automatisch an die Mission Control Center geleitet und erscheinen dort auf einem separaten Monitor.

Alle einlaufenden Serviceanfragen, kritische Situationen, Ergebnisse von gelieferten Services, wichtige Termine sowie weitere kunden- und projektrelevante Informationen werden im *Servicemanagementsystem* der SAP festgehalten und im zentralen Kontrollraum des Mission Control Center auf sogenannten *Dashboards* als Mission-Control-Center-Aktivität angezeigt. Sie werden nach Priorität und thematischer Zugehörigkeit so lange angezeigt, bis sie gelöst sind.

Dashboards

Im Kontrollraum des Mission Control Center werden u.a. folgende Dashboards verwendet:

- kritische Kundenmeldungen, die z.B. einen Produktionsausfall betreffen
- eingegangene Serviceanfragen
- Top-Issues, d.h. Replikationen von Problemen aus dem SAP Solution Manager des Kunden, die für SAP bestimmt sind
- anstehende Ereignisse, etwa ein Go-live oder Q-Gate-Termine etc.
- Ergebnisse von Servicelieferungen

Eine Mission-Control-Center-Aktivität wird entweder von einem verfügbaren Experten im Mission Control Center direkt bearbeitet oder – in komplexeren Situationen – einem Team von Spezialisten zur Lösung übergeben. Dabei kann auch die Expertise weiterer Teams etwa aus der Entwicklung oder von Partnern hinzugezogen werden, bzw. die Aktivität wird einem thematisch orientierten Team im Mission Control Center, dem *Deployment Support*, zugeordnet.

Teamarbeit

Die Experten bzw. Spezialistenteams nutzen bei Bedarf die oben beschriebenen Zusammenarbeitsszenarien (Video-/Telefonkonferenz, Applikations-Sharing etc.), um schnell und effizient das Problemumfeld zu klären und um gemeinsam mit Kunden und allen beteiligten Partnern an einer schnellen und ganzheitlichen Lösung zu arbeiten. Die Verantwortung für die Lösung bleibt in der Hand des zentralen Kontrollraums des Mission Control Center.

Neben dem zentralen Kontrollraum, in dem alle anstehenden Situationen permanent überwacht und den verantwortlichen Bearbeitern zugeordnet werden, gibt es im Mission Control Center weitere Räume, in denen Experten für ein bestimmtes Thema, z.B. SAP HANA, mobile Lösungen, diverse Applikationsszenarien, Orchestrierung von Innovation Control Center und Operations Control Center etc., zur Verfügung stehen.

SAP HANA Deployment Support

So sind z.B. im *SAP HANA Deployment Support* die jeweiligen Top-Experten aus der Supportorganisation zum Thema SAP HANA verfügbar, um spezifische Unterstützung zu leisten, z.B.:

- Überwachung anstehender Go-lives von SAP HANA
- Einplanung szenariospezifischer Services, wie z.B. Modifikationsanalyse, SAP GoingLive Checks, SAP EarlyWatch Alert, Expert-Guided Implementation für den Betrieb von SAP HANA zur Absicherung eines reibungslosen Go-live
- Bereitstellen von Best Practices und Guided Procedures zum Einrichten und Betrieb von SAP HANA
- Unterstützung bei SAP-HANA-spezifischen Problemen und Abstimmung mit der SAP-Entwicklung
- Bereitstellen von Expertise zu SAP HANA im Hinblick auf Fragen der Konfiguration, Migration, des Betriebs, SAP-HANA-spezifischer Applikationen, der Datenreplikation etc.

Darüber hinaus gibt es spezialisierte Teams, die *Engagement Support* leisten, d.h. eine ganzheitliche Unterstützung für Supportengagements, wie z.B. SAP MaxAttention, SAP ActiveEmbedded oder SAP Enterprise Support.

Unterschiedliche Situationsräume

Es stehen spezielle Kundensituationsräume zur Verfügung, in die sich die o.g. Expertenteams zur Bearbeitung einer komplexen Problematik zurückziehen können. Alle Räume sind mit modernster Technik wie Präsentationstechnik sowie Video- und Telefonkonferenzausstattung ausgerüstet und verfügen über Monitore, die die Aktivitäten, die für den jeweiligen Raum anstehen, permanent anzeigen.

Als Ergänzung zu den oben beschriebenen Teams gibt es für bestimmte Themenbereiche Situationsräume in den Entwicklungsbereichen der SAP. Sie sind die Stellvertreterinstanzen des Mission Control Center in der Entwicklung und ermöglichen eine schnelle und umfassende Integration der SAP-Entwicklung in die Bearbeitung von Kundenproblemen. Darüber hinaus werden dort auch Verfahren weiterentwickelt und optimiert, mit denen SAP ihre Produkte noch besser analysieren und unterstützen kann bzw. mit denen die Produkte auf Kundenanforderungen hin weiter optimiert werden können.

Mission Control Center sind in allen Regionen, in denen SAP vertreten ist, verfügbar: Nordamerika, Lateinamerika, EMEA, das sich aus Europa, dem Mittleren Osten und Afrika zusammensetzt, sowie dem asiatisch-pazifischen Raum (siehe Abbildung 4.6). Sie arbeiten im Verbund auf der gleichen Systeminfrastruktur, dem Servicemanagementsystem, und gewährleisten somit auch eine Abdeckung über 24 Stunden an sieben Tagen in der Woche für kritische Situationen. Alle Experten werden im Bedarfsfall ebenfalls regionsübergreifend zur Verfügung gestellt.

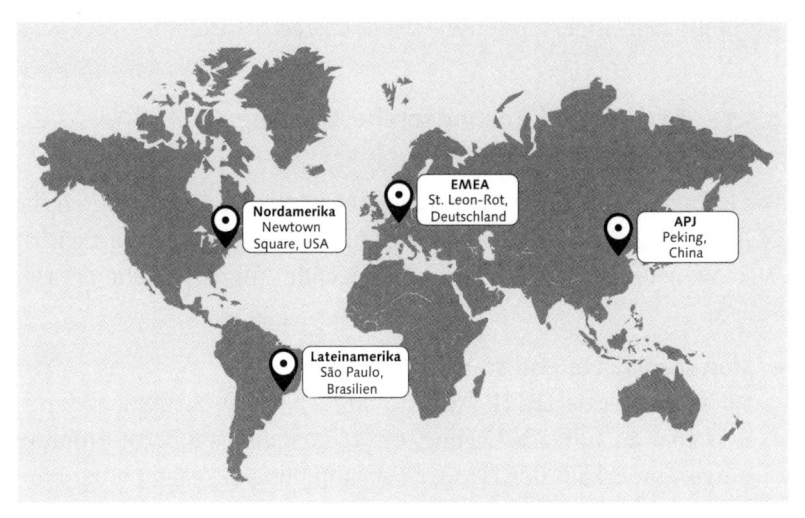

Abbildung 4.6 Globale Verteilung der Mission Control Center

Über die Kooperation der Kontrollzentren untereinander hinaus muss der Bogen jedoch weiter gespannt werden, da diese Zentren auch Einfluss auf die Arbeitsweise der Customer Center of Expertise (COE) haben. SAP empfiehlt ihren Kunden sogar den Aufbau eines Customer COE mit erweiterten Kompetenzen. Warum, erfahren Sie im nächsten Abschnitt.

Zusammenarbeit mit Customer COEs

4.5 Customer Center of Expertise mit erweiterten Kompetenzen

Anforderungen

In Zukunft werden IT-Lösungen hochgradig heterogene, vernetzte Landschaften sein, die über viele Softwarekomponenten und Daten-Persistenzschichten und wahrscheinlich auch über zahlreiche Unternehmen verteilt sind. Solche Lösungen müssen dem Anspruch einer Hightechgeneration und gleichzeitig den hohen Anforderungen an bestehende kritische Geschäftsprozesse, wie z.B. 24 Stunden an sieben Tagen in der Woche Hochverfügbarkeit, kontinuierliche Verbesserung der Geschäftsprozesse, optimale Performance und Skalierbarkeit sowie Datensicherheit, genügen.

Das erfolgreiche Management von IT-Lösungen basiert darauf, diese optimal zu strukturieren. Eine wichtige, wenn nicht die kritischste Voraussetzung für die bestmögliche Verwaltung komplexer Lösungslandschaften in einer vernetzten Welt ist eine qualitätsorientierte *End-to-End-Lösungsorchestrierung*. Sie kann allerdings nur durch den Aufbau eines Customer COE mit erweiterten Kompetenzen erreicht werden – dem sogenannten *Advanced Customer COE*.

4.5.1 End-to-End-Lösungsorchestrierung: das ideale Szenario

Die erfolgreiche End-to-End-Orchestrierung einer Lösung durch die IT-Abteilung ist der Schlüssel dazu, für die Fachabteilungen sichtbar Wert zu generieren. Der zugrunde liegende Ansatz besteht aus vier Teilen:

- **Standardisierte End-to-End-IT-Prozesse**
  Die implementierten IT-Prozesse müssen skalierbar sein, andererseits aber auch flexibel genug, um schnell auf geänderte Anforderungen innerhalb der IT oder Fachabteilungen reagieren zu können. Solche Änderungsanforderungen können sowohl aus der Implementierung innovativer Produkte entstehen als auch aus Organisationsänderungen durch Restrukturierungen, Fusionen und Zukäufe.

- **Automatisierte und proaktive IT anstelle manueller und reaktiver Prozesse**
  Um den Aufwand und die Kosten des IT-Betriebs auf einem optimalen Niveau zu halten, gleichzeitig aber maximale Stabilität zu

gewährleisten, sind Automation und Proaktivität innerhalb der IT essenziell.

- **Qualitätsorientierter IT-Betrieb**
Durch kontinuierliche Verbesserung lässt sich am besten sicherstellen, dass eine »State-of-the-Art«-IT bereit ist für neue Herausforderungen. Integriertes Qualitätsmanagement ist die Voraussetzung dafür, die Professionalität einer IT-Abteilung kontinuierlich zu verbessern.

- **Enge Vernetzung mit den Experten**
Mit zunehmender Heterogenität von Software- und Hardwarepartnern ist es unabdingbar, eine enge Kollaboration mit den externen Experten zu etablieren, da nicht mehr alle benötigten Expertenkenntnisse für die Vielzahl kleiner Software- und Hardwarebausteine innerhalb der eigenen IT-Organisation vorgehalten werden können.

Welche Anforderungen werden an eine IT-Organisation gestellt, die eine exzellente End-to-End-Lösungsorchestrierung bereitstellen will? Der Startpunkt ist der Aufbau eines Operations Control Center (siehe Abschnitt 3.1), um den Ansatz *Run SAP Like a Factory* umzusetzen, und eines Innovation Control Center (siehe Abschnitt 2.2.1) für die Realisierung der Methode *Build SAP Like a Factory*. Durch die sich täglich ändernden Herausforderungen an die beiden Control Center müssen diese kontinuierlich angepasst werden, damit sie ihre Führungs- und Kontrollaufgaben ganzheitlich wahrnehmen können. Sie stellen sich immer fortschrittlicheren Anforderungen und erreichen so eine immer professionellere Kompetenzebene.

Anforderungen

Um all das meistern zu können, ist eine zusätzliche Steuerung außerhalb der Control Center nötig. Dies wird durch die Einführung von dedizierten Qualitätsmanagern erreicht, die zusammen mit den Control Centern das Customer COE mit erweiterten Kompetenzen bilden. Zusammen unterhalten sie die *Single Source of Truth*, also die zentrale und transparente Reporting-Plattform, und sind als zentraler Anlaufpunkt für die Kollaboration von Fachabteilungen, IT, SAP und Partnern verantwortlich (siehe Abbildung 4.7). Auf diese Weise unterstützt das Customer COE die Transparenz der Geschäftsprozesse, erhöht die Verfügbarkeit von Systemen und Geschäftsprozessen und reduziert die Gesamtbetriebskosten. Es sorgt für Transparenz der zu implementierenden Geschäftsprozesse während laufender

Qualitätsmanager

Projekte und ist verantwortlich für die Durchführung qualitätssichernder Aufgaben, wie z.B. dafür, dass die erfolgreiche Integration neuer Lösungen in die bestehende Lösungslandschaft validiert wird.

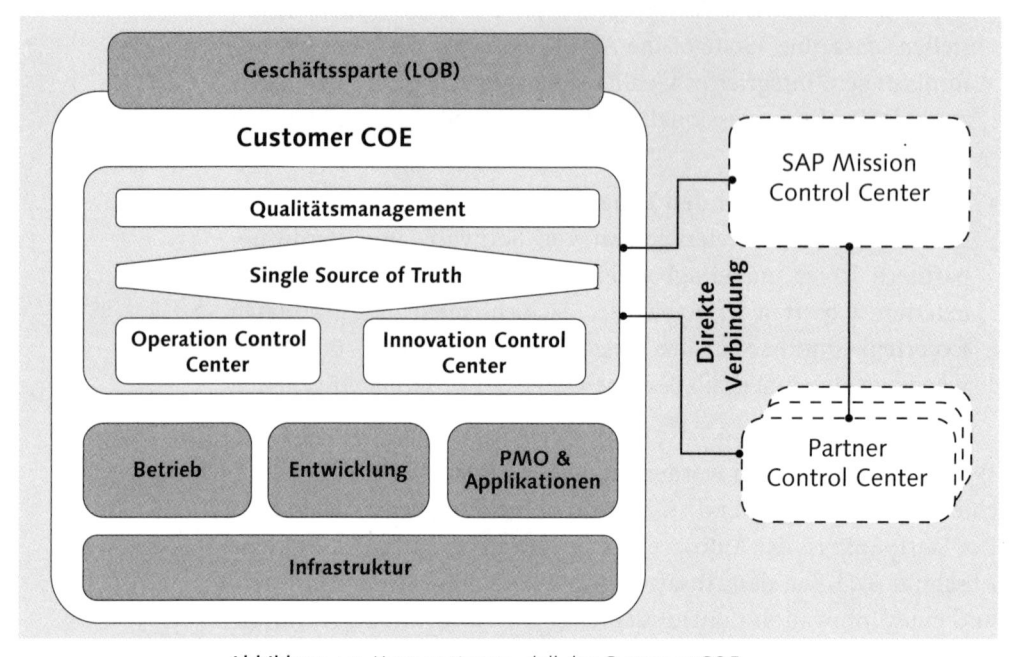

Abbildung 4.7 Kooperationsmodell des Customer COE

4.5.2 Die Rolle der Qualitätsmanager

Dedizierte Qualitätsmanagerrollen werden als Teil des Customer COE mit erweiterter Kompetenz eingeführt, um sicherzustellen, dass die IT-Prozesse stets auf dem neuesten Stand sind. Dies wird erreicht, indem die *Key Performance Indicators* (KPIs) für die IT-Prozesse ständig angepasst werden und somit der Reifegrad der Prozesse kontinuierlich erhöht wird. Die Qualitätsmanager sind die zentralen Verantwortlichen für ein einheitliches und transparentes IT-Reporting. In geschäftskritischen Situationen übernehmen die Qualitätsmanager die Verantwortung für die schnelle Lösung der Probleme, indem sie alle benötigten Experten koordinieren, unabhängig davon, ob die Experten vom Kunden oder Partner bereitgestellt werden müssen.

Die Qualitätsmanagerrollen sind unverzichtbar und decken alle Phasen der IT-Lösung ab: den Betrieb, die Projektintegration, die Projektphase und zudem die Interaktion mit den Fachabteilungen. Es ist allerdings notwendig, dass sowohl SAP als auch Partner die Customer COEs mit entsprechenden Qualitätsmanagern unterstützen, um den Erfolg der Führungs- und Kontrollaufgaben durch die Integration entsprechender Fachexperten sicherzustellen.

Die von den Qualitätsmanagern verantworteten Erfolgsfaktoren eines Customer COE sind:

Erfolgsfaktoren

- transparente und vollständige Dokumentation von Lösungen, Projekten und Betriebsführungsprozessen, um ein zentrales, transparentes Reporting zu gewährleisten
- vollständig integrierte Partnerwerkzeuge und -rollen
- zentrale Aktivitätsplanung hinsichtlich der Aufgaben, Services und Probleme für jeden definierten KPI
- kontinuierliche Verbesserung der IT-Prozesse und -Projekte auf der Basis von *Balanced Scorecards* mithilfe eines *KPI-Frameworks*

Durch die Konzentration auf diese Erfolgsfaktoren können Qualitätsmanager die erfolgreiche Implementierung und kontinuierliche Verbesserung von IT-Prozessen und Innovationsinitiativen sicherstellen.

Durch die Implementierung eines Customer COE mit erweiterter Kompetenz können IT-Organisationen ihren Wert für die Fachbereiche erhöhen durch:

Nutzen der Investition

- minimale Kosten und Aufwände, während zugleich die maximale Stabilität der Lösungen sichergestellt ist
- schnelle Reaktion auf jegliche Änderungsanforderungen durch die Fachbereiche oder die IT
- »*State-of-the-Art*«-*IT-Organisationen*, die jederzeit bereit für neue Herausforderungen sind und sich kontinuierlich verbessern
- schneller Zugriff auf fachliche Expertise beim Kunden, der SAP und den Partnern

4.5.3 Fahrplan für die Implementierung eines Customer COE mit erweiterten Kompetenzen

Zunächst wird eine initiale Einschätzung der gegenwärtigen IT-Prozesse bezüglich Reifegrad und Abweichung von den *Best Practices* der SAP vorgenommen. Basierend sowohl auf den Ergebnissen sowie der IT-Strategie des Kunden als auch der Identifizierung von Bereichen mit besonders hohem Verbesserungsbedarf, wird ein Fahrplan für die weiteren Schritte vorgeschlagen. Dieser wiederum ist mit den Fahrplänen für Run SAP Like a Factory und Application Lifecycle Management synchronisiert (siehe Abbildung 4.8).

	High-Level-Implementierungsfahrplan	Implementierungsprojekte	Kontinuierliche Verbesserung aufbauen	Verifizierung der Kompetenz des Operations und Innovations Control Center	Kontinuierliche Verbesserung
	Einschätzung der Reife	Engineering-Projekte	Qualitätsmanagement einrichten	Customer COE Audit	
	• Aktivitäten • Zeitachse • Aufwandsabschätzung • Wissensdefizite	• detaillierter Fahrplan • Prozesse & Werkzeuge • KPIs • Trainingscurriculum • Fachkräfte	• »Single Source of Truth« • Rollen im Qualitätsmanagement	• Verifizierung des Operations Control Center • Partnerintegration • Zertifizierung der fachlichen Fähigkeiten • Qualitätsmanagement	Lieferumfang

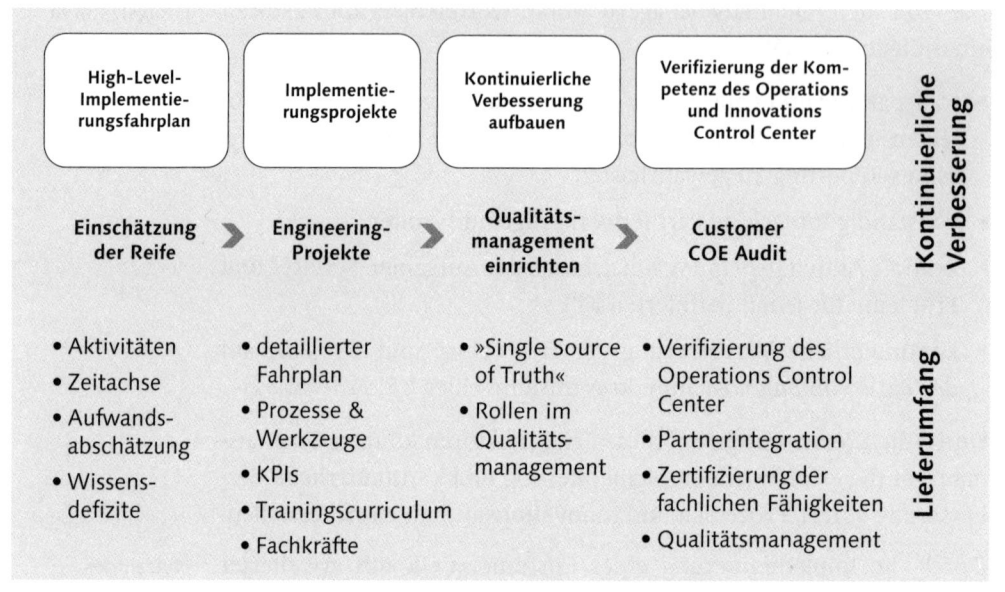

Abbildung 4.8 Fahrplan für die Implementierung eines Customer COE

Die detaillierte Umsetzung des Fahrplans bezüglich der IT-Prozesse sollte möglichst mit den Serviceangeboten der SAP vorgenommen werden. So kann sichergestellt werden, dass die implementierten Prozesse den SAP-Standards entsprechen.

Die Qualitätsmanager werden ausgebildet und zertifiziert, um dann gemeinsam mit SAP die ersten technischen und Qualitäts-KPIs zu definieren und zu messen.

Audit Ein Audit kann durchgeführt werden, um die erweiterte Kompetenz eines Customer COE zu bestätigen. In diesem Fall werden durch eine jährliche Rezertifizierung die Qualitäts-KPIs an die geänderte Situation angepasst, um eine kontinuierliche Verbesserung zu erreichen. Dieses Audit durch SAP:

> ▸ verifiziert, dass die IT-Organisation des Kunden den SAP Best Practices bezüglich der Prozesse, Werkzeuge und Kenntnisse entspricht

- bestätigt die optimale Realisierung von Fachbereichsanforderungen, um den Wert der IT zu zeigen
- gewährt dem Kunden Zugang zu einem Customer-COE-Netzwerk, das den Austausch von Erfahrungen und Best Practices mit anderen kompetenten Kunden ermöglicht
- erlaubt den Benchmark der IT-Organisation gegenüber anderen Customer COEs mit erweiterter Kompetenz

IT-Organisationen müssen einerseits kontinuierlich ihre IT-Prozesse prüfen und verbessern, andererseits müssen sie den Wert der IT beweisen, da sie in Wettbewerb zu On-Demand-Lösungsangeboten für die Fachbereiche treten. SAP AGS unterstützt diesen Bedarf durch ein ausgefeiltes KPI-Konzept, um den Wert der IT und kontinuierliche Verbesserungen darzustellen sowie die Erwartung der Fachbereiche an die IT-Strategie messbar zu machen (siehe Abbildung 4.9).

Messbarkeit und Transparenz der IT

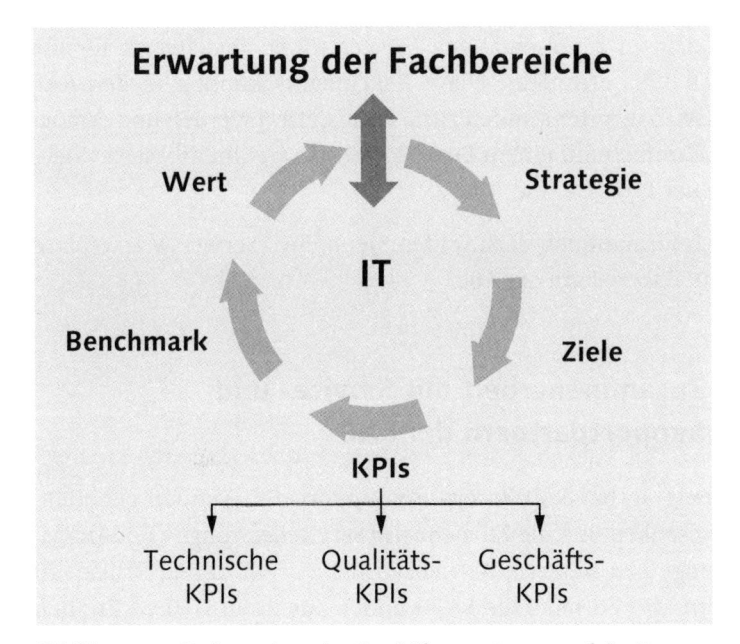

Abbildung 4.9 Einflussnahme der Geschäftserwartungen auf die IT

Zur Unterstützung der IT-Strategie sind kontinuierliche Verbesserungen in den Bereichen Geschäftsprozesse, IT-Prozesse und Anwenderzufriedenheit nötig. Während die Geschäftsprozesse im Operations Control Center optimiert werden, liegen die beiden letztgenannten KPI-Themen im Verantwortungsbereich des Customer COE.

4 | Zusammenarbeit innerhalb des SAP-Ecosystems

Arbeiten mit KPIs Die Identifizierung geeigneter Qualitäts-KPIs erfolgt in Abstimmung mit der IT-Strategie des Kunden – z.B. hinsichtlich Innovationstreibern, Service- oder Lösungsanbietern – während der initialen Evaluierung durch SAP. Die KPIs und deren Ziele werden definiert, eine Ist-Messung wird durchgeführt, und ein (initialer) Aktionsplan wird vereinbart. Die KPIs befinden sich in der Verantwortung der Qualitätsmanager von Kunden, SAP und Partnern und werden mindestens einmal jährlich auf Gültigkeit geprüft und gegebenenfalls angepasst. Dies kann im Rahmen einer Rezertifizierung erfolgen.

KPI-Datenbank Die KPIs werden im SAP Solution Manager definiert und verwaltet und können über Balanced Scorecards sowohl im SAP-Solution-Manager-Backend als auch mit mobilen Endgeräten, etwa einem iPad, angezeigt werden. Ab dem *SAP Solution Manager Service Pack 9* ist es möglich, dass Sie die SAP-Standard- und eigendefinierten KPIs, die Sie verwendet haben, sowie die Ist- und Zielwerte an SAP senden. Dadurch kann SAP die KPI-Datenbank kontinuierlich erweitern und bei hinreichend repräsentativen Werten einen Benchmark für die jeweiligen KPIs ermitteln. Diese Benchmarks können in den SAP Solution Manager der Kunden zurücktransferiert werden und ermöglichen zusammen mit einem Benefit Case die argumentbasierte Steuerung neuer Projekte und Innovationen.

Weitere Informationen dazu finden Sie im SAP Service Marketplace unter *http://service.sap.com/coe*.

4.6 Zusammenarbeit mit Service- und Supportpartnern der SAP

Von Anfang an hat SAP Enterprise Support den Kunden geholfen, Kosten zu senken und die Effizienz der Servicelieferungen und Implementierungen zu steigern, Betriebskosten zu reduzieren, Risiken zu verringern, die Vorteile, die SAP-Kunden aus ihren IT-Investitionen erhalten, zu vergrößern und die Zeit bis zur Marktreife sowie für Innovationen zu verkürzen. Der SAP Solution Manager, die Lifecycle-Management-Plattform der SAP, bildet das Rückgrat von SAP Enterprise Support, indem er eine zentrale Lösung zum Management von Anwendungen bereitstellt. Um den Wert für SAP-Kunden noch weiter zu steigern, integriert SAP im Rahmen von SAP Enterprise Support außerdem ihr umfangreiches Partnernetzwerk. SAP arbeitet mit

Partnern zusammen und schließt bestimmte Partnerlösungen in das Angebot von SAP Enterprise Support ein, um herausragende Services anzubieten.

- Run-SAP-Partner verwenden den SAP Solution Manager, um Ihnen qualitativ hochwertige Implementierungen zur Verfügung zu stellen. Eine erfolgreiche Implementierung hängt sowohl von der Integration und dem Management der Geschäftsprozesse als auch von den Software- und Systemkomponenten ab. Heutzutage reichen Geschäftsprozesse weit über die Grenzen verschiedener Systeme und Bestandteile von Organisationen hinaus. Um diese Komplexität zu beherrschen, benötigen Sie ein umfangreiches Konzept zur Verwaltung von Lösungen, das den End-to-End-Betrieb von Lösungen und Prozessen beinhaltet. Die Run-SAP-Partner verwenden den SAP Solution Manager, um Implementierungen zu optimieren, und für das kontinuierliche Management des Betriebs von End-to-End-Lösungen.

    Run-SAP-Partner

- SAP-zertifizierte Run-SAP-Operations-Partner stellen Application-Management-Services und Hosting-Services zur Verfügung. Diese Partner helfen Ihnen, Ihre SAP-Lösungen mit dem SAP Solution Manager anhand von SAP-Standards und Best Practices optimal zu betreiben.

    Run-SAP-Operations-Partner

Der SAP Solution Manager 7.1 bietet nicht nur Funktionalitäten, die das *Application Lifecycle Management* und die Run-SAP-Methodik unterstützen, sondern integriert auch SAP-Partner-Produkte, um einen umfassenden Ansatz für das Application Lifecycle Management sicherzustellen. Der SAP Solution Manager 7.1 ist die offenste Managementplattform am Markt, die einen zentralen Zugriff auf alle benötigten Funktionen (über SAP- und Nicht-SAP-Systeme) und eine zentrale Verfügbarkeit aller benötigten Informationen ermöglicht. Dies befähigt den SAP Solution Manager, in der Kundenlandschaft als *Single Source of Truth* zu fungieren.

Offene Single Source of Truth

SAP-Partner spielen in der heutigen Welt eine wichtige Rolle bei der Unterstützung von Kunden, die besten Lösungen zu identifizieren und zu implementieren – so etwa Change Management, Business Analytics, die neueste mobile Lösung oder die neuesten Technologie-Innovationen. Run-SAP-Partner bieten in enger Zusammenarbeit mit SAP Lösungen, herausragende Beratungs- und Implementierungsdienstleistungen und Qualität sowie Erfahrung im lokalen Markt.

Run-SAP-Partnerprogramm

4.6.1 Run SAP Partner Academy

SAP Enterprise Support Academy

Zu den Basiselementen in der Zusammenarbeit mit Partnern im Rahmen des Run-SAP-Partnerprogramms (siehe Abbildung 4.10) gehören Ausbildung, fortlaufende Trainingsmaßnahmen und das Bereitstellen von Wissen. Dies wird durch die Run SAP Partner Academy gewährleistet, indem diese bereits etablierte Lösungen wie die SAP Enterprise Support Academy (siehe Abschnitt 4.1) mit dem Einsatz erweiterter Onlineinhalte und speziell auf Partner zugeschnittener Best Practices und Schulungsunterlagen kombiniert.

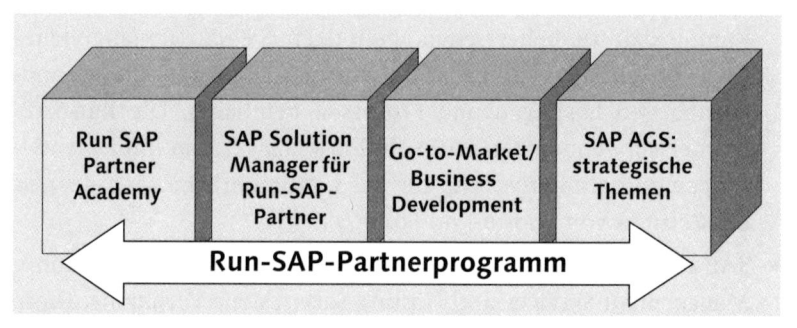

Abbildung 4.10 Bestandteile des Run-SAP-Partnerprogramms

Webinare

Die Run SAP Partner Academy (siehe Abbildung 4.11) ermöglicht es den Partnern, auf die Inhalte und Wissenstransfer-Lösungen aus der SAP Enterprise Support Academy zuzugreifen. Die Partner erhalten Berechtigung für die SAP Enterprise Support Academy und können somit *Expert-Guided Implementation Sessions* nutzen. Damit wird sichergestellt, dass Partner den gleichen Wissensstand wie SAP-Enterprise-Support-Kunden erwerben können.

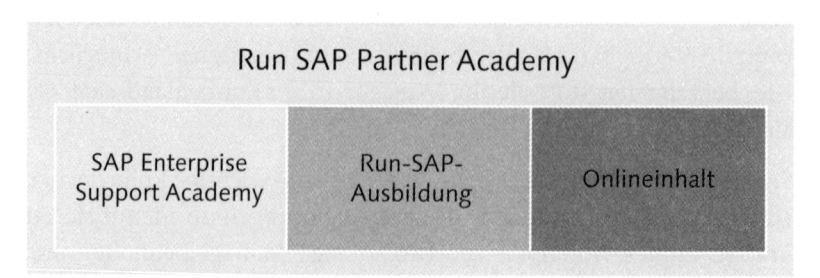

Abbildung 4.11 Die Run SAP Partner Academy

Partner benötigen jedoch in den meisten Fällen ein darüber hinausgehendes Wissen, um für den Kunden als vertrauenswürdiger Ratgeber aufzutreten. Um dies zu erreichen, gibt es für die Run-SAP-Partner spezielle Webinare. Dabei findet ein direkter Wissenstransfer von SAP-Experten zu den Partnern statt.

Darüber hinaus haben Partner die Möglichkeit, an mehrtägigen bis mehrere Wochen dauernden Bootcamps teilzunehmen. Diese Bootcamps entsprechen einer intensiven Schulung vor Ort an den SAP-Standorten. *Bootcamps*

Dieses Angebot wird durch Onlineinhalte ergänzt, die es den Beratern ermöglichen, 24 Stunden, an sieben Tagen in der Woche auf *SAP Best Practices* oder Dokumentationen zum SAP Solution Manager zuzugreifen. *Onlineinhalte*

4.6.2 SAP Solution Manager für Run-SAP-Partner

SAP-Kunden haben die Vorteile des SAP Solution Manager verstanden, ihn implementiert und nutzen ihn täglich, um ihre Lösung erfolgreich zu betreiben. Einige Kunden haben jedoch kleinere Lösungen mit einigen wenigen produktiven Systemen im Einsatz, und es ist ihnen aufgrund von Kapazitäts- und Know-how-Engpässen nicht möglich, einen SAP Solution Manager selbst zu betreiben. Trotzdem sehen auch diese Kunden die Notwendigkeit, über ein solches System zu verfügen.

Aus diesem Grund können nun Partner im Rahmen des Run-SAP-Partnerprogramms auch diesen Kunden eine Lösung anbieten: *SAP Solution Manager as a Managed Service* (siehe Abbildung 4.12). Während im »traditionellen« Hosting und Application-Management-Serviceangebot der Provider einen SAP Solution Manager unter der jeweiligen Installationsnummer des Endkunden betreiben kann, bietet dieses Modell die Möglichkeit, mehrere Kundenlösungen innerhalb *eines* SAP Solution Manager zu betreiben. Dieses System läuft unter der Installationsnummer des Partners, die er exklusiv im Rahmen des Run-SAP-Partnerprogramms erhält. *SAP Solution Manager as a Managed Service*

Damit hat der Partner in einem SAP-Solution-Manager-System mehrere Lösungen, wobei jede einzelne die Landschaft eines Endkunden darstellt und die entsprechenden Systeme beinhaltet.

Kunden müssen also weder im Bereich der Ausbildung noch der Hardware in Vorleistung treten, sondern können in relativ kurzer Zeit auf die benötigten Funktionen zugreifen. Ein solches Serviceangebot kann in großen Bereichen nur auf einem *standardisierten Vorgehen* beruhen und nicht zu sehr auf spezifische Anforderungen, z.B. im Hinblick auf einen ausgeklügelten Change-Request-Management-Prozess, eingehen.

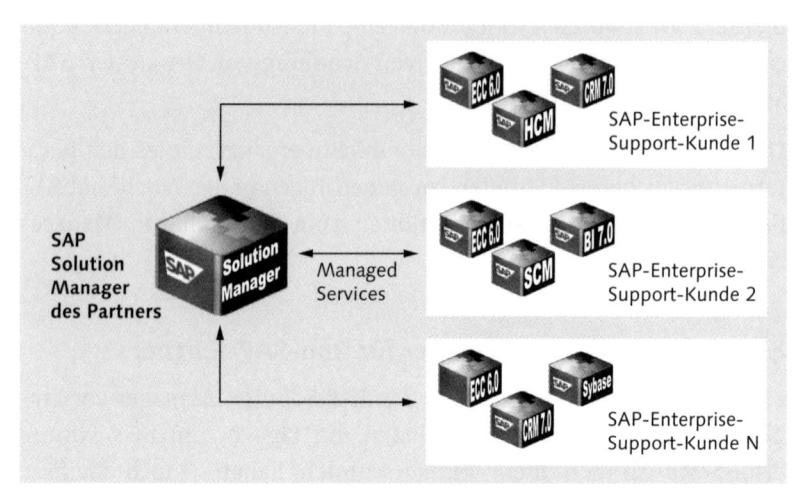

Abbildung 4.12 SAP Solution Manager as a Managed Service

Self-Service und Full-Service

Mit diesem Serviceangebot müssen Kunden ihre Unabhängigkeit aber nicht komplett aufgeben. Vielmehr können sie zwischen einem Hosting-Szenario (oder *Self-Service Scenario*) und einem *Full-Service Scenario* wählen. Ersteres erlaubt dem Kunden, bestimmte Funktionen im SAP Solution Manager auszuwählen und selbst zu betreiben. Der Partner übernimmt die Verantwortung für den Betrieb und stellt dem Kunden technische Benutzer für das System zur Verfügung. Teilweise bieten Partner neben diesem Hosting-Angebot erweiterte Services an, wie z.B. 2nd Level Support, wenn der Kunde das *Service Desk* einsetzt. Im Full-Service Scenario hingegen möchte der Kunde sich nicht mit den einzelnen Funktionen selbst befassen. Er möchte vielmehr die Informationsangebote des SAP Solution Manager »konsumieren« – und zwar vom Partner reduziert auf die für ihn relevanten Inhalte. Partner bieten diese Services ausschließlich SAP-Enterprise-Support-Kunden an.

4.6.3 Go-to-Market/Business Development

Die Ausbildung von Beratern und fortlaufende Trainingsmaßnahmen sind sicherlich eine Grundvoraussetzung für eine erfolgreiche Servicelieferung von höchster Qualität. Nichtsdestotrotz werden Kunden nicht nach entsprechenden Services oder der Expertise fragen, wenn der Partner seine Angebote dem Markt gegenüber nicht deutlich macht.

Im Rahmen von Go-to-Market/Business Development bietet das Partnerprogramm Unterstützung in unterschiedlicher Form:

Unterstützung bei Go-to-Market

- **Teilnahme an Veranstaltungen**
  Regelmäßig durchgeführte Veranstaltungen auf lokaler und globaler Ebene, von SAP und/oder gemeinsam mit Partnern organisiert, bieten eine Plattform, das Unternehmen zu positionieren. Welche Erfolge kann der Partner aufweisen? Wie eng ist die Zusammenarbeit mit den Experten des SAP AGS? Welcher Kunde hat ähnliche Anforderungen, und wie wurde das erfolgreich gelöst?

- **Teilnahme am SAP Pinnacle Award**
  SAP honoriert die Kompetenz besonders erfolgreicher Partner jedes Jahr zusätzlich im Rahmen des *SAP Pinnacle Award* in der Kategorie »Run SAP Partner of the Year«.

  Run SAP Partner of the Year

  Die Partner bieten neben den zuvor genannten Veranstaltungen auch eine gezielte Kommunikations- und Marketingstrategie. Dazu zählt z.B. die ständige Versorgung der Kunden mit relevanten Informationen.

- **Veröffentlichung von Informationen in verschiedenen Medien**
  Dies kann über E-Mail-Kampagnen, durch Artikel in Fachzeitschriften oder Videos geschehen. SAP AGS hat bereits verschiedene solcher Videos auch gemeinsam mit Kunden produziert. Jedes dieser Videos ist im Run-SAP-Kanal auf YouTube zu sehen (*http://www.youtube.com/runsap*).

4.6.4 Strategische Themen von SAP AGS

Genauso, wie sich SAP-Produkte kontinuierlich verändern und erweitert werden, so verhält es sich mit dem Support. Neue Konzepte, Best Practices, Serviceangebote, Implementierungs- und Betriebskonzepte haben Einfluss auf Systeme und Projekte.

Die strategischen Themen sind also keine Komponente mit einem fest vorgegebenen Inhalt. Es geht vielmehr darum, den Partner frühzeitig auf Neuerungen, Innovationen und Änderungen im SAP-Support vorzubereiten. Dadurch kann er seine Position gegenüber dem Kunden als vertrauenswürdiger Ratgeber stärken. Er wird in die Lage versetzt, Fragen zu beantworten und Services zu liefern. Selbstverständlich wird jedes Thema im Vorfeld auf seine Relevanz für den Partner geprüft. Hinterfragt werden dabei sowohl die Priorität als auch die Bedeutung für den Markt.

»Die meisten Dinge, die wir lernen, lernen wir von den Kunden.« (Charles Lazarus, amerikanischer Unternehmer) – Deshalb hat SAP ihr Supportangebot immer wieder aufs Neue an deren Anforderungen angepasst.

5 Die Supportangebote der SAP auf einen Blick

Im Rahmen des Stufenmodells für den Support unserer On-Premise-Produkte haben unsere Kunden weltweit die Wahl zwischen mehreren Supportangeboten, die auf die unterschiedlichen Bedürfnisse der Unternehmen zugeschnitten sind. Grundsätzlich zielen die Angebote darauf ab, durch neue Industrie-Best-Practices und neue Technologie-Updates die Kerngeschäftsprozesse der Kunden abzusichern, deren Softwarelösung aktuell zu halten sowie ihre Verfügbarkeit, Zuverlässigkeit und Performance sicherzustellen. Auf diese Weise können unnötige Risiken vermieden werden.

Das Portfolio enthält drei verschiedene Wartungsangebote – *SAP Standard Support*, *SAP Enterprise Support* und *SAP Product Support for Large Enterprises* – sowie zwei zusätzliche Premiumangebote – *SAP ActiveEmbedded* und *SAP MaxAttention*. Welche Variante für einen bestimmten Kunden die passende ist, hängt z.B. von seiner Softwarelösung, seinen Anforderungen im Hinblick auf Hochverfügbarkeit, Datensicherheit und Absicherung der Geschäftsprozesse sowie der Größe des Unternehmens ab.

Auf den Punkt gebracht, lassen sich die Angebote wie folgt beschreiben: Stufenmodell

- **SAP Standard Support**
  Das Basis-Supportangebot der SAP liefert reaktiven Support zur Unterstützung eines kontinuierlichen und effektiven Systembetriebs.
- **SAP Enterprise Support**
  Das ganzheitliche Supportangebot der SAP, SAP Enterprise Sup-

port, liefert Support für alle Phasen des Softwarelebenszyklus: Einführung, Betrieb und Innovation. Die überwiegende Mehrheit der Kunden entscheidet sich für SAP Enterprise Support.

- **SAP Product Support for Large Enterprises**
  Dieses Angebot ist auf die grundlegenden Supportanforderungen der größten Kunden der SAP ausgerichtet.

- **SAP ActiveEmbedded**
  Das jüngste Premium-Supportpaket der SAP stellt auch Kunden mittlerer Größe ein erweitertes Angebot für Lösungsoptimierungen und eine schnellere Einführung von neuen Technologien wie SAP HANA und mobilen Lösungen ohne Unterbrechung des Geschäftsbetriebs zur Verfügung.

- **SAP MaxAttention**
  SAP MaxAttention bietet den SAP-Kunden das höchstmögliche Supportniveau. Als strategisches Angebot ist es auf eine kontinuierliche Geschäftsbeziehung und gemeinsame Innovationen mit den Kunden ausgerichtet und trägt zu einer beschleunigten Realisierung des Mehrwertes ihres SAP-Investments bei.

Abbildung 5.1 zeigt die drei am weitesten verbreiteten Angebote und wie diese aufeinander aufbauen.

SAP MaxAttention
Strategisches Engagement für kontinuierliche Geschäftsinnovation und Co-Innovation

SAP ActiveEmbedded
Erweitertes Engagement für die Lösungsoptimierung und eine beschleunigte Einführung wegweisender Technologien

SAP Enterprise Support
Grundlage für die Verbesserung von Implementierung, Betrieb und Innovation

Neue Technologien | Co-Innovation

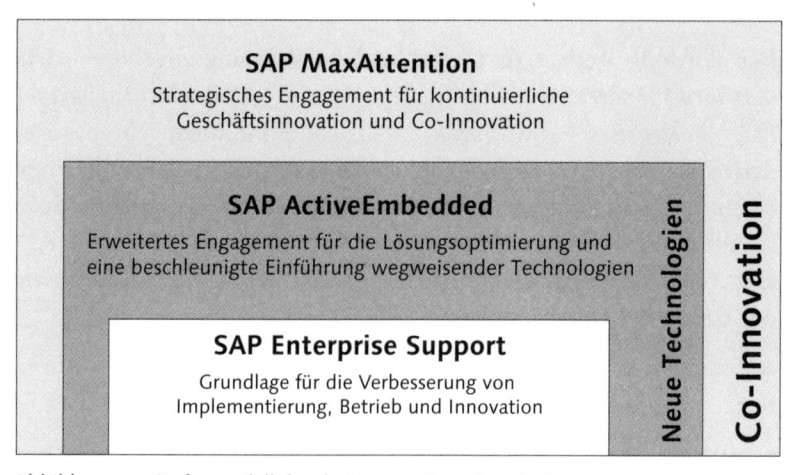

Abbildung 5.1 Stufenmodell der drei vorrangigen Angebote

SAP-Cloud-Support

Im Rahmen der Nutzung von SAP-Cloud-Produkten erhält jeder Kunde Standardsupport. Darüber hinaus besteht auch die Option, ein Premium- oder Platinum-Supportangebot zu wählen. Dabei werden die Kunden von einem speziellen Support-Account-Manager betreut, der ihre Geschäftsprozesse und -ziele genau kennt. Mehr zum SAP-Cloud-Support erfahren Sie in Abschnitt 2.1.4.

5.1 SAP Standard Support

SAP Standard Support ist das Basisangebot im mehrstufigen Supportmodell der SAP. SAP Standard Support legt den Schwerpunkt auf reaktiven Support und umfasst Services und Werkzeuge, die Sie dabei unterstützen, Ihre SAP-Systeme effizient zu betreiben und einen stabilen IT-Betrieb sicherzustellen.

Die Leistungen des SAP Standard Support lassen sich in die Bereiche kontinuierliche Verbesserung, Remote Services, Störungshilfe und Zugang zu support-bezogenen Wissensdatenbanken und Communities aufteilen:

Leistungsumfang

- Leistungen aus dem Bereich *kontinuierliche Verbesserung* helfen Ihnen, Ihre SAP-Anwendungen technisch und funktional stets aktuell zu halten. SAP Standard Support beinhaltet z. B. die Bereitstellung neuer Software-Releases und SAP Enhancement Packages für die von Ihnen lizenzierte Software. Mit Support Packages können Sie Korrekturen einspielen, während Technologie-Updates helfen, die Kompatibilität mit neuen Release-Ständen, z. B. von Datenbank und Betriebssystem, herzustellen.

- *Remote Services*, wie SAP EarlyWatch Alert, SAP EarlyWatch Check, SAP GoingLive Check und SAP OS/DB Migration Check, analysieren wichtige technische Parameter Ihrer SAP-Systeme und geben Verbesserungsempfehlungen. Indem Sie diese umsetzen, können Sie die technische Robustheit Ihrer Software steigern und das Risiko von Performanceengpässen und Systemausfällen reduzieren. Dies ist besonders während kritischer Situationen im Softwarelebenszyklus, wie z. B. Upgrades oder Migrationen, von Vorteil.

- Schnelle, effiziente *Problemlösung* ist entscheidend für die Minimierung kostenintensiver Ausfallzeiten. SAP Standard Support bietet unterschiedliche Möglichkeiten zur Selbsthilfe und Zugang zu verschiedenen Wissensdatenbanken. Darüber hinaus steht ein Standardprozess für die Bearbeitung von Problemmeldungen durch SAP-Experten zur Verfügung.

Infrastruktur
- SAP Standard Support wird mithilfe der SAP-Supportinfrastruktur erbracht. Vor Ort beim Kunden ist die Applikationsmanagement-Plattform SAP Solution Manager das zentrale Werkzeug für die Supportlieferung. Die »Baseline«-Funktionen, die im Rahmen von SAP Standard Support genutzt werden können, konzentrieren sich auf Unterstützung und reaktiven Support. Ihr SAP Solution Manager ist an das Extranet der SAP, den *SAP Service Marketplace*, und die Supportsysteme der SAP angeschlossen. SAP-Partner sind auf die gleiche Art mit SAP verbunden, sodass eine effektive Zusammenarbeit zwischen Kunden, Partnern und SAP ermöglicht wird.

- Darüber hinaus können Sie über den SAP Service Marketplace und Online-Communities wie das *SAP Community Network* und die *Business Process Expert Community* in der weltweiten SAP-Community aktiv werden und so vom Wissenstransfer und Wissensaustausch über Best Practices zu Betrieb, Wartung und Optimierung Ihrer SAP-Applikationen, Kostenkontrolle und Nutzung von Innovationen profitieren.

Mit den beschriebenen Leistungen unterstützt SAP Standard Support Sie dabei, technische Störungen zu vermeiden bzw. zu meistern, damit die Integrität und Leistungsfähigkeit Ihrer SAP-Systeme gewährleistet ist.

Weitere Informationen zu SAP Standard Support finden Sie im SAP Service Marketplace unter *http://service.sap.com/standardsupport*.

5.2 SAP Enterprise Support

SAP Enterprise Support beinhaltet alle Elemente des SAP Standard Support und hält darüber hinaus ein umfassendes Angebot an Services, Werkzeugen und Methoden für Wertschöpfung in allen Phasen des Softwarelebenszyklus bereit. Zusätzliche Elemente, die unseren Kunden in kritischen Situationen schnell helfen, runden das Angebot ab.

Es geht heute mehr denn je darum, SAP-Softwarelösungen schneller einzuführen, effizienter zu betreiben und den Innovationsprozess zu beschleunigen. Dies sind die Ziele, an denen sich das Angebot des SAP Enterprise Support in den letzten Jahren konsequent orientiert hat und auf die unsere Weiterentwicklungen ausgerichtet waren –

dies nicht zuletzt vor dem Hintergrund, den Kunden bei der Evaluierung, Einführung und beim Betrieb etwa von SAP HANA, SAP Mobile und SAP-Cloud-Integrationsszenarien bestmöglich zu unterstützen. Das Ergebnis ist ein umfassendes und fein abgestimmtes Angebot, das die folgenden Schlüsselelemente enthält (siehe auch Abbildung 5.2):

- **Innovation**
  Bereitstellung neuer Funktionen für innovative Geschäftsprozesse und die Reduzierung der »Software to Service Ratio«.
- **Zusammenarbeit**
  SAP-Spezialisten für alle Fachgebiete stehen 24 Stunden an sieben Tagen in der Woche zur Verfügung, um Kunden u. a. in kritischen Situationen zu helfen und zu entlasten.
- **Automatisierung**
  Werkzeuge und Methoden zur Effizienzsteigerung werden bei der Einführung und dem Betrieb der SAP-Lösung bereitgestellt.
- **Ausbildung**
  SAP Enterprise Support setzt auf den Wissenstransfer von SAP-Experten zu Supportexperten beim Kunden.

Schlüsselelemente

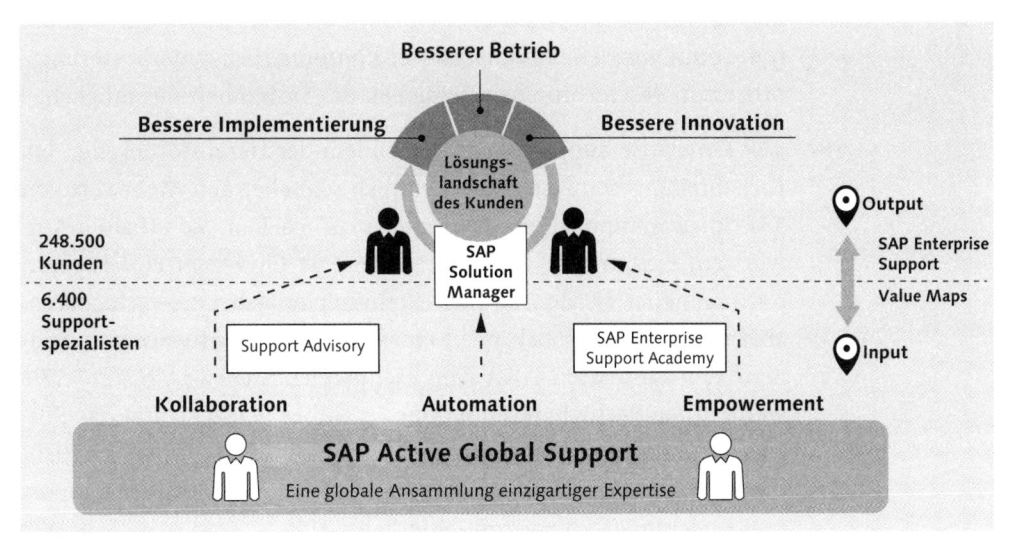

Abbildung 5.2 Leistungsumfang von SAP Enterprise Support

Die Aufgabe von SAP Enterprise Support ist es, einen einfach zugänglichen und schnellen Mehrwert für alle Kunden in allen Phasen des

Intelligenter Selektionsmechanismus

Softwarelebenszyklus und unter Berücksichtigung der individuellen Situation zu liefern. Die enge Zusammenarbeit mit einer heterogenen Kundengruppe hat es ermöglicht, dafür Kriterien zu entwickeln und das Serviceangebot entsprechend zu gestalten. Auch das Angebot von SAP Enterprise Support für SAP HANA, mobile Lösungen und Cloud-Integrationsszenarien wird in dieser engen Zusammenarbeit mitgestaltet.

Das vielfältige Wissenstransfer-Angebot für unsere Kunden ist über die *SAP Enterprise Support Academy* leicht zugänglich und kann rollen- und landesspezifisch ausgewählt werden. Weitere Informationen dazu finden Sie in Abschnitt 4.1 dieses Buches sowie auf dem SAP Service Marketplace unter *http://service.sap.com/esacademy*.

| Automatisierung | Mit SAP Enterprise Support ist es schon heute möglich, automatisierte Systemüberprüfungen wie SAP EarlyWatch Alert einzurichten und besonders kritische Systemzustände automatisch an den SAP-Support zu übermitteln. SAP kann daraufhin unmittelbar das richtige Serviceangebot zur weiteren Analyse einplanen und dazu beitragen, kritische Situationen abzufangen, bevor sie beim Anwender spürbar werden. Es ist das Ziel, alle Aufgaben, die automatisiert analysiert und abgearbeitet werden können, ohne weiteres Zutun durchzuführen. Somit wird ein automatisierter kontinuierlicher Verbesserungsprozess in den technischen Bereichen des Systembetriebs möglich.

SAP Enterprise Support stellt sich zudem der Herausforderung, den Fachabteilungen unserer Kunden noch schneller den Mehrwert von SAP-Softwareinnovationen zugänglich zu machen. Sie erhalten Antwort auf Fragen, wie z.B.: Kann der »Fast Close« im Finanzwesen noch schneller werden? Welche Rolle spielen dabei die verfügbaren, aber beim Kunden noch nicht eingesetzten SAP-Softwareinnovationen? Wie kann SAP HANA dem Fachbereich Mehrwert bieten? Wie werden neu verfügbare Funktionen sichtbar gemacht, um das Prozessverbesserungspotenzial aufzuzeigen und einzuführen? In Richtung all dieser aktuellen Themen entwickelt SAP Enterprise Support sein Angebotsspektrum kontinuierlich weiter.

Weitere Informationen zu SAP Enterprise Support finden Sie im SAP Service Marketplace unter *http://service.sap.com/enterprisesupport*.

5.3 SAP Product Support for Large Enterprises

SAP Product Support for Large Enterprises richtet sich an die größten Kunden der SAP, die bestimmte Schwellenwerte für das Lizenzvolumen und die jährlichen Supportgebühren erreichen.

Großkunden zeichnen sich unter anderem durch zwei Eigenschaften aus: Sie verfügen über eigene IT-Abteilungen – hausintern oder an einen Dienstleister ausgelagert – und haben oft große und komplexe Systemlandschaften aus SAP- und Nicht-SAP-Systemen, die unterschiedlich ausgereift und geschäftskritisch sind. Dies macht ein Supportmodell erforderlich, dessen Elemente sowohl alltägliche Supportanforderungen abdecken als auch individuellen und speziellen Anforderungen gerecht werden.

Als standardisiertes Supportangebot kombiniert SAP Product Support for Large Enterprises Elemente aus SAP Standard Support und SAP Enterprise Support mit einigen spezifischen Leistungsmerkmalen. Um besondere Situationen jenseits des alltäglichen Betriebs zu unterstützen, z.B. im Zusammenhang mit Implementierungs- oder Upgrade-Projekten, lässt sich SAP Product Support for Large Enterprises durch ein maßgeschneidertes Premium-Engagement wie SAP MaxAttention oder SAP ActiveEmbedded ergänzen. So bietet SAP den bestmöglichen Support für die besonderen Anforderungen der Großkunden.

Kombiniertes Angebot

Ähnlich wie SAP Standard Support und SAP Enterprise Support deckt SAP Product Support for Large Enterprises grundlegende Supportanforderungen in den Bereichen Innovation, kontinuierliche Verbesserung und Problemlösung ab. Zum Beispiel umfasst SAP Product Support for Large Enterprises die Bereitstellung neuer Releases der lizenzierten Software, Software- und Technologie-Updates ebenso wie Meldungsbearbeitung und Korrekturen für Softwarefehler.

Einige der Leistungsmerkmale von SAP Product Support for Large Enterprises geben insbesondere Großkunden wertvolle Unterstützung bei der Optimierung ihrer Systemlandschaft. Dies sind unter anderem die vollen Nutzungsrechte für den SAP Solution Manager, einschließlich der Funktionen für Application Lifecycle Management und der Nutzung auch für Nicht-SAP-Software.

Nutzungsrechte

Ein Alleinstellungsmerkmal von SAP Product Support for Large Enterprises ist das Nutzungsrecht für das geistige Eigentum der SAP im Bereich *Remote Services*: Kunden können Services aus einem wachsenden Portfolio von Remote Services und Guided Self-Services selbst auf ihrem SAP Solution Manager vornehmen. Sie profitieren so von der Erfahrung der SAP, ohne auf ein begrenztes Lieferkontingent oder einen festen Liefertermin mit mehreren Wochen Vorlaufzeit eingeschränkt zu sein. Zudem werden die Liefermethoden ständig verbessert, insbesondere durch verstärkte Automatisierung, sodass sich die Aufwände für die Ausbildung des IT-Teams des Kunden in der Servicelieferung deutlich verringern.

SAP Enterprise Support Academy

Die eigenständige Durchführung von Remote Services stellt eine Säule in einem übergreifenden Konzept für den Wissenstransfer dar, das darauf abzielt, den Kunden in die Lage zu versetzen, größtmöglichen Nutzen aus der Erfahrung und dem Wissen der SAP zu ziehen. Aus diesem Grund können Kunden im Rahmen von SAP Product Support for Large Enterprises auch die Angebote der *SAP Enterprise Support Academy* nutzen (siehe Abschnitt 4.1).

Mit SAP Product Support for Large Enterprises erhalten die größten Kunden der SAP Zugang zu grundlegenden Supportleistungen, Werkzeugen und Methoden, die es ihnen erlauben, alltägliche Supportaufgaben zu erledigen und ihre IT-Landschaft ganzheitlich während des gesamten Lebenszyklus ihrer SAP-Anwendungen zu betreiben.

5.4 SAP ActiveEmbedded

SAP ActiveEmbedded ist das neue Premium-Supportangebot der SAP. Mit diesem Angebot können auch mittlere und große Unternehmen die zentralen Premium-Supportleistungen in Anspruch nehmen, die den Kunden von SAP MaxAttention (siehe Abschnitt 5.5) zur Verfügung stehen.

SAP ActiveEmbedded deckt die SAP-Landschaft des Kunden ab und hat zum Ziel, die Services, von denen unsere Kunden durch SAP Enterprise Support bereits profitieren, voll auszuschöpfen und zu erweitern. Damit wird auf die speziellen Bedürfnisse mittlerer und großer Unternehmen eingegangen, denn das zunehmend komplexe IT-Umfeld wird mit betriebswirtschaftlich relevanten Innovationen versorgt.

SAP ActiveEmbedded unterscheidet sich vom SAP-Safeguarding-Angebot, das auf spezifische Projekte und nicht auf eine dauerhafte Beziehung ausgelegt ist. Aus dem Kundenfeedback zu jenen Angeboten ging hervor, dass die Projekte zwar einen Nutzen erbrachten, die Kunden sich jedoch eine ganzheitlichere Zusammenarbeit mit SAP bezüglich ihrer Gesamtlösung wünschten. SAP ActiveEmbedded kommt dieser Forderung nun mit einer auf zwei Jahre ausgelegten Servicevereinbarung nach. Abgedeckt werden Themen wie schnelle Innovationsumsetzung, Lösungsvalidierung, kontinuierliche Verbesserung und Betriebsoptimierung.

SAP ActiveEmbedded ist darauf ausgerichtet, den SAP-Kunden effizientere Implementierungen und einen optimalen Betrieb zu ermöglichen. Gleichzeitig werden die Kunden darauf vorbereitet, bahnbrechende neue Technologien und andere von SAP bereitgestellte Innovationen schneller umzusetzen. Unternehmen, die Neuerungen schnell einführen können, erzielen einen Wettbewerbsvorteil und eine höhere Gesamtrentabilität. Die rasche Einführung von Innovationen erfordert eine solide Plattform, die Werkzeuge, Prozesse und Ressourcen für die Umsetzung und Abwicklung von Veränderungen umfasst.

Warum SAP ActiveEmbedded?

Damit Innovationen schneller nutzbar sind, wird der Einsatz von Best Practices empfohlen. Diese Best Practices stellt SAP ActiveEmbedded unseren Kunden mithilfe von Engineering Services bereit, die sich am Lebenszyklus der Anwendung orientieren.

Jede Vereinbarung, die im Rahmen von SAP ActiveEmbedded getroffen wird, ist maßgeschneidert. Sie sorgt dafür, dass auf die Kundenanforderungen nach innovativen und effizienten SAP-Lösungen mit geeigneten Services reagiert wird. Den Ausgangspunkt bilden dabei die Geschäftsprozesse und die Abstimmung der IT auf den Unternehmenswert. Zur Erreichung dieses Ziels nutzt SAP ActiveEmbedded die folgenden Elemente:

Hauptelemente

- Optimierung der Wertschöpfungskette
- Build SAP Like a Factory durch das Innovation Control Center
- Orchestrierung und Integration Validation
- Run SAP Like a Factory durch das Operations Control Center

Diese Elemente werden durch *Engineering Services* bereitgestellt, die auf die IT-Umgebung des Kunden zugeschnitten sind. In das Unternehmen des Kunden wird ein Technical Quality Manager integriert, der eng mit dem Kunden zusammenarbeitet. Der Technical Quality Manager hilft dem Kunden bei der optimalen Nutzung der Engineering Services, einschließlich SAP-Enterprise-Support-Services. Sie sind ein zentraler Bestandteil der IT-Organisation beim Kunden und binden somit das integrierte Team von SAP AGS (embedded Supportteam) in die Projekte und den Betrieb des Kunden ein.

Durch Wissenstransfer und Zugriff auf fundiertes Expertenwissen wird die IT-Organisation des Kunden mit den Fähigkeiten ausgestattet, die sie für die Bewältigung ihrer Aufgaben benötigt. Mit bedarfsorientierten Konzepten wie *Expert on Demand* und *Product Engineer on Demand* ist es möglich, sich der richtigen globalen Experten aus dem Mission Control Center zur richtigen Zeit zu bedienen. Abbildung 5.3 illustriert die Zusammenarbeit mit dem Mission Control Center im Rahmen von SAP ActiveEmbedded.

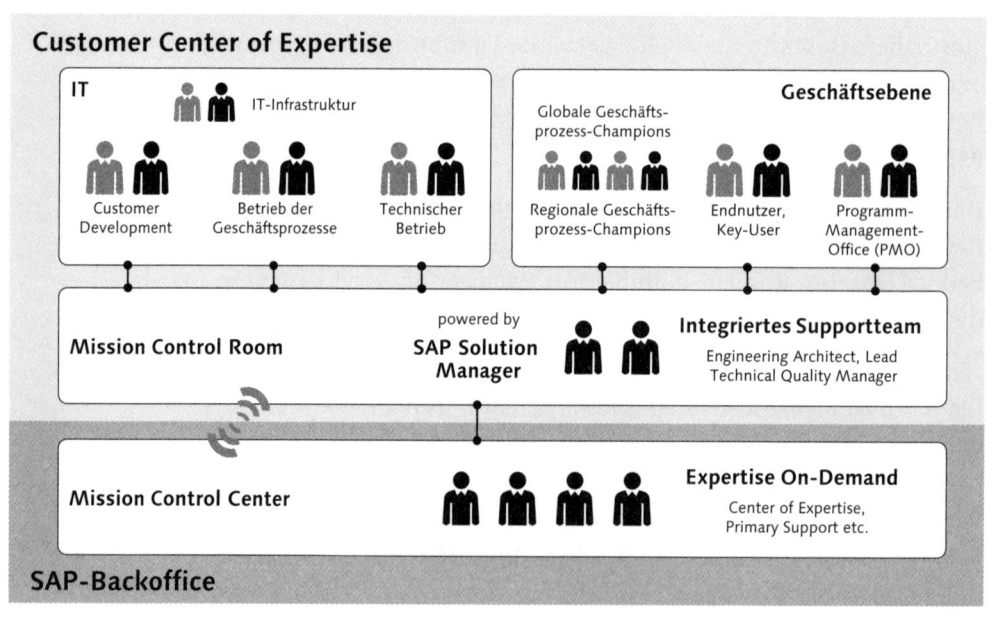

Abbildung 5.3 Zusammenarbeit mit dem Mission Control Center im Rahmen von SAP ActiveEmbedded

Alle Services werden über den SAP Solution Manager als Kollaborationsplattform entweder vor Ort oder remote bereitgestellt. Jedem SAP-ActiveEmbedded-Kunden ist ein Engineering Architect zugeordnet, der einen entsprechenden Serviceplan erarbeitet und für die

Qualität und Konsistenz der Servicebereitstellung sorgt. Geprüft wird dies über den Governance-Prozess, der eine vierteljährliche Balanced-Scorecard-Prüfung mit den leitenden Angestellten des Kunden einschließt.

Mit dem Premium-Supportangebot SAP ActiveEmbedded können Kunden betriebswirtschaftlich relevante Innovationen schneller und effizienter umsetzen. Dabei gehen sie eine individuelle Verbindung mit SAP ein. Diese Kunden erhalten Zugang zu globalem Expertenwissen, Best Practices und Methoden, die auf positive Unternehmensergebnisse ausgerichtet sind.

Zusammenfassung

Weitere Informationen zu SAP ActiveEmbedded finden Sie im SAP Service Marketplace unter *http://service.sap.com/activeembedded*.

> **Kundenbericht: Russische Eisenbahnen – Kunden kommen pünktlich ans Ziel unter Einsatz von SAP ActiveEmbedded und SAP HANA**
>
> »Mit der Beförderung von mehr als einer Milliarde Fahrgästen und 1,4 Milliarden Tonnen Fracht pro Jahr über elf Zeitzonen hinweg sind die Russischen Eisenbahnen (RZD) der größte Transportdienstleister Russlands. Um sicherzustellen, dass unsere Kunden pünktlich ankommen, nutzen wir SAP-ActiveEmbedded-Services für die Unterstützung und Pflege unserer SAP-HANA-Datenbank. Seit der Einführung liegen unsere Auswertungen fünfmal schneller vor als früher, sodass Entscheidungen bei uns noch rascher und fundierter getroffen werden können.
>
> Um unsere Effizienz zu erhöhen und den wirtschaftlichen Erfolg zu sichern, haben wir uns entschlossen, die Anwendung SAP NetWeaver Business Warehouse zu optimieren. Dazu setzten wir mit der SAP-HANA-Datenbank die In-Memory-Technologie ein, mit der die Prozesse im Data Warehouse stark beschleunigt wurden. Da für uns eine sichere und unterbrechungsfreie Bereitstellung entscheidend war, empfahl uns SAP, die SAP-Rapid-Prototyping-Services in Anspruch zu nehmen, die ohnehin im Leistungsumfang von SAP ActiveEmbedded inbegriffen sind. Mithilfe der Services konnten wir die neue Lösung über einen Zeitraum von 90 bis 120 Tagen bewerten – mit positivem Ergebnis.
>
> Während der Implementierung von SAP NetWeaver Business Warehouse powered by SAP HANA waren Experten vom SAP-ActiveEmbedded-Serviceteam vor Ort anwesend und unterstützten die technische Umsetzung.
>
> Seit die neue Lösung in Betrieb ist, hat sich unser Planungszyklus von 14,5 Stunden auf 23 Minuten verkürzt. Die präzisen und detaillierten Finanz- und Kostenauswertungen sowie Echtzeit-Analysen ermöglichen intelligentere und schnellere Entscheidungen unseres Managements. Da das Datenvolumen im Data Warehouse auf ein Drittel geschrumpft ist, konnten wir außerdem unsere Gesamtbetriebskosten senken.

> Zusammenfassend lässt sich sagen, dass unsere SAP-HANA-Anwendung mit SAP ActiveEmbedded schneller läuft und die Leistungsfähigkeit unserer Analyseanwendungen deutlich verbessert hat. Wir sind sehr zufrieden mit dem Premium-Support, den uns das Team liefert.«
> *Vadim Moskalenko, stellvertretender CIO der Russischen Eisenbahnen*

5.5 SAP MaxAttention

SAP MaxAttention, als das »Flaggschiff«-Supportangebot der SAP, gewährt Kunden Zugriff auf das gesamte in diesem Buch beschriebene SAP-Supportportfolio. Basierend auf einem einzigartigen, flexiblen Modell der Zusammenarbeit, haben Kunden die Möglichkeit, individuellen, maßgeschneiderten und bedarfsgerechten Support für ihre geschäftskritischen Lösungen zu erhalten.

Zielsetzung von SAP MaxAttention ist es, Kunden dabei zu unterstützen:

- **die Kontinuität des Geschäftsbetriebs sicherzustellen**
  durch 24 Stunden Verfügbarkeit an sieben Tagen in der Woche in einer globalisierten und vernetzten Wirtschaftswelt
- **kontinuierlich die Geschäftsprozesse zu verbessern**
  um sicherzustellen, dass die Kunden den maximalen Mehrwert aus ihren Investitionen in SAP-Produkte ziehen können
- **die Gesamtkosten des IT-Betriebs zu reduzieren**
  durch Realisierung von Effizienzsteigerungen mittels Standardisierung und Automatisierung der Prozesse
- **Innovation rasch und ohne Unterbrechung des Geschäftsbetriebs durchzuführen**
  durch Adaptierung neuester Technologien, um die sich stetig ändernden Geschäftsanforderungen zu erfüllen

Drei Hauptkomponenten

Im Wesentlichen besteht SAP MaxAttention aus drei Säulen (siehe auch Abbildung 5.4):

- **Integriertes SAP-Supportteam**
  Das SAP-Frontoffice ist vor Ort in die IT-Organisation von SAP-Kunden eingebunden und unterstützt diese dabei, ihre Lösungslandschaft wie eine Fabrik aufzubauen und zu betreiben. Typischerweise besteht das Team aus einem Engineering Architect und

einem Technical Quality Manager von SAP. Das Team ist dafür verantwortlich, dass das Engagement auf die Kundenbedürfnisse zugeschnitten ist und kontinuierlich Mehrwert für den Kunden liefert, um den Wertbeitrag des getätigten Investments in SAP-Software zu erhöhen. Gemeinsam mit dem Kunden verantwortet das Team das *Innovation Control Center* und das *Operations Control Center*, die beide auf Kundenseite eingerichtet werden.

- **Engineering Services**
  Es handelt sich dabei um Supportservices, die den Aufbau und Betrieb eines Innovation Control Center und Operations Control Center unterstützen und kontinuierlich verbessern. Darüber hinaus unterstützen diese von Experten gelieferten Supportservices in einem *SAP-Rapid-Prototyping-Ansatz* Kunden dabei, schnell und risikominimiert neueste SAP-Entwicklungen und -Technologien auszuprobieren und Erfahrungen zu sammeln, um Einführungsvorhaben zu beschleunigen und fundierte Investitionsentscheidungen zu treffen.

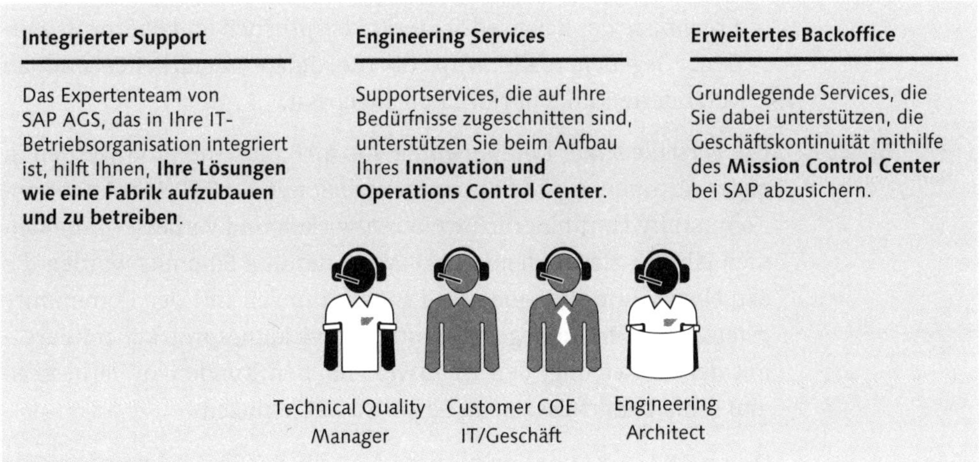

Integrierter Support	Engineering Services	Erweitertes Backoffice
Das Expertenteam von SAP AGS, das in Ihre IT-Betriebsorganisation integriert ist, hilft Ihnen, **Ihre Lösungen wie eine Fabrik aufzubauen und zu betreiben**.	Supportservices, die auf Ihre Bedürfnisse zugeschnitten sind, unterstützen Sie beim Aufbau Ihres **Innovation und Operations Control Center**.	Grundlegende Services, die Sie dabei unterstützen, die Geschäftskontinuität mithilfe des **Mission Control Center** bei SAP abzusichern.
Technical Quality Manager	Customer COE IT/Geschäft	Engineering Architect

Abbildung 5.4 Leistungsumfang von SAP MaxAttention

- **Erweitertes Backoffice**
  Elementare Services tragen wesentlich dazu bei, die Kontinuität des Geschäftsbetriebs zu gewährleisten, indem sie eine enge Integration der Innovation und Operations Control Center auf Kundenseite in das Mission Control Center auf SAP-Seite sicherstellen. Zusätzlich zur Integration können über das erweiterte Backoffice Zusatzleistungen wie ein Service Level Agreement mit garantier-

ten Antwortzeiten für Problemmeldungen und einem personalisierten Koordinator für geschäftskritische Problemfälle zur Verfügung gestellt werden. Zudem kann Expertise on Demand, d.h. Remotezugriff auf ein weltweites Netzwerk von SAP-Experten und -Entwicklern sowie Rufbereitschaft, vereinbart werden, um einen direkten Zugriff rund um die Uhr auf dedizierte Supportansprechpartner einzuplanen.

Governance Model
Um sicherzustellen, dass SAP MaxAttention auf die für den Kunden mehrwertstiftenden Aufgabenfelder fokussiert, wird das Engagement von einem ganzheitlichen Governance Model flankiert. Dieses besteht aus:

- *Balanced Scorecard*, in der die Ziele des Engagements – basierend auf gemeinsamen Key-Performance-Indikatoren (KPIs) – festgelegt werden
- *Roadmap/Aktionsplan*, die gemeinschaftlich abgearbeitet werden, um die definierten Ziele zu erreichen
- *Quartalsmeetings* auf Senior-Executive-Ebene, bei denen die Ergebnisse der Balanced Scorecard besprochen und überprüft werden. Gegebenenfalls wird die Roadmap überarbeitet und an veränderte Kundenprioritäten angepasst.

SAP-MaxAttention-Community
Die verschiedenen Komponenten von SAP MaxAttention werden in enger Abstimmung und Zusammenarbeit mit der SAP-MaxAttention-Community kontinuierlich weiterentwickelt und verbessert. Im Rahmen jährlich stattfindender SAP MaxAttention Summits werden die aktuellsten Informationen und Entwicklungen mit der Community geteilt, validiert und gemeinsame Entwicklungsprojekte initiiert – mit der Zielsetzung, den Mehrwert für den Kunden zu verbessern und seine Bedürfnisse noch besser zu unterstützen.

Durch SAP MaxAttention nimmt SAP Active Global Support für viele Kunden die Rolle eines *Trusted Advisor* und eines verantwortlichen Partners ein, mit dem sie gemeinsam das Ziel verwirklichen, ein *Best Run Business* zu werden.

Weitere Informationen zu SAP MaxAttention finden Sie im SAP Service Marketplace unter *http://service.sap.com/maxattention*.

»Ein Schritt, um die Innovationsfähigkeit zu verbessern, ist, das Design zu verbessern, weil wir glauben, dass Design auf die eine oder andere Weise zu Innovation führt.«
(Prof. Hasso Plattner, SAP-Mitbegründer, auf der SAP-PHIRE 2006)

6   Einsatz von Design Thinking in einem konkreten SAP-HANA-Kundenprojekt

In vielen Unternehmen werden die IT und die bestehenden Softwarelösungen – SAP und Non-SAP – als Hindernis für erforderliche geschäftliche Innovationen wahrgenommen. Die Ursache dafür wird sowohl in der Vielzahl kundenindividueller Modifikationen als auch im Fehlen von Kompetenzen und Ressourcen gesehen, die notwendig sind, um die bestehenden Lösungen anzupassen. Demgegenüber eröffnen gerade neue Technologien, wie z.B. die Datenbanktechnologie SAP HANA, nie da gewesene Möglichkeiten hinsichtlich geschäftlicher Innovationen. Um die dafür erforderlichen Strategien zu entwickeln und deren Umsetzung voranzutreiben, werden auch neue Wege der Zusammenarbeit beschritten.

SAP nutzt deshalb die Design-Thinking-Methode, einen Ansatz der *Hasso-Plattner-Institute* in Stanford und Potsdam, der dazu dient, innovative Herangehensweisen für die Entwicklung und Implementierung neuer Geschäftsmodelle zu finden. Design Thinking hat sich innerhalb der vergangenen zehn Jahre entwickelt und wird in letzter Zeit zunehmend als unverzichtbarer Bestandteil des Entwicklungsprozesses erfolgreicher Innovationen genannt. Ideale Lösungen und erfolgreiche Produkte haben immer drei Dinge gemeinsam (siehe Abbildung 6.1): Sie sind machbar aus technischer Sicht (*Feasibility*), sie sind wirtschaftlich (*Viability*), aber sie sind auch wünschenswert und attraktiv aus menschlicher Sicht (*Desirability*).

Was zeichnet erfolgreiche Produkte aus?

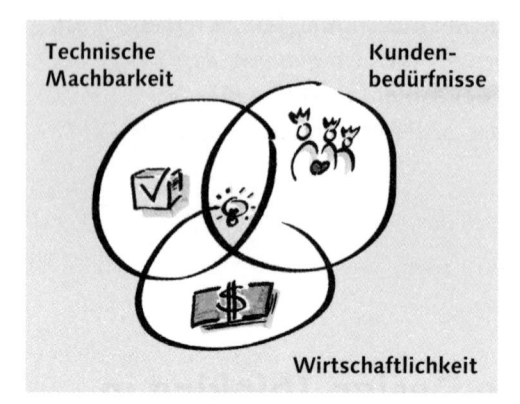

Abbildung 6.1 Was bedeutet Innovation?[1]

Die zunehmende Vernetzung der Welt führt zu innovativeren, aber auch komplexeren Technologien. Werden Technologien so komplex, dass sie nicht mehr zu handhaben sind, leidet die Akzeptanz darunter, d.h., im schlimmsten Fall werden die Lösungen nicht eingesetzt. Viele von uns kennen diese Situation aus den eigenen Unternehmen, in denen viel Aufwand, Zeit und Geld in Projekte oder Lösungen investiert wurden, die letztlich von den Anwendern offen oder stillschweigend abgelehnt wurden.

6.1 Design Thinking zur Lösung komplexer Fragestellungen

Design Thinking bietet als Prozess der Erkenntnisgewinnung und der ihm innewohnenden Outside-in-Perspektive, also einer Betrachtungsweise aus Sicht der Kunden, die Möglichkeit, die Ziele und die Bedürfnisse der Anwender, Kunden und Stakeholder zu verstehen, um diese bestmöglich in die Lösung für eine Problemstellung oder Design-Herausforderung zu integrieren. Dieses Verständnis ermöglicht Inspiration und Einsicht und bietet zusätzlich die Chance, Lösungen, Innovationen und Strategien hervorzubringen. Dabei liegt der Fokus beim Design Thinking immer auf der Attraktivität der

---

1 aus: Hildenbrand, Tobias; Gürtler, Jochen; Fassunge, Martin: *Scrum als Framework für die Produktinnovation.* In: *Agiles IT-Management in großen Unternehmen.* Hrsg. v. Hans-Peter Korn und Jean Pierre Berchez. Düsseldorf 2013. S. 191–212.

Lösung aus menschlicher Sicht. Basierend auf ersten Prototypen, fördert es darüber hinaus den Ideenaustausch. Diese Prototypen werden verwendet, um Lösungskonzepte mit den Anwendern und den technischen Experten zu validieren.

Die Design-Thinking-Methode wird üblicherweise in die folgenden sechs Phasen unterteilt[2] (siehe Abbildung 6.2):

Phasen von Design Thinking

1. **Verstehen**
   Der wichtigste Grundbaustein des Design-Thinking-Prozesses ist eine verständliche und genau definierte Problem- und Aufgabenbeschreibung. Der Erfolg des Prozesses hängt davon ab, ob für alle Beteiligten Aufgabe und Ziel klar und eindeutig beschrieben sind und ob die richtige Zielgruppe gefunden wurde. Anschließend legt die Design-Thinking-Gruppe die inhaltliche und zeitliche Priorisierung fest und definiert die Erfolgskriterien. Interdisziplinäre Teams sollten sich auf eine gemeinsame Begriffswelt einigen.

2. **Recherchieren**
   Das Design-Thinking-Team befragt einzeln die Mitglieder der vom Problem betroffenen Zielgruppe. Es versucht, anhand von Aussagen und non-verbalen Signalen der Befragten den Kern des Problems aus Sicht der Betroffenen zu verstehen und zu dokumentieren – und zwar in schriftlicher, visueller und gegebenenfalls auch akustischer Form.

3. **Synthetisieren**
   Das Design-Thinking-Team wertet gemeinsam alle bisher gewonnenen Informationen aus. Ziel ist es, eine gemeinsame Wissensbasis herzustellen. Es wird festgestellt, ob die gesammelten Daten ausreichend sind. Ein ganzheitlicher Prototyp eines Anwenders, eine sogenannte *Persona*, wird entworfen, für die eine Lösung gefunden werden soll. Mithilfe von Rollenspielen und Storytelling werden die Probleme greifbar und erkennbar gemacht.

4. **Ideen kreieren**
   Bei der Ideenfindung kommt es darauf an, in einer möglichst kurzen Zeit, in einem offenen, kreativen Prozess – normalerweise mit der Brainstorming-Methode – eine Vielzahl an Ideen zu entwi-

---

2 Nach Plattner, Hasso; Meinel, Christoph; Weinberg, Ulrich: *Design Thinking*. München 2009. S. 115–125.

ckeln. Dabei ist es wichtig, die Ideen erst nach Abschluss der kreativen Phase zu bewerten.

5. **Prototypisieren**
Die besten Ideen werden ausgebaut, verfeinert und zum Bau von Prototypen genutzt. Dabei sollten einfache Mittel verwendet werden – Zeit geht vor Perfektion. Mit den Prototypen werden Ideen greifbar gemacht. Ziel ist es nicht, den perfekten Prototyp zu bauen, sondern Stärken und Schwächen einer Idee zu begreifen. Die Erfahrung zeigt, dass zu perfekte Prototypen den weiteren kreativen Prozess und konstruktive Verbesserungsvorschläge eher hemmen.

6. **Testen**
Das Testen findet gemeinsam mit dem Design-Thinking-Team und den zukünftigen Anwendern statt. Ziel ist es, die Stärken und Schwächen einer Idee kennenzulernen und Entscheidungen bezüglich der Richtung der weiteren Entwicklung zu treffen. Häufig ergeben sich dabei überraschende neue Erkenntnisse. Es ist wichtig zu verstehen, dass dieser Lernprozess gewünscht ist – konstruktive Kritik ist in dieser Phase wichtiger als Lob für den Prototyp.

Auf diese Weise wird die Lösung iterativ zwischen den drei Aspekten *technische Machbarkeit*, *Wirtschaftlichkeit* und *Kundenbedürfnisse* gleichermaßen ausbalanciert, um die bestmögliche Lösung zu entwickeln und gleichzeitig alle Prozessbeteiligten zu integrieren. Als Grundlage dienen die Erfahrungen aller relevanten Geschäftssparten (Lines of Business) des Kunden und der SAP.

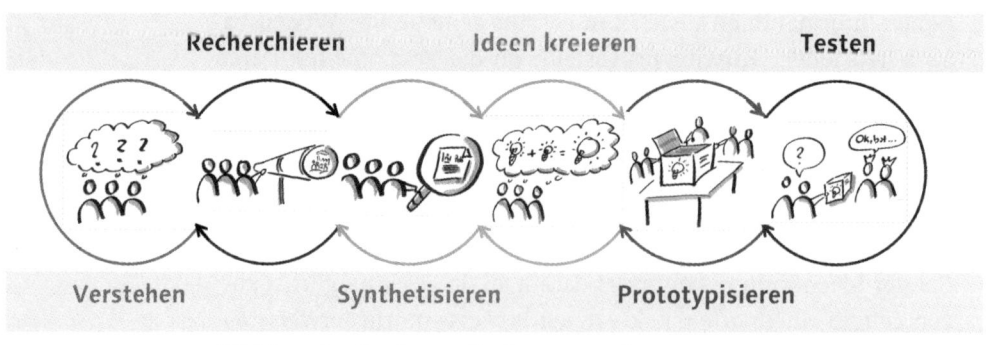

Abbildung 6.2 Der Design-Thinking-Prozess[3]

---

3 aus: Hildenbrand, Tobias; Gürtler, Jochen; Fassunge, Martin: *Scrum als Framework für die Produktinnovation*. In: *Agiles IT-Management in großen Unternehmen*. Hrsg. v. Hans-Peter Korn und Jean Pierre Berchez. Düsseldorf 2013. S. 191–212.

6.2 Einsatz in Premium-Supportengagements der SAP

Das Innovation Control Center schafft umfassende Transparenz über alle Anforderungen hinsichtlich neuer Geschäftsmodelle und neuer Prozesse. Das Ziel muss daher sein, pro Anforderung mithilfe der Design-Thinking-Methode gemeinsam mit den unterschiedlichen *Stakeholdern*, wie z.B. Lieferanten, Kunden und Verbrauchern, zunächst einen *360°-Review* (*Verstehen*) des zu optimierenden Prozesses oder Problembereichs durchzuführen. Die Ergebnisse daraus werden systematisiert, um dann im Rahmen der Ideengenerierungsphase (*Ideen kreieren*) so viele kreative Lösungsansätze wie möglich zu erarbeiten. Innerhalb der Phase, in der der eigene Standpunkt definiert wird (*Synthetisieren*) erfolgt die Fokussierung auf eine für alle Beteiligten tragfähige und zielführende Lösung. Nach der ersten Runde des Design Thinking kann mit dem Prototyping als Vorstufe einer finalen Lösung begonnen werden. Diese kann sehr schnell mithilfe der Bausteine, die SAP zur Verfügung stellt, realisiert werden.

Die Kombination von Design Thinking mit den SAP-Rapid-Prototyping-Services schafft die Möglichkeit, neue Geschäftsprozesse iterativ zu entwickeln und umzusetzen. Entscheidend für den Erfolg von Innovationsprozessen im Allgemeinen und Design Thinking im Besonderen ist, dass die Lieferanten, Kunden und Anwender bzw. die »Problemverantwortlichen« gleichermaßen die innovativen Lösungen mitgestalten – entweder aktiv durch die Teilnahme an Workshops oder passiv durch das Einbeziehen in der Beobachtungsphase.

6.3 Kundenbeispiel: Design Thinking in einem SAP-HANA-Projekt

Als *Design-Herausforderung* wurde das Ziel des Kunden postuliert, eine Echtzeit-Unternehmensstrategie umzusetzen, d.h. die Antwortzeiten für Partner und Mitarbeiter zu reduzieren, Transparenz zu schaffen und Prozesse zu automatisieren. Die Kernfrage lautete: Wie können wir Entscheidungsträgern im Unternehmen helfen, große Datenmengen in Echtzeit zu analysieren, um damit objektive Entscheidungsoptionen zu simulieren und relevante Entscheidungen zu

Ziel: Echtzeit-Unternehmensstrategie

treffen und nachzuverfolgen? Die Beschleunigung der bestehenden wie auch neuer Prozesse, die durch *In-Memory-Computing powered bei SAP HANA* ermöglicht wird, trägt dazu bei, dass sich nun Lösungen herauskristallisieren, die vorher nicht denkbar waren.

Im Vorfeld wurde die Design-Herausforderung mit allen Beteiligten detailliert diskutiert und eine ausführliche Bestandsaufnahme der Kundenlösung und der neuen Anforderungen durchgeführt (*Verstehen*). Im Anschluss daran erarbeitete ein interdisziplinäres Team, bestehend aus Teilnehmern des Kunden und der SAP, die Ergebnisse mittels eines Design-Thinking-Workshops.

Design-Thinking-Workshop

Bei der Zusammensetzung des Teilnehmerkreises wurde großer Wert darauf gelegt, dass alle relevanten Bereiche des Kunden vertreten waren: stellvertretender Leiter der IT-Abteilung, IT-Architekt, leitender Projektingenieur Energiemanagement-System, Leiter der Projektgruppe industrielle Systeme, stellvertretender Leiter der Abteilung elektrische Energie, leitender Ingenieur Entscheidungssysteme und Softwareentwickler. Von SAP-Seite wurden neben dem Technical Quality Manager und dem Design-Thinking-Coach Experten aus der SAP-HANA-Entwicklung, der SAP Industry Business Unit (IBU) und dem SAP-Produktmanagement einbezogen.

Die Agenda des Workshops wurde im Vorfeld gemeinsam festgelegt:

- Einführung in die Design-Thinking-Methode
- gemeinsame Validierung der Design-Herausforderung
- Anwendungsbeispiele, Anwenderidentifikation und -beschreibung
- Phase der Ideenentwicklung – Erarbeitung multipler Lösungsansätze in mehreren Untergruppen
- Definieren des Standpunkts – teamübergreifende Abstimmung über technische Machbarkeit und Wirtschaftlichkeit der Lösungsansätze sowie deren Ausrichtung auf Kundenbedürfnisse
- Fokussierung auf die zielführende Lösung und Erstellung erster Prototypen in Untergruppen
- Validierung der Prototypen – teamübergreifend
- Präsentation und Vereinbarung der nächsten Schritte

Abbildung 6.3 Darstellung der Design-Herausforderung (Graphic Recorder: Sandra Schulze)

Durch diesen Design-Thinking-Workshop haben erstmals alle relevanten Bereiche des Kunden sowie alle SAP-Experten ein gemeinsames Verständnis erarbeitet, wie die zukünftige Lösung aussehen soll. Abbildung 6.3 stellt die Design-Herausforderungen dar. Im Anschluss daran wurden konkrete Schritte festgelegt und ein Co-Innovationsprojekt mit der SAP-HANA-Entwicklung, SAP AGS und dem Kunden definiert. Die Grundlage für eine Realtime-Enterprise-Lösung, basierend auf der SAP-HANA-Datenbanktechnologie, wurde geschaffen, und die Bereitschaft aller Beteiligten, an diesem anspruchsvollen Ziel aktiv mitzuwirken, ist vorhanden. Die Methode Design Thinking hat sich aus Sicht aller Beteiligten als zielführend erwiesen und wird auch in den anschließenden Projektphasen zum Einsatz kommen.

Der erfolgreiche Einsatz der Design-Thinking-Methode und die positive Resonanz seitens der Projektbeteiligten haben auch in der Füh-

Ergebnisse

rungsebene des IT-Managements des Kunden Beachtung gefunden, sodass mittlerweile weitere Workshops zu anderen kundenspezifischen Themen stattgefunden haben. Darüber hinaus evaluiert das Unternehmen, Design Thinking als Methode für innovative Fragestellungen im Rahmen des eigenen *Application Lifecycle Management* zu etablieren und anzuwenden.

»Customer Validation of SAP PPM5.0 minimizes risks on follow up projects. The Fit of Future business needs and product quality was directly validated from inhouse process experts. Tight interaction between key user feedback and SAP development was a significant success factor for SAP and Krones.«
(Armin Eberhardt, Krones AG)

7 Hohe Produktqualität als Grundlage für erfolgreichen Support

Wie schafft es SAP, einen hohen Qualitätsstandard vor der Markteinführung ihrer Produkte sowie deren kontinuierliche Verbesserung und proaktiven Support sicherzustellen und damit dem Kunden ein ausgereiftes Supportportfolio anzubieten? SAP ist sich bewusst, dass sie Software entwickelt, die entscheidend für den Geschäftserfolg ihrer Kunden ist. Damit einhergehend trägt SAP eine hohe Verantwortung und kann daher keine Kompromisse beim Thema Qualität eingehen. Die Antwort auf die eingangs gestellte Frage lautet, dass die Durchführung qualitätssichernder Maßnahmen während der Entwicklung und vor der Freigabe neuer Produkte und Produktversionen einen besonderen Stellenwert bei SAP genießt und höchste Priorität hat.

Qualitätssicherung hat höchsten Stellenwert

Diese Grundvoraussetzung hat auch dazu geführt, dass SAP in ihrer über 40-jährigen Unternehmensgeschichte mit aktuell mehr als 248.500 Kunden weltweit noch kein Produkt zurückrufen musste. In anderen Industrien ist eine gegenläufige Tendenz festzustellen: So war z.B. die Anzahl der Rückrufe in der Automobilbranche im Jahr 2012 erneut auf einem Rekordniveau. In den USA wurden 15,6 Millionen Pkw und leichte Lastwagen in die Werkstätten gerufen, das sind rund 1,1 Millionen mehr als im Jahr zuvor.[1]

Einfluss globaler Trends hinsichtlich der Qualitätssicherung

---

[1] Nach Kröger, Michael: *Autoindustrie: Rückrufaktionen erreichen Rekord*. Abrufbar unter: http://www.spiegel.de/auto/aktuell/autoindustrie-rueckrufaktionen-2012-auf-rekordniveau-a-883625.html. Abruf am: 25.06.2013.

Ein Erfolgsgeheimnis ist unter anderem SAPs hochinnovativer Ansatz bei der Qualitätssicherung, unter Berücksichtigung aktueller globaler Trends wie z.B. immer größere Datenmengen (*Big Data*), mobile Technologien und das Auslagern vieler Geschäftsprozesse in die Cloud. Bei gleichbleibend hohen Qualitätsansprüchen der Kunden ist jedoch eine Komplexitätserhöhung der Rahmenbedingungen zu verzeichnen. Dies spiegelt sich vor allem in immer kürzer werdenden Produktlebenszyklen, neuen und sehr mannigfaltigen Technologien sowie einer größeren Architekturvielfalt wider. So ist es heute nicht mehr möglich, Qualität zu sichern wie vor 20 Jahren. Durch neue Technologien wie SAP HANA, die Kunden z.B. das Erschließen neuer Geschäftsfelder durch die Auswertung bisher unausgewerteter Datenmengen ermöglicht, und den verstärkten Einsatz cloud-basierter Lösungen bekommt Qualität ein noch größeres Gewicht. Für das Qualitätsmanagement bedeutet dies im Umkehrschluss jedoch auch einen höheren Aufwand zur Sicherung der Qualität, mit dem Ziel, fehlerfreie Software zu liefern. Bei Lösungen in der Cloud wird bei der Auslieferung von Software-Updates sofort die gesamte Kundenbasis bedient. Auf diese Weise können Kunden ohne Zeitverzug auf neue Funktionen zugreifen; bei Fehlern in der Software hat dies aber auch unmittelbare Auswirkung auf alle Kunden, die die betroffene Lösung einsetzen. Dadurch steigen die Anforderungen an die Qualitätssicherung vor der Markteinführung des Produkts.

Ganzheitlicher Lösungsansatz

Die meisten Kunden haben eine diversifizierte Systemlandschaft mit verschiedenen SAP-Lösungen im Einsatz. Wichtig ist daher, dass der Fokus der Qualitätssicherung auf dem *Gesamtlösungsszenario* liegt und nicht darauf, dass zwar Einzelteile der Lösung funktionsfähig sind, aber der End-to-End-Prozess letztlich fehlerhaft ist. In diesem Kapitel wird auf diesen Zusammenhang näher eingegangen, und es werden qualitätssichernde Maßnahmen im Überblick vorgestellt, die neue SAP-Produkte bzw. -Produktversionen vor der Markteinführung durchlaufen.

7.1 Produktqualität und Support eng verknüpft

Hohe Produktqualität als Voraussetzung für einen guten Support

Eine hohe Produktqualität stellt stets auch die Voraussetzung für einen erfolgreichen Support dar. Bei qualitativ schlechten Produkten ist der Support weitestgehend mit der Beseitigung von Fehlern und der Bearbeitung von Kundenmeldungen beschäftigt, was einer reaktiven Wartung entspricht. Bei einer hohen Produktqualität hingegen wird proaktiver Support ermöglicht – im Sinne einer vorausschauenden Optimierungsunterstützung beim Kunden zur Identifizierung potenzieller Schwachstellen, bevor diese zu Systemfehlern führen – und somit Mehrwert für den Kunden geschaffen. Um der Supportorganisation den nötigen Spielraum für proaktiven Support und die damit verbundenen kontinuierlichen Verbesserungen der Software zu ermöglichen, muss von Beginn an ein hoher Qualitätsstandard der Produkte gegeben sein. Ein wesentlicher Aspekt dabei ist das Feedback aus dem Support, wodurch konkrete Kundenfälle/-probleme sowohl in die Validierung als auch in die Produktverbesserung von Folge-Releases einfließen. Je kürzer die Innovationszyklen werden, desto wichtiger ist die Qualitätssicherung der auszuliefernden Lösungen. Gründe dafür sind sich verändernde Rahmenbedingungen aufgrund neuer Technologien und sich ständig ändernde Kundenbedürfnisse, auf die SAP mit innovativen Produkten wie SAP HANA, mobilen Lösungen oder Geschäftsprozessen in der öffentlichen oder privaten Cloud reagiert.

Abbildung 7.1 verdeutlicht schematisch den Kreislauf zur Sicherstellung einer hohen Produktqualität.

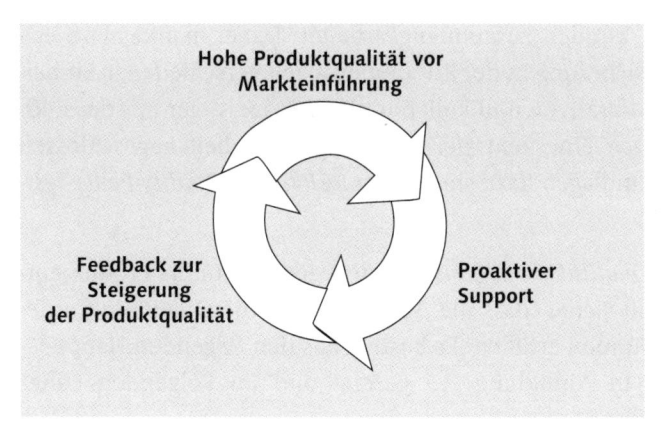

Abbildung 7.1 Kreislauf zur Sicherstellung einer hohen Produktqualität

7.2 Qualitätssicherung bei SAP

Da Qualität ein essenzieller Teil der SAP-DNA ist, verfolgt jeder Mitarbeiter der SAP die Vision, stets qualitativ hochwertige Lösungen zu liefern, die an den Bedürfnissen der Kunden ausgerichtet sind.

Qualität als essenzieller Teil der SAP-DNA

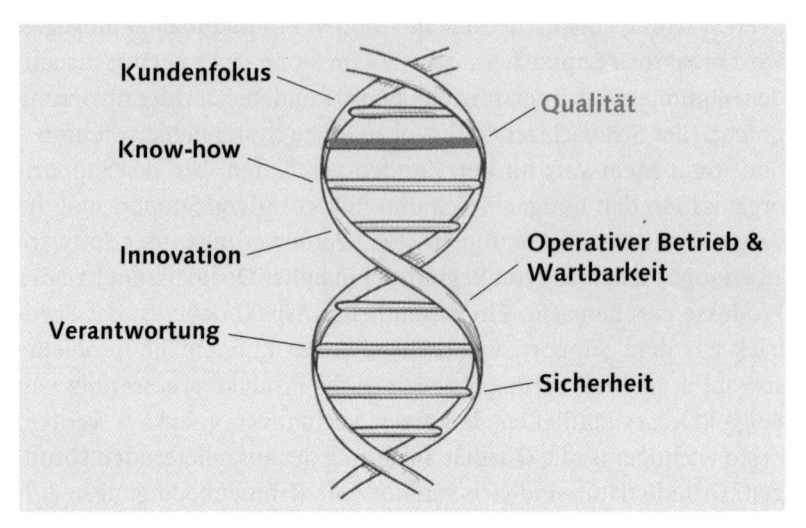

Abbildung 7.2 Qualität als essenzieller Bestandteil der SAP-DNA

Qualität aus Kundensicht

Bei SAP ist der Begriff *Qualität* immer als *Qualität aus Kundensicht* definiert. Das heißt, es gibt keine SAP-interne Definition, sondern sie orientiert sich immer an der Bewertung der Qualität durch SAP-Kunden und -Anwender. Um diesem Leitsatz gerecht zu werden, wird über den gesamten Produktentwicklungs- und Freigabeprozess hinweg eng mit Kunden zusammengearbeitet. Dabei manifestiert sich die Qualitätssicherung in der Zusammenarbeit verschiedener Einheiten in einem iterativen und kollaborativen Prozess, der mit der Endkontrolle durch eine zentrale, unabhängige Einheit abgeschlossen wird. Die Grundlagen dazu sind in der *SAP Global Quality Policy* festgeschrieben.

Das *zentrale Qualitätsmanagement-System* der SAP für die Produktentwicklung stellt sicher, dass die Anwendungen die Qualitätsanforderungen der Kunden erfüllen. Es besteht aus den folgenden Hauptelementen, die in Abbildung 7.3 gezeigt und im Folgenden näher erläutert werden:

- **Kundensicht**
  SAP sieht Qualität stets als Qualität aus Kundensicht. Sie wird mit einer eigens entworfenen Kennzahl gemessen, die die Wahrnehmung der Produktqualität bei den Kunden sichtbar macht. Bei speziellen Terminen, Interviews und Umfragen können Kunden gezielt Feedback zu verschiedensten Qualitätsaspekten direkt an die Entwicklungs- und Qualitätsorganisation geben.

- **Produktqualität**
  SAP hat *Produktstandards* als Qualitätskriterien für alle Produkte definiert. In ihnen werden die Anforderungen an Produkte in Bezug auf die Funktionsfähigkeit und Vollständigkeit und darüber hinaus auch wichtige Faktoren wie die IT-Sicherheit, die Benutzerfreundlichkeit sowie die Dokumentation festgelegt. Sie beinhalten außerdem alle Richtlinien zur Softwarearchitektur und zu den Anwenderschnittstellen sämtlicher Produkte.

- **Prozessqualität**
  Die *Prozessstandards* definieren, wie SAP ein Produkt entlang seines gesamten Lebenszyklus entwickelt, testet/validiert und wartet. Anhand definierter *Quality Gates* entlang der verschiedenen Prozessphasen wird die Einhaltung der geforderten Qualitätskriterien, – etwa Produktstandards, gesetzliche Vorgaben, internationale Standards und Industriestandards – überprüft.

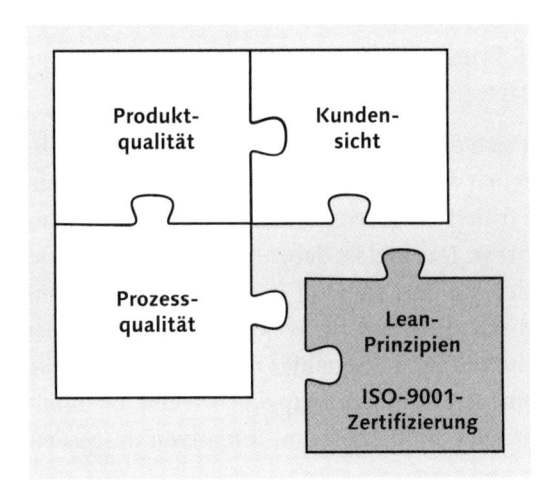

Abbildung 7.3 Die Elemente des Qualitätsmanagements bei SAP

Zur fortlaufenden Verbesserung der Prozesse und Produkte nutzt SAP Lean-Management-Methoden. Dadurch wird die Verantwortung für die Produktqualität verstärkt in die einzelnen Entwicklungsteams übertragen, was gleichzeitig einem der Eckpfeiler der Lean-Management-Philosophie entspricht. So stellt die Förderung und Weiterentwicklung der Mitarbeiter ein zentrales Element des Qualitätsmanagement-Systems der SAP dar. Es gibt spezielle Weiterbildungsmöglichkeiten für alle Mitarbeiter, unabhängig von der Hierarchieebene bzw. Rolle im Unternehmen, wodurch aktuelle Trends durch gezielte Fortbildungen,

Mehr Verantwortung und Weiterbildung für Mitarbeiter

z.B. zu Lean-Management, SAP HANA oder Design Thinking, gefördert werden.

Hinsichtlich der Frage, wie es SAP schafft, eine hohe Produktqualität sicherzustellen, und mit Blick auf den daraus resultierenden Erfolg der Qualitätssicherung bei SAP lassen sich zusammenfassend vier wesentliche Aspekte herausstellen:

- Als Voraussetzung muss die Qualität insgesamt über alle Ebenen im Unternehmen und bei jedem Mitarbeiter einen hohen Stellenwert haben.
- Auf der praktischen Ebene erfordert dies standardisierte Prozesse und Qualitätsmerkmale, die von allen Mitarbeitern gelebt werden; also *Built-In Quality* in dem Sinne, dass Qualität von Anfang an geplant sein muss.
- Kunden und Partner werden früh in den Qualitätssicherungsprozess eingebunden.
- Durch das Vier-Augen-Prinzip wird sichergestellt, dass nicht nur ein Bereich die Qualitätsverantwortung trägt.

Proaktive vs. reaktive Wartung

In den letzten Jahren hat sich die Qualitätssicherung stark gewandelt. War sie früher z.B. lediglich als Endkontrolle vorgesehen, wird sie dagegen heute sehr viel früher eingesetzt und steht begleitend zum Produktentwicklungsprozess. Das Ziel ist dabei stets, Produkte heute so vorzubereiten, dass der Support sich auf proaktive Maßnahmen konzentrieren kann und der Aufwand für reaktiven Support durch die Sicherstellung einer hohen Produktqualität minimiert wird. Dies ist gleichzeitig auch als eine Art visionärer Aspekt zu sehen, da durch die gewonnene Kapazität neue Methoden und Initiativen umgesetzt werden können.

7.3 Maßnahmen der Qualitätssicherung im Detail

Spezifika des Qualitätsmanagements bei SAP

Wie bereits erwähnt, umfasst das Qualitätsmanagement-System der SAP Regeln für Prozess- und Produktstandards, um eine hohe Produktqualität sicherzustellen. Diese Regeln entsprechen gesetzlichen Vorgaben (z.B. internationale Rechnungslegungsvorschriften), internationalen und Industriestandards (z.B. ISO 9001), und sie enthalten SAP-spezifische Qualitätskriterien (z.B. für IT-Sicherheit und Supportfähigkeit). Die Qualitätskriterien werden am Ende jeder Entwicklungsphase in den *Quality Gates* überprüft. Sie sind die Grundlage für die Freigabe an den Markt. Bereits während der Entwicklungsphase wird über die Anforderungen an die Softwareentwicklung, die auf den Produktstandards basieren, sichergestellt, dass Systemkonfiguration und technische Installation beim Kunden weitestgehend problemlos möglich sind. Klar definierte Prozesse sichern auch im Service und Support diese hohe Qualität ab. Bereits in der Ramp-Up-Phase sind *Primary und Development Support* eingebunden, um Kundenmeldungen zu bearbeiten. Das Qualitätsmanagement-System bildet einen Rahmen, der von allen Entwicklungsteams, unabhängig davon, an welcher Lösung sie arbeiten und an welchem Standort sie lokalisiert sind, umgesetzt wird. Auf diese Weise ist gewährleistet, dass SAP auf unterschiedliche Markt- und Kundenanforderungen flexibel reagieren kann und die in Abschnitt 7.3 genannten Maßnahmen an die jeweilige SAP-Lösung angepasst werden können.

SAP betrachtet Produktqualität immer aus der Sicht der Kunden. Die Validierung des Produkts während und nach der Entwicklungsphase spielt eine wichtige Rolle, um die Berücksichtigung dieser Kundensicht sicherzustellen. Abbildung 7.4 gibt einen Überblick über die Prozessschritte der Qualitätssicherung bei SAP. Im Anschluss werden ausgewählte Prozessschritte näher erläutert.

Prozessschritte des Qualitätsmanagements

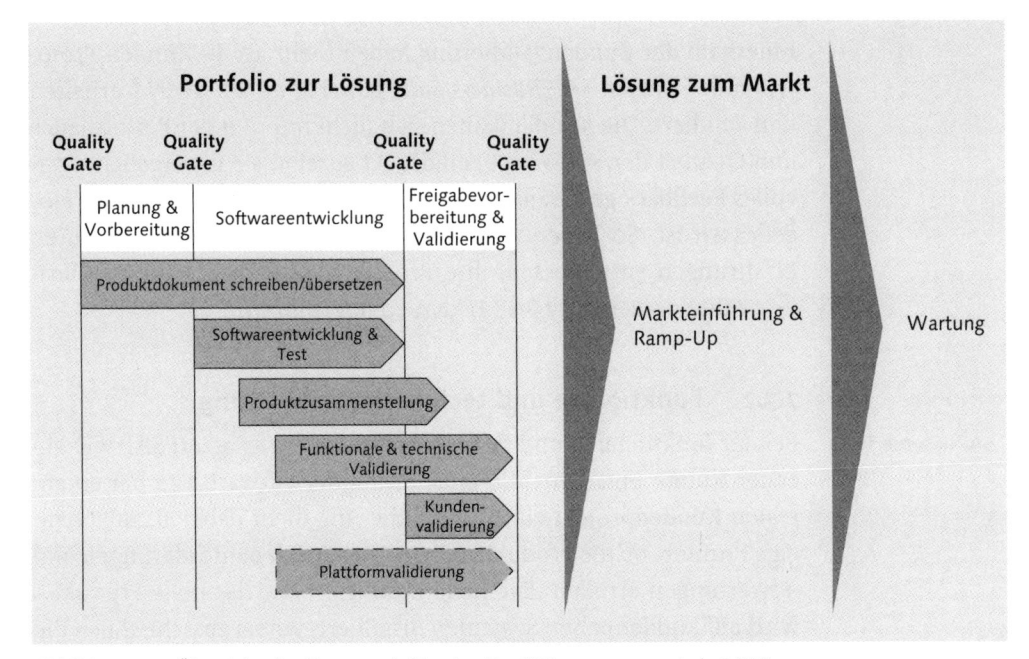

Abbildung 7.4 Übersicht der Prozessschritte des Qualitätsmanagements bei SAP

7.3.1 Kundenvalidierung

Kunde testet Prototyp

Die Kundenvalidierung beschreibt das frühzeitige Validieren neuer Software(versionen) anhand konkreter Kundenszenarien noch vor der Markteinführung mit einem Prototyp der finalen Softwareversion. Der Kunde testet dabei die SAP-Lösung im Kontext seiner Gesamtsystemlandschaft mit seinem Datenmodell zur Validierung eines anschließenden Implementierungsprojekts. Ziel ist es, ein frühes Feedback zur Qualität der Lösung aus Sicht des Kunden zu bekommen. Gleichzeitig lassen sich mögliche Abhängigkeiten in der Systemlandschaft des Kunden frühzeitig identifizieren. SAP unterstützt den Kunden in dieser Phase durch direkte Einbindung der Entwicklung und qualifizierte Beratung.

Das Kundenvalidierungsprojekt umfasst das strukturierte, kundenseitige Testen der Installation und der Konfiguration sowie Regressionstests und das Testen der neuen Funktionen. Außerdem ermöglicht es Erstanwenderkunden (Early Adopter Customers), bei minimiertem Risiko frühzeitig neue SAP-Produkte zu validieren. Die vom Kunden so identifizierten Produktfehler werden seitens der SAP-Entwicklung im Rahmen des Projekts korrigiert, um so den fehlerfreien Ablauf der Kundenprozesse sicherzustellen und die Qualität der Software bei der Markteinführung weiter zu erhöhen.

Innerhalb der Kundenvalidierung haben mehr als 40 Kunden Prototypen der finalen *SAP Business Suite powered by SAP HANA* erhalten und validiert. Die Kunden haben sich nicht nur von der Performance und Qualität der Software beeindruckt gezeigt, sie haben auch wertvolles Feedback gegeben, das in die weitere Produktentwicklung eingeflossen ist. So haben sich viele der Kunden aufgrund der guten Erfahrungen entschlossen, ihre Produktivlandschaften in SAP Business Suite powered by SAP HANA zu überführen.

7.3.2 Funktionale und technische Validierung

SAP-interne Tests

Bei der funktionalen und technischen Validierung agiert SAP wie ein erster Kunde und führt die entsprechende Software wie bei einem realen Kundenprojekt ein. Die Validierung dient dabei als unabhängige Prüfung, ob die Produkte der SAP die Kundenanforderungen und -erwartungen erfüllen. Die neue Lösung – bzw. das neue Produkt – wird auf kundennahen Systemen installiert, wobei ausschließlich die Software und Dokumentation zum Einsatz kommen, die später auch den Kunden zur Verfügung stehen. Die funktionale und technische Validierung ist Teil des Produktionsprozesses, der sowohl die Zusammenstellung aller Softwarekomponenten zur finalen Produktversion umfasst als auch das Einrichten und Testen der Upgrade- und Installationswerkzeuge sowie die Validierung ausgewählter Geschäftsszenarien. Dadurch wird ein komplettes Implementierungsprojekt aus Sicht eines ersten Kunden durchgeführt – inklusive Installation, Konfiguration, durchgängiger funktionaler Integrationstests, Konformitätsprüfungen sowie Tests zur IT-Sicherheit. Konkret werden die folgenden Prüfungen durchgeführt:

- Testen von Upgrade-, Installations- und Patch-Prozeduren und -Werkzeugen auf allen relevanten Plattformen (Kombinationen von Betriebssystem- und Datenbankversionen)
- Prüfungen hinsichtlich interner Produktstandards, z.B. IT-Sicherheit, Konformitätsprüfung, Wartbarkeit, Performance
- kundennahe Tests kritischer Produktfunktionen und Geschäftsszenarien

Als Ergebnis der internen Validierung werden alle Testergebnisse und Empfehlungen in einem Validierungsreport zusammengefasst, der eine wichtige Grundlage für die Freigabeentscheidung ist.

7.3.3 SAP Ramp-Up

SAP Ramp-Up bildet als kontrollierte Markteinführung neuer Standardprodukte und Produktversionen einen wesentlichen Bestandteil des Qualitätsmanagements der SAP. Produkte werden nur für die kontrollierte Markteinführung freigegeben, wenn sie die festgelegten Qualitätsstandards bereits erfüllen, das erzielte Qualitätsniveau den definierten Anforderungen an ein massenmarktfähiges, für den produktiven Betrieb freigegebenes Produkt entspricht und die oben genannten Schritte durchlaufen wurden. In dieser Phase haben ausgewählte Kunden die Möglichkeit, neue Produkte zu implementieren und produktiv zu nutzen. Dabei erhalten sie besondere Unterstützung durch die gesamte Supportorganisation der SAP, die in dieser Phase sehr eng mit der Entwicklungsorganisation und der Qualitätssicherung zusammenarbeitet. Außerdem werden umfangreiche Informationsmaterialien, wie z.B. E-Books und Trainingsvideos, zum *Wissenstransfer* zur Verfügung gestellt, wodurch ein essenzieller Wis-

Kontrollierte Markteinführung

sensvorsprung für Kunden im Ramp-Up entsteht. Durch die enge Zusammenarbeit der SAP mit den Kunden in dieser Phase entsteht ein direkter Feedbackkanal über die Produktqualität, den funktionalen Umfang der Lösung sowie den produktiven Einsatz und die *Massenmarktreife* insgesamt. Nach Abschluss der Ramp-Up-Phase liefern die erzielten Ergebnisse die Entscheidungsgrundlage für die Freigabe für den Massenmarkt.

Darüber hinaus wird im SAP Ramp-Up auch gezielt Kundenfeedback zu den Implementierungsmaterialien, die im SAP Solution Manager zur Verfügung stehen, eingeholt, um sie, darauf basierend, kundennah verbessern zu können.

SAP nimmt selbst an Kundenvalidierungen und an Ramp-Up-Projekten teil, mit dem Ziel, als einer der ersten Produktivkunden überhaupt das neue Produkt einzusetzen (z.B. SAP CRM on SAP HANA im Rahmen der Initiative »SAP runs SAP«).

7.3.4 Plattformvalidierung

Validierung durch SAP-Partner

Ein Hauptaspekt der Qualitätssicherung ist das Feedback von außen, was bei der Plattformvalidierung durch die Einbeziehung von SAP-Partnern gegeben ist. Die Plattformvalidierung nimmt einen besonderen Stellenwert bei SAP ein. Ziel der Plattformvalidierung ist es, die SAP-Entwicklungsplattformen auf die Aspekte zu prüfen, die aus Sicht von Partnern und deren Entwicklern für den Erfolg entscheidend sind. Die Partner agieren als ideale Tester und Validierer, da sie die Plattformlösungen selbst als Entwicklungsumgebung für die Anwendungsentwicklung nutzen.

Das Vorgehensmodell besteht darin, sich selbst in die Lage dieser Entwickler zu versetzen und eine Applikation auf der Plattform zu entwickeln. Dies erfolgt in enger Zusammenarbeit mit den Partnern: Entwickler des Partners arbeiten Hand in Hand mit Entwicklungsberatern der SAP. Das Ergebnis dieser engen Kooperation sind konkrete Verbesserungsvorschläge, die in die Weiterentwicklung der Plattform einfließen.

Vorteile für die Partner sind der enge Austausch mit SAP-Experten und die Möglichkeit, Rückmeldung zu geben und Verbesserungsvorschläge einzureichen. Darüber hinaus erhält der Partner bereits vor der offiziellen Freigabe einen tiefen Einblick in die jeweilige Plattform und somit einen Wettbewerbsvorteil. Dabei werden folgende Bereiche aus der Partnerperspektive betrachtet: der Einstieg in die Plattform, die Entwicklerproduktivität, die Auswirkungen auf das Geschäftsmodell, die Standardisierung sowie die Fehleranalyse und -korrektur. Das Ergebnis der Plattformvalidierung ist eine fundierte Aussage, ob die Plattform aus Sicht ihrer Hauptkonsumenten, den SAP-Partnern, für die Freigabe geeignet ist oder an welchen Stellen sie noch verbessert werden muss.

7.4 Qualitätssicherung am Beispiel von SAP HANA und mobilen Anwendungen

Die bisher beschriebenen Standards zur Qualitätssicherung können an die spezifischen Anforderungen innerhalb der verschiedenen Produktkategorien flexibel angepasst werden, was im Folgenden beispielhaft an den Besonderheiten für *SAP HANA* und für mobile Lösungen aufgezeigt wird. Hervorzuheben sind die erweiterten Möglichkeiten der auf SAP HANA basierenden Produkte für die *Verarbeitungsgeschwindigkeit* (Leistung) und die *IT-Sicherheit*.

Leistung

SAP hat Qualitätskriterien festgelegt, die eine hohe Verarbeitungsgeschwindigkeit und eine hohe Skalierbarkeit der Softwarekomponenten sowie der Geschäftsszenarien und Geschäftsprozesse sicherstellen. Diese gelten sowohl für neue Entwicklungen als auch für Erweiterungen und beinhalten auch konkrete Programmierrichtlinien und -regeln.

Den Schwerpunkt bilden das Messen der Verarbeitungsgeschwindigkeit und die Analyse der Messergebnisse mit geeigneten Mess- und Analysewerkzeugen. Um relevante Messergebnisse zu erhalten, werden speziell entwickelte Tests ausgeführt, wie z. B. Skalierungstests mittels stetiger Erhöhung der zu verarbeitenden Daten bei transaktionalen Funktionen. Darüber hinaus werden ständig aktualisierte Erfahrungsberichte und Richtlinien zur Verfügung gestellt, um die SAP-HANA-Produkte während der Entwicklung zu optimieren.

SAP HANA wird in unterschiedlichen Geschäftsszenarien sowie in unterschiedlichen Softwarearchitekturen verwendet, und dies führt zu strengeren Anforderungen für die IT-Sicherheit von SAP-HANA-Produkten. Das zentrale SAP-Team für IT-Sicherheit wird dabei auch

IT-Sicherheit

von externen IT-Sicherheitsexperten unterstützt, und es werden verschiedene Methoden der Qualitätssicherung genutzt. Vor dem Start der Softwareentwicklung wird neben Reviews von Softwarearchitektur und Entwicklungskonzepten auch konkretes *Coaching* eingesetzt. Während und am Ende der Softwareentwicklung kommen weitere Maßnahmen zum Einsatz: *Code Scan, Black- und Greybox Penetration Tests, Code Reviews*. Informationen zu Sicherheitslücken und deren Beseitigung werden allen Entwicklungsteams sofort zur Verfügung gestellt. Identifizierte Schwachstellen werden klassifiziert, behoben und umfassend dokumentiert.

Insgesamt sind alle Maßnahmen der Qualitätssicherung bei SAP-HANA-Produkten weiterentwickelt und verbessert worden, insbesondere bei den *Integrationstests*, die kontinuierlich über alle Entwicklungsphasen ausgeführt werden. Außerdem nimmt die *Testautomatisierung* einen sehr hohen Stellenwert ein.

Auch für mobile Anwendungen hat SAP gezielt Qualitätskriterien festgelegt. Abgedeckt werden die verschiedensten mobilen Plattformen (z. B. iOS, Android) und deren Referenzanwendungen auf Backend- oder Middleware-Systemen. Den Schwerpunkt bilden die Qualitätskriterien für Zugänglichkeit (Accessibility) der mobilen Anwendung, Verarbeitungsgeschwindigkeit (Performance), IT-Sicherheit und Dokumentation.

7.5 Zusammenfassung

Den Ausgangspunkt dieses Kapitels bildete die Frage, wie SAP es schafft, ihren hohen Qualitätsstandard bereits vor der Markteinführung der Produkte sowie deren kontinuierliche Verbesserung und proaktiven Support sicherzustellen. Um eine Antwort zu finden, wurde speziell auf die Durchführung qualitätssichernder Maßnahmen während der Entwicklung und Freigabe neuer Produkte und Produktversionen eingegangen. Im Mittelpunkt steht dabei das *zentrale Qualitätsmanagement-System* der SAP für die Produktentwicklung, das sicherstellt, dass die Anwendungen die Qualitätsanforderungen der Kunden erfüllen. Dabei legt SAP sehr großen Wert darauf, die Qualitätssicherung so früh wie möglich in den Produktentwicklungszyklus einzubauen (*Built-in Quality*). Durch die Kombination aus *externer und interner Qualitätssicherung*, inklusive der frühen Einbeziehung von

Kunden und Partnern und des hohen Stellenwerts der Qualität bei allen Mitarbeitern, hat SAP auf diese Weise ein Umfeld etabliert, das dem Kunden Produkte in kontinuierlich hoher Qualität garantiert. Gleichzeitig wird durch das etablierte Qualitätsmanagement-System die Supportorganisation effektiv unterstützt, um eine proaktive Wartung der Produkte zu gewährleisten. Wichtig ist auch, das Qualitätsmanagement-System kontinuierlich weiterzuentwickeln, um dadurch den technologischen Anforderungen, aber auch den Kundenanforderungen, gerecht zu werden und so die innovative Vorreiterfunktion der SAP zu erhalten. Insgesamt stellt dies ein Erfolgsrezept dar, das auch von Kundenseite wertgeschätzt wird:

> »With SAP Ramp-Up, we avoided problems that otherwise might have disrupted business. I call that a success.«
>
> Grant Smith, Senior Project Manager, Centrica plc

Anhang

A Glossar 275
B Bibliographie 283
C Herausgeber und Autoren 285

A Glossar

Americas' SAP Users' Group (ASUG) Unabhängige Organisation aus SAP-Anwenderunternehmen in Nordamerika, die ihren Mitgliedern Gelegenheit zum Informationsaustausch, Wissenstransfer, Networking und zur Einflussnahme auf SAP bietet. ASUG ist die größte Anwendervereinigung von SAP-Kunden.

Application Lifecycle Management (ALM) Prozesse, Werkzeuge, Services und Organisationsmodell für die Verwaltung von SAP- und Fremdsoftware während des gesamten Lebenszyklus einer Lösung – von der Idee bis zur Ablösung. Der von SAP empfohlene Ansatz für das Application Lifecycle Management ermöglicht Unternehmen, Innovationen von SAP schnell einzuführen und optimalen Nutzen aus ihren Geschäftslösungen zu ziehen.

Ariba Führender Anbieter cloud-basierter Handelsnetzwerke, der von SAP 2012 übernommen wurde. Alle cloudbezogenen Beschaffungslösungen der SAP werden nun unter Ariba vereint.

Best Practice Managementkonzept, bei dem ein Verfahren entwickelt wird, das ein gewünschtes Ergebnis am effektivsten erzielt. SAP-Anwendungen nutzen Best Practices, um Kunden zu helfen, gängige Geschäftsprozesse durch Software und Technologie zu automatisieren.

Big Data Riesige Datenmengen, die von Milliarden miteinander vernetzter Endgeräte und Personen erzeugt werden und gewaltige Mengen von Informationen über ihr Verhalten, ihren Standort und ihre Aktivitäten beinhalten. Unternehmen sind angesichts dieser Datenvolumina gezwungen, Technologiearchitekturen und Datenbankstrukturen neu zu überdenken.

Build SAP Like a Factory Methode zur Minimierung der Implementierungs- und Betriebskosten durch die Reduktion von Abweichungen von der SAP-Standardsoftware und die Vermeidung unnötiger Modifikationen.

Cloud-Computing Oberbegriff für flexible IT-Services wie Speicherkapazitäten, Rechenleistung, Entwicklungsumgebungen und Anwendungen, die Privatkunden und Unternehmen über das Internet oder per Hosting nutzen können. Der Zugriff auf die Services erfolgt bei Bedarf über die Cloud (also über das Internet oder auch Intranet), sodass sich eigene IT-Ressourcen im Unternehmen einsparen lassen.

Customer Center of Expertise (Customer COE) Organisation/Team, das Kunden hilft, ihre eigenen Supportprozesse einzurichten und zu optimieren. Schwerpunkte sind der Austausch von Best Practices, die Bereitstellung von Werkzeugen und die Schaffung von Prozessstandards in allen Organisationen, die am IT-Service- und Anwendungsmanagement beteiligt sind.

Custom Code Management Werkzeugbasierter Prozess, der Kunden dabei unterstützt, ihre Eigenentwicklungen und individuellen Erweiterungen zur SAP-Standardsoftware zu verwalten und zu optimieren.

Design Thinking Methode zur Lösung komplexer Probleme und Erstellung innovativer Produkte. Dabei wird insbesondere Wert darauf gelegt, dass die Lösungen/Produkte technisch machbar, wirtschaftlich, aber vor allem aus menschlicher Sicht wünschenswert sind. Design Thinking setzt sich aus den folgenden Phasen zusammen: Verstehen, Recherchieren, Synthetisieren, Ideen kreieren, Prototypisieren und Testen.

DSAG Abkürzung für »Deutschsprachige SAP-Anwendergruppe«. Zusammenschluss von SAP-Kunden im deutschsprachigen Raum, um Wissen auszutauschen und Einfluss auf die SAP-Entwicklung zu nehmen.

Innovation Control Center Kontrollcenter mit SAP-Experten innerhalb der IT-Projektorganisation des Kunden, das während der Implementierung von SAP-Lösungen unterstützt. Das Innovation Control Center verfolgt das Ziel, Implementierungen kostengünstiger und Innovation schneller verfügbar zu machen. Das geschieht insbesondere durch die optimale Nutzung des SAP-Standards und die technische Stabilisierung von Prozessen durch Integration Validation.

In-Memory-Computing Fortschritt in der Informationstechnologie, der für Veränderungen bei der Verarbeitung, Analyse und Speicherung von Daten sorgt. Die Haltung der Daten im Hauptspeicher ermöglicht eine wesentlich schnellere Datenverarbeitung. Zudem kombiniert In-Memory-Computing die hohe Leistungsfähigkeit parallel arbeitender Prozessorkerne mit kostengünstigeren Serversystemen.

In-Memory-Datenbank Datenbank, die alle aktiven Datensätze im Hauptspeicher statt auf der Festplatte behält. Der Zugriff auf In-Memory-Datensätze erfolgt wesentlich schneller als das Aufrufen der Datensätze von der Festplatte, sodass die Performance deutlich steigt.

Integration Validation Programm zur Absicherung eines reibungslosen und erfolgreichen Go-lives von Implementierungsprojekten. Es validiert systemübergreifend alle kritischen Geschäftsprozesse inklusive Schnittstellen im Hinblick auf Kernanforderungen wie Skalierbarkeit, Performance und Datenkonsistenz und bereitet so den optimalen Betrieb einer stabilen und robusten Lösung vor.

Kundenvalidierung SAP-Programm zur Validierung einer neuen, fertig entwickelten Softwareversion beim Kunden, noch vor der offiziellen Markteinführung des Produkts. Der Kunde testet die SAP-Lösung im Kontext seiner Gesamtsystemlandschaft mit seinem Datenmodell.

Mainstream-Wartung Erste SAP-Wartungsphase mit vollem Supportumfang. An die Mainstream-Wartung schließt sich die erweiterte Wartung, die kundenspezifische Wartung oder der Priority-One Support an.

Mission Control Center Kontrollzentrum bei SAP, das Unterstützung bei Innovationen, Implementierungen und schwerwiegenden Störungen sowie proaktive Gegenmaßnahmen bietet.

Mobile Apps Anwendungen für mobile Endgeräte, die im SAP Store und in anderen Onlineshops zum Ansehen, Herunterladen oder zum Kauf zur Verfügung stehen. Mobile Apps werden nach Geschäfts-/Produktfokus oder nach Verbraucherfokus kategorisiert.

Near Zero Downtime Methode, um die Ausfallzeiten bei der Implementierung von SAP Enhancement und Support Packages sowie bei Software-Upgrades erheblich zu reduzieren.

On Demand Modell der Softwarebereitstellung, bei dem ein Anbieter seinen Kunden eine Anwendung als Service bereitstellt, die nach Bedarf genutzt werden kann. Dies erspart lokale IT-Ressourcen zur Verwaltung der Infrastruktur und senkt die betrieblichen Aufwendungen. Wird auch als Synonym für Software as a Service (SaaS) verwendet und ist ein Teilbereich des Cloud-Computing.

On Device Zugriff auf SAP-Anwendungen und Daten von jeder Art von drahtgebundenem oder drahtlosem Gerät (Desktop, Laptop, mobiles Endgerät, Tablet-Computer, Sensor etc.) – unabhängig von Zeitpunkt und Ort.

On-Premise Traditionelles Modell der Softwarebereitstellung, bei dem Unternehmen Softwarelizenzen erwerben und Anwendungen lokal implementieren.

Operations Control Center Kontrollcenter innerhalb der IT-Supportorganisation des Kunden, das den Betrieb der produktiven SAP-Lösung verantwortet. Es sorgt für operative Transparenz und kontinuierliche Optimierung der Abläufe.

Plattformvalidierung SAP-Programm zur frühzeitigen Validierung neuer Softwareplattformen und Entwicklungsumgebungen in enger Zusammenarbeit mit Partnern – vor der eigentlichen Markteinführung. Überprüfung, ob die Produkte aus Sicht eines Entwicklers leicht konsumierbar sind, um mit ihnen Applikationen zu entwickeln.

Run SAP Like a Factory Die Methode unterstützt Kunden dabei, ihre SAP-Lösungen vorausschauend zu betreiben und Probleme so früh zu erkennen, dass der Betrieb nicht beeinträchtigt wird. Zu diesem Zweck wird in der IT-Supportorganisation des Kunden ein Operations Control Center errichtet.

SAP 360 Customer Lösung, die In-Memory-, Cloud-, Mobil- und Collaboration-Technologien bündelt und es Kunden ermöglicht, in Echtzeit Informationen zu erhalten, zu interagieren und Prozesse abzuwickeln.

SAP ActiveEmbedded Premium-Supportangebot der SAP, das die Kunden während des gesamten Innovationslebenszyklus, der Implementierung und dem Betrieb unterstützt. SAP ActiveEmbedded umfasst Engineering Services, die durch ein integriertes Supportteam vor Ort bereitgestellt werden.

SAP Active Global Support (SAP AGS) Globale Organisation mit rund 6.400 Supporttechnikern und Entwicklern, die sich auf Supportangebote konzentriert. Sie unterstützt Unternehmen bei der Optimierung von Lösungen, um auf diese Weise die Komplexität zu verringern, Risiken zu mindern und Kosten zu kontrollieren.

SAP Afaria Lösung für das Management von Mobilgeräten, die Unternehmen erlaubt, über eine Administrationskonsole mobile Daten, Anwendungen und Endgeräte zentral zu steuern, bereitzustellen und deren Sicherheit zu gewährleisten.

SAP Best Practices Pakete mit Methoden und Werkzeugen, mit denen Unternehmen bewährte Geschäftsverfahren in wichtigen Funktionsbereichen und verschiedenen Branchen umsetzen können.

SAP Business Suite Gesamtpaket integrierter Kernanwendungen, Branchenlösungen und Ergänzungen, die auf der Technologieplattform SAP NetWeaver aufbauen. Die Software unterstützt betriebliche Kernprozesse vom Einkauf über die Produktion, die Lagerhaltung und den Vertrieb bis hin zu allen administrativen Bereichen und der Kundenbetreuung.

SAP Business Suite powered by SAP HANA Die Kernanwendungen der SAP Business Suite nutzen SAP HANA für intelligentere Innovationen, schnellere Geschäftsprozesse und einfachere Zusammenarbeit im Geschäftsumfeld.

SAP Cloud Sämtliche SAP-Aktivitäten im Bereich Cloud-Computing einschließlich Software (Cloud-Anwendungen und -Lösungen), Technologie und Services. Dazu gehört auch die Plattform SAP HANA Cloud, auf der SAP, Partner und Kunden eine unbegrenzte Anzahl von Anwendungen für Geschäftsbereiche von SAP und SuccessFactors entwickeln, auf diese zugreifen und sie einsetzen.

SAP Enhancement Packages Erweiterungspakete, in denen neue oder verbesserte SAP-Softwarefunktionalität ausgeliefert wird. Die Technologie ermöglicht die Trennung von Installation und Aktivierung der Software sowie die separate Aktivierung einzelner Businessfunktionen und damit maximale Flexibilität für den Kunden.

SAP Enterprise Resource Planning (SAP ERP) Anwendung zur Optimierung von Geschäfts- und IT-Prozessen. Die Anwendung unterstützt geschäftskritische, durchgängige Prozesse im Finanzwesen, im Vertrieb, in der Personalwirtschaft, Anlagenverwaltung, Beschaffung und in anderen zentralen Unternehmensbereichen. Darüber hinaus bietet SAP ERP auch Funktionen für branchenspezifische Prozesse, die nach Bedarf über ein sogenanntes *Switch Framework* aktiviert werden können.

SAP Enterprise Support Proaktive Supportangebote, die zu den Leistungen von *SAP Standard Support* hinzukommen. Es handelt sich um Werkzeuge, Methoden und Services mit dem Ziel, ein umfassendes Anwendungsmanagement über den gesamten Lebenszyklus von Softwarelösungen zu bieten, kontinuierliche Innovationen zu ermöglichen sowie die Optimierung von Prozessen und Gesamtbetriebskosten zu erreichen. Der Kunde wird zudem in kritischen Situationen 24x7 unterstützt.

SAP Enterprise Support Academy Die Akademie bietet SAP-Enterprise-Supportkunden über eine eigene Plattform flexiblen Zugriff auf Lern- und Serviceangebote. So können Kunden zeitnah und zielgerichtet Kenntnisse und Fähigkeiten erwerben, um größtmöglichen Nutzen aus ihren SAP-Lösungen zu ziehen.

SAP Customer Relationship Management (SAP CRM) Umfassende Anwendung für Mitarbeiter im Marketing, Vertrieb und Service, die sämtliche Kundeninformationen liefert, um Kunden effektiv zu betreuen und kundenbezogene Prozesse abzuwickeln. SAP CRM unterstützt Kundeninteraktionen über verschiedene Kanäle, unter anderem über Smartphones, das Internet und soziale Medien.

SAP Crystal Reports Software, mit der sich interaktive Berichte erstellen und mit beliebigen Datenquellen verknüpfen lassen.

SAP HANA Flexible, datenquellenunabhängige In-Memory-Plattform, die Unternehmen hilft, ihre Geschäftsabläufe zu analysieren, und dabei auf riesige Mengen detaillierter Bewegungs- und analytischer Daten aus praktisch jeder Datenquelle (Big Data) zugreift. Die Plattform bildet die Grundlage für innovative Anwendungen, die eine In-Memory-Datenbank und Berechnungs-Engine nutzen und es Kunden ermöglichen, mithilfe von Echtzeit-Daten komplexe Planungen, Prognosen und Simulationen vorzunehmen.

SAP HANA AppServices Service in SAP HANA Cloud, mit dem Entwickler innovative Anwendungen entwickeln können. Dazu können sie Services von SAP HANA, Java und andere Services für schnelle Entwicklung nutzen. Geplant sind leistungsfähige Shared Services, die umfangreichen Support für Portale, Integration, mobile Anwendungen, Analysen, Zusammenarbeit und kommerzielle Dienstleistungen bieten.

SAP HANA Cloud Innovative Cloud-Plattform von SAP, die auf In-Memory-Technologie basiert. Sie umfasst sowohl Java-, Entwicklungs- als auch Laufzeitservices sowie gemeinsame Plattformservices wie Anbindung, Persistenz und Identitätsmanagement, die teilweise im ehemaligen Angebot SAP NetWeaver Cloud zu finden waren.

SAP HANA DBServices Database-as-a-Service-Angebot, das in SAP HANA Cloud verfügbar ist. Das erste Angebot auf der Basis von SAP HANA DBServices ist SAP HANA One, ein gemeinsames Angebot mit Amazon, das auf der Cloud-Plattform von Amazon Web Services genutzt wird.

SAP HANA One Instanz von SAP HANA, die für den produktiven Einsatz auf der Cloud-Plattform von Amazon Web Services zertifiziert ist. SAP HANA One kann für die produktive Nutzung kleiner Datensätze innerhalb weniger Minuten implementiert werden und bietet sich für Einstiegsprojekte von Kunden, unabhängigen Softwareanbietern (ISVs) und Start-up-Unternehmen an.

SAP Landscape Transformation Die Software hilft, Geschäfts- und IT-Transformationsanforderungen standardisiert für Geschäftsszenarien, wie Firmenzusammenschlüsse, Akquisitionen, Firmenabspaltungen, interne Reorganisationen und Geschäftsprozesse, umzusetzen.

SAP MaxAttention Umfangreichstes Supportangebot der SAP mit breitem Spektrum an maßgeschneiderten Services, die die individuellen Anforderungen eines Kunden und alle Phasen der SAP-Lösung abdecken. Der technische Qualitätsmanager und der Engineering Architect arbeiten beim Kunden vor Ort.

SAP Mobile Übergreifende Kategoriebezeichnung, unter der alle mobilen SAP-Angebote gemeinsam kommuniziert werden. Dazu zählen jede Art von mobilen Anwendungen, Lösungen, mobiler Technologie und Plattform (einschließlich SAP Mobile Platform) sowie Lösungserweiterungen, SAP Rapid Deployment Solutions und Sybase-Lösungen.

SAP Mobile Platform Plattform für den effizienten Betrieb mobiler Anwendungen, in der drei bestehende Angebote unter einem Namen gebündelt werden: Sybase Unwired Platform, Sybase Mobiliser und das Sycloo-Angebot Agentry.

SAP NetWeaver Technologieplattform, die Informationen und Geschäftsprozesse technologie- und unternehmensübergreifend verbindet. SAP NetWeaver ermöglicht die einfache Integration von SAP-Software mit heterogenen Systemumgebungen, Drittlösungen und externen Geschäftspartnern. Die Plattform unterstützt Internetstandards wie HTTP, XML und Webservices.

SAP NetWeaver Gateway Technologie, die einen einfachen Zugriff auf SAP-Software von jedem Gerät oder jeder Umgebung mit offenen Standardprotokollen ermöglicht. Sie bietet Softwareentwicklern Zugang zu Daten und Prozessen in SAP-Anwendungen, um Apps in anderen Umgebungen und Geräten zu entwickeln.

SAP Notes Anleitungen für die Beseitigung bekannter Fehler von SAP-Software.

SAP Product Support for Large Enterprises Supportangebot für Großkunden; es kombiniert Elemente aus SAP Standard Support und SAP Enterprise Support mit einigen spezifischen Leistungsmerkmalen.

SAP Ramp-Up Das Markteinführungsprogramm der SAP, bei dem Kunden neueste und hochqualitative Softwareprodukte, die für den produktiven Einsatz freigegeben, aber noch nicht uneingeschränkt verfügbar sind, implementieren. Die Basis ist ein besonderes Betreuungskonzept, das eine reibungslose und risikoarme Implementierung und dem Kunden einen Innovationsvorsprung sichert.

SAP Rapid Deployment Solutions Installation aus vorkonfigurierter Software, fest umrissenen Services und speziellen Inhalten wie SAP Best Practices, Vorlagen, Werkzeugen und Unterstützung für Business User. Die Lösungen lassen sich schnell installieren, sodass Kunden bereits nach nur zwölf Wochen wichtige Softwarefunktionen zur Verfügung stehen.

SAP Rapid Prototyping Services, die es ermöglichen, innerhalb eines festgelegten Zeitraums anhand eines Prototyps zu prüfen, ob technische Innovationen den gewünschten Mehrwert für ein Unternehmen bringen.

SAP Solution Manager Lösung für das Anwendungsmanagement, die Kunden eine bessere Verwaltung ihrer SAP- und Nicht-SAP-Anwendungen ermöglicht. Mit dem SAP Solution Manager können Kunden die Verwaltung ihrer gesamten Systemlandschaft zentralisieren, erweitern, automatisieren, verbessern und dadurch die Gesamtbetriebskosten reduzieren.

SAP Standard Support Supportangebot, das auf reaktiven Support ausgerichtet ist. Dieses Basisangebot umfasst Services und Werkzeuge, die Kunden dabei unterstützen, ihre SAP-Systeme effizient zu betreiben, auf dem neuesten Stand zu halten und einen stabilen IT-Betrieb sicherzustellen.

SAP Supplier Relationship Management (SAP SRM) Beschaffungsanwendung, die Unternehmen in allen Branchen hilft, ihre Beschaffung und Vertragsverwaltung zu zentralisieren und über verschiedene Kanäle mit Lieferanten zu interagieren. Der gesamte durchgängige Beschaffungsprozess wird beschleunigt und optimiert.

SAP Supply Chain Management (SAP SCM) Anwendung, die Unternehmen eine bessere Anpassung ihrer Lieferprozesse an die dynamische Wettbewerbsumgebung von heute ermöglicht. Mit SAP SCM lassen sich klassische lineare Lieferketten in offene, anpassungs- und reaktionsfähige Logistiknetzwerke umwandeln.

SuccessFactors Von SAP übernommenes Unternehmen, das der weltweit führende Anbieter von cloud-basierten Business-Execution-Softwarelösungen für Unternehmen aller Größen in über 60 Branchen ist.

Support Package Softwarekorrekturen, die für die Programmiersprachen ABAP oder Java regelmäßig zusammengestellt und im SAP Service Marketplace zur Verfügung gestellt werden.

Support Release Nach Beginn der Unrestricted-Shipment-Phase bereitgestelltes Release (sofern erforderlich), das alle zuvor erhältlichen Support Packages umfasst.

Sybase Von SAP übernommenes Unternehmen, mit dem SAP ihr Portfolio an Mobilitätslösungen erweitert und eine komplette mobile Plattform und mobile Apps zur Verfügung stellt.

Wartung Support, der je nach Wartungsphase Support im Hinblick auf gesetzliche Änderungen, über SAP-Hinweise bereitgestellte Korrekturen, Support Packages, Support bei Problemen sowie Zugriff auf Informationen und Online-Servicekanäle umfasst.

B   Bibliographie

Hildenbrand, Tobias; Gürtler, Jochen; Fassunge, Martin: *Scrum als Framework für die Produktinnovation*. In: *Agiles IT-Management in großen Unternehmen*. Hrsg. v. Hans-Peter Korn und Jean Pierre Berchez. Düsseldorf 2013. Seite 191–212.

IDC Asia/Pacific 2013 Top 10 ICT Predictions. Dec 2012 (Doc# AP6684602U)

Kröger, Michael: *Autoindustrie: Rückrufaktionen erreichen Rekord*. Abrufbar unter: *http://www.spiegel.de/auto/aktuell/autoindustrie-rueckrufaktionen-2012-auf-rekordniveau-a-883625.html*. Abruf am: 25.06.2013.

Oswald, Gerhard (Hrsg.): *SAP Service und Support*. 3., aktualisierte und erweiterte Auflage. Bonn 2006.

Plattner, Hasso; Meinel, Christoph; Weinberg, Ulrich: *Design Thinking*. München 2009.

SAP AG: *Landmark Australia: Cutting Testing Costs in Half with SAP Enterprise Support and SAP Solution Manager*. Abrufbar unter: *https://scn.sap.com/docs/DOC-41582*.

Wefers, Marcus: *Best Practice/Next Practice: Regression Testing of SAP-Centric Business Processes*. Abrufbar unter: *http://scn.sap.com/docs/DOC-14714*.

Weiser, Mark: *The Computer for the 21st Century*. In: Scientific American (September 1991). Seite 94–104.

C Herausgeber und Autoren

C.1 Der Herausgeber

Gerhard Oswald leitet den neu geschaffenen Vorstandsbereich »Scale, Quality & Support« und ist Vorstandsmitglied sowie Mitglied des Global Managing Board der SAP AG. Er zeichnet verantwortlich für die Bereiche »SAP Active Global Support«, »Quality Governance & Production« sowie »Solution & Knowledge Packaging« und leitet gemeinsam mit Vorstandsmitglied Vishal Sikka das »SAP Labs Network«. Darüber hinaus führt Gerhard Oswald das operative Geschäft der neuen Einheit »SAP HANA Enterprise Cloud«, um der wachsenden Kundennachfrage nach SAP HANA gerecht zu werden.

Unmittelbar nach seinem Eintritt in die SAP im Jahr 1981 war Gerhard Oswald als Leiter der Qualitätssicherung maßgeblich an der Entwicklung des SAP-R/2-Vertriebsnetzes beteiligt. Später übernahm er die Verantwortung für die Qualitätssicherung im Rahmen der Entwicklung der Unternehmenssoftware SAP R/3. Von 1987 bis 1993 war er Mitglied des Projektmanagement-Teams und leitete die Konzeption, Entwicklung und Auslieferung von SAP R/3. Nach erfolgreichem Abschluss des Projekts im Jahr 1993 wurde Oswald zum Mitglied der erweiterten Geschäftsleitung ernannt.

Er übernahm 1994 die Verantwortung des Geschäftsbereichs SAP-R/3-Services und wurde 1996 in den SAP-Vorstand berufen. Mit der Gründung des Bereichs SAP Active Global Support, mit ihrer weltweiten Supportinfrastruktur und der kontinuierlichen Verbesserung innovativer Supportangebote hat SAP unter der Bereichsleitung von Gerhard Oswald ihre führende Rolle in der Branche eindrucksvoll unter Beweis gestellt.

Oswalds beruflicher Werdegang begann bei der Siemens AG. Dort war er von 1977 bis 1980 als Anwendungsberater für SAP-R/2-Geschäftsprozesse tätig. Oswald schloss sein Studium der Betriebswirtschaftslehre an der Universität Mainz ab.

C.2 Autoren unserer Kunden

Landmark Operations

Jamie Newman, Head of Information Technology, Landmark Operations Ltd.

Jamie Newman ist seit 2012 SAP Services Manager bei Landmark Operations und zum Head of Information Technology für die Region Australien aufgestiegen. Newman ist eine Führungskraft mit informationstechnologischer Prägung und erheblicher internationaler Erfahrung in den Bereichen Applikationsintegration, SAP-Implementierung/Integration und Post-Go-Live-Support. Er ist verantwortlich für den Betrieb von SAP-Services, für die zugehörige Belegschaft und deren Aktivitäten sowie die diversen Anwendungen, die von der Gruppe unterstützt und erweitert werden. Auf Projektebene sorgt Newman dafür, dass Landmark die Fähigkeiten, Fertigkeiten und Infrastruktur besitzt, die für die Abwicklung SAP-basierter Projekte notwendig sind.

China Minmetals

Xiaoqing Yan, Deputy General Manager of Information Management Division bei China Minmetals

Xiaoqing Yan kam 1993 zu China Minmetals und machte 2005 seinen EMBA-Abschluss an der Guanghua School of Management der Universität Peking. Er leistete wertvolle Beiträge unter anderem in den Bereichen Finanz-IT, Mineral-IT, Entscheidungshilfe, Datenverwaltung und IT-Planung. Yan führte bei China Minmetals ein Managementsystem mit zentralisiertem Kapital ein und wurde für die moderne Systemfunktionalität und technische Landschaft mit zahlreichen Preisen ausgezeichnet. China Minmetals V5 ist das größte IT-gestützte Projekt, das von mehreren Unternehmensbereichen unterstützt wird. Das Projekt gilt als wichtiges Vorzeigeprojekt der SASAC.

Ziel ist es, das Management auf Konzernebene zu transformieren und zu optimieren. Als Projektleiter hat Yan seine Führungsqualitäten und Managementfähigkeiten bei diversen Gelegenheiten unter Beweis gestellt.

Piaggio

Pietro Andria, Vice President Supply Chain Systems/Information Technology bei Piaggio & C. SpA

Pietro Andria hat einen Abschluss in Informationswissenschaften der Universität Pisa. Den Großteil seiner beruflichen Laufbahn bei Piaggio war er in der Abteilung für Informationssysteme tätig, wo er die letzten 22 Jahre gearbeitet hat. Er hat bei allen großen SAP-Projekten mitgewirkt, die am Wandel des Geschäftsbereichs Informationstechnologie der Produktionsstätte in Pontedera beteiligt waren. Dabei wurde der ursprünglich lokale Bereich des Konzerns zum Zentrum für internationales Wachstum in Europa, den USA und kürzlich auch Indien, Vietnam, Indonesien und Japan umgestaltet. In diesem Prozess nahm Andria immer wichtigere Posten ein. Derzeit steht er an der Spitze eines Teams, das mithilfe von Informationssystemen weltweite Supply-Prozesse abwickelt. Da seine Einheit eng mit dem Unternehmen verknüpft ist, ist er mitverantwortlich für die Strategie und das Design der gesamten SAP-Systemarchitektur.

Russian Railways

Vadim Moskalenko, stellvertretender CIO bei den Russischen Eisenbahnen

Vadim Moskalenko arbeitet seit 1994 bei den Russischen Eisenbahnen und hat dort seit 2006 die Position des stellvertretenden CIO inne. Er ist für Strategie und Design der gesamten SAP-Systemarchitektur im Unternehmen verantwortlich (insgesamt mehr als 150.000 Anwender). Darüber hinaus ist er für den kompletten Lebenszyklus aller Backoffice-Anwendungen bei den Russischen Eisenbahnen zuständig.

Surgutneftegas

Rinat Gimranov, CIO bei Surgutneftegas

Rinat Gimranov machte 2007 seinen Abschluss als MBA am Moskauer Staatlichen Institut für internationale Beziehungen, der renommierten Diplomatenschule des russischen Außenministeriums. Er arbeitet seit 22 Jahren bei Surgutneftegas, wo seine Karriere als Programmierer begann. Seit 14 Jahren steht er an der Spitze der IT-Abteilung, und seit 1998 leitet er die Implementierung der SAP-Lösungen bei Surgutneftegas.

C.3 Autoren von SAP

Kapitel 1 – SAP-Softwarewartung und SAP-Support

Michael Rieder, Senior Vice President, Head of SAP Active Global Support EMEA and Deputy Head Globally, SAP AG

Kapitel 2 – Beschleunigte Innovation und kontinuierliche Verbesserung

Dr. Uwe Hommel, SAP Corporate Officer, SAP Executive Vice President, Head of SAP Active Global Support, SAP AG

Abschnitt 2.1 – Geschäfts- und IT-Transformation, unterstützt durch SAP HANA, Cloud und mobile Lösungen

Dr. Uwe Hommel, SAP Corporate Officer, SAP Executive Vice President, Head of SAP Active Global Support, SAP AG

Abschnitt 2.1.1 – Mit SAP HANA zum Echtzeit-Unternehmen

Onno von der Emde, Senior Manager, Center of Expertise Financials, SAP AGS

Michael Pausch, Chief Solution Architect, Modern Financial Solution, SAP AGS

Andreas Planck, Chief Support Architect, Center of Expertise Financials, SAP AGS

Vladimir Pobortzev, Engagement Architect, EMEA Regional Management, SAP AGS

Michael Erhardt, Product Manager, SAP AGS-SLO

David Brenner, Solution Expert, Modern Financial Solution, SAP AGS

Abschnitt 2.1.2 – Einführung und Betrieb mobiler Geschäftsanwendungen

Dr. Markus Lauff, Head of Global Center of Expertise Mobile & User Experience, SAP AGS

Abschnitt 2.1.3 – User Experience

Alexander Daum, Support Architect, User Experience, SAP AGS

Abschnitt 2.1.4 – Cloud-Computing

Uwe Wieditz, VP SAP Customer Success Delivery

Dr. Johann Gradl, Chief Project Expert, SAP Customer Success Delivery

Abschnitt 2.2 – Reduktion der Innovationskosten und Verbesserung der Wertschöpfungskette

Ute Rückert-Daschakowsky, Senior Product Specialist, SAP AGS

Abschnitt 2.2.1 – Innovation Control Center

Jörg Rudat, Chief Support Architect, Upgrades and Innovation, SAP AGS

Abschnitt 2.2.2 – Integration Validation

Yuri Ziryukin, Support Architect, SAP AGS

Abschnitt 2.2.3 – Build SAP Like a Factory: zwei wertschöpfende Releases pro Jahr

Marc Oliver Schäfer, Director Product Management SAP Solution Manager, SAP AGS

Abschnitt 2.3 – Innovation und kontinuierliche Verbesserung der Geschäftsprozesse

Ute Rückert-Daschakowsky, Senior Product Specialist, SAP AGS

Abschnitt 2.3.1 – Application Lifecycle Management

Marc Oliver Schäfer, Director Product Management SAP Solution Manager, SAP AGS

Abschnitt 2.3.2 – Geschäftsprozessverbesserung mit Business Process Analytics

Volker von Gloeden, Support Architect, Global CoE, SAP AGS

Abschnitt 2.3.3 – Optimierung von Regressionstests

Marcus Wefers, Senior Director and Chief Support Architect, Application Lifecycle Management, SAP AGS

Abschnitt 2.3.4 – Durchführung von Softwareaktualisierungen und Upgrades mit minimaler Ausfallzeit

Dr. Stefan Berndt, Solution Architect, Maintenance Management, SAP AGS

Dr. Mariusz Debowski, Chief Service Architect, SAP AGS

Abschnitt 2.3.5 – SAP Solution Manager auf SAP HANA als Innovationsplattform

Marc Oliver Schäfer, Director Product Management SAP Solution Manager, SAP AGS

Kapitel 3 – Operational Excellence, Kontinuität der Geschäftsprozesse und Senkung der Betriebskosten

Ute Rückert-Daschakowsky, Senior Product Specialist, SAP AGS

Abschnitt 3.1 – Operations Control Center und »Run SAP Like a Factory«

Dr. Christoph Nake, Support Architect, SAP AGS

John Landis, Program Director, SAP AGS

Abschnitt 3.2 – Reduzierung der Technologieschichten durch SAP HANA und Cloud

Uwe Inhoff, Senior Vice President, IT Planning and Architecture, SAP AGS

Abschnitt 3.3 – Optimierung der Systemlandschaft durch SAP Landscape Transformation

Sabine Wachter, Head of Product Management, SAP Data Management Services SLO/IM

Michael Erhardt, Product Manager, SAP AGS-SLO

Abschnitt Kapitel 4 – Zusammenarbeit innerhalb des SAP-Ecosystems

Ute Rückert-Daschakowsky, Senior Product Specialist, SAP AGS

Abschnitt 4.1 – SAP Enterprise Support Academy

Dr. Heike Laube, Senior Director, Global Head Support Academy, SAP AGS

Abschnitt 4.2 – Kooperationsmodell für das Innovation Control Center

Jörg Rudat, Chief Support Architect, Upgrades and Innovation, SAP AGS

Abschnitt 4.3 – Kooperationsmodell für das Operations Control Center

Dr. Christoph Nake, Support Architect, SAP AGS

John Landis, Program Director, SAP AGS

Abschnitt 4.4 – Kooperationsmodell für das Mission Control Center

Wolfgang Eschenfelder, Senior Vice President, Global MCC, SAP AGS

Abschnitt 4.5 – Customer Center of Expertise mit erweiterten Kompetenzen

Dr. Wolfgang Schatz, Support Architect, Program Owner Advanced Customer COE, SAP AGS

Abschnitt 4.6 – Zusammenarbeit mit Service- und Supportpartnern der SAP

Anja-Christina Brühling, Vice President Global Partner Management and Training, SAP AGS

Kai Mlnarschik, Director, Run SAP Partner Program, SAP AGS

Sven Präßler, Partner & Training Manager, SAP AGS

Abschnitt Kapitel 5 – Die Supportangebote der SAP auf einen Blick

Ute Rückert-Daschakowsky, Senior Product Specialist, SAP AGS

Abschnitt 5.1 – SAP Standard Support

Dr. Birgit Grein, Project Expert, SAP AGS Maintenance & Operations Office

Abschnitt 5.2 – SAP Enterprise Support

Maximilian Veith, Global Program Lead, SAP Enterprise Support, SAP AGS

Abschnitt 5.3 – SAP Product Support for Large Enterprises

Dr. Birgit Grein, Project Expert, SAP AGS Maintenance & Operations Office

Abschnitt 5.4 – SAP ActiveEmbedded

Mark Hettler, Product Manager, SAP ActiveEmbedded, SAP AGS

Abschnitt 5.5 – SAP MaxAttention

Jochen Hopf, Director Premium Engagements, SAP AGS

Kapitel 6 – Einsatz von Design Thinking in einem konkreten SAP-HANA-Kundenprojekt

Meinolf Kaimann, Vice President Premium Engagements, SAP AGS

Holger Knödler, Senior Product Manager, Global Product Management Premium Engagements, SAP AGS

Kapitel 7 – Hohe Produktqualität als Grundlage für erfolgreichen Support

Dr. Tanja Rückert, Executive Vice President, SAP AG – Quality Governance & Production

Redaktion

Melanie Klingenfuß-Marquardt, Product Manager, Application Lifecycle Management, SAP AGS

Redaktion und Projektleitung

Ute Rückert-Daschakowsky, Senior Product Specialist, SAP AGS

Index

A

Academy Learning Studio 210
Accelerated Innovation
  Enablement 58
Advanced Customer COE 224
Age Analysis 127, 131
Alerts 162, 164, 173
Americas' SAP Users' Group
  (ASUG) 275
Änderungsantrag 109
Anwendergruppen 203
Application Lifecycle Management
  (ALM) 117, 275
Ariba 275
ASAP-Implementierungs-
  Roadmap 153
Ausnahmemanagement 93, 159
Ausnahmen 164

B

Backoffice 249
Best Practices 63, 86, 117, 189, 191,
  195, 222, 245, 275
Best-Practice-Dokumente 212, 218
Best-Practices-Bibliothek 207
Betriebskosten 178
Big Data 275
Blueprint Analyzer 84, 220
Brückensystem 148
Build 119
Build SAP Like a Factory 106, 275
Business Configuration Sets 115
Business Process Analysis 52
Business Process Analytics 122
Business Process Change Analyzer
  132

C

Chief Information Officer 31
Chief Process Innovation Officer 31

China Minmetals 88
Cloud 12, 38, 71
  Managed Private 183
  Private 183
  Public 183
Cloud-Computing 275
Continuous Quality Check 63, 64
Custom Code Management 142, 275
Customer Center of Expertise
  (Customer COE) 201, 275
Customer Center of Expertise mit
  erweiterten Kompetenzen 224

D

Dateninkonsistenzen 92
Datenkonsistenz 91
Deploy 119
Design 119
Design Thinking 38, 53, 106, 153,
  275
  Phasen 253
  Team 253
  Workshop 255
Deutschsprachige SAP-Anwender-
  gruppe e. V. 203
Disaster Recovery 185
DMAIC-Ansatz 168
DSAG 276
duale Systemlandschaft 113

E

Echtzeit-Unternehmensstrategie 255
E-Commerce 28
Engineering Architect 246, 248
Engineering Services 245, 249
Event Management 164, 173
Exception Management 94
Expert on Demand 246
Expert-Guided Implementation 58,
  204, 208
Expertise on Demand 250

G

Greenfield-Ansatz 194
Guided Procedures 165, 174, 178, 195, 218, 222
Guided Self-Services 209, 212, 244

H

High-Availability 185

I

In-Memory-Computing 276
In-Memory-Datenbank 276
Innovation Control Center 29, 82, 176, 213, 214, 245, 249, 276
Innovationen 251
Integration Validation 86, 89, 276
Integration Validator Dashboards 86
IT Infrastructure Library (ITIL) 117
IT Service Management 163
ITIL 117

K

kontinuierliche Verbesserung 33, 167, 175, 176
KPI-Konzept 229
KPIs 170
Kundenvalidierung 266, 276

L

Landmark 134
Landscape Planner 141

M

Mainstream-Wartung 276
Maintenance Optimizer 140
Marktkategorien 22
Meet the Expert 58, 208, 212
Minimized-Downtime-Service 200
Mission Control Center 11, 29, 175, 214, 216, 218, 249, 276
Mobile Apps 276

Mobile Geschäftsanwendungen 54
Monitor 176
　kundenspezifisch 173
　zentral 175
Monitoring 166

N

Near Zero Downtime 145, 277

O

On Demand 277
On Device 277
On Premise 277
Operate 119
Operations Control Center 29, 52, 86, 161, 175, 177, 215, 245, 249, 277
Optimize 119

P

Partner 21, 24, 200, 204, 226
PDCA-Prozess 167
Piaggio & C. SpA 212
Plattformvalidierung 268, 277
Produktstandards 263
Prototyp 253
Prototyping 255
Prozessstandards 263

Q

Qualitätsmanagement-System 262
Qualitätssicherung 264
Quality Gates 263, 265
Quick IQ 209

R

Regressionstest 111, 132
Release Management 110
Remote Services 244
Requirements 119
Retrofit 113, 114, 122
Run SAP Like a Factory 161, 277
Russische Eisenbahnen 247

Index

S

SAP 360 Customer   277
SAP Active Global Support
   (SAP AGS)   277
SAP ActiveEmbedded   201, 237, 244, 247, 277
SAP Afaria   56, 277
SAP Best Practices   24, 278
SAP Business Application Accelerator   46
SAP Business Suite   278
SAP Business Suite powered by SAP HANA   125, 266, 278
SAP Cloud   278
SAP Community   203
SAP Crystal Reports   279
SAP Customer Relationship Management (SAP CRM)   278
SAP EarlyWatch   24, 239, 242
SAP Enhancement Packages   139, 208, 278
SAP Enterprise Resource Planning (SAP ERP)   278
SAP Enterprise Support   51, 237, 240, 243, 278
SAP Enterprise Support Academy   204, 206, 232, 242, 244, 278
SAP Enterprise Support Advisory Center   62
SAP GoingLive Check   24, 239
SAP HANA   11, 35, 39, 40, 44, 47, 126, 145, 186, 193, 197, 211, 247, 269, 279
   Deployment Support   222
SAP HANA AppServices   279
SAP HANA Cloud   279
SAP HANA DBServices   279
SAP HANA Deployment Best Practice   153, 154
SAP HANA Enterprise Cloud   75
SAP HANA Live   187
SAP HANA One   279
SAP HANA Studio   41
SAP Interface Management   175
SAP IT Portfolio und Project Management   108
SAP Landscape Transformation   43, 190, 279
SAP Landscape Transformation Replication Server   40
SAP LT Management   192, 201
SAP MaxAttention   201, 237, 248, 279
SAP Mobile   279
SAP Mobile Platform   55, 280
SAP NetWeaver   280
SAP NetWeaver Gateway   280
SAP Notes   280
SAP Product Support for Large Enterprises   237, 243, 280
SAP Ramp-Up   267, 280
SAP Rapid Deployment Solutions   280
SAP Rapid Prototyping   87, 247, 249, 280
SAP Rapid Prototyping for Mobile   59
SAP Safeguarding   245
SAP Service Marketplace   204
SAP Solution Management Assessment   175
SAP Solution Manager   50, 55, 64, 106, 119, 125, 132, 141, 150, 169, 173, 176, 195, 219, 230, 280
   Alert Inbox   164, 165
   IT Service Management   109
   SAP LT Work Center   195
   Service Desk   164
SAP Solution Manager 7.1   117, 134
SAP Standard Support   237, 239, 243, 280
SAP Supplier Relationship Management (SAP SRM)   281
SAP Supply Chain Management (SAP SCM)   281
SAP Sybase Event Stream Processor   47
SAP Technical Feasibility Check   63
SAP-Community   240
SAP-Ecosystem   117, 203, 214
SAP-Korrektur-Workbench   115
SAP-Partner   268
Service Level Agreement   249
Six Sigma   131, 168, 176
Software Logistics Toolset   139
Software Update Manager   140, 143
Software-as-a-Service   29
Softwarelebenszyklus   118
Software-On-Premise   29
Softwarewartung   21
SuccessFactors   281
Support Package   281
Support Release   281

297

Surgutneftegas 46
Sybase 281
System Landscape Optimization 192, 199

T

Technical Quality Manager 246, 249
Test Scope Optimization 133
Transformation 190
Trend Analysis 127, 132

U

Unicode Conversion 41, 200
Upgrade 138
Upgrade Dependency Analyzer 142
Usability 65
User Experience 65
User Experience Driven Productivity Optimization 67

V

Validierung, funktional und technisch 266
Value Management 52

W

Wartung 281
Wartungsvertrag 23
Wertschöpfungskette 28

Z

Zero Downtime Maintenance 148
Zero Modification 84, 214

- SAP und Mobile: Welche Chancen bieten sich Ihrem Unternehmen?

- Sybase Unwired Platform, SAP Afaria, SAP NetWeaver Gateway: Wie funktioniert die Technik?

- Mobile-Projekte: Wie fangen Sie an, was machen die anderen?

André Beckert, Sebastian Beckert, Bernhard Escherich

Mobile Lösungen mit SAP

Smartphones, Tablets - natürlich nutzen die Mitarbeiter in Ihrem Unternehmen mobile Endgeräte! Doch können sie damit auch auf die Unternehmensdaten in Ihrer SAP-Landschaft und Business-Anwendungen zugreifen? Dieses Buch zeigt Ihnen, wie Ihr Unternehmen von den mobilen Lösungen von SAP profitieren kann. Erfahren Sie, worauf Sie bei einem Mobile-Projekt achten sollten, wie Sie die Sybase Unwired Platform, SAP NetWeaver Gateway und SAP Afaria einsetzen und sichere mobile Anwendungen konzipieren, entwickeln und vertreiben.

556 S., 2012, 69,90 Euro
ISBN 978-3-8362-1931-0
www.sap-press.de/3138

- Das umfassende Handbuch zu Architektur, Installation, Werkzeugen, Betrieb und Wartung

- Detaillierte Anleitungen zur Änderungs- und Transportverwaltung

- Transport Organizer, SAP Solution Manager, erweitertes Transportwesen (CTS+), Enhancement Packages u.v.m.

Armin Kösegi, Rainer Nerding

SAP-Änderungs- und Transportmanagement

Das Standardwerk zum Änderungs- und Transportmanagement in der 4. Auflage! In diesem Buch finden Sie alle Informationen, die Sie zum Planen, Implementieren und Warten von Systemlandschaften benötigen. Sie lernen die Grundlagen und die Bedienung aller relevanten Werkzeuge und erhalten detaillierte Anleitungen zur Änderungs- und Transportverwaltung. Diese Neuauflage berücksichtigt Neuerungen in den Bereichen SAP NetWeaver AS Java und Development Infrastructure, CTS+, SAP Solution Manager und Enhancement Packages. Bringen Sie ihr Wissen auf den neuesten Stand!

1.008 S., 4. Auflage 2013, 79,90 Euro
ISBN 978-3-8362-1917-4
www.sap-press.de/3100

Versandkostenfrei bestellen: www.sap-press.de

- 4., erweiterte und aktualisierte Auflage des Standardwerks

- Hintergrundwissen, Handlungsanleitungen und Praxistipps

- Neue Themen: SAP Solution Manager 7.1, System Landscape Directory, CTS+, Monitoring and Alert Infrastructure u.v.m.

Frank Föse, Sigrid Hagemann, Liane Will

SAP NetWeaver AS ABAP – Systemadministration

Basiswissen für das SAP-Systemmanagement

Dieses Standardwerk ist Ihr umfassender Leitfaden zur Administration der SAP-Basis. Zu jedem Administrationskonzept des SAP NetWeaver AS ABAP – angefangen bei den Prozessen, über die Software-Logistik, das User-Management bis hin zu Monitoring und Archivierung – erhalten Sie tief gehende Einführungen und Praxisanleitungen. Screenshots, Empfehlungen für die Konfiguration und Übersichten zu Menüstrukturen machen dieses Buch zu Ihrem unverzichtbaren täglichen Begleiter.

756 S., 4. Auflage 2011, 69,90 Euro
ISBN 978-3-8362-1646-3
www.sap-press.de/2429

- Funktionen, Konfiguration und Anwendung der neuen Monitoring & Alert-Infrastruktur

- Administrationswerkzeuge und Root Cause Analysis im praktischen Einsatz

- Technisches und Management-Reporting, Datenvolumenmanagement u.v.m.

Lars Teuber, Corina Weidmann, Liane Will

Monitoring und Betrieb mit dem SAP Solution Manager

CCMS? Das war gestern! Machen Sie sich jetzt vertraut mit der brandneuen Monitoring- und Alert-Infrastruktur, und lernen Sie alles über die Überwachung und Diagnose von SAP-Basis, BW, PI und Schnittstellen. Außerdem: Erfahren Sie, wie Sie der Solution Manager bei der technischen Administration unterstützt, und wie Sie Ihr Datenvolumen sowie Änderungsvorgänge im System kontrollieren.

720 S., 2013, 69,90 Euro
ISBN 978-3-8362-1855-9
www.sap-press.de/3015

Leseprobe im Web!

- Das Standardwerk zur technischen Optimierung und Applikationsanalyse

- Performancetuning für den ABAP-Applikationsserver

- Neue Kapitel zu SAP HANA und zur AS Java-Performance

Thomas Schneider

SAP-Performanceoptimierung

Analyse und Tuning von SAP-Systemen

Das Standardwerk in siebter Auflage! Thomas Schneider vermittelt Ihnen alles Wichtige zur Analyse und Optimierung der SAP-Performance. Sie lernen, welche Faktoren die Systemleistung beeinflussen, wie Sie die Systeme überwachen, und was Sie tun können, wenn die Leistung nicht befriedigend ist. Der Autor stellt sämtliche Werkzeuge und Verfahren zu Analyse und Tuning vor und gibt Ihnen hilfreiche Tipps aus der Praxis. Diese siebte Auflage wurde für SAP NetWeaver 7.3 überarbeitet und enthält ein neues Kapitel zu SAP HANA. Darüber hinaus finden Sie umfangreiche und aktuelle Informationen zur Java-Systemperformance.

879 S., 7. Auflage 2013, 69,90 Euro
ISBN 978-3-8362-2177-1
www.sap-press.de/3321

Galileo Press

- Was ist SAP HANA, und wie funktioniert die In-Memory-Datenbank?

- Datenbeschaffung und -modellierung, SAP HANA Client und Datenbankwerkzeuge

- Inkl. SAP Business Suite und SAP NetWeaver BW auf HANA

Bjarne Berg, Penny Silvia

Einführung in SAP HANA

Wechseln Sie mit SAP HANA auf die Überholspur! Lernen Sie die technischen Hintergründe der In-Memory-Technologie kennen, und erfahren Sie, welches Szenario sich für Ihr System am besten eignet. Die zweite Auflage des Bestsellers erscheint erstmals auf Deutsch und informiert Sie auch über die neuen Möglichkeiten von SAP HANA für SAP Business Suite. Darüber hinaus gehen die Autoren ausführlich auf Implementierung, Administration und Programmierung ein. Ob Entscheider, Berater, Entwickler oder Administrator: Mit diesem Buch hängt Sie keiner ab!

550 S., 2. Auflage, 69,90 Euro
ISBN 978-3-8362-2556-4
www.sap-press.de/3422

Immer gut informiert: Bestellen Sie unseren Newsletter!

MITMACHEN & GEWINNEN!

Sagen Sie uns Ihre Meinung und gewinnen Sie einen von 5 SAP PRESS-Buchgutscheinen, die wir jeden Monat unter allen Einsendern verlosen. Zusätzlich haben Sie mit dieser Karte die Möglichkeit, unseren aktuellen Katalog und/oder Newsletter zu bestellen. Einfach ausfüllen und abschicken. Die Gewinner der Buchgutscheine werden persönlich von uns benachrichtigt. Viel Glück!

SAP PRESS

▶ **Wie lautet der Titel des Buches, das Sie bewerten möchten?**

▶ **Wegen welcher Inhalte haben Sie das Buch gekauft?**

▶ **Haben Sie in diesem Buch die Informationen gefunden, die Sie gesucht haben? Wenn nein, was haben Sie vermisst?**
- ☐ Ja, ich habe die gewünschten Informationen gefunden.
- ☐ Teilweise, ich habe nicht alle Informationen gefunden.
- ☐ Nein, ich habe die gewünschten Informationen nicht gefunden. Vermisst habe ich:

▶ **Welche Aussagen treffen am ehesten zu?** (Mehrfachantworten möglich)
- ☐ Ich habe das Buch von vorne nach hinten gelesen.
- ☐ Ich habe nur einzelne Abschnitte gelesen.
- ☐ Ich verwende das Buch als Nachschlagewerk.
- ☐ Ich lese immer mal wieder in dem Buch.

▶ **Wie suchen Sie Informationen in diesem Buch?** (Mehrfachantworten möglich)
- ☐ Inhaltsverzeichnis
- ☐ Marginalien (Stichwörter am Seitenrand)
- ☐ Index/Stichwortverzeichnis
- ☐ Buchscanner (Volltextsuche auf der Galileo-Website)
- ☐ Durchblättern

▶ **Wie beurteilen Sie die Qualität der Fachinformationen nach Schulnoten von 1 (sehr gut) bis 6 (ungenügend)?**
☐ 1 ☐ 2 ☐ 3 ☐ 4 ☐ 5 ☐ 6

▶ **Was hat Ihnen an diesem Buch gefallen?**

▶ **Was hat Ihnen nicht gefallen?**

▶ **Würden Sie das Buch weiterempfehlen?**
☐ Ja   ☐ Nein
Falls nein, warum nicht?

▶ **Was ist Ihre Haupttätigkeit im Unternehmen?**
(z.B. Management, Berater, Entwickler, Key-User etc.)

▶ **Welche Berufsbezeichnung steht auf Ihrer Visitenkarte?**

▶ **Haben Sie dieses Buch selbst gekauft?**
- ☐ Ich habe das Buch selbst gekauft.
- ☐ Das Unternehmen hat das Buch gekauft.

KATALOG & NEWSLETTER

▶ Ja, bitte senden Sie mir kostenlos den neuen **Katalog**. Für folgende SAP-Themen interessiere ich mich besonders: (Bitte Entsprechendes ankreuzen)

- ☐ Programmierung
- ☐ Administration
- ☐ IT-Management
- ☐ Business Intelligence
- ☐ Logistik
- ☐ Marketing und Vertrieb
- ☐ Finanzen und Controlling
- ☐ Personalwesen
- ☐ Branchen und Mittelstand
- ☐ Management und Strategie

▶ Ja, ich möchte den SAP PRESS-Newsletter abonnieren. Meine E-Mail-Adresse lautet:

www.sap-press.de

Teilnahmebedingungen und Datenschutz:
Die Gewinner werden jeweils am Ende jeden Monats ermittelt und schriftlich benachrichtigt. Mitarbeiter der Galileo Press GmbH und deren Angehörige sind von der Teilnahme ausgeschlossen. Eine Barablösung der Gewinne ist nicht möglich. Der Rechtsweg ist ausgeschlossen. Ihre freiwilligen Angaben dienen dazu, Sie über weitere Titel aus unserem Programm zu informieren. Falls sie diesen Service nicht nutzen wollen, genügt eine E-Mail an **service@galileo-press.de**. Eine Weitergabe Ihrer persönlichen Daten an Dritte erfolgt nicht.

Absender

Firma _____

Abteilung _____

Position _____

Anrede   Frau ☐   Herr ☐

Vorname _____

Name _____

Straße, Nr. _____

PLZ, Ort _____

Telefon _____

E-Mail _____

Datum, Unterschrift _____

Antwort

SAP PRESS
c/o Galileo Press
Rheinwerkallee 4
53227 Bonn

Bitte freimachen!

SAP PRESS

In unserem Webshop finden Sie das aktuelle Programm zu allen SAP-Themen, kostenlose Leseproben und dazu die Möglichkeit der Volltextsuche in allen Büchern.

Gerne informieren wir Sie auch mit unserem monatlichen Newsletter über alle Neuerscheinungen.

www.sap-press.de

SAP PRESS

SAP-Wissen aus erster Hand.